ACCESO GRATIS a la Lectura en la Nube

Para visualizar el libro electrónico en la nube de lectura envíe junto a su nombre y apellidos una fotografía del código de barras situado en la contraportada del libro y otra del ticket de compra a la dirección:

ebooktirant@tirant.com

En un máximo de 72 horas laborables le enviaremos el código de acceso con sus instrucciones.

LA UNIÓN EUROPEA Y LA JUDICIALIZACIÓN DE LAS CONTROVERSIAS SOBRE INVERSIONES INTERNACIONALES

Procedimiento de selección de originales, ver página web:
www.tirant.net/index.php/editorial/procedimiento-de-seleccion-de-originales

LA UNIÓN EUROPEA Y LA JUDICIALIZACIÓN DE LAS CONTROVERSIAS SOBRE INVERSIONES INTERNACIONALES

María Lina Leiva

tirant lo blanch
Valencia, 2025

En caso de erratas y actualizaciones, la Editorial Tirant lo Blanch publicará la pertinente corrección en la página web www.tirant.com.

La aceptación de la presente obra ha tenido en consideración la evaluación y calificación *sobresaliente cum laude* otorgada por los expertos componentes del tribunal calificador de la tesis doctoral que ahora se publica, cumpliendo con el criterio correspondiente de los revisores externos y ofreciendo la calidad debida a la presente obra.

EDITA: TIRANT LO BLANCH
C/ Artes Gráficas, 14 - 46010 - Valencia
TELFS.: 96/361 00 48 - 50
FAX: 96/369 41 51
Email: tlb@tirant.com
www.tirant.com
Librería virtual: www.tirant.es
DEPÓSITO LEGAL: V-4387-2024
ISBN: 978-84-1071-761-9

Si tiene alguna queja o sugerencia, envíenos un mail a: *atencioncliente@tirant.com*. En caso de no ser atendida su sugerencia, por favor, lea en *www.tirant.net/index.php/empresa/politicas-de-empresa* nuestro procedimiento de quejas.

Responsabilidad Social Corporativa: http://www.tirant.net/Docs/RSCTirant.pdf

Índice

Prólogo

Desde hace unos pocos años, el Grupo de Trabajo III de la Comisión de las Naciones Unidas para el Derecho Mercantil Internacional (UNCITRAL, por sus siglas en inglés) sirve como foro para las negociaciones multilaterales sobre la reforma del mecanismo de solución de controversias entre inversores y Estados. Cuando las negociaciones comenzaron en 2017, se encomendó al Grupo de Trabajo III "un mandato amplio para trabajar en la posible reforma" del mecanismo de solución de controversias. Desde entonces, el trabajo ha avanzado en sesiones bianuales y trianuales en Viena y Nueva York (reuniones en línea e híbridas durante la crisis del covid-19).

El trabajo se dividió en tres fases. La Fase 1 y la Fase 2 de las negociaciones se centraron en identificar las preocupaciones de los Estados con el sistema actual de solución de controversias y decidir sobre la conveniencia de la reforma. La Fase 3 profundiza en el contenido de la reforma deseada. En la Fase 1 (2017-2018), el Grupo de Trabajo III identificó preocupaciones relacionadas con el arbitraje de inversiones. Estas inquietudes se pueden dividir en tres categorías amplias: preocupaciones relacionadas con la falta de consistencia, coherencia, previsibilidad y corrección de las decisiones de inversión; inquietudes relacionadas con los adjudicadores, como cuestiones relativas a garantías insuficientes de independencia e imparcialidad y falta de diversidad; e inquietudes relacionadas con los costos y la duración de los procedimientos de solución de controversias entre inversores y Estados. Se identificaron algunas preocupaciones más específicas, como las relacionadas con la falta de regulación de la financiación de terceros. En la Fase 2 (2018), el Grupo de Trabajo III consideró si la reforma era deseable a la luz de las preocupaciones identificadas y hubo acuerdo en que dicha reforma era realmente deseable. Esto permitió que las negociaciones avanzaran a la Fase 3. En la Fase 3 (2019-), el Grupo de Trabajo III analiza el contenido de la reforma y trabaja para "desarrollar cualquier solución relevante que se recomiende a la Comisión". A su vez, en 2023 la Comisión de UNCITRAL aprobó el Código de conducta para árbitros y, en principio, el Código de conducta para jueces, teniendo en cuenta que el Grupo de Trabajo III está considerando el posible establecimiento de un tribunal multilateral. De establecerse ese mecanismo, la forma exacta en que se incorporará ese Código a los instrumentos que rigieran este tribunal se seguirá estudiando más adelante. En julio de 2024, la Comisión adoptó en principio el proyecto del estatuto de un centro multilateral de asesoramiento sobre la solución de controversias internacionales en materia de inversiones.

El Grupo de Trabajo III está considerando diferentes opciones de reforma. La gama de estas opciones es tan amplia y variada como lo son las preocupaciones sobre el sistema de solución de controversias anteriormente identificadas por los Estados. Destacan dos tipos de reforma: la reforma no estructural y la reforma estructural o institucional, es decir la judicialización de la solución de controversias entre inversores y Estados. La reforma no estructural se centra en mejoras incrementales del arbitraje entre inversores y Estados. La reforma estructural o institucional da un paso más para centrarse en la judicialización del sistema: el establecimiento de un órgano permanente de resolución de controversias. Más particularmente, se concentra en la posible creación de un tribunal de inversiones multilateral compuesto de dos instancias (primera instancia y apelación), que es el proyecto llevado a cabo por la Unión Europea y que es el tema de la obra *La Unión Europea y la judicialización de las controversias sobre inversiones internacionales* elaborada por María Lina Leiva.

También forma parte de la reforma estructural o institucional la posibilidad de un mecanismo de apelación permanente, cuya "primera instancia" sería el arbitraje. Ese mecanismo de apelación podría ser independiente del tribunal multilateral o podría utilizar la segunda instancia del tribunal multilateral de inversiones. La idea es que el tribunal multilateral de inversiones tendría una "arquitectura abierta" que permita a los Estados optar por algunas de sus funciones, como el mecanismo de apelación.

La Unión Europea considera que las diferentes preocupaciones sobre el sistema de solución de controversias están interrelacionadas y son sistémicas. Al dar solución a una preocupación, otras quedan sin resolverse. Por ejemplo, según la Unión Europea, las preocupaciones sobre los costos y la duración de los arbitrajes están relacionadas con otras preocupaciones ocasionadas por la falta de coherencia y previsibilidad. Sin previsibilidad, las partes presentan todos los argumentos posibles en cada arbitraje. Esta falta de coherencia y previsibilidad se deben en parte a la naturaleza *Ad hoc* del sistema. A su vez, la naturaleza *Ad hoc* del sistema está relacionada con otras preocupaciones, en particular cuestiones de independencia e imparcialidad de los árbitros, como potenciales conflictos de intereses. Cuestiones de independencia e imparcialidad generan recusaciones de árbitros, lo que contribuye a incrementar los costos y la duración de los procedimientos. A la vez, el nombramiento de un árbitro para un caso particular no puede garantizar la diversidad en el sistema actual: representación regional, representación del mundo en desarrollo o paridad de género. La Unión Europea considera que simplemente modificar un poco el sistema aquí y allá no conducirá a resultados óptimos y propone una respuesta sistémica, que es la creación de un tribunal multilateral con un mecanismo de apelación como la única opción que responde de manera efectiva a las inquietudes expresadas por los Estados en el Grupo de Trabajo III.

La Unión Europea considera que este tribunal multilateral logrará lo siguiente. El carácter permanente del tribunal dará lugar a una mayor coherencia y previsibilidad permitiendo una interpretación estable de los tratados de inversión. Su mecanismo de apelación garantizará, *inter alia*, la corrección de errores de derecho. Las preocupaciones sobre la independencia y la imparcialidad de los adjudicadores (conflictos de intereses, incentivos para decidir a favor de una parte provocados por la esperanza de un nuevo nombramiento) se reducirán. Los jueces no tendrán ningún interés en complacer al Estado que les ha nombrado, ya que no habrá esperanzas de volver a ser nombrados. Con un mecanismo permanente, se reducirán los costos y la duración de los procedimientos. No habrá costos vinculados a la selección de los árbitros y a las recusaciones. Una vez que se haya establecido una interpretación de una norma, no se realizarán nuevos litigios. También, el nuevo sistema abordará las preocupaciones sobre la representación y la diversidad regionales, y el equilibrio de género: criterios de selección que garanticen la diversidad geográfica y de género podrían integrarse en la composición del tribunal. Por último, la Unión Europea sostiene que sólo un mecanismo multilateral podría, a largo plazo, lograr una interpretación realmente coherente y consistente de las principales normas de los tratados de inversión y, por lo tanto, crear un marco de inversión internacional predecible.

A la luz de las dos líneas de trabajo que surgieron en el Grupo de Trabajo III (reforma estructural y no estructural), en abril de 2019 se tomó la decisión de que el Grupo de Trabajo procedería en paralelo con ambas líneas de trabajo (soluciones generales y reforma estructural) y que a cada una se le asignaría un tiempo equilibrado. UNCITRAL toma decisiones por consenso. Sólo si el consenso no es posible, las decisiones se toman mediante votación. La necesidad de llegar a un consenso en la medida de lo posible repercute en el enfoque adoptado con respecto a las negociaciones. En particular, los Estados participan en las sesiones de reforma del Grupo de Trabajo III, independientemente de su preferencia por la reforma estructural o no estructural y el enfoque de la sesión en cuestión. Cada tema de la reforma se aborda con un alto nivel de abstracción para lograr el acuerdo más amplio posible. Una vez que todos los temas de reforma se hayan abordado, el Grupo de Trabajo III vuelve a ellos para un examen más detallado.

En *La Unión Europea y la judicialización de las controversias sobre inversiones internacionales*, María Lina Leiva llena un vacío en la literatura académica sobre este tema de actualidad y mucha importancia para el futuro de la solución de controversias entre inversores y Estados. El libro es una reflexión muy necesaria sobre la judicialización como objeto de la reforma en el Grupo de Trabajo III, basándose en el proyecto de la Unión Europea: proyecto, en primer lugar, para la creación de tribunales bilaterales, cómo el tribunal previsto en el Acuerdo Económico y Comercial Global entre la Unión europea y Canadá (CETA), y, en segundo lugar, multilateral, es decir las negociaciones en el marco del Grupo de Trabajo III para la creación de un tribunal multilateral. María Lina Leiva comienza con contextualizar la problemática sobre los mecanismos de solución de controversias entre inversores y Estados. Esta contextualización es especialmente importante para comprender y evaluar las distintas opciones de reforma. El libro aborda, posteriormente, la consideración del papel de la Unión Europea en el marco de las negociaciones internacionales en materia de inversiones. Este papel se desarrolló después del Tratado de Lisboa en 2009, pero no sin tensiones internas. Estas últimas, impactaron la política de la Unión en materia de solución de controversias de inversión y la llevaron a su propuesta de judicialización. El proceso multilateral de reforma en el Grupo de Trabajo III también es objeto del libro, con una sistematización de las principales opciones de reforma y los obstáculos que han surgido en las negociaciones. Al final, el libro analiza la estructura y las cuestiones técnicas de la judicialización multilateral, ofreciendo así una importante guía para la reforma pendiente.

Retos quedan, tanto externos (no todos los Estados están de acuerdo con la judicialización) como internos (por ejemplo, ninguno de los tratados de inversión de la Unión Europea ha sido ratificado hasta la fecha). Más allá de estos retos, *La Unión Europea y la judicialización de las controversias sobre inversiones internacionales* ofrece una reflexión necesaria sobre el futuro de la solución de controversias en materia de inversiones y concretamente sobre el camino de su judicialización.

Catharine Titi
París, el 15 de julio de 2024

Agradecimientos

Al embarcarse uno en un proyecto de gran envergadura, no lo hace solo movido por la ilusión y la voluntad irrefrenable de explorar nuevos derroteros, sino también y gracias a un sentimiento de sosiego generado por una red, invisible pero potente. Esta red, de afecto y sostén, es capaz de amortiguar cualquier impacto y restituirnos con confianza nuevamente en el camino original. Es precisamente a esa red de amigos, colegas y familiares a quien estoy profundamente agradecida y a quienes ofrezco mi más sincero reconocimiento.

La presente monografía recoge una versión adaptada y actualizada de la tesis doctoral que defendí el 1 de junio de 2022 en la Universidad de Cantabria, en el marco del Programa de Doctorado en Ciencias Jurídicas y Empresariales, ante un tribunal Presidido por el Dr. José Antonio Valles Cavia, Profesor de Derecho Internacional Público de la Universidad de Cantabria, y compuesto por la Dra. Catharine Titi, Profesora Titular de Investigación en el Centro Nacional de Investigación Científica de Francia (CNRS) –CERSA, Universidad de Paris-Panthéon-Assas, y la Dra. Concepción Escobar Hernández, Catedrática de Derecho Internacional Público en la Universidad Nacional de Educación a Distancia y miembro de la Comisión de Derecho Internacional de las Naciones Unidas.

En primer lugar, deseo ante todo dejar constancia de mi gratitud al Santander Financial Institute (SANFI) por su decidido apoyo a este proyecto. En especial a su Directora, Begoña Torre Olmo, y a todo su equipo, por haberme brindado una colaboración cercana y comprometida durante todo el proceso.

Asimismo, en este momento de reconocimiento, deseo expresarles a los miembros del Tribunal antes mencionado, mi más sincero agradecimiento por sus valiosas y certeras observaciones y sugerencias.

El Derecho Internacional ha sido desde siempre una vocación y un desafío para mí. A pesar de los múltiples temas interesantes que esta disciplina me ha ofrecido, un descubrimiento fascinante de la economía internacional de la mano del Prof. Juan Tugores, sumado al desempeño laboral en el ejercicio profesional en el área de los negocios internacionales, de la mano de Luis Felipe Agramunt (en Argentina) y José López Cortes (en España), perfilaron mi formación en el campo del Derecho Internacional Económico. Con más de diez años trabajando en el área de los negocios internacionales, experimenté la vorágine con que las dinámicas económicas transforman la realidad y sentí el impulso latente de adentrarme en el atrapante campo científico para desvelar los constantes interrogantes jurídicos que se me planteaban.

El encuentro con el equipo de la cátedra Jean Monnet de la Universidad de Cantabria dio sentido a todo el proceso anterior. Mi más profunda gratitud va dirigida a mi directora María del Rosario Ojinaga Ruiz, quien asertivamente supo identificar mi curiosidad por el Derecho Internacional de las Inversiones y guiarme en un camino tan arduo como satisfactorio. Su apoyo incondicional, dedicación, paciencia y motivación han sido decisivos en este proyecto.

Quiero manifestar mis agradecimientos especiales y reconocimiento a las personas que contribuyeron generosamente con su tiempo, energía y apoyo durante todo el período de esta investigación. En especial a José Antonio, a Miguel Ceballos Barón y a Manuel López Escudero, siempre abiertos a responder a mis inquietudes, sus contribuciones han sido fundamentales para comprender el reto intelectual y práctico que plantean los delicados mecanismos que envuelven a la UE. En este mismo sentido, agradezco el talentoso trabajo de la Dra. Titi y sus valiosos comentarios, que han sido verdadera inspiración.

Agradezco a todas y cada una de las personas que accedieron a ser entrevistadas, depositando su confianza en mí. Sin la colaboración generosa de cada uno de los entrevistados, no hubiera conseguido comprender las complejas dialécticas que se encuentran inmersas en esta investigación.

Finalmente, y no por ello menos importante, agradezco el genuino espíritu crítico inculcado —en especial a través del ejemplo— de mis padres, Blanca Manuele y Francisco Leiva, así como su incondicional apoyo. Gracias a Laura, a Leticia y a Juan Francisco. Es inmensurable el agradecimiento que siento hacia Luciano, Cipriano y Caetano, los pilares de mi vida. Sin vuestro amor, paciencia, apoyo y dedicación, este trabajo nunca hubiera sido posible.

Abreviaturas

AII	Acuerdo Internacional de Inversiones
ALC	Acuerdo de Libre Comercio
ANG	Acuerdo de Nueva Generación
API	Acuerdo de Protección de Inversiones
BM	Banco Mundial
CETA	Comprehensive Economic and Trade Agreement
CIADI	Centro Internacional de Arreglo de Diferencias Relativas a Inversiones
CNUDMI	Comisión de las Naciones Unidas para el Derecho Mercantil Internacional
EEMM	Estados Miembros
GATS	General Agreement on Trade in Services
GATT	General Agreement on Tariffs and Trade
GT VII	Grupo de Trabajo Número VII
IED	Inversión Extranjera Directa
ISDS	Investor-State Dispute Settlement
NAFTA	North American Free Trade Agreement
OCDE	Organización para la Cooperación y el Desarrollo Económicos
OMC	Organización Mundial del Comercio
PCC	Política Comercial Común
TBI	Tratado Bilateral de Inversiones
TFUE	Tratado de Funcionamiento de la Unión Europea
TJUE	Tribunal de Justicia de la Unión Europea
TMI	Tribunal Multilateral de Inversiones
TTIP	Transatlantic Trade and Investment Partnership
TUE	Tratado de la Unión Europea
UE	Unión Europea
UNCITRAL	United Nations Conference on International Trade Law
UNCTAD	United Nations Conference on Trade and Development

Introducción

Any attempt to follow the developments of international economic law 'is like trying to describe a landscape while looking out the window of a moving train – events tend to move faster than one can describe them'. [1]

1.- Históricamente, el sistema de protección internacional de las inversiones extranjeras ha pasado por diversas etapas, que fueron estructurando gradualmente un particular sistema de solución de controversias en la materia.[2]

En efecto, la solución de controversias en materia de inversiones forma parte de una arquitectura histórica más amplia, en la que los Estados europeos han ejercido una influencia radical. Si bien la protección de las inversiones tuvo escaso desarrollo entre los siglos XVII y XIX[3], la relevancia de este período es

---

1 TIETJE, C., NOWROT, K., WACKERNAGEL, C. *Once and Forever?: The Legal Effects of a Denunciation of ICSID.* Inst. für Wirtschaftsrecht, 2008, citando a John H. Jackson (Legal Problems, West Pub Co 1977, xv).

2 STOLL, P.T. International Investment Law and the Rule of Law. *Goettingen Journal of international Law,* 2018. vol. 9, pp.267-292. JOHNSON, O. T., GIMBLETT, J. From Gunboats to BITs: The Evolution of Modern International Investment Law. *Yearbook on International Investment Law & Policy,* 2011, pp. 649-692. SUBEDI, S. *International Investment Law. Reconciling Policy and Principle.* (4th ed.) Oxford: Hart Publishing, 2020. PRIETO MUÑOZ, J.G. Evolución del Derecho Internacional de Inversiones: Hacia un Régimen Global Estable. *Foro: Revista de derecho,* 2012, Nro. 17, pp.5-30. ST JOHN, T. *The Rise of Investor-State Arbitration: Politics, Law and Unintended Consequences.* Oxford University Press, 2018, p.53 y ss. SALACUSE, J. *The Law of Investment Treaties.* Oxford: Oxford University Press, 2021.

3 La protección diplomática fue el principal medio de protección internacional de los derechos de los extranjeros desde finales del siglo XVIII hasta el fin de la Segunda Guerra Mundial (AMERASINGHE, C. F., *Diplomatic protection in inter-*

evidente en la medida que explica ciertas dinámicas que quedaron enraizadas y perduraron durante la evolución del sistema, afectando directamente a su configuración y fisonomía.[4] Ciertamente, a pesar de la complejidad y polarización de ideologías sobre la protección de inversiones entre países exportadores e importadores de capital, el advenimiento del ISDS (solución de controversias entre inversor y Estado, acrónimo derivado de sus siglas en inglés *Investor State Dispute Settlement*) en la última parte del s. XX, consolidó la estructura de la protección de inversiones en continuidad con una lógica colonialista.

Es este el momento en el que los Estados empiezan a suscribir tratados internacionales —los nuevos Tratados Bilaterales de Inversión (TBI)— para la protección de la inversión extranjera. Además de establecer estándares internacionales para la promoción y protección de las inversiones entre los Estados

---

national law, Oxford University Press, Oxford, 2008, pp.13-14; SORNARAJAH, M., *The International Law on Foreign Investment*, (2nd ed)., Cambridge University Press, Cambridge, 2004, p. 17). El derecho del Estado de nacionalidad a asumir como propia la reclamación de sus ciudadanos e invocar la responsabilidad internacional del Estado (receptor de la inversión) por daños causados a los extranjeros (inversionistas) fue confirmado por la jurisprudencia internacional (*The Mavrommatis Palestine Concessions, Greece v. United Kingdom.* Judgment of August 30th, 1924, Permanent Court of International Justice, PCIJ Series A, No. 2). Quedó luego codificado en el artículo 3 de la Convención de Viena sobre Relaciones Diplomáticas de 1961 y en el artículo 5 de la Convención de Viena sobre Relaciones Consulares de 1963. Las principales insuficiencias de este modelo de protección de las inversiones radicaban en la aplicación de la regla del agotamiento previo de los recursos internos y la discrecionalidad en el ejercicio de la protección diplomática por el Estado de nacionalidad. El arbitraje de inversiones nacerá y se percibirá, en este contexto, ante todo como una vía más neutral y eficiente que la jurisdicción interna de los Estados (SCHREUER, C., The Coexistence of Local and International Law Remedies, 2 *Transnational Dispute Management*, 2005, 4, pp.1-18, p. 6).

4 BROWN, C., MILES, K. *Evolution in Investment Treaty Law and Arbitration.* Cambridge: Cambridge University Press, 2011, p.3. PRIETO MUÑOZ, J.G. Evolución del Derecho Internacional de Inversiones: Hacia un Régimen..., *op. cit.* p.7.

Parte, estos acuerdos contemplan un mecanismo expedito para la solución de las controversias. El inversionista extranjero —ya no el Estado— queda facultado para demandar al Estado receptor ante tribunales arbitrales internacionales (Sistema ISDS). Se produce, así, un desbordamiento del carácter público tradicional que siempre habían tenido los litigios internacionales relativos a la protección de la propiedad e inversiones extranjeras, que se pondrá de manifiesto en el recurso a arreglos arbitrales entre Estados y empresas.[5]

2.- El advenimiento y la consolidación del ISDS en la segunda mitad del s. XX pueden considerarse como un primer paso en la institucionalización de la solución de controversias sobre inversiones internacionales. En tal sentido, dos pilares fundamentales cimentaron el sistema de solución de controversias sobre inversiones: los TBI[6] y el Centro Internacional de Arreglo para las Diferencias relativas a Inversiones (CIADI).[7]

---

[5] DIEZ DE VELASCO, M. *Instituciones de Derecho Internacional Público* (18ª ed.). Madrid: Tecnos, 2018, p.101.

[6] La explosión de los TBIs, y la inclusión de la cláusula ISDS en los mismos, solo puede ser comprendida tomando en consideración las circunstancias sociales, comerciales y políticas en cuyo contexto han emergido (SALACUSE, J. The Treatification of International Investment..., *op. cit.*, p.158. CHAISE, J., DONDE, R. The State of Investor-State Arbitration: A Reality Check of the Issues, Trends, and Directions in Asia-Pacific. The International Lawyer. 2018, 51 (1), pp.47–68). En las controversias actuales sobre la interacción entre los intereses públicos y privados del sistema ISDS, tienen plena resonancia las concepciones que inspiraron el diseño inicial del sistema. La moderna red de TBIs que instauraron de manera generalizada una protección de alto nivel para el inversor, está profundamente ligada a la expansión global de las actividades comerciales y de inversión europeas ocurridas hasta el S.XX (MILES, K. *The origins of international investment law.* New York: Cambridge University Press, 2013, p.2. SALACUSE, J. *The Law of Investment Treaties...*, *op. cit.*, p.96 y ss.).

[7] El CIADI fue creado por el Convenio sobre Arreglo de Diferencias Relativas a Inversiones entre Estados y Nacionales de otros Estados, el 18 de marzo de 1965. El CIADI pertenece al denominado «Grupo del Banco Mundial»,

Este modelo tradicional de ISDS enfrentó una crisis importante a comienzos del s. XXI. Se produce, entonces, un cambio de rumbo en la protección de las inversiones internacionales, ya que la efectiva puesta en práctica de la cláusula ISDS —operada a través de un *arbitration boom*— reveló las insuficiencias e inconsistencias del sistema.[8] Algunas de las distorsiones más relevantes están conectadas con el contraste entre el diseño inicial creado por el CIADI para la solución de controversias y su efectiva utilización.[9] Desde una perspectiva histórica, cuando el Convenio CIADI fue redactado[10], el modelo de arbitraje comercial fue trasplantado a la solución de las controversias en materia de inversiones. El modelo inicial del sistema consideraba que gran parte de las disputas estarían basadas en potenciales incumplimientos derivados de contratos de inversiones y concesiones, y no referidas a tratados de inversiones. La diferencia radica, esencialmente, en que los primeros son un instrumento de Derecho Internacional Privado, mientras que

---

del que también forman parte el Banco Internacional de Reconstrucción y Fomento (BIRF), la Asociación Internacional de Fomento (AIF), la Corporación Financiera Internacional (CFI) y el Organismo Multilateral de Garantía de Inversiones (OMGI).

8 UNCTAD, IIA Issues Notes, Investor-state Dispute Settlement Cases Pass the 1,000 Mark: Cases and Outcomes in 2019, No.2, 2020. WILSKE, S. The Impact of the Financial Crisis on International Arbitration. *Dispute Resolution Journal.* 2010, 65 (1), pp.82-87. WAIBEL, M. et alt (eds). *The Backlash Against Investment Arbitration. Perceptions and Reality.* Alphen aan den Rijn: Kluwer, 2010.

9 BROWN, C. The 3d Vienna Investment Arbitration debate: The European Union´s approach to Investment Dispute Settlement, 22 junio 2018, p.6 ROBERTS, A. Clash of Paradigms: Actors and Analogies Shaping the Investment Treaty System. *American Journal of International Law,* 2013, 107 (1), pp.45-94.

10 Convenio sobre Arreglo de Diferencias Relativas a Inversiones entre Estados y nacionales de otros Estados, que entró en vigor el 14 de octubre de 1966.

los segundos lo son de Derecho Internacional Público.[11] De este modo, la impronta comercial y ciertos rasgos del Derecho Internacional Privado, constituyeron ingredientes especiales en la conformación del sistema ISDS.

A medida que se multiplicaron las decisiones arbitrales, comenzó a preocupar también el hecho de que el ejercicio de la soberanía de los Estados se estaba viendo altamente comprometido (o incluso deteriorado).[12] El rol del ISDS, su relación con los procesos de decisión democrática y el impacto en el espacio regulatorio, desencadenaron una grave situación que suscitó un escrutinio público sin precedentes. Diversos actores (políticos, académicos, jurídicos, mediáticos, ONGs y, en especial, la sociedad civil) se movilizaron manifestando una fuerte objeción al ISDS, exigiendo cambios y reestructuraciones que, entre otras cosas, fueran capaces de corregir la vulnerabilidad del denominado "derecho a regular".[13] De este modo, la tensión entre la protección de las inversiones extranjeras y la posición del Estado (receptor de la inversión) se hizo creciente y la legitimidad del sistema de solución de controversias inversor-Estado quedó fuertemente cuestionada.

---

11 THOMAS, J.C., DHILLON, H.K. The Foundations of Investment Treaty Arbitration: The ICSID Convention, Investment Treaties and the Review of Arbitration Awards. *ICSID Review -Foreign Investment Law Journal*, 2017, 32(3), p.460. Las principales controversias que los redactores del Convenio CIADI tenían en mente, eran disputas en las que ambas partes específicamente acordaran *ex post* someter a arbitraje en un contrato de inversión. ROBERTS, A. Clash of Paradigms..., *op. cit.*, p.90.

12 WAIBEL, M. et al. (eds.) *The backlash against investment arbitration...*, *op. cit.* FRANCK, S. The Legitimacy Crisis in Investment Treaty Arbitration: Privatizing Public International Law Through Inconsistent Decisions. *Fordham Law Review*. 2005, 73 (4), pp.1521-1525.

13 TITI, C. *The Right to Regulate in International Investment Law.* Baden-Baden: Nomos/Hart, 2014.

El *backlash* hacia el ISDS germinó en un momento de franca transformación del Derecho Internacional de las inversiones, no solo como consecuencia de una nueva interrelación de esta disciplina con otros sectores del Derecho Internacional (como el Derecho Internacional de los Derechos Humanos, el Derecho Internacional del Medio Ambiente, etc.) sino también como consecuencia de los cambios en el escenario económico global y la irrupción de nuevos actores en el sistema del Derecho Internacional de inversiones.[14] Progresivamente, el escenario clásico de negociación de las inversiones internacionales se vio modificado, no solo por la presencia de nuevas economías sino también como consecuencia del cambio de rol de las economías existentes —países en desarrollo que se convirtieron en principales exportadores de capital, como es el caso de China o India—, e incluso con la aparición de nuevos "*influencers*" como la Unión Europea, que impactaron de lleno en la configuración de un nuevo desarrollo.[15]

---

14 GOURGOURINIS, A. (ed). *European Yearbook of International Economic Law, Special Issue: Transnational Actors in International Investment Law.* Cham: Springer, 2021. TITI, C.(ed) *European Yearbook of International Economic Law, Special Issue: Public Actors in International Investment Law.* Cham: Springer, 2021. FACH, K. (ed) *European Yearbook of International Economic Law, Special Issue: Public Actors in International Investment Law.* Cham: Springer, 2021.

15 UNCTAD, *World investment report 2021. Investment in Sustainable Recovery.* Naciones Unidas, Nueva York-Ginebra, pp.5-7. El informe sobre las inversiones en el mundo revela año a año los principales emisores y receptores de IED, hasta hace algunas décadas la polarización de las categorías era evidente, en cambio en la actualidad algunos países figuran en los primeros puestos de ambas categorías. BILDER, R., KURTZ, J. The Shifting Landscape of International Investment Law and Its Commentary. *The American Journal of International Law.* 2012, 106 (3), pp.686–94. STOLL, P.T. International Investment Law and the Rule of..., *op. cit.*, p.273. UNCTAD, IIA Issues Notes, The changing IIA landscape: new treaties and recent policy developments, No. 1, 2020.

3.- La verdadera catarsis se produce cuando toda esa presión se concreta en el planteamiento de una auténtica reforma del ISDS, iniciándose así una nueva fase en el proceso de institucionalización de la solución de controversias sobre inversiones internacionales.[16] En particular, la Unión Europea asumirá, desde el primer momento, un papel central como impulsora del proceso de reforma del ISDS y, más concretamente, como propulsora de un nuevo modelo institucional: la creación de un Tribunal Multilateral de Inversiones(TMI).

A la arquitectura previa en la evolución del ISDS viene ahora a añadirse un fenómeno concurrente que ejercerá su influencia transformadora: la judicialización del Derecho Internacional.[17] Con ello se alude tanto al proceso de multiplicación o proliferación de nuevas jurisdicciones internacionales como a un incremento relativo en el recurso al arreglo judicial como mecanismo de solución de controversias internacionales.[18] En

---

16 SUBEDI, S. *International Investment Law…, op. cit.,* p.10.

17 ABI- SAAB, G. Fragmentation or Unification: Some Concluding Remarks' in 'The Proliferation of International Courts and Tribunals: Piecing Together the Puzzle' *New York University Journal of International Law and Politics,* 31 (4), pp.919-933. ROMANO, C., ALTER, K., SHANY, Y. (ed.). *The Oxford handbook of international adjudication.* Oxford: Oxford University Press, 2014. FOLLESDAL, A., ULFSTEIN, G. (ed.). *The Judicialization of International Law: A Mixed Blessing?.* Oxford University Press, 2018.

18 ROMANO, C.P.R., ALTER, K.J., SHANY, Y. *The Oxford Handbook of International Adjudication,* 2013; SCHABAS, W.A, MURPHY, S., *Research Handbook on International Courts and Tribunals,* 2017, Edward Elgar Publishing; FOLLESDAL, A., ULFSTEIN, G., *The Judicialization of International Law: A Mixed Blessing?,* 2022, Oxford University Press. Retrieved 31 Mar., from https://oxford.universitypressscholarship.com/view/10.1093/oso/9780198816423.001.0001/oso-9780198816423; HERNÁNDEZ, G. The Judicialization of International Law: Reflections on the Empirical Turn. *European Journal of International Law,* 2014. 25 (3), pp.919-934. ALTER, K., HAFNER-BURTON, E., HELFER, L. Theorizing the judicialization of international relations. *International Studies Quarterly,* 2019, 63 (3), pp.449-463. ROMANO, C. The proliferation of Inter-

efecto, desde finales del s. XX asistimos a un fenómeno de creación de tribunales internacionales especializados. La expansión cuantitativa de órganos judiciales internacionales junto a la transformación de la naturaleza y alcance de sus competencias se convirtió en una de las características más relevantes del orden jurídico internacional de nuestro siglo, impactando de manera directa sobre las inversiones.

El fenómeno de judicialización se produce como consecuencia de la amplificación del número y ámbito de instituciones consagradas a garantizar la solución de disputas internacionales en conexión con el fenómeno de la especialización y sectorialización del Derecho Internacional.[19] Como es sabido, la creciente consolidación de regímenes jurídicos especiales con sus propios y complejos sistemas de arreglo de controversias ha generado adeptos y adversarios, según se resalten los aspectos más positivos o negativos del fenómeno.[20] La proliferación,

---

national Judicial Bodies: the pieces of the puzzle. *New York International Law and Policy.* 1998, vol.31, pp.709-751. Algunos ejemplos de esta proliferación constituyen: la Corte Internacional de Justicia (CIJ), el Tribunal Internacional del Derecho del Mar (ITLOS por sus siglas en inglés), la Corte Europea de Derechos Humanos, la Corte Interamericana de Derechos Humanos, la Corte de Justicia de la Unión Europea (CJUE), el Tribunal de Justicia de la Comunidad Andina, la Corte de Justicia Centroamericana, Court of Justice of the Common Market for Eastern and Southern Africa (COMESA), el Órgano de Solución de Diferencias de la Organización Mundial del Comercio (OMC), etc. De forma más específica sobre el impacto de la judicialización en el ámbito del Derecho Económico Internacional, PETERSMANN, E., Fragmentation' and 'judicialization' of international law as dialectic strategies for reforming international economic law, *Trade, Law and Development,* 2013, Vol. 5, No. 2, pp. 209-255.

19 KINGSBURY, B. International courts: Uneven judicialization in global order. En J. CRAWFORD, M. KOSKENNIEMI (eds.), *The Cambridge Companion to International Law.* Cambridge: Cambridge University Press, 2015. p.203.

20 ABI-SAAB, G. The Normalization of International Adjudication..., *op. cit.*, p.5; HERNÁNDEZ, G. The Judicialization of International Law..., *op. cit.*, p.920.

dado el sentido peyorativo del término, pone el énfasis en la diversidad y el desorden del fenómeno. Por el contrario, un enfoque más positivo destaca la contribución de la judicialización a una mayor difusión del Estado de Derecho, potenciando —a través de su expansión— la uniformidad en la interpretación de sus reglas y la denominada *cross-fertilization.*[21] En palabras de KINGSBURI, la judicialización puede ser comprendida como un concomitante indispensable de la juridificación.[22] No obstante, la doctrina se ha ocupado ampliamente del problema general de la unidad o fragmentación[23] y las amenazas para la unidad del Derecho Internacional.[24]

SIMMA, B., PULKOWSKI, D., Of Planets and the Universe: Self-contained Regimes in International Law, *European Journal of International Law,* Vol. 17 (3), 2006, pp. 483–529.

21 BRINER, R. Role of International Tribunals in the context of the Rule of Law. *International Business Lawyer.* 1995, 23(8), p.357. STOLL, P.T. International Investment Law and the Rule of ..., *op. cit.,* p.276.

22 KINGSBURY, B., "International Courts: Uneven Judicialization in Global Order", CRAWFORD & KOSKENNIEMI (eds). *Cambridge Companion to International Law,* 2012, NYU School of Law, Public Law Research Paper No. 11-05.

23 La propia Comisión Derecho internacional, en su sesión de 2002, decidió incluir el tema «Riesgos resultantes de la fragmentación del derecho internacional» en su programa de trabajo, estableció un Grupo de Estudio y posteriormente decidió cambiar el título del tema por el de «Fragmentación del derecho internacional: dificultades derivadas de la diversificación y expansión del derecho internacional» Documentos oficiales de la Asamblea General de las Naciones Unidas, quincuagésimo séptimo período de sesiones, Suplemento núm. 10 (A/57/10), párs. 492-494. Las conclusiones finales del Grupo de Estudio se recogen en Informe reproducido en Documentos oficiales de la Asamblea General de las Naciones Unidas, quincuagésimo séptimo período de sesiones, Suplemento núm. 10 (A /61/10), párs. 241-251.

24 CASANOVAS Y LA ROSA, O., Unidad y pluralismo en Derecho internacional público, *CEBDI,* Vol. 2, 1998, pp.35-267; AZNAR, M., En torno a la unidad sistémica del Derecho Internacional, REDI, Vol. 59 (2), 2007, pp.563-594; SCHERMERS, H. G. BLOKKER, N. M., *International Institutional Law: Unity Within Diversity,* 4.ª ed. Martinus Nijhoff, Leiden, 2004; Zimmerman, A. and Hofmann, R. (eds.),

Adicionalmente, el impacto de la judicialización en el Derecho Internacional de las inversiones guarda relación con una de las facetas más relevantes del fenómeno: la ampliación del acceso a instancias jurisdiccionales internacionales de sujetos distintos de los Estados y, sobre todo, de los particulares.[25] También a través de mecanismos como el *amicus curiae*[26] se están viendo ampliadas las posibilidades de intervención en los procedimientos judiciales internacionales de actores distintos de las partes en la controversia. Todos estos cambios han contribuido, a su vez, a una cierta democratización de los procesos de elaboración, interpretación y aplicación de las normas jurídicas internacionales.[27] No obstante, también puede teorizarse de un

---

Unity and Diversity in International Law, Duncker & Humblot, Berlín, 2006; KOSKENNIEMI, M. & LEINO, P., Fragmentation of International Law: Postmodern Anxieties, *LJIL*, Vol. 15, 2002, pp.553-579; Joost PAUWELYN, J., Bridging Fragmentation and Unity: International Law as a Universe of Inter-Connected Islands, 25 *Mich. J. Int'l L.*, Vol. 25, 2004, pp.903-916.

25 Un estudio de la evolución a este respecto en BROWNLIE, I., The individual before tribunals exercising international jurisdiction, *The International and Comparative Law Quarterly*. 1962, Vol. 11 (3), pp.701-720; VICUNA, O., Individuals and Non State Entities before International Courts and Tribunals, Max Planck Yearbook of United Nations Law, 2001, Vol 5, pp.53-66. PASCUAL VIVES, F. La legitimación activa del individuo en el arbitraje de inversión. Navarra: Thompson Reuters Aranzadi, 2019.

26 ASTRID, W., *Amicus Curiae before International Courts and Tribunals*, 2018, Nomo Verlagsgesellschaft mbH & Co. KG: LEVINE, Amicus Curiae in International Investment Arbitration: The Implications of an Increase inThird-Party Participation, *Berkeley J. Int'l Law.* Vol. 29 (1/6), 2011, pp.200-224; BORN, G., FORREST, S., Amicus Curiae Participation in Investment Arbitration, ICSID Review–*Foreign Investment Law Journal*, Vol. 34 (3), 2019, pp.626–665.

27 SQUATRITTO, T. The Democratizing Effects of Transnational Actors´Access. *Global Governance*. 2018, 24(4), pp.595-613, p.603.Si bien el mayor acceso a instancias internacionales de estos actores no produce una democratización automática, es evidente que propicia un ambiente capaz de potenciar la democratización del proceso de creación y aplicación de las normas internacionales DE NANTEUIL, A. Settlement of Disputes in New EU Free

modo más complejo sobre las múltiples formas en que la judicialización de las relaciones internacionales desplaza el poder de los ejecutivos y legislativos nacionales hacia los litigantes, jueces, árbitros y otros tomadores de decisiones no estatales.[28]

En todo caso, cuando hablamos de la judicialización de la sociedad internacional nos referimos a un proceso lento, pero acumulativo, que se encuentra en una etapa todavía caracterizada por la inexistencia de un auténtico sistema judicial internacional.[29]

De este modo, la doctrina ha contribuido significativamente a identificar las características específicas de la función judicial internacional en su etapa actual.[30] Con todo, y pese a sus limitaciones, la función judicial ha ido adquiriendo una creciente relevancia en la configuración del actual orden geopolítico mundial.[31]

Trade Agreements: Democratizing International Adjudication? In I. BOSSE-PLATIÈRE, C. RAPOPORT (eds.) *The Conclusion and Implementation of EU Free Trade Agreements,* Cheltenham: Edward Elgar Publishing Limited, 2019. pp.255-270.

28 J ALTER, K.J., HAFNER-BURTON,E.M., HELFER, L:R., Theorizing the Judicialization of International Relations, *International Studies Quarterly,* 2019, Vol. 63 (3), pp 449–463.

29 SQUATRITTO, T. The Democratizing effects of transnational actors ..., *op. cit.*, p.603.Si bien el mayor acceso no produce una democratización automática, es evidente que propicia un ambiente capaz de potenciar la democratización del proceso de creación de normas internacionales DE NANTEUIL, A. Settlement of Disputes in New EU Free Trade Agreements: Democratizing International Adjudication? In I. BOSSE-PLATIÈRE, C. RAPOPORT (eds.) *The Conclusion and Implementation of EU Free Trade Agreements,* Cheltenham: Edward Elgar Publishing Limited, 2019. pp.255-270.

30 *Ibid,* p.7.

31 Como ejemplifica la intervención de los tribunales internacionales en relación con la guerra en Ucrania. La CIJ admitió a trámite tanto la demanda contenciosa de Ucrania contra Rusia, como la petición de medidas provisionales, a las que ha dado curso con lógica celeridad. CIJ, Application Allegations

4.- En este contexto, cabe reflexionar sobre el compromiso de la UE, y los Estados miembros, con la judicialización como uno de los rasgos más característico del posicionamiento de este bloque en materia de inversiones internacionales.[32]

---

of Genocide under the Convention on the Prevention and Punishment of the Crime of Genocide (Ukraine v. Russian Federation), 26.2.2.22. Request for the indication of provisional measures, 27.2.2022. La CIJ ha indicado como medidas provisionales en este asunto que "1 The Russian Federation shall immediately suspend the military operations that it commenced on 24 February 2022 in the territory of Ukraine (...) 2. The Russian Federation shall ensure that any military or irregular armed units which may be directed or supported by it, as well as any organizations and persons which may be subject to its control or direction, take no steps in furtherance of the military operations", 16.3.2022.

Asimismo, el TEDH ha reaccionado ante las demandas de particulares presentando solicitudes de medidas provisionales, exigiendo al gobierno ruso el cumplimiento de las obligaciones derivadas del CEDH que le vinculan. Ante el riesgo de comisión de serias violaciones de los artículos 2, 3 y 8 del CEDH, el TEDH solicitó "to the Government of Russia to refrain from military attacks against civilians and civilian objects, including residential premises, emergency vehicles and other specially protected civilian objects such as schools and hospitals, and to ensure immediately the safety of the medical establishments, personnel and emergency vehicles within the territory under attack or siege by Russian troops", Decision of the Court on requests for interim measures in individual applications concerning Russian military operations on Ukrainian territory, ECHR 073 (2022), 04.03.2022.

Y la Fiscalía de la CPI ha abierto una investigación sobre la situación de Ucrania con el objetivo de determinar si han sido cometidos, desde el 21 de noviembre de 2013, o están siendo cometidos -ahora mismo en el territorio del país los delitos de genocidio, crímenes contra la humanidad o crímenes de guerra. La decisión del Fiscal de abrir una investigación (adoptada el 28.2.2022 a partir del examen preliminar realizado por la propia Fiscalía, ICC, Report on Preliminary Examination Activities 2020) se ha visto confirmada por la remisión de la situación, tras la invasión rusa, realizada por 39 Estados Parte en el Estatuto de Roma.

32 SVOBODA, O. EU Reform Agenda in Defence of the Judicialization of International Economic Law. *European Foreign Affairs Review,* 2020. 25(2), pp.177-196. En la búsqueda de un mecanismo de solución de controversias,

Por un lado, la singularidad de la UE como Unión de Estados añade nuevas connotaciones al fenómeno de la judicialización para la solución de controversias; en particular, la solución de controversias sobre inversiones. Acostumbrada a la gobernanza multinivel, puede decirse que la UE ha transformado el modelo judicial internacional más tradicional dotándose de un sistema jurisdiccional propio con características particulares que le han permitido autodefinirse como una Unión de Derecho; esto es, regida por el principio del Estado de Derecho.[33] En tal sentido, la judicialización es también en la UE un elemento catalizador de las demandas de responsabilidad, transparencia, rendición de cuentas y participación. Por lo tanto, la UE puede representar un ejemplo avanzado de ordenamiento jurídico *sui generis* en un sistema simultáneamente fragmentado e interdependiente.[34]

Por otro lado, reconociendo la importancia del rol que tienen las decisiones judiciales en la configuración del orden internacional, la judicialización puede ofrecer a la UE un canal para la expansión de sus valores normativos.[35] La UE se ha

---

el diseño institucional que se adopte (en el caso de la UE, una Corte) resulta explicativo en cierta medida de su forma de proceder. Los tribunales construyen sus hermenéuticas en gran medida amparados por su diseño institucional, esto influye en sus decisiones, sus motivaciones sustantivas y sus métodos legales. KINGSBURY, B. International courts: Uneven Judicialization in Global Order..., *op. cit.*, p.203.

33 *Ibid.*, p.274.

34 *Ibidem.*

35 SVOBODA, O. UNCITRAL Working Group III and Multilateral Investment Court–Troubled Waters for EU Normative Power. *European Investment Law and Arbitration Review Online*, 2022, 6 (1), p.110. COHEN-TANUGI, L. L´influence normative de l´Union Européene: une ambition entavée. Les Notes del´IFRI, Nro.40, 2002. DE RIDDER, M. et alt. Authority, Legitimacy and the Rule of Law in EU Trade Policy A Case Study of the International Investment Regime. RECONNECT EU, 2020. pp.1-59. GÁSPÁR-SZILAGYI, G. Quo Vadis EU Investment Law and Policy? The Shaky Path Towards the

dotado de un conjunto de valores y principios constitucionales que actúan como elemento unificador para un sistema de gobernanza multinivel. En gran medida, esos valores y principios son los que inspiran también toda su acción exterior[36], calificada significativamente como una acción exterior de matriz constructivista.[37] Ciertamente, la judicialización ofrece a la UE una oportunidad para tratar de extender la influencia de su *acquis comunitario* —reglas, normas y valores— hacia el exterior.[38] En las últimas décadas, la UE ha mantenido una cons-

International Promotion of EU Rules. *European Forreign Affairs Review.* 2018, 23 (2), pp.167-186. CREMONA, M. Structural Principles and their Role in EU External Relations Law. *Current Legal Problems.* 2016, 69 (1), pp.35-66. HILLION, C., WESSEL, R. The European Union and international dispute settlement: mapping principles and conditions. En in M. CREMONA, A. THIES, R. WESSEL (eds.). *The European Union and International Dispute Settlement.* Oxford/Portland: Hart Publishing, 2017, p. 7-30. WESSEL, R., LARIK, J. The European Union as a Global Legal Actor. En R.WESSEL, J. LARIK (eds) *EU External Relations Law. Text, Cases and Materials* (2nd ed.), Hart, 2020, pp.1-29.

36 Ver artículo 3(5) y artículo 21(1) del Tratado de la Unión Europea (TUE). HILLION, C., WESSEL, R. The European Union and international dispute settlement..., *op. cit.*, p.23. ROSAS, A. The EU and International Dispute Settlement. Europe and the World, 2017, 1(1), pp.1-29. Ver Capítulo III (*apartado 3.1.1*).

37 En palabras del profesor ALDECOA, en la evolución del proceso de integración "[s]e ha pasado del interés por poner fin a las guerras entre europeos a la búsqueda de una gobernabilidad mundial sobre la base de una ética mundial. Desde este punto de vista resurge con énfasis una concepción de la Política Exterior europea como política de responsabilidad, formulada desde los valores europeos, desde una concepción ética de la política mundial" (ALDECOA LUZÁRRAGA, F. La nueva política exterior de responsabilidad y su dimensión ética, *Eikasia. Revista de Filosofía.* II 6, septiembre 2006, http://www.revistadefilosofia.org; MARICAL, N., Aproximaciones constructivistas a la Unión Europea, *Cuadernos Europeos De Deusto,* n.° 47, 2012, pp.17-40.

38 KRÄMER-HOPPE, R., KRUEGER, T. International Adjudication as a mode of EU External Governance? The WTO seal case. *Journal of Common Market Studies.* 2017, 55(3), pp.535-550. Dicho de otro modo, en caso de éxito en

tante adhesión a las tendencias de judicialización del Derecho Internacional (en el ámbito del Derecho Internacional de los Derechos Humanos, el Derecho Penal Internacional, el Derecho del Mar o el Derecho Económico Internacional).[39] De hecho, está ampliamente consolidada su participación en ciertos regímenes jurídicos especiales —en particular, el sistema de la Organización Mundial del Comercio (OMC) y el sistema de la Convención de las Naciones Unidas sobre el Derecho del Mar (CNUDM)— dotados de complejos sistemas de arreglo de controversias en los que se contempla el recurso a mecanismos de carácter jurisdiccional.[40] La contribución de la UE a la judicialización alcanzaría así su punto más álgido en la reforma de la solución de controversias sobre inversiones, dado su liderazgo global en el proceso de judicialización del ISDS.

5.- Ciertamente, la judicialización del ISDS constituye el rasgo más característico de la nueva política de inversión de la UE

---

el argumento de la UE en una disputa particular, la decisión se convierte en vinculante para las partes y genera un precedente (aunque no formal) que le permite ejercer una influencia en un contexto multilateral. SVOBODA, O. UNCITRAL Working Group III and Multilateral Investment Court..., *op. cit.*, p.107.

39 BASEDOW, R. Why de-judicialize? Explaining State Preferences on Judicialization in World Trade Organization Dispute Settlement Body and Investor-to-State Dispute Settlement Reforms. *Regulation & Governance,* 2021, p.16. ALTER, K. *The New Terrain of International Law.* Princeton University Press, 2014. SVOBODA, O. EU Reform Agenda in Defense of the Judicialization..., *op. cit.*

40 CREMONA, M., THIES A., WESSEL, R. (eds.). *The European Union and International Dispute Settlement.* Oxford/Portland: Hart Publishing, 2017, p.23. ROSAS, A. The EU and international dispute settlement. *Europe and the World,* 2017, 1(1), pp.1-29. OJINAGA, R., "La Unión Europea y los Estados miembros en los procedimientos de arreglo jurisdiccional de controversias de la CNUDM", *Revista de Derecho Comunitario Europeo,* 55, 977-1018.

tras la entrada en vigor del Tratado de Lisboa[41], que atribuye a la Unión competencia exclusiva en materia de inversiones extranjeras directas (IED)[42] —en el marco de su Política Comercial Común (PCC)—, no sin fuertes tensiones internas.[43] De este modo, el Tratado de Lisboa impactó vigorosamente en las relaciones de la UE con terceros Estados y creó las condiciones necesarias para reconducir el escenario común de las inversiones.[44]

Paralelamente a la adquisición de una competencia exterior en materia de IED, la Unión se verá obligada a concebir

---

41 Véase Tratado de Lisboa, firmado en Lisboa, el 13 de diciembre de 2007. Diario Oficial de la Unión Europea C306, 17 de diciembre de 2007, 1-229.

42 Artículos 206 y 207 del Tratado de Funcionamiento de la Unión Europea (TFUE).

43 MEUNIER, S. Integration by stealth: How the European Union Gained Competence over Foreign Direct Investment. *Journal of Common Market Studies*, 2017, 55(3), pp.593-610.HINDELANG, S., MAYDELL, N. The EU's Common Investment Policy – Connecting the Dots. En M. BUNGENBERG, J. GRIEBEL, S. HINDELANG. *European Yearbook of International Economic Law. Special Issue: International Investment Law and EU Law.* Berlin, Heidelberg: Springer, 2011, pp.1-27. HINOJOSA MARTÍNEZ, L. El alcance de la competencia exterior europea en materia de inversiones. *Revista de Derecho Comunitario Europeo*, 2015, nº 52(19), pp.871-907. FACH GÓMEZ, K. (ed.). La Política de la Unión Europea en materia de Derecho de las Inversiones Internacionales: EU Policy on International Investment Law. Barcelona: J.M. Bosch Editor, 2017. FACH GOMEZ, K. La Política de la Unión Europea en materia de inversiones internacionales y sus efectos sobre los mecanismos de resolución de controversias inversor-Estado. *Revista Española de Derecho Internacional.* 2017, Nro. 69, pp.295-302.

44 HOFFMEISTER, F., ÜNÜVAR, G. From BITS and pieces towards European investment agreements. En M. BURGENBERG, A. REINISCH, C. TIETJE. *EU and Investment Agreements.* Baden-Baden: Nomos Verlagsgesellschaft, 2013, pp.57-85. MARQUIS, L. The evolution of the EU investment policy since the Lisbon Treaty: From a conservative to an innovative policy? En M. TELÓ, A. WEYEMBERGH (eds.) *Supranational Governance at Stake.* Routledge, 2020. p. 224-237.

un modelo de solución de diferencias para garantizar la observancia de las normas de protección recogidas en sus acuerdos comerciales y de inversión.[45] Pese a las dificultades que entraña la participación de la UE en los mecanismos de solución de controversias internacionales, tanto desde la perspectiva del Derecho de la UE como del Derecho Internacional general[46], la Unión ha manifestado su voluntad de desmarcarse de las prácticas anteriores de los Estados Miembros y construir su propio modelo de protección de inversiones.[47] Asimismo, en lo concerniente a la solución de controversias, la UE no solo ha mantenido su apoyo a las tendencias de judicialización, sino que ha tomado una iniciativa vanguardista, diseñando un mecanismo original y propio. Así lo confirman la propuesta lanzada en 2015 por la Comisión Europea para la creación de una Corte Multilateral de Inversiones[48] y la propuesta de crea-

---

45 FACH GÓMEZ, K. Unión Europea e inversiones internacionales: el futuro de los mecanismos de solución de inversor-Estado. *Revista Española de Derecho Internacional*, 2017, 69 (1), pp.295-302. PEREZ DE LAS HERAS, B. The European Union in International Investment Governance: A Hybrid Approach to Dispute Settlement. *Romanian Journal of European Affaires.* 2018, vol. 18, pp.77-93.

46 *Vid.* nota 40.

47 TITI, C. International Investment Law and the European Union: Towards a New Generation of International Investment Agreements. *European Journal of International Law*, 2015, 26(3), pp.639-661. LENTNER, G. A Uniform European Investment Policy?: The Unwritten EU Model BIT. *Journal of Economics, Finance and Administrative Science*, 2014, vol. 2, pp.156-165.

48 European Commission, Concept Paper Investment in TTIP and beyond: The Path for Reform https://trade.ec.europa.eu/doclib/docs/2015/may/tradoc_153408.PDF
European Commission, EU finalises proposal for investment protection and Court System for TTIP (12 November 2015) https://ec.europa.eu/commission/presscorner/detail/en/IP_15_6059
TITI, C. The European Union´s Proposal for an International Investment Court: Significance, Innovations and Challenges Ahead. *Transnational Dispute Management*, 2017, Nro. 4, pp.1-35. VAN HARTEN, G. A Case for an Inter-

ción de un mecanismo jurisdiccional de carácter permanente para la solución de controversias sobre inversiones[49] defendida actualmente por la UE en el marco del proceso de reforma multilateral del ISDS iniciado ante la Comisión de Naciones Unidas para el Derecho Mercantil Internacional (CNUDMI, UNCITRAL por sus siglas en inglés).[50] La propuesta se inserta plenamente en el esquema teleológico que orienta la acción exterior de la Unión anteriormente aludido. También el compromiso con el mutilateralismo constituye un principio estructural de la UE que sirve para articular sus relaciones exteriores, al mismo tiempo que configura su identidad internacional. [51]

---

national Investment Court. Society of International Economic Law (SIEL) Inaugural Conference, 2008, Working Paper N.22/08, pp.1-32. LENK, H. The EU Investment Court System. A viable Reform Initiative? Phd Thesis. Goteborg: Sueden. Göteborgs universitet. Handelshögskolan, 2019. 346 p.

49 Communication from the Commission to the European Parliament, the Council, the European Economic and Social Committee and the Committee of Regions Trade for All. Towards a more responsible trade and investment policy. COM/2015/0497, p.15 https://eur-lex.europa.eu/legal-content/EN/TXT/PDF/?uri=CELEX:52015DC0497&from=en

50 CNUDMI, Grupo de Trabajo III, Posible Reforma del Sistema de Solución de Controversias entre Inversionistas y Estados, Documento presentado por la Unión Europea, A/CN.9/WG.III/WP.159/Add.1
United National Commission on International Trade Law, en español: Comisión de Naciones Unidas para el Derecho Mercantil, CNUDMI. Debido a la mayor utilización del anglicismo, el presente trabajo utiliza los términos anglosajones tanto para "UNCITRAL", como para "ISDS" al referirse a la solución de controversias inversor-Estado. CNUDMI, Grupo de Trabajo III, Posible Reforma del Sistema de Solución de Controversias entre Inversionistas y Estados, Documento presentado por la Unión Europea, A/CN.9/WG.III/WP.159/Add.1.

51 SVOBODA, O. UNCITRAL Working Group III and Multilateral Investment Court ..., *op. cit.*, p.108. KISSACK R. *Pursuing Effective Multilateralism: The European Union, International Organizations and The Politics Of Decision Making.* New York: Palgrave Macmillan, 2010.

Con todo, ¿por qué la UE adopta en estos momentos con tal vigor el postulado de una mayor judicialización como estrategia para la reforma integral del sistema ISDS? La preocupación por preservar el espacio regulatorio de los Estados, mermado a causa del ISDS, es una cuestión relevante para los Estados y también esencial para la UE. En tal sentido, diversas estrategias y acciones son ejecutadas para preservar el derecho a regular y, al mismo tiempo, ofrecer protección para las inversiones extranjeras.[52] Paradójicamente, las estrategias actuales para preservar el espacio regulatorio de los Estados oscilan entre la "de-judicialización" —que implicaría desmarcarse cada vez más de este sistema— y el reforzamiento de la judicialización del ISDS.[53]

Bajo la perspectiva europea, las instituciones internacionales evolucionan y expanden su autoridad no en detrimento de la autoridad de los Estados, sino adoptando la forma de un orden "cuasi-constitucional". La función judicial internacional forma parte de un sistema de gobernanza global. Por tal motivo, las preferencias de reforma de la UE y los esfuerzos por consolidar el espacio regulatorio están naturalmente enfocados a reforzar el interés público asegurando una mayor transparencia, rendición de cuentas y la presencia de elementos judiciales que

---

52 UNCTAD, IIA Issues Notes, The Changing IIA Landscape: New Treaties and Recent Policy Developments, No. 1, 2020. UNCTAD, IIA Issues Notes, Reforming Investment Dispute Settlement: A Stocktaking, No. 1, 2019. UNCTAD, IIA Issues Notes, Interpretation of IIAs: What states can do, No. 3, 2011.

53 BASEDOW, R. Why de-judicialize? Explaining state preferences on judicialization..., *op. cit.*, p. 7. Para otros Estados, como por ejemplo EEUU una mayor judicialización supone el debilitamiento de la autoridad de los Estados con su consecuente reducción del espacio regulatorio. Esta afirmación está ligada a la concepción de legitimidad del Derecho Internacional y sus instituciones desde una lógica meramente intergubernamental (por oposición a la supranacionalidad).

amplifiquen la lógica legal de la solución de controversias (por oposición a lógicas diplomáticas y políticas).[54] Ciertamente, el apoyo europeo a una mayor judicialización parece anclado en la identidad política de la UE como orden constitucional transnacional[55] y le permite ejercer con fuerza su papel de *trendsetter*, convirtiéndose en un generador regional de estándares internacionales, utilizando su Política Común de inversiones como una poderosa herramienta a través de la cual puede ejercer su poder normativo.[56]

Adicionalmente, la judicialización de la solución de controversias sobre inversiones convierte a la Unión en un actor internacional con un papel protagonista como promotor, cumplidor y ejecutor del Estado de Derecho, tanto en el contexto de la reforma del ISDS como en la nueva configuración del sistema de protección internacional de inversiones. La normatividad refleja, en este contexto, un verdadero poder estratégico.

Sin embargo, la emergencia de la UE en esta área continúa siendo un fenómeno reciente y su actuación como generador de normas y valores, al mismo tiempo que le otorga una posición de liderazgo a escala global, le exige una coordinación delicada para sostener el frágil equilibrio impuesto por sus

---

54 *Ibidem.*

55 WEILER, J.H. The Reformation of European Constitutionalism. *Journal of Common Market Studies,* 1997. 35(1) pp.97-131.

56 COHEN-TANUGI, L. Europe as an international normative power: State ofplay and perspectives [en línea], Grupe d´estudes geopolitiques, diciembre 2021. La influencia de ciertas legislaciones de la UE – que van más allá de su aplicación extraterritorial- permiten que, a través de su poder normativo, trasvase las vallas intergubernamentales y se convierta en una poderosa influencia en el ámbito internacional. SVOBODA, O. UNCITRAL Working Group III and Multilateral Investment Court..., *op. cit.,* p.110. GÁSPÁR-SZILAGYI, G. Quo Vadis EU Investment Law and Policy..., *op. cit.,* p.167.

propias limitaciones estructurales internas.[57] En este sentido, se han hecho necesarios dos importantes Dictámenes del Tribunal de Justicia de la Unión Europea (TJUE) para reconstruir el *puzle* tanto de las cuestiones competenciales[58] como de las cuestiones relativas a la compatibilidad de los mecanismos jurisdiccionales de solución de controversias sobre inversiones promovidos por la UE —en particular, el sistemas de tribunales de inversiones del CETA[59]— con el ordenamiento jurídico de la UE y el principio de autonomía (externa) elaborado por el propio TJUE en una importante jurisprudencia.[60]

6.- Atendiendo a su vocación internacional, en el mismo inicio del fenómeno de judicialización de la UE se implantó la semilla del multilateralismo, por lo que la trasmutación sistémica de los denominados sistemas de tribunales de inversiones incluidos en varios acuerdos comerciales de última generación[61], se produce con la propuesta de creación de un mecanismo

---

57 DÍEZ-HOCHLEITNER, J. La nueva política comercial de la Unión Europea desborda el marco de sus competencias. Comentarios preliminares al Dictamen 2/15 del TJUE. *Revista de Derecho Comunitario Europeo.* 2017. No. 57, pp.403-429. DELILE, J.K. The internationalization of the judicial control of EU free trade agreements: when better is enemy of good. En I. BOSSE-PLATIÈRE, C. RAPOPORT (eds.) *The Conclusion and Implementation of EU Free Trade* Agreements, Cheltenham: Edward Elgar Publishing Limited, 2019. pp.240-254.

58 Dictamen 2/15, de 16 de mayo de 2017, C-2/15, EU:C:2017:376.

59 Dictamen 1/17, de 30 de abril de 2019, EU:C:2019:341.

60 OJINAGA RUIZ, R., LEIVA, M.L. EU as a Driver in the Judicialization Process of International Investment Disputes: ISDS Reform and EU Judicial System. En A. GOURGOURINIS (ed.). *European Yearbook of International Economic Law: Transnational Actors in International Investment Law.* Cham: Springer, 2021. p. 19-44. PANTALEO, L. *The Participation of the EU in International Dispute Settlement: Lessons from EU Investment Agreements.* Berlin: TMC Asser Press Springer, 2019, pp.43-65.

61 Ver *Capítulo II* (apartado 2.2.2.2).

permanente para la solución de controversias sometida en el foro de UNCITRAL.[62]

El Grupo de Trabajo III de UNCITRAL quedó establecido en julio de 2017 para trabajar en la Reforma del Sistema de Solución de Controversias entre Inversores y Estados.[63] Si bien las primeras acciones estatales para la reconfiguración del ISDS fueron realizadas aisladamente, la preocupación global por las debilidades del sistema fue dando paso a algunas acciones conjuntas y también perfilando determinados posicionamientos en torno a la reforma. Sucintamente, algunos Estados defienden la modificación gradual de ciertos elementos del sistema ISDS (postura incrementalista), mientras que otros abogan por sustituir el sistema arbitral de solución de controversias *Ad hoc* por un sistema permanente que posibilitaría una transformación integral de todos sus elementos (postura sistémica). Simultáneamente, otros Estados consideran que el sistema vigente ISDS es obsoleto y ha fracasado, postulando un cambio en el paradigma de la solución de las controversias sobre inversiones (postura paradigmática).[64] A los debates más "técnicos" desarrollados en este Grupo de Trabajo III de UNCITRAL (en adelante Grupo de Trabajo III), se añade la preocupación por los factores políticos que amenazan permanentemente con pa-

---

62 CNUDMI, Grupo de Trabajo III, Posible Reforma del Sistema de Solución de Controversias entre Inversionistas y Estados, Documento presentado por la Unión Europea y sus Estados miembros, A/CN.9/WG.III/WP.159, https://undocs.org/es/A/CN.9/WG.III/WP.159. A/CN.9/WG.III/WP.159/Add.1, https://undocs.org/es/A/CN.9/WG.III/WP.159/Add.1. ver *Capítulo IV.*

63 CNUDMI, 50° período de sesiones, Informe de la Comisión de las Naciones Unidas para el Derecho Mercantil Internacional, A/72/17, https://undocs.org/es/A/72/17.

64 Las categorías son elaboradas a partir de una clasificación elaborada por de Anthea Roberts en ROBERTS, A. Incremental, Systemic and Paradigmatic Reform of Investor-State Arbitration, 112 *American Journal of International Law,* 2018, pp.410-433. Ver *Capítulo III* (apartado 3.2.3).

ralizar las negociaciones. Sin embargo, la mayor fuerza del debate radica en la confluencia sobre la protección del derecho a regular, concepto que —una vez deconstruido— ha sido un catalizador de la reforma y, desde el inicio, un elemento central de la agenda de la UE. El propio TJUE ha tenido ocasión de afirmar la relevancia constitucional del derecho a regular —tanto en términos de legalidad como de legitimidad— y su vinculación con el principio de autonomía del Derecho de la Unión.[65]

En la fase de negociaciones del Grupo de Trabajo III es posible identificar debates en torno a una reforma estructural (o institucional) y no estructural. Las mejoras incrementales en el sistema vigente constituyen la base de una reforma no estructural, mientras que una reforma institucional supondría el establecimiento de un órgano permanente de solución de controversias como propugnan los sistémicos. Los debates respecto a la reforma estructural del ISDS, enfocados en la promoción de un sistema judicial o cuasi judicial, trascienden las dicotomías iniciales (reformar/no reformar, judicializar/no judicializar, etc.) para dar paso a una pluralidad de opciones.[66] El fracaso de intentos previos de institucionalización y centralización del régimen internacional de inversiones constituye una presión

---

65 El TJUE ha afirmado la relevancia constitucional del derecho a regular -tanto en términos de legalidad como de legitimidad- en relación con su interpretación del principio de autonomía del Derecho de la Unión (Dictamen 1/17 of 30 April 2019, ECLI:EU:C:2019:341, paras. 148-161). Véase, BURGENBER N., TITI C., CETA Opinion – Setting Conditions for the Future of ISDS, *EJILTALK!* 5 junio 2019.

66 ROBERTS, A. Investment Treaties: The Reform Matrix. *AJIL Unbound*, 2018, 112, pp.191-196. ROBERTS, A., BOURAOUI, Z. UNCITRAL and ISDS Reforms: What are States' Concerns? *EJITALK!* 5 junio 2018. SCHILL, S., VIDIGAL, G. Cutting the Gordian Knot: Investment Dispute Settlement à la Carte, I-ADB, ICTSD, RTA exchange, 2018, pp.1-24.

suficiente como para otorgar a la flexibilidad un lugar primordial en la negociación de las alternativas de reforma.

La marcada pluralidad del Grupo de Trabajo III es un síntoma del proceso de politización de gobernanza global y regional, que opera con fuerza en la reforma del ISDS.[67] Esta politización genera cambios de autoridad, en sentido vertical —con desplazamientos de autoridad entre el nivel nacional e internacional—, y/o en sentido horizontal —con recalibraciones entre las formas de gobernanza públicas y privadas.[68] Como consecuencia, la búsqueda del "universalismo" en el sistema ISDS exigiría incluso una cierta redefinición del concepto de universalidad de forma más inclusiva. Este es, para algunos, el desafío más relevante en el proceso de reforma, y una temática pendiente en la propuesta de judicialización de la UE.[69]

7.- En este contexto, el presente trabajo de investigación pretende llevar a cabo una revisión y sistematización de los aspectos más destacados de la reforma del ISDS encaminada a la judicialización. Su hilo conductor es la propuesta de judicialización formulada por la Unión Europea —bilateral en primera instancia y multilateral en lo que atañe a su ambiciosa propuesta de creación de un tribunal multilateral de inversiones— y su paulatino ensamble en el proceso de institucionalización del

---

67 HERRANZ-SURRALLÉS, A. 'Authority Shifts' in Global Governance: Intersecting Politicizations and the Reform of Investor–State Arbitration. *Politics and Governance,* 2020, 8 (1), p.337. El proceso de politización de la gobernanza global y regional es entendido como una creciente conciencia pública sobre las instituciones internacionales y una mayor movilización pública sobre las preferencias de las políticas o procedimientos llevados a cabo por las instituciones.

68 *Ibid,* p.338.

69 BOISSON DE CHAZOURNES, L. Plurality in the fabric of international courts and tribunals: the threads of a managerial approach. *European Journal of International Law,* 2017, 28(1), pp.13-72.

ISDS en el proceso actual de reforma en el marco de UNCITRAL.

El Capítulo I ofrece una visión general sobre la protección de las inversiones en perspectiva histórica con el fin de contextualizar el tratamiento de las cuestiones relativas a los mecanismos de solución de controversias sobre inversiones. A continuación, se examinan los dos pilares sobre los cuales ha evolucionado el sistema (TBI y CIADI) y las objeciones críticas a las que se ha visto sometido en tiempos más recientes este modelo tradicional de ISDS. Teniendo en cuenta la deconstrucción operada sobre la base del concepto de "derecho a regular", se considera la reconfiguración del sistema ISDS llevada a cabo a través de las acciones de diversos Estados, que culmina en una auténtica propuesta de reforma multilateral.

El Capítulo II considera el papel de la UE en el escenario internacional de las inversiones y las sucesivas etapas en la elaboración de una política común europea en la materia. El capítulo analiza, a su vez, las principales implicaciones internas y externas de la participación de la UE en el sistema ISDS, tratando de dilucidar el modo en que las tensiones internas impactaron en la formulación estratégica por la Unión de su propuesta de judicialización.

El Capítulo III examina el actual proceso multilateral de reforma del ISDS, describiendo las dinámicas con las que la propuesta de judicialización fue trasladada del marco bilateral de los acuerdos internacionales celebrados por la UE al marco multilateral. Incluyendo una somera descripción del estado de la cuestión de los debates del Grupo de Trabajo III, se sistematizan las principales alternativas de reforma y los principales obstáculos en el proceso de negociación en curso.

El Capítulo IV está orientado de un modo más directo al análisis de las modificaciones institucionales relativas a la estructura del mecanismo; en particular, al planteamiento de las principales cuestiones técnicas de la propuesta de judicialización multilateral sometidas y debatidas hasta el momento en el Grupo III de UNCITRAL. El análisis se basa en el contenido de la propuesta de la UE para el establecimiento de un mecanismo permanente de solución de controversias y en las alternativas de judicialización debatidas en el Grupo de Trabajo III hasta la fecha.

En última instancia, se analizan en profundidad las asimetrías que subyacen en la propuesta de judicialización, a la espera del resultado de las negociaciones multilaterales. Más allá de las complejidades que enfrenta la Unión Europea como promotor de una propuesta de tal envergadura en un contexto multilateral, la reflexión sugiere retos cruciales para la Unión que parecen anticiparse en el horizonte de la, más o menos inminente, reforma del sistema de solución de controversias sobre inversiones internacionales.

Capítulo 1.

LA SOLUCIÓN DE CONTROVERSIAS EN EL DERECHO INTERNACIONAL DE LAS INVERSIONES. ORIGEN Y EVOLUCIÓN

El presente capítulo se inicia con un breve estudio de la evolución histórica de la solución de controversias en materia de inversiones internacionales (apartado 1.1) para abordar, posteriormente, cómo se construyó el sistema de solución de controversias actualmente vigente (apartado 1.2). En relación con este último, se identifican dos fenómenos relevantes. En primer lugar, el *boom* de los tratados bilaterales de inversión (apartado 1.2.1) como fenómeno característico del Derecho Internacional de inversiones; y, en segundo lugar, la creación del Centro Internacional para el Arreglo de las Diferencias relativas a Inversiones (apartado 1.2.2). A continuación, se considera la proliferación de la cláusula de arreglo de controversias relativas a inversiones (apartado 1.3), institucionalizando un sistema cuya misma expansión (apartado 1.3.1), permitió advertir falencias y fracasos ocasionando rechazos y el famoso *backlash* (apartado 1.3.2). Finalmente, se analiza el proceso de reforma sobrevenido gradualmente en el sistema de solución de controversias sobre inversiones (apartado 1.4), explicando por un lado las causas más influyentes que condujeron al ocaso del sistema (apartado 1.4.1) y, por otro lado, identificando aquellas acciones tomadas por los Estados para reconfigurar el sistema y conducir una reforma global (apartado 1.4.2).

1.1. BREVE EVOLUCIÓN HISTÓRICA DE LA SOLUCIÓN DE CONTROVERSIAS EN EL DERECHO INTERNACIONAL DE LAS INVERSIONES.

La configuración de las reglas creadas en materia de inversiones internacionales es el resultado de un complejo proceso histórico. Este proceso ha estado marcado, ante todo, por una dinámica interactiva entre países exportadores y países importadores de capital, cuyo desarrollo conformó la fisonomía de la protección de las inversiones internacionales. En esta dinámica, la lógica basada principalmente en la "protección del inversor", tuvo un protagonismo tal durante los siglos XVII a XX, que desjerarquizó otras facetas de la relación, tales como: las obligaciones derivadas de la inversión, la participación de terceros afectados en la misma, e incluso la delimitación derivada del espacio regulatorio de los Estados. En este contexto, un proceso histórico de naturaleza unilateral ilustra la creación de las normas sobre inversiones internacionales, que fueron consolidándose con el correr del tiempo e infiltrando consecuencias en su mecanismo de solución de controversias.

La cuestión de la solución de controversias en materia de inversiones internacionales ha cobrado especial relevancia en los años recientes, pero sus orígenes son el resultado de un conjunto de dinámicas desarrolladas durante los siglos XVII a XX.[1] Si bien el comercio y las inversiones son tan antiguos como la vida en comunidad, su relevancia en el Derecho Internacional está relacionada con la necesidad de establecer cuál es el trato que debe dar un Estado a los extranjeros cuando están en su territorio, y potencialmente, determinar la responsabilidad internacional en caso de una afectación de la propie-

---

1 MILES, K. *The origins of international..., op. cit.*, p.19. SALACUSE, J.W. *The Law of Investment Treaties* (3d ed). Oxford: Oxford University Press, 2021, p.96.

dad de estos extranjeros.[2] La relación entre un inversionista extranjero y el Estado anfitrión constituye el punto esencial en esta materia y, por tanto, la solución de controversias derivadas de esta relación forma parte de un engranaje mayor.

La protección de las inversiones extranjeras constituye el verdadero inicio del Derecho Internacional de las inversiones.[3] El contenido y la forma de la protección de inversiones extranjeras son inherentes a su contexto socio-político, y están determinados por factores claves como son las condiciones sociales, políticas y económicas de la época en que se desarrolla. Por tanto, la geopolítica histórica forma parte de la narrativa del Derecho Internacional de las inversiones y aún más, su contribución es significativa respecto al carácter de las normas de la protección de inversiones extranjeras desarrolladas en *nuestra* era.[4]

Los primeros esquemas de protección de inversiones están ligados a operativas de antiguas concesiones comerciales. Lo que antiguamente implicaba el interés comercial en una determinada región, podría equipararse al interés actual en las inversiones extranjeras.[5] Desde el inicio de los tiempos, los inversores han procurado garantías de los soberanos en cuyos territorios invertían, para que sus intereses fueran protegidos ante formas de accionar negativas por los soberanos y los loca-

---

2 PRIETO MUÑOZ, J.G. Evolución del Derecho Internacional ..., *op. cit.*, p.8.

3 MILES, K. *The origins of international...*, *op. cit.*, p.2. SORNARAJAH, M. *The International Law on Foreign Investment.* (3rd ed.), New York: Cambridge University Press. 2013 p.18.

4 MILES, K. *The origins of international...*, *op. cit.*, p.20.

5 TIETJE, C., BAETENS, F. The Impact of Investor-State-Dispute Settlement (ISDS) in the Transatlantic Trade and Investment Partnership, Study prepared for: Minister for Foreign Trade and Development Cooperation, Ministry of Foreign Affairs, The Netherlands. MINBUZA-2014.78850. 24 junio 2014, p.15 https://cutt.ly/5SIyhLw.

les. Estas garantías y subsidios se daban en una relación entre el soberano y los comerciantes extranjeros, de manera habitual durante el s. X.[6] A pesar de que esta situación no constituía una protección de inversiones en su sentido actual (sino más bien una concesión de comercio), considerando la realidad fáctica de la época, podría vislumbrarse como los pilares iniciales sobre los cuales se desarrolló el concepto de protección.[7] A diferencia de las concepciones posteriores, estas garantías no eran acuerdos, sino más bien actos unilaterales del soberano, aunque eran igualmente producto de una negociación entre el soberano o sus representantes y los comerciantes extranjeros, que eran los beneficiarios.[8] Por tal motivo y aun cuando la protección sustantiva era efectiva, su alcance procedimental siempre estaba limitado y condicionado a la voluntad de protección del soberano.

El primer cambio relevante sobre la estructura y el valor de la inversión se produjo con el advenimiento de la modernidad y el concepto de Estado-nación, ya que los derechos comerciales pasaron a ser negociados dentro de una lógica interestatal. Los acuerdos estatales de comercio fueron impulsados como una forma de controlar la actividad económica del Estado, generando ciertas reglas en las dinámicas comerciales entre Estados. Los soberanos de la Europa emergente en la Edad Media, procuraban de diversas maneras proteger los intereses de sus nacionales en otros Estados.[9] Una incipiente redacción

---

6 SALACUSE, J.W. *The Law of Investment..., op. cit.*, p.98. Estas garantías adoptaban en nombre de "chrysobul" en el Imperio Bizantino, y eran otorgados a comerciantes venecianos, como derechos para comerciar en los puertos y otros lugares del Imperio Bizantino, con la exención de derechos aduaneros.

7 TIETJE, C., BAETENS, F. The Impact of Investor-State-Dispute Settlement..., *op. cit.*, p.16.

8 SALACUSE, J.W. *The Law of Investment..., op. cit.*, p.98.

9 LILLICH, R. *Human Rights of Aliens in Contemporary International Law.* Manchester University Press, 1984, pp.8-10.

de acuerdos produjo la materialización de algunos reconocimientos bilaterales en Europa, otorgando un cierto grado de protección para la propiedad extranjera dentro de un determinado Estado.[10] Dado el poder de negociación relativamente equiparable entre dichas naciones, lo que se procuraba a través de las normativas era asegurar unos ciertos estándares mínimos de tratamiento para aquellos ciudadanos involucrados en actividades de comercio e inversiones de la región.

Al producirse una evolución desde el nivel regional hacia un nivel internacional en el comercio y las inversiones, con la expansión europea de la actividad económica, comercial y de inversiones, el carácter de esta normativa cambió radicalmente. El sistema de protección que había nacido entre naciones europeas se expandió al nivel internacional con nuevas características, afectadas poderosamente por el "encuentro colonial".[11] El proceso de aplicación de los estándares normativos de tratamiento a Estados "no europeos" se vio impregnado de dinámicas imperialistas, que incluyeron la protección de los intereses comerciales por medios opresivos e incluso mediante la intervención militar.[12]

En este período, la normativa sobre "protección de los extranjeros" regía como protección de las inversiones.[13] La Euro-

---

10 TIETJE, C., BAETENS, F. The Impact of Investor-State-Dispute Settlement..., *op. cit.*, p.17.

11 MILES, K. *The origins of international...*, *op. cit.*, p.23.

12 *Ibid.*, p.25.

13 DIEZ DE VELASCO, M. *Instituciones de Derecho...*, *óp. cit.*, pp.62-65. Esta concepción forma parte del Derecho Internacional clásico, que tuvo sus raíces en la Europa occidental del S.XVI y permaneció vigente hasta 1945. La configuración de un derecho, inicialmente descentralizado e inorgánico, se iba desarrollando sobre la voluntad de los Estados, a partir de acuerdos y usos, engendrando lentamente normas de carácter general. La configuración de este Derecho Internacional clásico correspondía a una sociedad eurocéntrica, y este carácter impregna también las relaciones derivadas del comercio y la

pa geográfica, cultural y política de esa época, al relacionarse con centros de poder que se encontraban fuera de la sociedad europea, lo hacía siempre sobre la base de una superioridad que les permitía, en la mayor parte de las ocasiones, establecer relaciones de dominación.[14] La influencia europea, en usos y costumbres, establecía que los hombres de negocios no estaban sujetos a las leyes locales, sino que llevaban las leyes de su Estado nacional donde fuera que vayan, lo que implicaba ausencia de preocupación por el tratamiento de las inversiones de sus nacionales en el exterior, ya que los activos de los extranjeros tenían asegurado un tratamiento diferente a los del Estado local.[15] En caso de posibles controversias, los Estados colonizadores controlaban en gran parte las instituciones del colonizado —siendo los parlamentos y las cortes, lógicamente, imperiales—, por lo que la solución a través de las jurisdicciones locales no era más que una manera indirecta de controlar la controversia. En el mismo sentido, en aquellos Estados que no eran colonias —y cuya jurisdicción no era posible controlar— se estableció el "principio de extraterritorialidad", afirmando que para los Estados fuera del sistema colonial la ley aplicable a comerciantes europeos era "la ley de su propio Estado nacional".[16] El principio de extraterritorialidad se justifi-

---

inversión. REMIRO BRÓTONS, A. *Derecho Internacional Público. Principios Fundamentales.* Madrid: Tecnos. 1982, pp.30-31. PASTOR RIDRUEJO, A. *Curso de Derecho Internacional Público* y Organizaciones Internacionales. (23ª ed.). Madrid: Tecnos. 2019, p.258 y ss.

14 *Ibid*, p.63.

15 SUBEDI, S. *International Investment Law. Reconciling Policy and Principle.* (4th ed.) Oxford: Hart Publishing. 2020, pp.18-35.

16 NEWCOMBE, A., PARADELL, L. *Law and practice of investment...*, *op cit.*, p.10. SORNARAJAH, M. *The International Law...*, *op cit.*, p.20. MILES, K. *The origins of international...*, *op cit.*, p.27. DIEZ DE VELASCO, M. *Instituciones de Derecho...*, *óp. cit.*, pp.620-621. El autor realiza un análisis interesante sobre el respeto a ultranza de la propiedad extranjera y un "proceso de revisión ida y vuelta" en cuanto a sus garantías por parte de los Estados.

caba diplomáticamente como una herramienta de facilitación del intercambio comercial pero su aceptación se realizaba normalmente a través de medios coactivos, por lo que el mecanismo —obligatorio— señalado para la solución de controversias generó un cierto resentimiento, en especial en algunos países asiáticos.[17]

En definitiva, dado que las inversiones se realizaban en el contexto de la expansión colonial, no requerían demasiada atención, ya que los sistemas legales de las colonias estaban integrados con los poderes imperiales y éstos aseguraban *per se* una protección suficiente para las inversiones que se realizaran en las colonias. Por consiguiente, la necesidad de un Derecho Internacional para la protección de las inversiones era escasa.[18] En general, las normas para dirimir una disputa en materia de inversiones extranjeras provenían del Derecho consuetudinario, que además estaba principalmente conformado por normas que procedían de Estados occidentales, orientadas unidireccionalmente hacia la protección del inversor y afirma-

---

17 El establecimiento de relaciones de hegemonía y dependencia entre la cultura occidental y otras culturas, queda reflejada a través de los denominados Tratados desiguales. Un ejemplo de ello son los Tratados desiguales, inicialmente entre China y algunas potencias extranjeras, que se firmaron después de la primera guerra del opio y que obligaron (entre otras cuestiones) a hacer varias concesiones de soberanía a extranjeros. En China, en determinados lugares (denominados "enclaves extranjeros") regía el principio de extraterritorialidad, a través del cual para los extranjeros regían solamente las leyes de su Estado nacional en vez de las leyes de China, y las cortes chinas carecían de jurisdicción respecto a los ciudadanos extranjeros. DIEZ DE VELASCO, M. *Instituciones de Derecho…, óp. cit.*, p.64. SORNARAJAH, M. *The International Law..., op cit.*, p.20. NEWCOMBE, A. P., & PARADELL, L. *Law and practice of investment …, op cit.*, p.11.

18 SORNARAJAH, M. *The International Law…, op. cit.*, p.19. Para el autor, esta razón explica el nacimiento inicial del derecho de las inversiones en el ámbito americano, donde las inversiones de Estados Unidos hacia países latinoamericanos se realizaban en un contexto de Estados no colonizados.

das a través de una lógica de dominación.[19] Una concepción eurocéntrica de las relaciones derivadas del comercio y la inversión predominaba frente a otras perspectivas en los diferentes acuerdos de la época.[20]

Durante el s. XVIII profundas transformaciones económicas y geopolíticas dieron lugar a que los Estados que carecían posesiones coloniales comenzaran a desarrollar un nuevo instrumento para proteger sus intereses económicos en el extranjero. En particular, EEUU desarrolló un modelo de alianza y comercio conocido como los "Tratados de Amistad, Comercio y Navegación".[21] Estos acuerdos bilaterales tenían una evidente orientación comercial, y a través de sus cláusulas los Estados Parte protegían recíprocamente los intereses de sus nacionales y sus negocios.[22] A pesar de que estaban orientados principalmente a la facilitación del comercio, en ellos se detecta una incipiente atención a la protección de las inversiones y, asimis-

---

19 MILES, K. *The origins of international..., op. cit.*, p.7. SUBEDI, S. *International Investment Law..., op. cit.*, pp.28-29. SALACUSE, J.W. *The Law of Investment..., op. cit.*, p.99.

20 Este lastre histórico marcó la fisonomía del Derecho Internacional de inversiones y generó un impacto en las formas de abordar la solución de controversias en materia de inversiones. MILES, K. *The origins of international..., óp. cit.* p.33 DIEZ DE VELASCO, M. *Instituciones de Derecho..., op. cit.*, p.65.

21 DOLZER, R., SCHREUER, C. *Principles of International Investment Law.* Oxford: Oxford University Pres. 2012, p.1. Estos eran Tratados Bilaterales estaban orientados a facilitar el comercio, la navegación y las inversiones. El primero de ellos fue entre Estados Unidos y Francia, en 1778, y procuraba promover los intercambios entre dichos países (más qué delinear un minucioso sistema de tratamiento en materia de propiedad). ALSCHNER, W. Americanization of The BIT Universe: The Influence Of Friendship, Commerce And Navigation (FCN) Treaties on Modern Investment Treaty Law. *Goettingen J. Int'l L.*, 2013, 5(2), p.461. VANDEVELDE, K.J. *The first bilateral investment treaties: US postwar friendship, commerce and navigation treaties.* New York: Oxford University Press. 2017., p.57 y ss.

22 SALACUSE, J.W. *The Law of Investment..., óp. cit.* p.101.

mo, una evolución en la naturaleza de la protección, ya que —a diferencia de la anterior sumisión absoluta a la voluntad del soberano para la protección— estos acuerdos enfatizan el carácter recíproco de la relación, procurando ambos Estados asegurar sus intereses en el exterior.[23] Asimismo, estos acuerdos representan un relevante progreso en la medida que incluyen la idea de algunos estándares modernos, tales como la denominada cláusula de Nación más Favorecida, el principio de no discriminación, e incluso el arbitraje como mecanismo para la solución de controversias.[24]

Desde una perspectiva procedimental, resulta de especial relevancia el Tratado de Comercio y Navegación entre Estados Unidos y Gran Bretaña, también conocido como "Jay Treaty", que estableció las comisiones mixtas de arbitraje para para resolver las disputas de ciudadanos británicos y estadounidenses cuya propiedad habría sido dañada o incautada durante la guerra. [25] De este modo, la solución de controversias en materia de inversiones encuentra un primer signo de transformación ya que este acuerdo fue el primero de su estilo en incorporar este mecanismo para la solución de controversias.[26] Además, estas comisiones mixtas tenían jurisdicción para resolver disputas entre los Estados y también entre un particular y un Estado, generando de alguna manera los cimientos del sistema que conocemos actualmente como arbitraje de inversiones. En

---

23 TIETJE, C., BAETENS, F. The Impact of Investor-State-Dispute Settlement..., *op. cit.*, p.18

24 SALACUSE, J.W. *The Law of Investment...*, *op. cit.* p.103.

25 NEWCOMBE, A., PARADELL, L. *Law and practice of investment treaties: standards of treatment.* Kluwer Law International BV, 2009, p.7. PRIETO MUÑOZ, J.G. Evolución del Derecho Internacional ..., *op. cit.*, p.7. TIETJE, C., BAETENS, F. The Impact of Investor-State-Dispute Settlement..., *op. cit.*, p.18

26 PRIETO MUÑOZ, J.G. Evolución del Derecho Internacional ..., o*p. cit.*, p.11.

efecto, la protección de las inversiones extranjeras comenzaba a adquirir mayor interés como objeto de regulación.[27]

Sin embargo, durante todo el s. XIX la protección de las inversiones extranjeras estuvo ligada a la protección diplomática de los extranjeros.[28] En esta teoría, el daño causado a un extranjero puede generar un derecho a la reparación para su Estado nacional, lo cual conlleva la posibilidad de que éste último tome acciones para la protección de sus nacionales.[29] Bajo las premisas de esta teoría, el Estado tenía derecho a obtener justicia en la forma que decidiera, recurriendo incluso a la amenaza o el uso de la fuerza. Se producía entonces una identificación de los intereses de los nacionales en el extranjero con los intereses del Estado. Las disputas derivadas de las inversiones internacionales serían resueltas entre Estados, asumiendo éstos directamente el derecho de su nacional (inversor) y defendiéndolo frente al Estado receptor de la inversión.[30]

---

27 TIETJE, C., BAETENS, F. The Impact of Investor-State-Dispute Settlement..., *op. cit.*, p.18.

28 DIEZ DE VELASCO, M. *Instituciones de Derecho...*, *op. cit.*, pp.902-918. DIEZ DE VELASCO, M. La protección diplomática de las sociedades de capitales en el Derecho Internacional: reflexiones sobre la jurisprudencia de los Tribunales Internacionales. En A. BERCOVITZ (ed.) *Derecho de Sociedades: libro Homenaje a Fernando Sáchez Calero,* Vol. I, Madrid: McGraw-Hill Interamericana de España. 2002, pp. 101-120. DIEZ DE VELASCO, M. Reflexiones sobre la Protección Diplomática. En M. MEDINA, R. MESA, P. MARIÑO (coord.). *Pensamiento jurídico y sociedad internacional. Estudios en honor del Profesor D. Antonio Truyol Serra,* Vol.1, 1986, pp.377-392. PASTOR RIDRUEJO, A. *Curso de Derecho...*, *op. cit.*, pp.258-266. BURGOS-DE LA OSSA, M.A, LOZADA-PIMIENTO, N. La protección diplomática en el marco de las controversias internacionales de inversión. *Revista Colombiana de Derecho Internacional,* 2009, Nro. 15, pp.243-278.

29 MILES, K. *The origins of international...*, *op. cit.*, p.47. DIEZ DE VELASCO, M. *Instituciones de Derecho...*, *op. cit.*, p.902 y ss.

30 I.C.J., *Barcelona Traction, Light and Power Company, Limited,* Preliminary Objections, Judgement, I.C.J. Reports, 1964, p.6. I.C.J., *Barcelona Traction, Light and*

A lo largo de todo el s. XIX, el uso de la fuerza fue frecuentemente utilizado para solucionar disputas en materia de inversiones en territorios fuera del contexto colonial, dando lugar a lo que se conoce como "diplomacia de las cañoneras".[31] En este sentido, el ejemplo más ilustrativo lo constituyen los denominados Arbitrajes Venezolanos.

Debido a la inestabilidad social, política y económica de Venezuela durante el período 1898-1902, una importante crisis generó daños personales y a la propiedad (incluidas expropiaciones) de ciudadanos extranjeros y nacionales. La imposibilidad de Venezuela de honrar sus deudas, dio lugar a un bombardeo en la ciudad de Caracas y el posterior bloqueo naval de las costas venezolanas practicado por tres potencias europeas (Gran Bretaña, Alemania e Italia) en defensa de los intereses de sus nacionales.[32] Venezuela alegaba inicialmente la jurisdicción exclusiva de sus cortes locales para la solución de las controversias entre los ciudadanos extranjeros y el Estado venezolano, pero a raíz del bombardeo acabó aceptando el arbitraje internacional propuesto por estas potencias, el cual debía

Power Company, Limited, Judgment, I.C.J. Reports 1970, p.3. I.C.J., "*Nottebohm,* Case (second phase)", Judgment of April 6th, 1955: I.C.J. Reports 1955, p.4. *Mavrommatis Palestine Concessions,* 1924 P.C.I.J. Series A, Nro.2. DIEZ DE VELASCO, M. *Instituciones de Derecho..., op. cit.,* p.902.

31 SORNARAJAH, M. *The International Law..., op. cit.,* p.20. SUBEDI, S. *International Investment Law, op. cit.,* p.11. NEWCOMBE, A. P., PARADELL, L. *Law and practice..., op cit.,* p.9 JOHNSON, O. T., GIMBLETT, J. From Gunboats to BITs..., *op. cit.,* p.651. PRIETO MUÑOZ, J.G. Evolución del Derecho Internacional ..., *op. cit.,* p.7 ST JOHN, T. *The Rise of Investor-State Arbitration..., op. cit.,* p.53 y ss.

32 LILLICH, R. *Human Rights of Aliens in Contemporary International..., op. cit.,* p.15. MILES, K. *The origins of international..., op. cit.,* p.67.

llevarse a cabo a través de las denominadas "Comisiones Mixtas de Reclamación (*Mixed Claim Commissions*).[33]

El caso venezolano desveló el problema de los límites respecto a la injerencia de Estados extranjeros en asuntos internos de otros Estados soberanos, en defensa de los intereses de sus nacionales. El abuso de la protección diplomática venía siendo objeto de debate desde mediados del s. XIX, a través del cuestionamiento del derecho de intervención sin ninguna restricción.[34] La protección diplomática como forma de intervención había comenzado a ser cuestionada por algunos países (en especial países latinoamericanos), en un intento por equilibrar la naturaleza desigual de las normas de protección de la propiedad extranjera.[35] Los Estados reclamaban la regla del "trato nacional", alegando que otorgar a inversionistas extranjeros ciertos derechos y privilegios que los colocaban en mejor posición que los inversores locales, constituía una violación de la soberanía nacional.

---

33 RALSTON, J. H. *Venezuelan Arbitrations of 1903.* Washington: Government Printing Office. 1904. MILES, K. *The origins of international..., op. cit.*, pp.67-68. SORNARAJAH, M. *The International Law..., op. cit.*, p.125. SUBEDI, S. *International Investment Law... op. cit.*, p.33.

34 TAMBURINI, F. Historia y destino de la "Doctrina Calvo": ¿actualidad u obsolescencia del pensamiento de Carlos Calvo? *Revista de Estudios Histórico-Jurídicos,* 2002, Nro. 24, pp.81-101. En este período, la reciente independencia de algunos Estados traía aparejadas convulsas sociales, económicas y políticas. Guerras civiles y revoluciones repentinas causaban muy a menudo cambios de gobiernos, con agravios en la situación de inversores extranjeros y originando consecuentes disputas. Esta situación generaba permanentemente reclamaciones diplomáticas y muchas veces intervenciones militares o uso de la fuerza. JOHNSON, O. T., GIMBLETT, J. From Gunboats to BITs..., *op. cit.*, p.653.

35 MILES, K. *The origins of international..., op. cit.*, pp 50-51.

El jurista argentino Carlos Calvo cuestionó mediante la denominada "Doctrina Calvo"[36] la legalidad de la invocación de la protección diplomática, tomando como fundamento los principios de soberanía nacional, la igualdad entre ciudadanos nacionales y extranjeros, y la jurisdicción territorial. Su teoría adopta dos importantes postulados:

i) los Estados soberanos gozan del derecho de estar libres de cualquier forma de interferencia por parte de otros Estados;

ii) los extranjeros tienen los mismos derechos que los nacionales y, en caso de pleitos o reclamaciones, tendrán la obligación de acabar todos los recursos legales ante los tribunales locales sin pedir la protección e intervención diplomática de su país de origen.[37]

Para Calvo, el trato nacional sería el trato mínimo que un Estado debería otorgar a extranjeros, y cualquier disputa con

---

36 CALVO, C. *Derecho Internacional Teórico y Práctico de Europa y América.* Paris: D'Amyot. 1868, p.273 y ss. SUBEDI, S. *International Investment Law...*, *op. cit.*, p.36. DIEZ DE VELASCO, M. *Instituciones de Derecho...*, *op. cit.*, pp.904-905. PASTOR RIDRUEJO, A. *Curso de Derecho...*, *op. cit.*, p.263 y ss. DOLZER, R., SCHREUER, C. *Principles of International...*, *op. cit.*, pp.2-3. SUBEDI, S. *International Investment Law...*, *op. cit.*, p.36.

37 TAMBURINI, F. Historia y destino de la "Doctrina Calvo"..., *op. cit.*, p.89 "Estos dos puntos básicos empujaron a algunos juristas a negar cualquier forma de responsabilidad directa por parte del Estado por daños o menoscabos sufridos por ciudadanos extranjeros durante sublevaciones o guerras civiles. Esta interpretación muy amplia de la doctrina Calvo procede del hecho de que no existe una parte de sus obras en que el jurista argentino declare de una forma directa su susodicho pensamiento; su doctrina se forma de manera indirecta, a través de una lectura general de sus afirmaciones, que tienen que ser consideradas en su conjunto general." Algunos autores indican que la esencia de la filosofía de Calvo radica en el intercambio epistolar entre él y el jurista argentino Luis María Drago." PRIETO MUÑOZ, J.G. Evolución del Derecho Internacional ..., *op. cit.*, p.7.

un extranjero debería ser resuelta por las cortes locales del país anfitrión, promulgándose así la igualdad entre nacionales y extranjeros.[38]

En este contexto evolutivo, el s. XX comenzó con una verdadera polarización ideológica respecto al tratamiento de las inversiones en el exterior. A pesar de que se consiguieron ciertos avances en la solución pacífica de controversias[39], lo cierto es que los posicionamientos de los Estados exportadores e importadores de capital resultaban irreconciliables. Los Estados exportadores de capital entendían que en muchos países el trato nacional admitido se encontraba por debajo de ciertos "estándares mínimos aceptables" internacionalmente, y que el hecho de que esos estándares fueran aceptados nacionalmente no podría utilizarse como argumento para rebajar los estándares internacionales. En un intercambio epistolar diplomático entre el Secretario de Estado de los EEUU (Corder Hull) y su homónimo mexicano (Lázaro Cárdenas), se mencionó que "las normas del derecho internacional permiten la expropiación de la propiedad extranjera, pero conllevan como requisi-

---

[38] DIEZ DE VELASCO, M. *Instituciones de Derecho…, op. cit.*, pp.904-905.

[39] La obligación de los Estados de solucionar sus controversias de manera pacífica y la prohibición de la utilización del uso de la fuerza para el cobro de las deudas contractuales de los Estados fueron establecidas en la Conferencia de Paz de La Haya en 1907. Los Estados debían procurar llegar, de buena fe y con espíritu de cooperación a una solución justa y rápida de la controversia, por lo que las controversias que se suscitaban entre un inversor y el Estado anfitrión de la inversión, debían solucionarse por vía diplomática entre Estados. DIEZ DE VELASCO, M. *Instituciones de Derecho…, op. cit.*, pp.907; 1041 y ss. PASTOR RIDRUEJO, A. *Curso de Derecho…, op. cit.*, p.659 y ss. PAPARINSKIS, M. *The international minimum, op. cit.*, p.33. VIVES CHILLIDA, J. *El Centro Internacional de Arreglo de Diferencias Relativas a Inversiones (CIADI).* Madrid: McGraw Hill. 1998, p. 5 La diplomacia de las cañoneras fue regulada y limitada en la II Conferencia de Paz en La Haya en 1907, mediante el Convenio de La Haya relativo a la limitación del empleo de la fuerza para el cobro de las deudas contractuales, llamado también Convención "Drago-Porter".

to una compensación pronta, adecuada y efectiva".[40] Estas características de la compensación quedaron establecidas como "Fórmula Hull", dando marco a la "doctrina de los estándares mínimos internacionales".[41]

Durante las primeras décadas del siglo XX y en el período entre guerras hubo intentos por configurar un cuerpo de normas sobre protección de las inversiones extranjeras, pero la problemática no encontraría solución sino hasta después de la Segunda Guerra Mundial.[42] Con el establecimiento de las Naciones Unidas, se previó un nuevo orden económico y político, con la creación de instituciones monetarias y económicas globales, a saber: el Banco Internacional de Reconstrucción y Fomento (BIRF), el Fondo Monetario Internacional (FMI) y el Acuerdo General sobre Aranceles Aduaneros y Comercio (GATT del inglés General Agreement on Tariff and Trade), que procuraban ordenar las relaciones económicas internacionales en el período de posguerra.[43] La construcción de un sistema de comercio internacional que contenía algunas previsiones sobre la protección de las inversiones fue desarrollado inicialmente en la fallida Carta de la Habana[44] y posteriormente,

---

40 DOLZER, R., SCHREUER, C. *Principles of International...*, *op. cit.*, p.2. MILES, K. *The Origins of International...*, *op. cit.*, p.75.

41 PAPARINSKIS, M. *The International Minimum Standard and Fair and Equitable Treatment,* Oxford: University Press. 2013, pp.20-30. SUBEDI, S. *International Investment Law...*, *op. cit.*, p.38-40. DIEZ DE VELASCO, M. *Instituciones de Derecho...*, *op. cit.*, p.907. PASTOR RIDRUEJO, A. *Curso de Derecho...*, *op. cit.*, p.248. DOLZER, R., SCHREUER, *C. Principles of International...*, *op. cit.*, p.3.

42 SALACUSE, J.W. *The Law of Investment...*, *op. cit.* p.104. CUTLER, J.W. The Treatment of Foreigners: In Relation to the Draft Convention and Conference of 1929. The American Journal of International Law. 1933, 27 (2), pp.225-246.

43 SALACUSE, J.W. *The Law of Investment...*, *op. cit.* p.105-106.

44 Conferencia de las Naciones Unidas sobre Comercio y Empleo, desarrollada entre el 21 de noviembre de 1947 al 24 de marzo de 1948, en La Habana, Cuba. SUBEDI, S. *International Investment Law...*, *op. cit.*, pp.41-43.

hubo otros intentos de coordinar un sistema multilateral para reglamentar el tratamiento de las inversiones extranjeras.[45] Sin embargo, y a pesar de la difícil encrucijada, las circunstancias políticas y comerciales de la época, permitieron a los países exportadores de capital ejercer un control en el contenido de las normas y en el esquema de la protección de las inversiones (utilizándose, además, doctrinas de responsabilidad del Estado y otros métodos de implementación).[46]

Con respecto a la solución de controversias, el origen estatal de la acción era estrictamente necesario dado el contexto de una sociedad internacional estatocéntrica, en la que el Estado era considerado como único sujeto del ordenamiento jurídico internacional, el sujeto típico y el único legitimado para efectuar la protección de las personas y bienes de sus nacionales en el extranjero.[47] En virtud de la imperante doctrina de la protección diplomática del extranjero, el Estado nacional del inversor hacía suyas las reclamaciones ante el Estado anfitrión de la inversión. A pesar de que el inversor tenía un rol destacado en la solución de controversias relativas a inversiones, su papel solo se desarrollaba en un plano secundario, dado que durante este período imperaba una visión reduccionista del positivismo legal estatal (propia del Derecho Internacional clásico), que enfatiza la personalidad del Estado y su soberanía, y que llevó consecuentemente a considerar que el Derecho Internacional era aplicable solamente en las relaciones entre Estados.[48] Esta

---

45 La cuestión es desarrollada con mayor detalle el *apartado 1.2*.

46 MILES, K. *The Origins of International...*, *op. cit.*, p.69. SUBEDI, S. *International Investment Law...*, *op. cit.*, pp.46-47.

47 VIVES CHILLIDA, J. *El Centro Internacional...*, *op. cit.*, p.1. SALACUSE, J.W. *The Law of Investment...*, *op. cit.*, p.519.

48 DIEZ DE VELASCO, M. *Instituciones de Derecho...*, *op. cit.*, p.279 y ss. TRUYOL Y SERRA, A. Historia del Derecho Internacional Público. Madrid: Tecnos, 1998, p.114 y ss. DOLZER, R., SCHREUER, C. *Principles of International...*, *op. cit.*, p.232.

dimensión anacrónica de las relaciones puramente interestatales se vio desbordada por los acontecimientos ocurridos a partir de la mitad del s. XX. y dio paso a una nueva concepción.

Hacia finales del s. XX se produjo un fenómeno gradual de emancipación del individuo de su propio Estado, con el reconocimiento progresivo de la personalidad legal internacional del individuo.[49] Si bien algunos autores consideran que el reconocimiento otorgado al inversor en el plano internacional constituye una de las manifestaciones de la doctrina de la protección diplomática[50], otros alegan que la emancipación del individuo de su propio Estado se produjo como un síntoma de la democratización de las relaciones internacionales. En todo caso, la evolución de la teoría de la subjetividad internacional fue uno de los elementos relevantes de la evolución.[51]

---

49 CANÇADO TRINDADE, A. The Emancipation of the Individual from His Own State: The Historical Recovery Of The Human Person As Subject Of The Law Of Nations. *Revista Do Instituto Brasileiro De Direitos Humanos,* 2006, N° 7, p.14 DOLZER, R., SCHREUER, C. *Principles of International..., op. cit.*, p.233.

50 . SUBEDI, S. *International Investment Law..., op. cit.*, p.35. En este sentido, el derecho del inversor a demandar a un Estado ante un tribunal -a partir de un tratado- puede en efecto, ser considerado como una extensión de la protección diplomática de los Estados, porque son los Estados los que crean este derecho para los inversores extranjeros a través de un tratado.

51 CANÇADO TRINDADE, A. The Emancipation of the Individual from His Own State..., *op. cit.,* p.15. CANÇADO TRINDADE, A. La Persona Humana como Sujeto del Derecho Internacional: Avances de su Capacidad Jurídica Internacional en la Primera Década del Siglo XXI. *Revista IIDH,* 2007, No. 46, p.278. VELÁZQUEZ, E. O. Naturaleza Jurídica de la Protección Diplomática a la luz del desarrollo progresivo del Derecho Internacional ¿Derecho del Estado o de la persona humana? *Anuario mexicano de derecho internacional,* 2016, No.16, pp.15-23. Las primeras manifestaciones de reconocimiento a la subjetividad internacional de la persona humana ocurrieron en el ámbito de los derechos humanos, y posteriormente en el ámbito de las inversiones. DIEZ DE VELASCO, M. *Instituciones de Derecho..., op. cit.*, p.305.

De forma gradual, le fue otorgado al inversor un rol cada vez más activo en la solución de controversias en materia de inversiones; en particular, legitimación para acudir directamente ante instancias internacionales contra el Estado anfitrión en caso de (potencial) incumplimiento de las obligaciones asumidas previamente en virtud de un acuerdo bilateral de inversiones.[52] Este hecho supuso un hito en el Derecho Internacional, ya que hasta entonces los particulares no tenían acceso a los tribunales internacionales para reclamar contra un Estado por el cumplimiento de una obligación derivada de un acuerdo. Aunque anteriormente habían existido algunas instituciones que dieron un rol activo de reclamación al inversor (como, por ejemplo, las mencionadas "Comisiones Mixtas de Reclamaciones", "Tribunal Iraní-estadounidense de reclamación" y los llamados "tribunales petroleros"[53]), no fue sino hasta el advenimiento de los llamados Tratados Bilaterales de Inversión cuando se institucionalizó un mecanismo internacional de solución de controversias entre el inversor y el Estado anfitrión

---

52 PETERS, A. *Beyond Human Rights. The Legal Status of the Individual in International Law.* Cambridge University Press, 2016, pp.282-347. La autora hace hincapié en el derecho procesal autónomo del inversor. SALACUSE, J.W. *The Law of Investment..., op. cit.* p.519. PASCUAL VIVES, F. *La legitimación activa del individuo en el arbitraje de inversión.* Navarra: Thompson Reuters Aranzadi, 2019.

53 BROWER, C., BRUESCHKE, J. *The Iran-United States Claims Tribunal.* The Hague, Boston, London: Martinus Nijhoff Publishers, 1998, p.3 y ss. VIVES CHILLIDA, *J. El Centro Internacional..., op. cit.*, p.8. VELÁZQUEZ, E. O. Naturaleza Jurídica de la Protección Diplomática ..., *op. cit.*, p.15. Los tribunales y comisiones *Ad hoc* se crearon para tratar las reclamaciones internacionales de los nacionales de un Estado contra otro. Sin embargo, estas Comisiones resolvían controversias entre nacionales de un Estado contra otro Estado por los daños causados en disturbios internos, revoluciones o guerras, y en ellas el particular no tenía un derecho de acceso directo, sino que el Estado era quien presentaba la causa. En el caso de los tribunales petroleros el acceso al arbitraje era fruto de un Acuerdo de los Estados con los particulares extranjeros, y en los demás casos estaba previsto en un tratado internacional.

—mecanismo frecuentemente conocido como ISDS— dando forma a la moderna configuración del sistema de solución de controversias en materia de inversiones.[54]

1.2. LA CONSTRUCCIÓN DEL SISTEMA DE SOLUCIÓN DE CONTROVERSIAS SOBRE INVERSIONES

En la arquitectura jurídica del sistema de solución de controversias en materia de inversiones, tal y como lo conocemos actualmente, dos instituciones tuvieron una relevancia fundamental: los Tratados Bilaterales de Inversión (TBI) y el Centro Internacional de Arreglo de Diferencias Relativas a Inversiones (CIADI).

Los primeros fueron la herramienta jurídica más efectiva que se encontró para sortear la falta de consenso multilateral respecto al tratamiento de las inversiones extranjeras en el período posterior a la Segunda Guerra Mundial. Una evolución incremental sorprendente de TBI, y de un modo más genérico, de los acuerdos internacionales de inversión (AII), se produjo desde mediados del s. XX hasta la fecha, llegando a existir

---

[54] VIVES CHILLIDA, J. *El Centro Internacional...*, *op. cit.*, p.8. En la práctica, las cláusulas compromisorias arbitrales que comenzaron a colocarse en los contratos de Estado, constituyeron de algún modo la clave de la evolución desde la protección diplomática hacia el arbitraje. En la jurisprudencia internacional de los últimos años ha sido reconocida la existencia de derechos individuales en ámbitos distintos a los de los derechos humanos. La Comisión de Derecho Internacional en sus comentarios al artículo 33 (2) del proyecto sobre responsabilidad internacional aprobado en 2001: reconoció que los derechos individuales bajo el Derecho Internacional pueden surgir fuera del ámbito de los derechos humanos. International Law Commission, Draft articles on Responsibility of States for Internationally Wrongful Acts, with commentaries 2001, 53rd session, A/56/10, p.95.

2.646 AII en vigor hacia finales del 2020.[55] La expansión de estos acuerdos generó un sistema de inversiones fragmentado y difuso.

Los TBI son instrumentos jurídicos internacionales negociados y acordados entre Estados, que poseen un núcleo de derechos sustantivos en relación con las inversiones y un mecanismo de solución de controversias que se activa ante un potencial incumplimiento de las normas de dicho tratado. El mecanismo de solución de controversias de los TBI permite a los inversionistas demandar directamente al Estado receptor de la inversión ante tribunales internacionales arbitrales. Esta cuestión constituye la innovación más importante de los TBI (para la época).

El arbitraje internacional inversor-Estado se convirtió en el mecanismo más utilizado en materia de inversiones internacionales y fue facilitado —y proliferado— por la creación del CIADI a través del Convenio sobre Arreglo de Diferencias Relativas a Inversiones entre Estados y Nacionales de otros Estados, que entró en vigor en 1966.[56]

Cabe mencionar que diversos intentos de establecer un sistema de protección en materia de inversiones habían sido promovidos por los Estados exportadores de capital durante el período de descolonización. Algunas de las iniciativas sugerían la inclusión de cláusulas de protección de inversiones como en el caso de la Organización Internacional del Comercio de

---

55 UNCTAD, *World investment report* (WIR) 2021. Investing in Sustainable Recovery. Naciones Unidas, Nueva York-Ginebra, 2021, p.122. UNCTAD, Investment Policy Hub, International Investment Agreements Navigator https://investmentpolicy.unctad.org/international-investment-agreements.

56 Convenio Sobre Arreglo De Diferencias Relativas a Inversiones Entre Estados y Nacionales de otros Estados, en vigor desde 14 de octubre de 1966.

1948,[57] el borrador del Código Internacional de Tratamiento Justo a las inversiones extranjeras de la Cámara de Comercio Internacional de 1949,[58] el borrador de la Asociación de Derecho Internacional sobre el Estatuto del Tribunal Arbitral para Inversiones Extranjeras y la Corte de Inversiones Extranjeras, el Borrador de la Convención Abs-Shawcross sobre las Inversiones en el Extranjero de 1959,[59] el borrador de la Convención de 1961 sobre Responsabilidad Internacional de los Estados por daños causados a las personas o bienes de los extranjeros,[60] y el borrador de la Convención sobre la Protección de Propiedad Privada de la Organización para la Cooperación y Desarrollo Económicos (OCDE, OECD por sus siglas en inglés) de 1967.[61]

Sin embargo, ninguno de estos intentos logró el suficiente consenso, dada la postura diametralmente opuesta que existía entre países exportadores e importadores de capital respecto a los estándares apropiados para la protección de las inversiones extranjeras.[62] Los Estados exportadores de capital deseaban establecer un marco comprensivo de protección de alto estándar

---

57 MILES, K. *The origins of international...*, *op. cit.*, p.85. Conferencia de las Naciones Unidas sobre Comercio y Empleo, La Habana (Cuba), 1948. https://www.wto.org/spanish/docs_s/legal_s/havana_s.pdf

58 *Ibid.* UNIDROIT, Draft arbitration between governments and individuals, 1949. https://bit.ly/3isj6gr.

59 Draft Convention on Investment Abroad, 1959. https://bit.ly/3z7p8dc SCHWARZENBERGER, G. The Abs-Shawcross Draft Convention on investments abroad: a critical commentary. *J. Pub. L.*, 1960, N° 9, p. 147.

60 *Ibid*. Draft convention on the international responsibility of States for injuries to aliens, prepared by the Harvard Law School, 1961. https://www.jstor.org/stable/pdf/2195879.pdf.

61 *Ibid.* Draft Convention on the Protection of Foreign Property, OECD, 1967. https://www.oecd.org/daf/inv/internationalinvestmentagreements/39286571.pdf.

62 ST JOHN, T. *The Rise of Investor-State Arbitration...*, *op. cit.*, p.58.

para las inversiones extranjeras, pero frente a la polarización con sus contrapartes importadoras de capital, focalizaron sus esfuerzos en desarrollar un sistema de protección de inversiones extranjeras a partir de una estrategia de negociación de tratados uno a uno.[63]

La proliferación de TBI fue la forma de extender un sistema de protección de inversiones que lograba a nivel bilateral unas determinadas condiciones inalcanzables a nivel multilateral.[64] La contundente línea divisoria existente entre países exportadores e importadores de capital permitía que los Estados se posicionasen —en aquel entonces— en uno u otro grupo, como emisores o receptores de inversión. De este modo, la "protección del inversor" —que coloca el núcleo de la protección en uno de los polos de la relación jurídica que surge de una inversión extranjera— era una postura fácil de defender para aquellos países emisores de inversión, y perpetuaba una lógica histórica precedente. La dinámica cambió diametralmente cuando, en el siglo posterior a la creación de los TBIs y de su mecanismo de solución de controversias, la división entre emisores y receptores de inversiones se volvió difusa, generando en los Estados una conciencia diferente respecto al trato que "las inversiones" —y no "el inversor"— deberían recibir a nivel internacional. A partir de aquel momento (más precisamente, hacia finales de s. XX), el Estado asume la posibilidad de su doble rol (demandante o demandado) en virtud de la deses-

---

63 MILES, K. *The origins of international..., op. cit.*, p. 84. SORNARAJAH, M. *The International Law.., op. cit.*, p.23. Algunos Estados (por ej. Singapur o Hong Kong) mantenían una posición pragmática en las negociaciones, y mientras defendían vigorosamente la idea del control soberano sobre las inversiones extranjeras a nivel multilateral, firmaban sendos TBI con ventajosas condiciones para el país exportador de capital, en miras a atraer corporaciones multinacionales.

64 SALACUSE, J. The Treatification of International Investment Law..., *op. cit.*, p.158.

tabilización y volatilidad de los flujos internacionales de inversión, que produjeron un cambio diametral en la configuración económica mundial y exigieron un replanteamiento dual.

El tándem TBI- CIADI funcionó durante todo el s. XX porque mientras los primeros construían la herramienta jurídica para el desarrollo de las inversiones internacionales, el segundo se encargaba de darle forma y materializar el sistema que debía ser utilizado para asegurar el cumplimiento de las condiciones allí pactadas. El sistema ISDS promovido por el CIADI se convirtió en un catalizador para la conclusión de un gran número de TBIs; proclamó una nueva era en el arreglo de controversias en materia de inversiones y constituyó una suerte de revolución silenciosa en el Derecho Internacional de las inversiones.[65]

El tándem TBI-CIADI permitió la proliferación de este singular sistema de solución de controversias, afianzó la actividad del CIADI y perpetuó un mecanismo de arreglo de controversias cuya lógica de protección se orienta principalmente hacia una de las partes de la relación derivadas de la inversión.

1.2.1. El **boom** *de los Tratados Bilaterales de Inversión*

La arquitectura legal del sistema de protección de las inversiones extranjeras tiene su base (en gran parte) en los TBIs. Los TBIs fueron la herramienta más utilizada a partir de mitad del s. XX para la protección de las inversiones extranjeras. En el ámbito español dieron en llamarse APPRI (Acuerdos de Promoción y Protección Recíproca de Inversiones) y en su evolución fueron adoptando diferentes fórmulas. Por este motivo,

---

65 SUBEDI, S. *International Investment Law...*, *op. cit.*, p.56. SALACUSE, J.W. *The Law of Investment...*, *op. cit.*, pp.110-113. ST JOHN, T. *The Rise of Investor-State Arbitration...*, *op. cit.* Para un análisis detallado del texto del Convenio ver SCHREUER, *et. al. The ICSID Convention: A Commentary*. Cambridge: Cambridge University Press. 2009.

actualmente se clasifican como Acuerdos Internacionales de Inversión (AII), englobando tanto a los TBI, acuerdos bilaterales económicos que contienen cláusulas sobre inversiones, y otros acuerdos relacionados con la inversión, que resultan aplicables a más de dos Estados.[66]

Los TBI suelen ser relativamente cortos, cuentan aproximadamente con doce o catorce artículos, y se dividen (generalmente) en tres partes: una parte que ofrece las definiciones, otra parte que establece las cláusulas sustantivas de protección de inversiones, y una última parte que establece el mecanismo para la solución de controversias relativas a inversiones.[67] El primer TBI fue celebrado en 1959 por la República Federal de Alemania y Pakistán, y en las siguientes dos décadas esta herramienta jurídica no tuvo demasiada repercusión, como es posible observar en la Figura. 1.[68]

---

66 SALACUSE, J.W. *The Law of Investment…*, *op. cit.*, p.1.

67 DOLZER, R., SCHREUER, C. *Principles of International…*, *op. cit.* p.13.

68 UNCTAD. Regulación internacional de la inversión: balance, retos y camino a seguir. Nueva York y Ginebra, 2008, p.9. SALACUSE, J. BIT by BIT: The Growth of Bilateral Investment Treaties and Their Impact on Foreign Investment in Developing Countries. *The International Lawyer*, 1990, *24*(3), p.657.

Figura. 1: Evolución de TBI (número de TBI concluidos anualmente desde 1960 hasta 1999).

Figura 1.
Número de TBIs concluídos por países en desarrollo, por década, 1960-1999

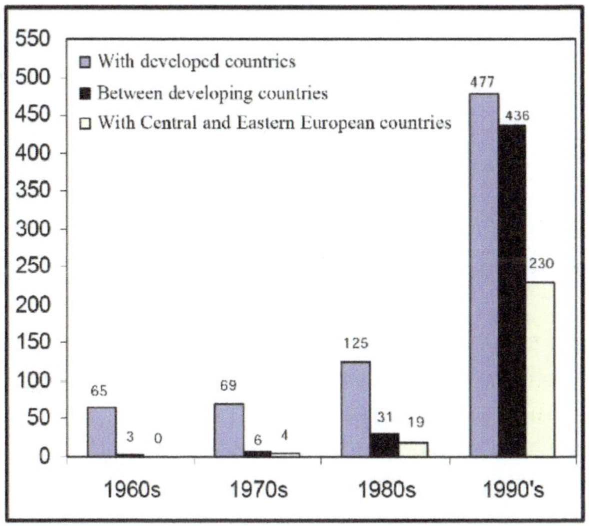

Fuente: UNCTAD

Sin embargo, a partir de la década del ochenta, y en especial de los noventa, se observó un crecimiento exponencial de esta herramienta jurídica, pasando de existir tan solo 381 TBI (en 1980) a multiplicarse cinco veces más hacia finales del año 2000, con 2.067 TBI, y llegando incluso a 2.646 AII hacia finales del 2020, según expone claramente la Figura 2.[69]

---

[69] UNCTAD, *World Investment Report* 2021. SALACUSE, J. The Treatification of International Investment Law..., *op. cit.*, p.156. ELKINS, Z. GUZMAN, A. SIMMONS, B. Competing for Capital: The Diffusion of Bilateral Investment Treaties, 1960-2000. *University of Illinois Law Review,* 2008, pp.265-304. GINSBURG, T. International Substitutes for Domestic Institutions: Bilateral Investment Treaties and Governance. *International Review of Law and Economics,* 2005, 25 (1), pp.107-123.

Figura. 2: Número de AAI firmados entre 1980-2020.

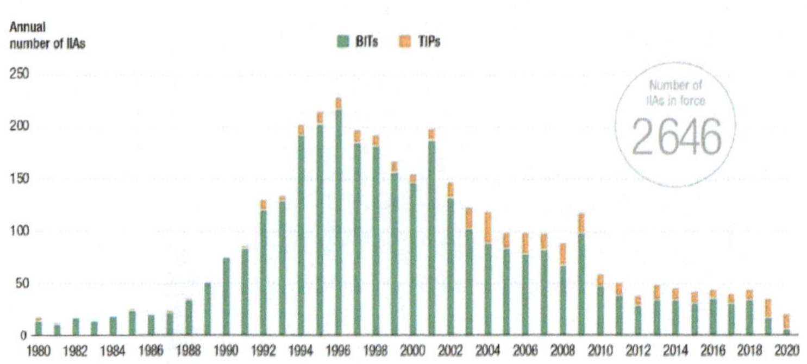

FUENTE: WORLD INVESTMENT REPORT 2021

Entrado el s. XXI los Estados consideraban esta herramienta (los AII) como un requisito indispensable en la competencia por atraer inversiones extranjeras,[70] por lo que a mediados de los años 2000 era raro que los países no tuvieran al menos un puñado de TBIs. La mayoría de Estados (en desarrollo y desa-

---

70 A pesar de que la capacidad de los TBI para aumentar de manera efectiva la inversión extranjera ha sido objeto de estudio posterior, sin que pueda demostrarse de manera concluyente que estos acuerdos tengan un papel significativo en la atracción de inversiones. UNCTAD Series on International Investment Policies for Development. The Role of International Investment Agreements in Attracting Foreign Direct Investment to Developing Countries. NY, Geneva, 2009. https://unctad.org/system/files/official-document/diaeia20095_en.pdf

Algunos estudios relevantes en este sentido se encuentran en: SACHS, L.E. Y SAUVANT, K.P. BITs, DTTs, and FDI flows: An Overview, en, L. SACHS., P. SAUVANT. *The Effect of Treaties on Foreign Direct Investment: Bilateral Investment Treaties, Double Taxation Treaties and Investment Flows.* New York: Oxford University Press.2009, pp.1-27. SIMMONS, B. A., ELKINS, Z., & GUZMAN, T. Competing for capital: The diffusion of ..., *op. cit.*

rrollados) forman parte de esta compleja red de tratados que constituye un factor clave dentro del sistema internacional de inversiones, tal y como muestra la Figura. 3

Figura. 3 Participación de países en TBI, por región y década, 1960-1999

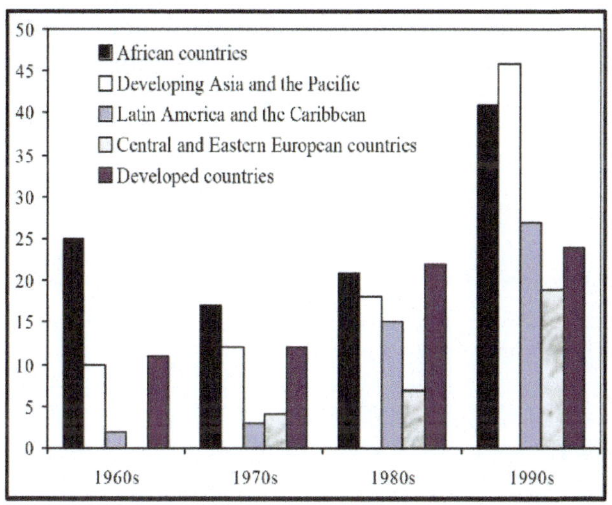

Fuente: UNCTAD

A nivel regional, los países del Centro y Este de Europa firmaron en el período entre 1960-1999 un total de 633 TBIs, de los cuales 104 fueron firmados entre ellos (todos durante la década del noventa), 253 con países en desarrollo, y 276 con países desarrollados. Más del 75 por ciento de los TBIs firmados con países en desarrollo fueron firmados por Estados Miembros de la UE, en su mayoría durante la década del noventa (conforme a la Figura. 3). En esta década, en la que se produjo la expansión de los TBIs, el 49 por ciento de estos tratados fueron concluidos por países de Europa occidental.[71] Los Estados Miembros de la UE mantuvieron esta tendencia expansiva de TBI en las siguientes décadas, permaneciendo firmes en la configuración de un sistema de protección de inversiones descentralizado.[72] Actualmente, los Estados Miembros de la UE son parte en aproximadamente la mitad de AII que componen la compleja red mundial de acuerdos sobre inversión.[73] Esta situación es especialmente compleja, dado que existen AII celebrados (y en vigor) por los Estados Miembros con terceros Estados, como muestra la Figura 4.

---

71 UNCTAD (2000). Bilateral Investment Treaties 1959-1999. New York, Geneva, p.16.

72 EILMANSBERGER, T. Bilateral Investment Treaties and EU Law. *Common Market Law Review*, 2009, 46 (2), pp.383-424.

73 De los aproximadamente 3.000 tratados bilaterales de inversión en vigor en todo el mundo, más de 1.400 han sido celebrados por los Estados Miembros de la UE. European Commission, Investment Disputes https://ec.europa.eu/trade/policy/accessing-markets/dispute-settlement/investment-disputes/ Para el año 2016, los miembros de la UE habían concluido aprox. 1.384 TBIs. La conclusión de los AII se ve afectada, según analizaremos en el siguiente capítulo, por la transferencia de competencias operada con el Tratado de Lisboa. SCHACHERER, S. Can EU member states still negotiate bits with third countries?[en línea] *Investment Treaty News*, 10 August 2016. OECD, Economic Surveys, European Union, September 2021,p.19. https://www.oecd.org/economy/surveys/european-union-2021-OECD-economic-survey-overview.pdf.

Figura. 4 AII de los Estados Miembros con terceros Estados firmados (y en vigor) desde 2009.[74]

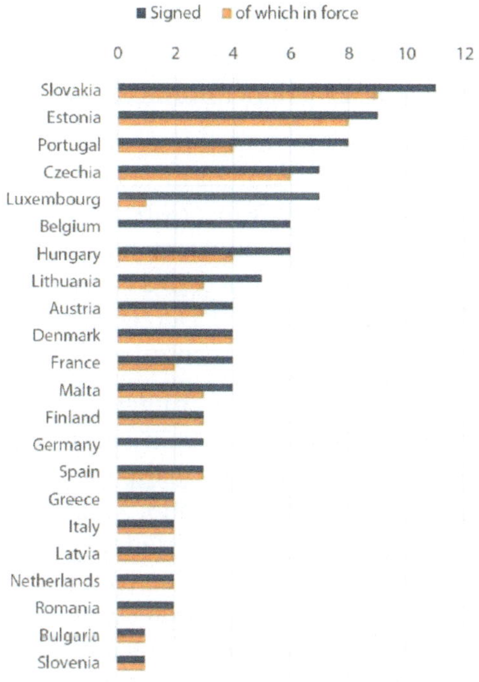

Los TBIs pueden ser divididos metodológicamente para su estudio en dos partes. La primera contiene las normas sustan-

---

74 European Parliament Research Service, PE.729.276, febrero 2022. Disponible en https://www.europarl.europa.eu/RegData/etudes/BRIE/2022/729276/EPRS_BRI(2022)729276_EN.pdf.

ciales del tratamiento de las inversiones, entre las que se encuentran características esenciales como las cláusulas de: Trato Nacional, Trato de Nación Más Favorecida (NMF), estándares mínimos de tratamiento, seguridad y compensación en materia de expropiaciones, etc. La segunda parte está referida al mecanismo de solución de controversias que establece las pautas a seguir ante el potencial incumplimiento por parte de los Estados de cualquiera de las cláusulas del tratado. En este último aspecto radica la verdadera innovación de los TBIs.

A través del mecanismo de solución de controversias inversor-Estado, los TBIs legitimaron al inversor ante los tribunales internacionales arbitrales. Los inversores podían presentar reclamaciones internacionales directamente contra los Estados receptores de la inversión. Este acceso a la justicia internacional representó una innovación en el Derecho Internacional, que hasta el momento sólo admitía las controversias entre Estados.

Durante las negociaciones del primer TBI entre Alemania y Pakistán (1959), el gobierno alemán consideró y rechazó la posibilidad del arbitraje internacional para la solución de las controversias entre inversor y Estado.[75] En ese período, los representantes de los Estados exportadores de capital, debatían multilateralmente la mejor opción para lograr un acuerdo multilateral con un alto nivel de protección para las inversiones internacionales. Algunas de las opciones más destacadas eran: un código de normas sustantivas para el tratamiento de las inversiones extranjeras, una organización de seguros de inversión internacional, y un convenio para el arbitraje de inversiones entre el inversor y el Estado.[76]

---

[75] ST JOHN, T. The Creation of Investor–State Arbitration. En T. SCHULTZ. & F. ORTINO (eds.). *The Oxford Handbook of International Arbitration.* Oxford: Oxford University Press, 2020, p.3.

[76] ST JOHN, T. The Creation of Investor., *op. cit.*, p. 6.

La preocupación por conseguir un alto nivel de protección de las inversiones extranjeras en un contexto multilateral unificado era inalcanzable, dada la polarización de ideologías respecto al tratamiento de las inversiones internacionales. Los TBIs fueron la herramienta jurídica que sorteó esta dificultad, materializando bilateralmente —en la negociación uno a uno con países— una solución que de manera multilateral no era posible conseguir.

A nivel internacional, se formaba una coalición de Estados importadores de capital que luchaban por conseguir reformas en el sistema de protección de inversiones internacionales.[77] Paradójicamente, esta coalición se veía afectada por una práctica en la que los Estados importadores de capital continuaban sus negociaciones internacionales firmando tratados bilaterales con muy escaso poder de negociación y aceptando condiciones diametralmente opuestas a sus ideologías —empujados por una auténtica necesidad de atraer inversiones extranjeras que promovieran el desarrollo—.[78]

---

77 La tendencia hacia la búsqueda de un Nuevo Orden Económico Mundial (NOEI) tuvo importante acogida y caracterizó toda una época. KAUFMANN, J. Sobre las palabras, los actos y la problemática en torno a un nuevo orden económico internacional. *Foro Internacional,* 1987, 28 (1), p. 109. GILMAN, N. The New International Economic Order: A reintroduction. *Humanity: An International Journal of Human Rights, Humanitarianism, and Development,* 2015, 6(1), p. 1-16, en particular p.4. SILVA, R. L. Globalização e regionalismo no cenário da nova ordem internacional. *Revista da Faculdade de Direito da UFMG,* 2009, Nro. 55, p.141. DIEZ DE VELASCO, M. *Instituciones de Derecho..., op. cit.,* pp.424-727.

78 SIMMONS, B. A., ELKINS, Z., & GUZMAN, A. T. Competing for capital..., *op. cit.,* p.373-386. ST JOHN, T. The Creation of Investor..., *op. cit,* p.15. La capacidad de presión en la negociación bilateral era destacable, de modo que incluso en una de las epístolas internas del país se llegó a recomendar no promover avances en la negociación multilateral sino insistir en la conclusión de mayor cantidad de TBIs.

¿Por qué los Estados en desarrollo acordaron TBIs y asumieron obligaciones que objetaban de manera tan fuerte a nivel multilateral? Un conjunto de factores convergían para que esto sucediera. Políticamente, existió en la década de los ochenta un cambio ideológico hacia una mayor liberalización económica e institucional, promovida por organismos internacionales como el Banco Mundial[79] y el FMI. Estos organismos adoptaron políticas para promover la liberalización del comercio y las inversiones a través de programas para los Estados en desarrollo. En esta época, también incidieron factores relevantes como la constricción de los flujos de crédito hacia países en desarrollo, la caída de la ayuda internacional y el aumento de los niveles de deuda externa en este grupo de países. Como las fuentes de financiación internacional fallaban, los Estados tenían cada vez menos margen de maniobra y necesitaban de las inversiones extranjeras para sus programas de desarrollo.

Comenzó una "carrera" entre Estados en desarrollo para atraer los flujos de inversión extranjera, y la firma de acuerdos bilaterales representaba una ventaja competitiva.[80] Las dos guerras mundiales, la depresión de las ayudas internacionales y la falta de consenso multilateral fueron claves en la decisión de los Estados de sumarse a la red de TBI.

Inicialmente, estos TBIs eran concluidos entre un Estado en vías de desarrollo y un Estado desarrollado —normalmente por iniciativa de este último—. Sin embargo, con la integración de la economía mundial, que liberalizó el comercio y las inversiones (en especial durante la década del noventa), este patrón se vio afectado cuando diversos Estados en desarrollo y economías emergentes comenzaron a concluir TBIs entre sí.

---

79 En adelante, BM.

80 MILES, K. *The Origins of International...,op. cit.*, p. 89-90. SIMMONS, B. A., ELKINS, Z., & GUZMAN, A. T. *Competing for capital..., op. cit.*, p.381.

La inclusión de capítulos de inversión en Acuerdos de Libre Comercio (ALC) también transformó la estructura tradicional.[81] A medida que las dinámicas comerciales internacionales cambiaban, también lo hacían las estructuras jurídicas —aunque las modificaciones en éstas últimas no se producían al mismo ritmo—.

En resumen, las dos cuestiones que mayor influencia ejercieron en la construcción del mecanismo de solución de controversias en materia de inversiones fueron las siguientes. En primer lugar, la proliferación de TBIs derivada de las condiciones económicas y socio-políticas de la época, que tácitamente obligaron a los países en desarrollo a aceptarlos como única vía para acceder a los programas de inversión extranjera y promover el desarrollo. El Convenio para el Arreglo de Diferencias Internacionales sobre Inversiones (Convenio CIADI) y la creación del CIADI,[82] fueron el segundo elemento clave en la consolidación del mecanismo de solución de controversias en materia de inversiones.

1.2.2. La creación del Centro Internacional para el Arreglo de las Diferencias relativas a Inversiones

Junto al proceso de descolonización, las nacionalizaciones y el fin de las concesiones sin compensación generaron una importante inseguridad respecto a las inversiones extranjeras existentes y futuras. Debido a que en el periodo posterior a la posguerra se produjo una oleada de nacionalizaciones, existía por parte de los inversores un miedo a las nacionalizaciones

---

[81] POLANCO, R.. *The Return of the Home State to Investor-State Disputes: Bringing Back Diplomatic Protection?*. Cambridge University Press, 2019, p.3. SUBEDI, S. *International Investment Law ..., op. cit.*, p. 116.

[82] ST JOHN, T. The Creation of Investor..., *op. cit.*, p.18. Con un rol muy destacado por parte de su Directorio.

repentinas. A pesar de que esta oleada estaba más relacionada con la necesidad de soberanía y control, por parte de los nuevos Estados independientes, que con el ánimo de vulnerar las inversiones extranjeras, para garantizar a sus nacionales un clima de inversiones seguro los Estados procuraban conseguir un sistema de protección de inversiones frente a decisiones arbitrarias por parte de los Estados anfitriones.[83]

La instauración del CIADI significó el inicio de un proceso de institucionalización de la solución de controversias en materia de inversiones internacionales. La internacionalización acelerada operada a través de los TBIs jugó un papel determinante. Y, dado que los países europeos tuvieron un rol notable en la proliferación de TBIs, existe una influencia significativa de éstos en la creación del tándem TBI-CIADI.

Durante la primera etapa de negociación de TBIs, algunos sistemas multilaterales de protección de inversiones también eran debatidos por los países exportadores de capital, principalmente en la OCDE y el Banco Mundial. Las tres opciones más renombradas (un código de normas sustantivas sobre el trato a las inversiones, una organización de seguros para las inversiones internacionales y un convenio para el arbitraje entre inversor-Estado), procuraban lograr un sistema de garantía internacional para el inversor extranjero, dada la desconfianza en el sistema nacional de inversiones extranjeras de los países en vías de desarrollo (mayormente receptores de la inversión).

---

83 SORNARAJAH, M. *The International Law...*, *op. cit.* p.22. A pesar de la existencia de nacionalismos, es poco probable que se vuelva a producir una oleada de nacionalismos que afecten las inversiones extranjeras del modo que lo hicieron en el período de posguerra. De hecho, pasada esta etapa hubo una aceptación genérica de la comunidad internacional respecto a que ciertas nacionalizaciones respondían a una cuestión de reforma y reorganización económica.

El código de normas sustantivas dio origen al borrador Abs-Shawcross, que proponía una serie de normas para el tratamiento de las inversiones internacionales. Este borrador fue debatido durante aproximadamente diez años (1956-1966) sin llegar a acuerdo debido al posicionamiento antagónico de los países exportadores e importadores de capital.[84]

Otra propuesta, de una convención multilateral de seguros para las inversiones, tuvo un respaldo mayor durante la década de 1960. En abril de 1964 la OCDE preparó un informe sobre las cláusulas más relevantes que sentarían las bases de una convención multilateral con un sistema de garantías. En 1965 dio las instrucciones formales al Banco Mundial para crear una agencia multilateral de garantía para las inversiones. A pesar del gran apoyo que un sistema de seguros poseía para la facilitación de las inversiones, esta agencia solamente vio la luz dos décadas más tarde.[85]

---

84 ST JOHN, T. The Creation of Investor..., *op. cit.*, pp.7-9. SCHWARZENBERGER, G. *The Abs-Shawcross Draft...*, *op. cit.*, p.214. PARRA, A. R. *The history of ICSID.* Oxford: Oxford University Press. 2012, p.13.

85 ST JOHN, T. The Creation of Investor..., *op. cit.*, p.10. La demora se debió principalmente al resultado de un estudio de viabilidad que el Banco Mundial había realizado en 1962- cuyo informe final mencionaba que dicho sistema "no generaría gran cantidad de nuevas inversiones". Curiosamente, la Cámara de Comercio Internacional (colaboradora en dicho estudio), habría arribado a una conclusión diametralmente opuesta, y respaldaba fuertemente la creación de un esquema de seguros para garantizar las inversiones internacionales. HERDEGEN, M. *Derecho Económico Internacional,* FACH GÓMEZ, K. *(trad.) et al,* Editorial Universidad del Rosario, Fundación Konrad Adenauer, Bogotá, 2012, p.418 y ss. El Organismo Multilateral de Garantía de Inversiones (OMGI- MIGA por sus siglas en inglés), es un organismo del Banco Mundial que fue creado en 1988, que facilita los flujos de inversión de capital privado otorgando garantías a los inversionistas contra pérdidas ocasionadas por riesgos no comerciales. Multilateral Investment Guarantee Agency [en línea], Washington, MIGA. Disponible en https://www.miga.org/about-us.

Por aquel entonces, cualquier disputa entre un inversor y el Estado anfitrión de la inversión se resolvía por la vía de la protección diplomática y el recurso previo a las cortes domésticas. Esta situación generaba una relación compleja, tanto para el inversor como para su Estado nacional. Por parte del inversor, la dependencia de su Estado nacional —ante la discrecionalidad del ejercicio de la protección diplomática para reclamar el incumplimiento de una obligación derivada de un tratado— generaba un alto grado de incertidumbre en cuanto a las posibilidades de ver acogida su reclamación. Para el Estado había condicionamientos políticos, pues las relaciones bilaterales con el país anfitrión podían verse afectadas por la formulación de este tipo de reclamaciones.[86] Por este motivo, la creación de un sistema de arreglo de disputas entre inversor y Estado receptor de la inversión aparecía como una alternativa factible e interesante para ambas partes de la relación. Los inversores podrían tener mayor control respecto al desarrollo de su reclamación y los Estados se verían absueltos de la inconveniencia que representar a sus nacionales podría acarrearles en el desarrollo de su política exterior.

La creación de un foro neutral de solución de controversias entre inversor y Estado lograría una "despolitización" de la controversia.[87] El Estado nacional del inversor y el Estado receptor de la inversión ya no se relacionarían directamente, sino que sería un complejo sistema arbitral el que garantizaría los tér-

---

86 UNCTAD. Investor-State Dispute Settlement: a sequel. New York, Geneva. 2014, p.23.

87 Sobre la despolitización de las controversias en materia de inversiones es interesante el análisis realizado en TITI, C. Are investment tribunals adjudicating political disputes?. *Journal of International Arbitration*, 2015, N° *32*(3). 261-288. Sobre el rol del arbitraje interestatal y su relación con sistema ISDS ver ROBERTS, A. State-to-state investment treaty arbitration: a hybrid theory of interdependent rights and shared interpretive authority. *Harvard International Law Journal*, 2014, 55(1), p. 1-70.

minos de la relación entre inversor y Estado. La neutralidad estaría garantizada por la prórroga de jurisdicción a favor de árbitros internacionales —pretendidamente— ajenos a las tensiones políticas propias de los sistemas judiciales nacionales.[88]

La idea de un convenio multilateral para el arbitraje internacional en materia de inversiones estaba "en el aire" en la década de 1960.[89] Frente a la imposibilidad de acercar posiciones respecto a las reglas sustantivas del tratamiento de las inversiones, consensuar el procedimiento para arreglar las posibles controversias que surgieran de la inversión resultaba una propuesta más acotada y con mejores posibilidades de aceptación.

La creación de un foro neutral para la solución de controversias entre inversor y Estado ganó fuerza y el borrador del convenio para la solución de controversias en materia de inversiones internacionales entre Estados y nacionales de otros Estados se lanzó en 1962. El procedimiento de celebración del convenio se realizó de un modo peculiar. El borrador para el Convenio CIADI no incluyó las negociaciones intergubernamentales tradicionales en ninguna de sus fases. Aron Broches (el director del Banco Mundial en ese momento) y el Departamento Legal del Banco Mundial, prepararon el borrador internamente y seleccionaron junto al Comité Ejecutivo del BM

---

88 BOHOSLAVSKY, J. P. Tratados de protección de las inversiones e implicaciones para la formulación de políticas públicas (especial referencia a los servicios de agua potable y saneamiento). *CEPAL Colección Documentos de Proyectos.* 2010, p.14 "El argumento que subyace a la objeción de los inversores de acudir a las cortes domésticas es la idea de una cierta tendencia a beneficiar a su Estado en caso de disputa con ese inversor, con lo que se busca asegurarles a esos inversores un mínimo de garantías de que no serán tratados de manera arbitraria, en especial frente a dudas respecto a la imparcialidad y capacidad de los sistemas judiciales de los países en vías de desarrollo".

89 PARRA, A. Establishing ICSID: an idea that was "in the air" [en línea], *OUPblog.* 8 September 2015. ST JOHN, T. The Creation of Investor..., *op. cit.*, p. 10. PARRA, A. R. The history of *ICSID..*, *op. cit.*, pp.16-18.

un método de "Consultas" —en lugar de una conferencia diplomática— para la formulación del Convenio.[90] El BM realizó conferencias invitando a los Estados miembros, y a "expertos designados[91], y mantuvo todos los debates con carácter consultivo. Cuatro rondas consultivas en las ciudades capitales de la ONU (Ginebra, Santiago, Bangkok y Addis Ababa) se realizaron entre 1963 y 1964 con representantes de 86 Estados miembros. El método utilizado fue útil para conseguir un avance fluido del borrador del posible convenio, pero no tardó en generar reacciones adversas durante las negociaciones.

En el Encuentro Anual del BM de 1964, frente a la propuesta de Broches de introducir el arbitraje internacional inversor-Estado y promover una resolución para crear el convenio sobre solución de controversias en materia de inversiones, veintiún Estados (principalmente, pero no exclusivamente, latinoamericanos) se opusieron fervientemente generando una negativa que fue conocida posteriormente como el "No de Tokio".[92]

A pesar de la oposición, la resolución fue aprobada y el BM celebró una conferencia de tres semanas ese mismo año (entre noviembre y diciembre) para la elaboración formal del convenio a través de una conferencia de trabajo denominada Comité

---

90 ST JOHN, T. The Creation of Investor..., *op. cit.*, p.11.

91 Sujetos no representativos de sus Estados, tales como abogados privados, antiguos asistentes a la conferencia Bretton Woods, profesores, etc. En cambio, podría haber sido orientado a la participación de aquellos individuos responsables por la elaboración de la política exterior o de las políticas de inversiones exteriores de cada país. ST JOHN, T. *The Rise of Investor-State Arbitration...*, *op. cit.*, p.13.

92 PARRA, A. R. *The history of ICSID..*, *op. cit.*, pp.67-68. En la negativa, los Estados alegaban que sus países prohibían la confiscación y la discriminación, y que las expropiaciones siempre iban acompañadas de compensación. Un importante argumento consistía en que la propuesta colocaba a los inversionistas extranjeros en posición de privilegio en detrimento de los inversionistas nacionales. ST JOHN, T. The Creation of Investor., *op. cit.*, p.12.

Legal.[93] Dicho comité comenzó sus deliberaciones cerrando la posibilidad de debatir la idea del arbitraje internacional inversor-Estado, considerando que la cuestión ya había sido resuelta. La facultad formal para modificar el documento a redactar correspondía al Secretario (A. Broches) y el BM. Se estableció un sistema especial de "voto/no voto" (denominado así por Broches) que operaba de la siguiente manera: cuando los expertos encontraban un tema sobre el cual existía desacuerdo, el sistema de "voto/no voto" (consistente en el levantamiento de manos) haría que ellos mismos decidieran si la cuestión era o no relevante para debatir y profundizar.[94]

El 11 de diciembre de 1964, Broches envió el borrador revisado del Convenio CIADI al Directorio Ejecutivo, los miembros de dicho Directorio tuvieron una serie de encuentros durante febrero y marzo de 1965, y la versión final fue aprobada el 18 de marzo de 1965. La entrada en vigor solo se produciría treinta días después de que veinte Estados ratificaran el convenio, lo que ocurrió el 14 de octubre de 1966. El "Convenio para el Arreglo de Diferencias relativas a inversiones entre Estados y nacionales de otros Estados" dio origen al Centro Internacional para Arreglo de las Disputas sobre Inversiones, con objeto de proporcionar a los inversores extranjeros medios de solución de controversias —la conciliación y el arbitraje— a los que pudieran recurrir para reclamar contra el Estado receptor de una inversión por los daños causados a la misma.[95]

---

93 ST JOHN, T. The Creation of Investor..., *op. cit.,* p.13. El Banco Mundial pagó a cada Estado Miembro el envío de dos expertos designados para las tres semanas de conferencia en su sede en Washington D.C.

94 ST JOHN, T. The Creation of Investor..., *op. cit.,* pp.13-14.

95 VIVES CHILLIDA, J. *El Centro Internacional..., op. cit.,* p. XXI. REINISCH, A. The proliferation of international dispute settlement mechanisms: the threat of fragmentation vs. the promise of a more effective system? Some reflections from the perspective of investment arbitration. En I BUFFARD *et. al.* (eds.) *International Law between Universalism and Fragmentation.* Leiden,

La ratificación fue amplia entre los países desarrollados, dada su escasa posibilidad de ser potenciales demandados. Sin embargo, el éxito del Convenio radicaría no solo en la ratificación de la mayor cantidad de países posibles —que le daría amplia jurisdicción al CIADI— sino principalmente en el mayor número de países importadores de capital que fueran parte del Convenio, especialmente en aquellos en que el derecho de propiedad era percibido como "menos seguro" por parte de los inversores.

Diversos métodos se utilizaron para promover la ratificación de países importadores de capital. En los nuevos Estados independientes (ex-colonias), los países con influencia (como por ejemplo Gran Bretaña, Francia, etc.) enviaban comunicados para presionar la ratificación del convenio. En otros casos, algunos Estados (como por ejemplo Estados Unidos) respaldaban el convenio, pero evitaban impulsar demasiado su adhesión para que los Estados importadores de capital, que resultaban más reacios u opositores, no consideraran el documento realizado unidireccionalmente.[96]

Una vez puesto en marcha el Centro, era necesario dotarlo de jurisdicción, lo que se conseguiría a través de la proliferación de la "cláusula ISDS". La habitual inclusión de cláusulas para otorgar jurisdicción al CIADI en los TBIs proporcionó un elemento de conexión muy potente con el sistema del Convenio, convirtiendo al CIADI en una institución activa en la interpretación y aplicación de dichos tratados.[97] La actividad desplegada por A. Broches y su equipo tuvieron un rol fundamental en las acciones de promoción de la "cláusula ISDS".

Boston: Brill Nijhoff, 2008, p.110. En 1978 se creó el sistema CIADI Additional Facility, que ofrece los servicios para ciertas disputas que caen fuera de la jurisdicción (o competencia) del Convenio CIADI.

96 ST JOHN, T. The Creation of Investor..., *op. cit.*, p.15.

97 VIVES CHILLIDA, J. *El Centro Internacional...*, *op. cit.*, p.XXII.

Tanto es así que resultaría imposible comprender el alcance del Convenio CIADI sin acudir a los TBIs. Ambos forman los dos pilares fundamentales sobre los que se construyó el modelo ISDS de solución de controversias en materia de inversiones.[98]

1.3. LA PROLIFERACIÓN DE LA CLÁUSULA ISDS

La proliferación del ISDS cambió fundamentalmente la dinámica operativa de la solución de controversias. Una diferencia dramática constituye el hecho de que el consentimiento al arbitraje inversor-Estado se otorgó de manera prospectiva (antes del surgimiento de la disputa) y con un alcance general (ante cualquier incumplimiento del tratado).[99] La proliferación del ISDS aceleró el proceso de consolidación de los TBIs y facilitó el desarrollo de una estructura improvisada (poco consensuada) para la solución de controversias sobre inversiones, sin una participación activa de los Estados.[100]

La ratificación del Convenio CIADI constituía un paso esencial —pero no suficiente— para que el mecanismo de solución de controversias internacional inversor-Estado promovido por el CIADI fuera efectivo, ya que la participación de los Estados en el Convenio no suponía (ni supone) por sí sola, la obliga-

---

98 *Ibid.* PARRA, A. R. *The history of ICSID ...*, *op. cit.*, p.27 y ss.

99 ST JOHN, T. The Creation of Investor..., *op. cit.*, p.1.

100 SUBEDI, S. *International Investment Law...*, *op. cit.*, p.57. La revolución silenciosa producida en la década del sesenta por el CIADI y los TBIs ganó su "momentum" hacia finales de los noventa y principios del 2000, ya que los inversores extranjeros (ayudados por un grupo de abogados y en base a lagunas existentes en los TBIs negociados) fueron quienes hicieron la mayor revolución consolidando un proceso de ISDS en el contexto de diversos factores (un proceso de privatización llevado a cabo por líderes políticos corruptos e incompetentes, contratos comerciales defectuosos concluidos bajo la influencia de oficiales corruptos, etc.).

ción de someter ninguna controversia al CIADI (para lo cual se necesita de un consentimiento adicional o acuerdo con el nacional de otro Estado contratante al efecto).[101] Una vez construido el mecanismo que garantizaría un foro neutral para los inversores, era necesario que la cláusula ISDS fuera incluida en los diferentes acuerdos internacionales en materia de inversiones, generando una masa crítica de adherencias al sistema diseñado para dotar al CIADI de la necesaria jurisdicción en caso de potenciales controversias.

El consentimiento de las partes sigue un sistema singular en el CIADI.[102] Con la inclusión de la cláusula ISDS en el tratado, el consentimiento tiene por un lado unos efectos negativos respecto a la protección diplomática y el requisito del agotamiento de los recursos internos (que le dan al sistema la característica de exclusividad); y por otro, unos efectos positivos en relación con la determinación del Derecho aplicable a la controversia, el recurso de anulación y el sistema de reconocimiento y ejecución del laudo (que dotan al sistema de una cierta autonomía).[103]

En la práctica habitual, los Estados hubieran consentido o no al arbitraje internacional de inversiones en cada caso particular una vez surgida la disputa. El consentimiento al arbitraje

---

101 George Woods, el entonces presidente del Banco Mundial mencionaba que el sistema tal y como estaba concebido tenía un carácter puramente consensual, y lo comparaba a "la construcción de una casa, cuya puerta estaría abierta y los gobiernos serían libres de entrar, de acceder a la casa, en cada controversia concreta". VIVES CHILLIDA, J. *El Centro Internacional...*, *op. cit.*, p.59.

102 SCHEURER, C. Denunciation of the ICSID Convention and Consent to Arbitration. En M. WAIBEL. et al. (Eds.) *The backlash against investment arbitration: perceptions and reality*. Alphen an den Rijn: Kluwer Law International BV, 2010, pp.353-368, en particular p.355. SALACUSE, J.W. *The Law of Investment...*, *op. cit.* p.526 y ss.

103 VIVES CHILLIDA, J. *El Centro Internacional...*, *op. cit.*, p..XXVI.

inversor-Estado previo a una controversia y con una jurisdicción de alcance general (por cualquier incumplimiento del tratado) caracterizó al sistema del CIADI, y se impuso como novedad frente a las prácticas existentes antes del s. XX.[104]

Desde 1970 en adelante, el mecanismo ISDS comenzó a aparecer en secciones completas (o anexos) de los Tratados Bilaterales y Acuerdos Internacionales sobre Inversiones. Dichos acuerdos fueron innovadores en cuanto a que: 1) proveían el recurso al arbitraje internacional para la solución de controversias entre inversor-Estado, y 2) los tratados fueron ampliando el mecanismo ISDS para reclamaciones surgidas por otras cláusulas sustanciales del tratado, en tanto que inicialmente el mecanismo ISDS quedaba limitado a las reclamaciones que surgieran de una expropiación.[105]

El primer tratado que contenía una referencia al Convenio CIADI y proponía el arbitraje internacional para la solución de controversias entre inversor-Estado fue el TBI Holanda – Indonesia de 1968.[106] Poco después, Holanda se convirtió en un Estado activo al incluir este tipo de cláusula (con la referencia a la jurisdicción del CIADI) en sus diversos tratados sobre inversiones.[107] En poco tiempo, la práctica de incluir cláusulas compromisorias arbitrales con base en el Convenio CIADI se

---

104 ST JOHN, T. The Creation of Investor..., *op. cit.*, p.1.

105 GAUKRODGER, D., GORDON K., Investor-State Dispute Settlement: A Scoping Paper for the Investment Policy Community, OECD Working Papers on International Investment, 2012/03, OECD Publishing. 2012, pp.7-10.

106 Artículo 11 del TBI Holanda- Indonesia de 1968. Indonesia–Netherlands BIT (1968), https://investmentpolicy.unctad.org/international-investment-agreements/treaties/bilateral-investment-treaties/1987/indonesia---netherlands-bit-1968-.

107 El Sr. Aron Broches era holandés y asesoraba usualmente al Estado Holandés en este tipo de políticas. ST JOHN, T. The Creation of Investor..., *op. cit.*, pp.18-19.

extendió entre diversos Estados europeos, en su mayoría exportadores de capital.

La Secretaría del CIADI (y en especial su director, el Sr. Aron Broches) promovieron activa y expresamente la inclusión de la cláusula CIADI en los diversos AII en el período inmediatamente posterior a su creación. El emprendimiento activo de Broches y su equipo se realizó tanto a nivel diplomático (a través de importantes viajes y visitas a los diversos Estados)[108] como a nivel técnico.[109] El directorio del CIADI había asumido el asesoramiento jurídico, por lo que redactó una Cláusula Modelo para facilitar a los Estados la introducción del mecanismo de solución de controversias en sus tratados.

---

108 ST JOHN, T. The Creation of Investor..., *op. cit.*, pp.18-22. La autora realiza una correlación directa entre las visitas de Broches a determinadas capitales del mundo y la inmediata posterior inclusión de la cláusula que otorga jurisdicción al CIADI en los Tratados de dichos Estados, como por ejemplo las visitas a Francia e Italia. PARRA, A. *The history of ICSID…*, *op cit*, p.27 y ss.

109 VIVES CHILLIDA, J. *El Centro Internacional…*, *op. cit.*, p.8. La práctica de incluir cláusulas compromisorias de arbitraje en los contratos de Estado fue analizada anteriormente en el seno de las Naciones Unidas. El primer relator especial en materia de responsabilidad de los Estados por los daños causados a los extranjeros, Francisco García Amador, presentó seis informes hasta 1961. Si bien, posteriormente, la orientación dada a los trabajos de la Comisión de Derecho Internacional (CDI) cambio sustancialmente, el enfoque inicial de García Amador- que incluía la reclamación internacional del particular perjudicado- consideraba esta cuestión. A iniciativa de Broches, el Directorio del Banco Mundial sería un foro más apropiado para debatir el sistema, ya que en la ONU las tensiones políticas harían imposible llevar adelante el mecanismo propuesto. Por Resolución 922 (XXXIV) del 3 de agosto de 1962 del ECOSOC los trabajos continuaron con el concurso del Banco Mundial, sustituyendo la organización "política" por la organización "técnica", lo que le dio un refuerzo importante inicial a A. Broches para posicionar al CIADI posteriormente en el asesoramiento jurídico hacia los Estados.

La Cláusula Modelo de la Convención de Arreglo de Diferencias Relativas a Inversiones diseñada para ser utilizada en Tratados Bilaterales de Inversión reza:

"Each Contracting Party hereby agrees to submit [, at the request of any national of the other Party,] any legal dispute arising out of an investment [made after the date of this Agreement] [made pursuant to the provisions of this Agreement] [made by a national of the other Party] to the Jurisdiction of the International Centre for Settlement of Investment Disputes for settlement by arbitration under the Convention on the Settlement of Investment Dispute between States and National of Other States."[110]

La Secretaría del CIADI asesoraba jurídicamente la inclusión activa y expresa del consentimiento CIADI tanto en tratados como en contratos y leyes nacionales de los diferentes Estados. Las visitas a los diversos países y el asesoramiento legal para introducir la cláusula CIADI en los tratados fueron una muestra contundente de la importancia de esta actividad del CIADI para la proliferación de dicha cláusula. Excepto por el TBI Holanda-Indonesia (1968), los TBIs no contenían cláusulas ISDS como mecanismo de solución de controversias, y dicho mecanismo comenzó a aparecer fuertemente a partir de la actividad del CIADI para tal fin. La cláusula ISDS se con-

---

110 "Model Clauses relating to the Convention on the Settlement of Investment Disputes Designed for Use in Bilateral Investment Agreements ICSID/6." International Legal Materials. Vol. 8, No. 6 (November 1969), pp.1341-1352, en particular p.1344. *"Cada Parte Contratante acuerda presentar [, a solicitud de cualquier nacional de la otra Parte,] cualquier disputa legal que surja de una inversión [realizada después de la fecha de este Acuerdo] [realizada de conformidad con las disposiciones de este Acuerdo] [realizada por un nacional de la otra Parte] a la Jurisdicción del Centro Internacional de Arreglo de Diferencias Relativas a Inversiones para su arreglo mediante arbitraje establecido por la Convención sobre Arreglo de Diferencias Relativas a Inversiones entre Estados y nacionales de otros Estados"*(traducción personal de la autora).

vertiría en un aspecto crucial de la protección conferida por esos tratados.[111]

Después del TBI Holanda-Indonesia, otros tratados siguieron el mismo camino.[112] El sistema ISDS se expandió rápidamente en un modelo de "centro" y "radio". En los "centros" se encontraban los acuerdos de inversión de los países europeos, exportadores de capital, que incluían en sus modelos de tratados la cláusula ISDS del CIADI. La expansión del modelo ocurría en el "radio" de sus futuras negociaciones, debido a que una vez actualizados los modelos de tratados, en las nuevas negociaciones se comenzaban a reproducir las mismas cláusulas. En poco tiempo, toda la red de TBIs contemplaba el acceso al arbitraje internacional del CIADI.[113] Los Estados europeos contribuyeron a esta expansión de modo significativo y acelerado. Por ejemplo, Holanda, luego de incorporar la cláusula ISDS en su TBI con Indonesia, la incorporó en diez de sus siguientes trece tratados bilaterales firmados. [114]

111 ST JOHN, T. The Creation of Investor..., *op. cit.,* p.18. REINISCH, A. The Scope of Investor-State Dispute Settlement in International Investment Agreements. *Asia Pacific Law Review,* 2013, N° *21*(1), pp.3-26, en especial p.4. SALACUSE, J.W. *The Law of Investment..., op. cit.* p.518.

112 Por ej. TBI Bélgica- Luxemburgo (1970), TBI Malasia-Holanda (1971) y TBI Francia- Túnez (1972). Luego de un tiempo, la ampliación fue aún más allá, y el derecho de los inversores para reclamar un cumplimiento en un arbitraje internacional fue provisto *"junto con"* la posibilidad de acudir a las cortes domésticas. POHL, J., MASHIGO, K., NOHEN,D. Dispute Settlement Provisions in International Investment Agreements: A Large Sample Survey. *OECD Working Papers on International Investment,* 2012, No. 2012/02, OECD Publishing, Paris, p.9.

113 ST JOHN, T. *The Creation of Investor., op. cit,* p.19. La autora hace referencia a este modelo para la proliferación de los TBIs, la perspectiva con el mecanismo de solución de controversias es propia.

114 *Ibid,* p.20. SALACUSE, J.W. *The Law of Investment..., op. cit.* p.6-9.

Dado el cúmulo de AII que contenían la cláusula de consentimiento al arbitraje del CIADI, la proliferación estuvo garantizada (debido a que en la práctica los "Modelos de TBI" de los Estados tienden a repetirse), llegando a expandirse rápidamente en las diversas negociaciones a nivel global.

La cláusula ISDS se convirtió entonces en el mayor componente de los tratados de inversiones, proveyendo un foro externo al que los inversores pudieran llevar las disputas internacionales respecto a cualquiera de las disposiciones del tratado. La internacionalización acelerada del régimen de las inversiones extranjeras se produjo mediante el tándem TBIs-CIADI.

Conviene mencionar que este fenómeno se produce en un contexto particular, en el que la liberalización de las inversiones extranjeras, el trato nacional de las inversiones extranjeras (una vez entradas en el Estado receptor), la protección contra la violación de ciertos estándares de tratamiento y el sistema de solución de controversias ISDS, constituían un "paquete de medidas" (neoliberales) como políticas necesarias para recibir el apoyo de organismos financieros, como el Banco Mundial.[115] Ilustrativamente, como puede verse en la Figura. 5 , al principio —a pesar de un crecimiento en la cantidad de TBI— no había una correlación de casos de solución de controversias entre inversores y Estados. La proliferación de la cláusula ISDS fue gradual, dando lugar a algunos casos entre el período de 1970 y 1990, pero en esta última década mencionada —de marcado acento neoliberal— la proliferación fue explosiva. [116]

---

115 En tal sentido, la activa tarea de Broches desde el CIADI, no era un asunto menor para aquellos países en desarrollo que estuvieran procurando una ayuda financiera por parte de estos organismos. SORNARAJAH, M. *The International Law...*, *op. cit.*, p. 24.

116 UNCTAD, *World Investment Report* 2021, *op. cit.*, p.122.

Figura. 5 Evolución del Régimen de AII

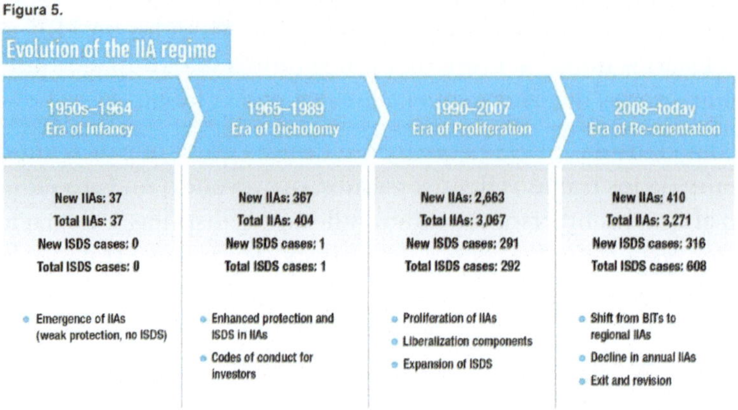

Figura 5.

Evolution of the IIA regime

1950s–1964 Era of Infancy	1965–1989 Era of Dichotomy	1990–2007 Era of Proliferation	2008–today Era of Re-orientation
New IIAs: 37 Total IIAs: 37 New ISDS cases: 0 Total ISDS cases: 0	New IIAs: 367 Total IIAs: 404 New ISDS cases: 1 Total ISDS cases: 1	New IIAs: 2,663 Total IIAs: 3,067 New ISDS cases: 291 Total ISDS cases: 292	New IIAs: 410 Total IIAs: 3,271 New ISDS cases: 316 Total ISDS cases: 608
• Emergence of IIAs (weak protection, no ISDS)	• Enhanced protection and ISDS in IIAs • Codes of conduct for investors	• Proliferation of IIAs • Liberalization components • Expansion of ISDS	• Shift from BITs to regional IIAs • Decline in annual IIAs • Exit and revision

Fuente: UNCTAD´s Reform Package for the International Investment Regime.

Desde 1990 (hasta 2007) el régimen global de los acuerdos de inversiones se expandió a gran velocidad. Una ola expansiva y liberalizadora fue el contexto de configuración de los TBIs, en general con características bastante similares (si bien algunos países fueron más lejos en cuanto a la liberalización de sus inversiones).[117] Asimismo, hacia finales de los años noventa, los inversores comenzaron a "descubrir" el potencial de la cláusula ISDS, aumentando considerablemente las reclamaciones ante tribunales arbitrales internacionales con base en dicha cláusula. En este período se produjo la consolidación del sistema de inversiones, no solo por la cantidad de AII que conformaron la extensa y compleja red de TBIs (configurando un sistema caótico, metafóricamente comparado a un plato de spaghetti o *spaghetti bowl*[118]), sino también por la activación del mecanis-

---

117 SALACUSE, J.W. *The Law of Investment...*, *op. cit.* p.6-7. SALACUSE, J. The Treatification of International Investment Law..., *op. cit.*, p.155.

118 El término fue utilizado por primera vez por Jagdish Bhagwati en 1995, en referencia a la expansión de acuerdos de libre comercio y al efecto que el

mo de solución de controversias, donde se reveló el verdadero poder de estas herramientas, así como también sus inherentes problemáticas. Solo al activar los medios de solución de controversias fue posible visualizar el alcance y dimensión que el sistema había adquirido.

1.3.1. El *boom* del Arbitraje Internacional de Inversiones

A pesar del aumento significativo de TBI y de la inclusión de la cláusula ISDS durante la década del noventa, el número total de casos (conocidos) de arbitraje internacional entre inversores y Estados no era alarmante en dicho período, tal y como puede observarse en la Figura. 6. [119]

El colapso financiero y económico ocurrido en Argentina hacia finales de 2001 marcó un hito en la evolución de los TBIs y el mecanismo de solución de controversias en materia de inversiones. Las medidas tomadas por el Estado argentino en respuesta a la crisis económica (devaluación de la moneda argentina, congelamiento de las cuentas bancarias conocido como "*corralito*", cambios en los regímenes de tarifas, modificaciones en diversas concesiones, prohibición del envío de

---

multilateralismo estaba teniendo en las relaciones comerciales internacionales. QUES, J. T. *Economía internacional: globalización e integración regional* (6ª ed.). Madrid: McGraw-Hill Interamericana. 2006, p.126. TUGORES QUES, J. *Economía Internacional: Globalización e Integración Regional.* Madrid: McGraw Hill, 2006, p.122. KARL, J. The "spaghetti bowl" of IIA. The End of History? *Columbia FDI Perspectives,* Nro.115, 17 febrero 2014.

119 Para algunos inversores el mecanismo aún permanecía desconocido. Hacia finales de 1990 había solamente 44 casos de ISDS. UNCTAD, *ISDS Navigator* https://investmentpolicy.unctad.org/investment-dispute-settlement/advanced-search Una crítica al sistema respecto a la falta de transparencia del sistema y la ausencia de un recuento oficial de la cantidad de casos de arbitraje internacional de inversiones en ROBERTS,A. ST JOHN,T. UNCITRAL and ISDS Reform: Lifelong learning, *EJILTALK!* 23 noviembre 2023.

remesas, etc.), desencadenaron una ola de reclamaciones por parte de inversores extranjeros, en base a diversos TBI que el país tenía en vigor. En efecto, el Estado argentino recibió más de cuarenta reclamaciones ante tribunales de arbitraje internacional de inversiones, modificando de manera considerable la tendencia en el uso de esta herramienta.[120]

Figura. 6 Tendencia en número de casos conocidos de "ISDS" basados en tratados.

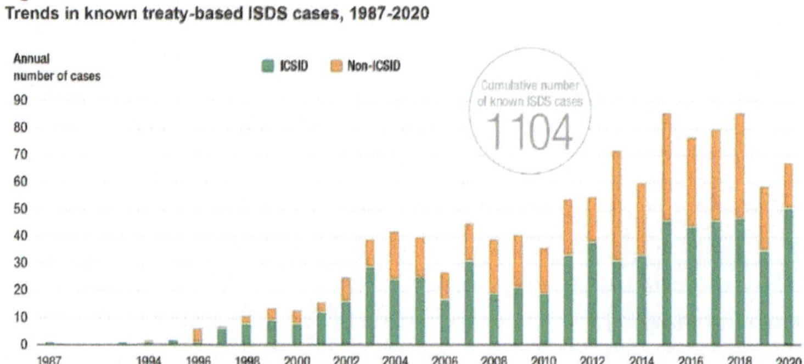

FUENTE: WORLD INVESTMENT REPORT 2021

El efecto *boom* del arbitraje internacional en materia de inversiones, y su impacto en la consolidación del mecanismo se extendió de modo particular (mucho más allá de los casos

---

120 ALVAREZ, J., KHAMSI, K. The Argentine crisis and foreign investors: a glimpse into the heart of the investment regime. *The yearbook on international investment Law and Policy*, 2008, vol. 2009, p.9 BURKE-WHITE, W. The Argentine financial crisis: state liability under BITs and the legitimacy of the ICSID system. En: En M. WAIBEL *et alt* (eds). *The Backlash Against Investment Arbitration. Perceptions and Reality*. Alphen aan den Rijn: Kluwer, 2010, pp.407-432. TORTEROLA, I. GOSIS, B. Argentina. En HAMILTON, J. GARCÍA BOLÍVAR, O., OTERO, H. *Latin American Investment Protections.* Leiden, The Netherlands: Martinus Nijhoff Publishers. 2012, p.15.

argentinos).[121] Esta expansión del arbitraje y la efectiva aplicación del mecanismo diseñado en la cláusula ISDS, permitió testear el funcionamiento del sistema de solución de controversias inversor-Estado con respecto a la interpretación y aplicación de los TBIs, y provocó una cascada de problemáticas dentro del sistema.

Los casos argentinos destaparon "una caja de pandora" que reveló las importantes tensiones existentes en la efectiva transición del ISDS: desde la protección teórica de las inversiones internacionales (acogida en los textos de los TBIs) hacia la concreta aplicación de esta herramienta en la práctica.

El arbitraje internacional de inversiones cobró fuerza como una importante alternativa frente a los métodos tradicionales de arreglo de controversias del Derecho Internacional. La emancipación del inversor fue crucial en la producción de este *boom* de arbitrajes internacionales dada la posibilidad de las corporaciones de acceder directamente a los tribunales arbitrales internacionales del CIADI.[122] El arbitraje internacional de inversiones aumentó su popularidad con dos factores decisivos: la posibilidad del inversor individual de reclamar ante tribunales internacionales el presunto incumplimiento del TBI, y las altas probabilidades de ejecución del sistema.[123]

Los Estados Miembros de la UE constituyeron una masa crítica en la celebración de AII, y, en consecuencia, también una cantidad importante de ellos (19 de 27 Estados Miembros) se han visto envueltos en múltiples casos de ISDS, tal y como

---

121 UNCTAD, IIA Issues Notes, Investor-state dispute settlement cases pass the 1,000 mark: cases and outcomes in 2019, No.2, 2020.

122 REINISCH, A. *The proliferation of ..., op. cit.*, p.11. SUBEDI, S. *International Investment Law..., op. cit.*, p.56.

123 *Ibid*, p.111. VAN HARTEN, G., LOUGHLIN, M. Investment treaty arbitration as a species of global administrative law. *European Journal of International Law*, 2006, vol. 17, no 1, p. 121-150, en particular p.133.

muestra la Figura 7. [124] Esta cuestión generó una preocupación relevante ya que constituye una presión, tanto para la UE como para los EEMM, en su capacidad para continuar persiguiendo objetivos de política pública.[125]

Figura. 7 Intervención de Estados Miembros de la UE en ISDS.

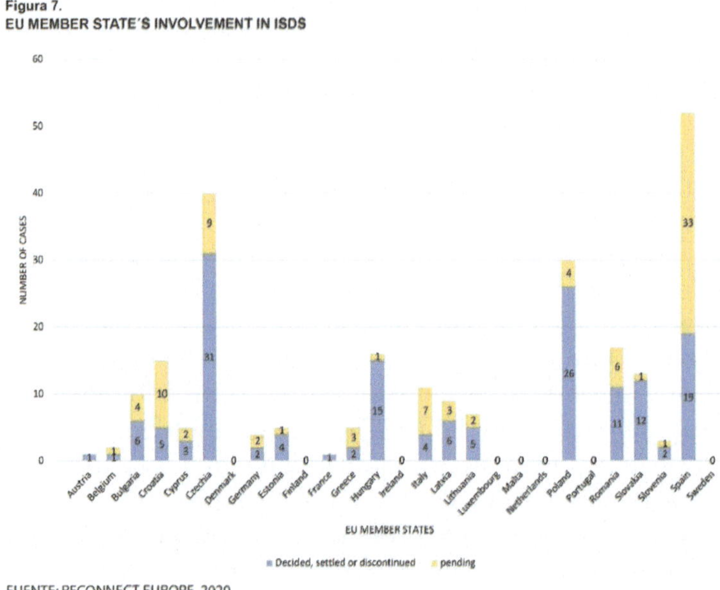

El s. XXI generó un cambio drástico en la arquitectura del sistema de inversiones internacionales.[126] Por un lado, una transformación de la economía mundial originó cambios en la dirección tradicional de los flujos de inversión (de países desa-

---

124 DE RIDDER, M. *et al.* Authority, Legitimacy and the Rule of Law in EU..., op. cit., p.11.

125 *Ibidem.*

126 UNCTAD, IIA Issues Notes, The changing IIA landscape: new treaties and recent policy developments, No. 1, 2020.

rrollados a países en desarrollo), con relevantes consecuencias para el sistema de inversiones. Por otro lado, el aumento de las reclamaciones basadas en TBIs dio visibilidad al funcionamiento del mecanismo diseñado, revelando las "fugas" del sistema. La explosión del arbitraje internacional entre inversor-Estado derivó en importantes críticas al sistema ISDS, dando lugar a un período de fuertes reacciones denominadas comúnmente *backlash.*[127]

1.3.2. ISDS *backlash.* El rechazo a la cláusula ISDS y las críticas al sistema.

En un corto período de tiempo, hubo una mayor predisposición de los inversores de hacer uso de la cláusula ISDS frente a sus controversias con el Estado receptor, lo que aumentó considerablemente el número de casos ante los tribunales arbitrales de inversión. La explosión de casos puso bajo la lupa la naturaleza y el funcionamiento del sistema ISDS, sometiéndolo progresivamente a un mayor escrutinio.[128]

Como resultado del mayor escrutinio se evidenció un importante número de tensiones intrínsecas del sistema ISDS, que dieron origen a un auténtico rechazo o *backlash* por parte de diferentes actores.[129] Los mismos usuarios del sistema expresaron profundas preocupaciones respecto a:

---

[127] BUTLER, N., SUBEDI, S. The future of international investment regulation: towards a world investment organisation? *Netherlands International Law Review.* 2017, 64(1), p. 46.

[128] POLANCO, R. *The Return of the Home State..., op. cit.*, p.4.

[129] WAIBEL, M. et al. (eds.) *The backlash against investment arbitration..., op. cit.* FRANCK, S. The Legitimacy Crisis in Investment Treaty Arbitration..., *op. cit.*, p.1521.

Falta de transparencia: muchos de los arbitrajes internacionales de inversiones estaban sujetos a la confidencialidad (una característica esencial del ISDS), por lo que no era posible saber realmente la cantidad de casos existentes ni la cuantía que los mismos implicaban. Si bien se conocían algunos casos, existían fundadas sospechas de que el número de casos fuera mayor, aumentando progresivamente la desconfianza hacia el sistema. Los arbitrajes inversor-Estado, diseñados desde la naturaleza confidencial propia de los arbitrajes comerciales privados, fueron objeto de reclamaciones por esta falta de transparencia. La confidencialidad de las disputas comerciales (establecida para asegurar que los negocios de ambas partes no se vean damnificados por la controversia), no es trasladable sin fricciones al ámbito de las inversiones internacionales. Los ciudadanos procuraban hacer valer el derecho de conocer qué disputas surgían y cómo estaban desarrollándose, a causa de los importantes intereses públicos involucrados. [130] La falta de participación pública del sistema ISDS agravó las sospechas de que el sistema protegía de manera excesiva a los inversores, y la confidencialidad fue considerada inadecuada hacia finales de la década del noventa. Entrado el s. XXI comenzó un cambio en este sentido, mejorando progresivamente la transparencia del sistema ISDS.[131]

---

130 BUTLER, N., SUBEDI, S., The future of international..., *op. cit.*, p.48.

131 JOHNSON, L., BERNASCONI-OSTERWALDER, N. New UNCITRAL Arbitration Rules on Transparency: Application, content and next steps. 2013. Algunos Estados comenzaron a trabajar sobre la transparencia en 2001 (en especial países del North American Free Trade, NAFTA). El CIADI elaboro un conjunto de normas para aumentar la transparencia en 2006 (conocimiento de la disputa, acceso al procedimiento, publicidad de laudos, etc.). Sin embargo, un avance real multilateral en este sentido solo llegó varios años más tarde con la firma del Reglamento de la CNUDMI sobre Transparencia en los Arbitrajes entre Inversionistas y Estados en el Marco de un Tratado (en vigor desde el 1° de abril de 2014) y la posterior Convención de las Naciones Unidas sobre la Transparencia en los Arbitrajes entre Inversionistas y Estados

-Fallos en las responsabilidades democráticas de los decisores: en el caso del arbitraje de inversiones, individuos privados son llamados a resolver disputas que afectan a asuntos públicos. Las controversias en materia de inversiones internacionales se consideran de naturaleza pública (envuelven al Estado como parte de la misma) y, por lo tanto, una compleja red de cuestiones de interés público y de políticas públicas resultan involucradas.

Típicamente, el arbitraje se compone de un panel de tres árbitros. Cada parte elige un árbitro y entre ambas partes eligen el tercer árbitro (normalmente quien preside el tribunal). Las partes seleccionan de algún modo individuos que podrían ofrecer potencialmente las mayores chances de "ganar" el caso. La calificación e independencia de los árbitros ha sido cuestionada, debido a la idoneidad del mecanismo para resolver controversias que involucran asuntos de interés público del Estado (que envuelven principios básicos de representación y responsabilidad).[132] También se ha cuestionado una alta tolerancia al conflicto de intereses por parte de los árbitros. Entre algunas cuestiones relevantes, el sistema permitió el denominado "rol múltiple" por el cual algunos actores se constituían en árbitros para un caso y asesores/abogados para otros casos sucesivos o simultáneos.[133]

---

en el Marco de un Tratado ("Convención Mauricio") abierta a la firma del 17 de marzo de 2015.

132 BUTLER, N., SUBEDI, S., The future of international..., *op. cit.*, p.47. VAN HARTEN, G. Private authority and transnational governance: the contours of the international system of investor protection. *Review of International Political Economy*, 2005, vol. 12, no 4, p. 600-623, en particular p.603.

133 LANGFORD, M., BEHN, D., LIE, R. The revolving door in international investment arbitration. *Journal of International Economic Law*, 2017, vol. 20, no 2, p. 301-332. LANGFORD, M., BEHN, D., LIE, R. The Ethics and Empirics of Double Hatting. *ESIL Reflection*, 2017, vol. 6, no 7, pp.1-12, en particular p.3.

- Falta de real representación de todos los sistemas jurídicos, en especial falta de árbitros provenientes de países en desarrollo entre los árbitros del panel.[134] Asimismo, diversas cuestiones de género han sido resaltadas en relación con la falta de una representación adecuada en el sistema.[135]

- Falta de coherencia, consistencia y previsibilidad en las decisiones: en una multiplicidad de casos muy similares, diferentes tribunales arbitrales llegaron a conclusiones diametralmente opuestas.[136] Asimismo, una cierta actitud expansiva por parte de los tribunales arbitrales de inversión en cuestiones de interpretación de tratados dio origen a reclamaciones.[137] Los numerosos laudos que surgieron como resultado de la crisis económica argentina del 2001, fueron muy relevantes en este sentido. Estos laudos generaron un importante volumen de co-

---

134 BUTLER, N., SUBEDI, S., The future of international..., *op. cit.*, p.47.

135 FACH GÓMEZ, K. Diversidad y Género en el Arbitraje Internacional: Entre Los Hechos Y Los Anhelos (Diversity and Gender in International Arbitration). En K. Fach Gómez (ed.), *La política de la Unión Europea en materia de derecho de las inversiones internacionales/EU Policy on International Investment Law,* JM Bosch Editor, 2017, pp.279-15, en particular p.285. FRANCK,S. et al. The diversity Challenge: Exploring the "Invisible College" of International Arbitration, *Columbia Journal Of Transnational Law,* 2015, 53, pp.429-506.

136 Algunos de los casos más representativos de inconsistencias en las decisiones son: CME and Lauder (CME Czech Republic B.V. v. Czech Republic, Ad hoc—UNCITRAL Arbitration Rules, Partial Award of 13 September 2001 and IIC 62 (2003), Final Award of 14 March 2003 and Lauder v. Czech Republic, Ad hoc—UNCITRAL Arbitration Rules, Final Award, 3 September 2001), los casos SGS (SGS Societe Generale de Surveillance S.A. v. Islamic Republic of Pakistan, ICSID Case No. ARB/01/13 (2003), 42 ILM 1290 and SGS Societe Generale de Surveillance S.A. v. Republic of the Philippines, ICSID Case No. ARB/02/6 (2004)). BUTLER, N., SUBEDI, S., The future of international..., *op. cit.*, p.48.

137 SUBEDI, S. *International Investment Law..., op. cit.,* p.6.

mentarios, en especial en respecto a la autonomía regulatoria del Estado.[138]

- El fenómeno del "enfriamiento normativo" (o *regulatory chill*): se considera que este fenómeno ocurre cuando los formuladores de políticas (legisladores y otros agentes con responsabilidad de creación normativa) paralizan nuevas reglamentaciones o políticas, ante la posibilidad de que surjan ciertas disputas sobre inversiones si aquella nueva reglamentación o política se pusiera en práctica.[139] En algunos casos, la sola amenaza de una disputa que active el mecanismo ISDS podría ser motivo de "congelamiento" de la acción del Estado (la normativa no prospera al evaluarse el costo que dicha reglamentación podría tener ante una demanda de arbitraje internacional).[140]

Todas las inquietudes mencionadas comenzaron a socavar el sistema desde diferentes ángulos. Este proceso de reacciones adversas resultó particularmente relevante durante la primera década del s. XXI. Si bien existían cuestionamientos a nivel político y jurídico, el fenómeno del *backlash* tuvo una importante repercusión a partir de una mayor difusión social de las controversias ISDS. Los asuntos ISDS pasaron de ser un tópico conocido y debatido solo en la esfera jurídica, a ser examinados detalladamente en la esfera pública. En esta mutación del asunto ISDS de la esfera jurídica a la esfera pública, diferentes actores

---

138 ALVAREZ, J., KHAMSI, K., "*The Argentine crisis ...*", *op. cit.*, p.34.

139 BUTLER, N., SUBEDI, S., *The future of international...*, *op. cit.*, p.48.

140 TIENHAARA, K. Regulatory chill and the threat of arbitration: a view from political science. En C. BROWN., K. MILES *(eds). Evolution in Investment Treaty Law and Arbitration, Cambridge University Press,* 2011, pp.606-628, en particular p.607. EBERHARDT, P. & OLIVET, C. Profiting from injustice How law firms, arbitrators and financiers are fuelling an investment arbitration boom. *Corporate Europe Observatory and the Transnational Institute,* 2012, p.26.

sociales (medios[141], ONGs, etc.) asumieron un rol fundamental movilizando a la sociedad en las reclamaciones contra el arbitraje internacional inversor-Estado (contra el sistema ISDS).

Algunos casos puntuales tuvieron un importante impacto en la sociedad, reforzando la crítica hacia el sistema vigente e ilustrando abiertamente el funcionamiento del mecanismo de solución de controversias inversor-Estado.[142] Los casos como *Vattenfall AB y otros c. República Federal de Alemania*[143] y los casos

---

141 DEPALMA A. Nafta's Powerful Little Secret: Obscure Tribunals Settle Disputes, but Go Too Far, Critics Say [en línea], *New York Times*, 11 marzo 2001. El autor menciona "Los encuentros son secretos. Los miembros generalmente se desconocen. Las decisiones a las que llegan no necesitan ser totalmente reveladas. Incluso la forma en que un pequeño número de tribunales internacionales conducen las disputas entre inversores y Estados ha llevado a la revocación de leyes nacionales, al cuestionamiento de sistemas judiciales y a desafiar leyes medioambientales" (traducción de la autora).The arbitration game [en línea], *The Economist* 11 octubre 2014. BROADMAN, H. Time to modernise investor dispute arbitration [en línea], *Financial Times*, 7 marzo 2020.

142 Vale destacar que existe un precedente importante de medidas ambientales, fiscales, etc. Que hayan sido cuestionadas en arbitrajes internacionales entre inversor y Estado. La selección de estos casos es tomado por la autora en la medida que las repercusiones públicas resultaron de una envergadura tal, que ya no se comentaban en el ámbito jurídico exclusivamente, sino que era posible comentar este tipo de cuestiones en diversos ámbitos de la sociedad civil.

143 En 2009 el proveedor de energía sueco Vattenfall demandó a la República Federal de Alemania ante tribunales arbitrales debido a las restricciones puestas a una planta de energía, *Vattenfall AB, Vattenfall Europe AG, Vattenfall Europe Generation AG v. Federal Republic of Germany, ICSID Case No. ARB/09/6.* Alegando la violación de la Carta de la Energía, el inversor alegó incumplimiento de las promesas iniciales y expectativas legítimas. El pleito se resolvió en 2011 con un acuerdo, pero al poco tiempo y – en virtud de la gran repercusión del desastre nuclear de Fukuyima- las tensiones volvieron a escalar. El Parlamento alemán decidió enmendar la Ley de Energía Atómica para acelerar la eliminación de la energía nuclear y la enmienda implicó el cierre inmediato de algunos de los reactores más antiguos de Alemania. Vattenfall (empresa energética de propiedad total del Estado sueco) que era dueña y

de la tabacalera Phillip Morris[144], evidenciaron hasta qué punto los Estados podían ser objeto de reclamaciones —ejercien-

---

operadora de esos reactores, no tardó en iniciar una nueva demanda ante el CIADI contra Alemania respecto a la decisión del abandono de la energía nuclear. El caso se encuentra pendiente actualmente y la indemnización por los perjuicios causados por el cierre de las plantas energéticas asciende a cifras exorbitantes. CIADI: Vatenfall AB, Vattenfall Europe AG, Vatenfall Europe Generation AG vs. Federal Republic of Germany (II), caso n° ARB/12/12. BERNASCONI-OSTERWALDER, N. and DIETRICH BRAUCH M. The state of Play in Vatenfall v Germany II: Leaving the German Public in the Dark, Briefing Note, *International Institute for Sustainable Development,* December 2014. SUBEDI, S. *International Investment Law..., op. cit.,* p.19. DIETRICH BRAUCH, M. Philip Morris vs. Uruguay: todas las demandas desestimadas; Uruguay recibirá reembolso por US$7 millones[en línea], *Investment Treaty News,* 10 Agosto 2016.

144 *Philip Morris Brands Sàrl, Philip Morris Products S.A. y Abal Hermanos S.A. vs. la República Oriental del Uruguay, Caso del CIADI No. ARB/10/7.* Para luchar contra el impacto en la salud pública y la economía por el alto índice de tabaquismo en el país, Uruguay siguiendo el adherido Convenio Marco para el Control del Tabaco (CMCT) de la Organización Mundial de la Salud (OMS), promulgó una serie de medidas internas a fin de controlar el consumo de tabaco. Estas medidas fueron impugnadas ante los tribunales uruguayos por la tabacalera Philip Morris (el 19 de febrero de 2010), quien además presentó una solicitud de arbitraje ante el CIADI, en virtud del tratado bilateral de inversión (TBI) entre Suiza y Uruguay. En julio de 2016, un tribunal del CIADI desestimó todas las demandas entabladas por Philip Morris. Paralelamente al caso de Uruguay, Philip Morris demandó al estado Australiano ante la promulgación de su Ley de Empaquetado Genérico de 2011 (*Tobacco Plain Packaging Act*), también dictada en miras a controlar el consumo de tabaco en ese país. El caso fue interpuesto ante la Corte Permanente de Arbitraje, utilizando la sede de Hong Kong de la compañía (Philip Morris Asia Limited) – creada en virtud de una reestructuración que según la compañía no estaba relacionada con las medidas objeto del arbitraje–y alegando incumplimiento del TBI Hong Kong- Australia. El tribunal decidió en favor del Estado Australiano. *Philip Morris Asia Limited vs. The Commonwealth of Australia, Caso de la CPA No. 2012-12.* NOLAN, M. Challenges to the Credibility of the Investor-State Arbitration System. *American University Business Law Review, 2016,* 5(3), pp.429-445, en particular p.430.

do su soberanía— en la toma de decisiones relacionadas con nuevas medidas de salud pública, protección del medio ambiente, política fiscal, seguridad, etc. La repercusión mediática de los casos abrió el debate público y la sociedad civil adquirió dimensión del impacto que determinadas decisiones del arbitraje internacional tenían y que hasta entonces había pasado desapercibido.[145]

En resumen, las cuestionadas características del sistema ISDS (falta de transparencia, carencia de responsabilidad internacional de los agentes decisorios, incoherencias e inconsistencias de las decisiones arbitrales, etc.), sumadas al escrutinio público y la deslegitimación social, convirtieron al mecanismo ISDS en el centro de una tormenta global de objeciones críticas.[146]

Estas reacciones críticas también tuvieron su efecto a nivel académico, dando lugar a una polémica "crisis de legitimidad" del sistema ISDS. Este cuestionamiento fue afirmado por una parte de la doctrina, que profundizó en el positivo rol de la crisis para impulsar la búsqueda de cambios institucionales en las inversiones internacionales.[147] Otra parte de la doctrina rechazó la existencia de tal crisis de legitimidad, alegando que los laudos carecían del expansionismo alegado[148], que el sistema

---

145 FERRARI, S. Philip Morris VS Uruguay: "que prevalezca la salud pública" [en línea], Swissinfo.ch, 27 Febrero 2013. DE LOS REYES, I. El juicio que puede cambiar la lucha antitabaco[en línea], *BBC NEWS*, 30 May 2014. Histórico fallo a favor de Uruguay en el juicio contra la tabacalera Philip Morris [en línea], *BBC NEWS*, 8 julio 2016.

146 EBERHARDT, P. & OLIVET, C. Profiting from injustice..., *op. cit.*, p.15.

147 DIETZ, T., DOTZAUER, M., COHEN, E. The legitimacy crisis of investor-state arbitration and the new EU investment court system. *Review of International Political Economy*, 2019, 26(4), pp.749-772, en particular p.750.

148 Un análisis crítico particular entre constitucionalismo, los mercados y la globalización puede encontrarse en SCHNEIDERMAN, D. *Constitutionalizing Economic Globalization: Investment Rules and Democracy's Promise.* Cambridge:

gozaba en realidad de una cierta previsibilidad[149], y que dicho sistema había contribuido a despolitizar las disputas internacionales sobre inversiones y, por lo tanto, los intentos de estatificar el sistema debían ser resistidos. [150] Una postura alternativa y más moderada, consideraba este fenómeno como una "crisis de crecimiento", una fase dentro del proceso de maduración, evolución y adaptación del sistema hacia una forma de litigación internacional más legítima, consistente y efectiva.[151]

Las preocupaciones de la sociedad internacional respecto al ISDS aumentaban la brecha de legitimidad, y esta fisura fue politizada a través de un proceso progresivo que estalló durante las negociaciones de dos acuerdos megarregionales de la Unión Europea: la Asociación Transatlántica para el Comercio y la inversión (conocido como Acuerdos TTIP) y el Acuerdo Económico Comercial y Global (conocido como Acuerdo CETA). Durante las negociaciones de dichos acuerdos, una amplia coalición de activistas de la sociedad civil, sindicatos y asociaciones de empresas, expresaron públicamente, a través de marchas y protestas, el rechazo total y absoluto hacia este particular sistema de arreglo de controversias, reclamando de

---

Cambridge University Press, 2008. El autor argumenta que ciertos conceptos claves de los tratados derivan de constituciones domésticas.

149 FAUCHALD, O. K. The Legal Reasoning of ICSID Tribunals–An Empirical Analysis. *European Journal of International Law*, 2008, vol. 19, no 2, p. 301-364, en particular p.308.

150 BROWER, C. BLANCHARD, S. 'From "Dealing in Virtue" to "Profiting from Injustice:" The Case against "Re-Statification" of Investment Dispute Settlement', 55(1) *Harvard International Law Journal Online*, 2014, No. 45, p.48.

151 LANGFORD, M., BEHN, D. Managing Backlash: The Evolving Investment Treaty Arbitrator? *European Journal of International Law*, 2018, vol. 29, no 2, p. 551-580, en particular p.553.

los gobiernos la eliminación de la cláusula ISDS en los acuerdos internacionales de inversión.[152]

El manifiesto rechazo y la presión de la sociedad civil, organizaciones y académicos obligó a los Estados a reconsiderar, como mínimo, la justicia del sistema ISDS. El nuevo análisis del sistema de protección de inversiones debió abordarse como punto de partida para recalibrar la balanza de la protección de las inversiones con las nuevas necesidades del s. XXI.

La descrita multicausalidad del *backlash* dio lugar a un auténtico cambio de paradigma. Las inversiones extranjeras se vieron desafiadas por expectativas y funciones muy diferentes a las que históricamente habían satisfecho. Por un lado, la sociedad reveló que sus expectativas frente a las inversiones extranjeras iban mucho más allá de la generación de empleo y crecimiento económico, adquiriendo una especial relevancia la "sostenibilidad" de la inversión: las inversiones no deberían producir daño al medioambiente, deberían contribuir a la generación de beneficios sociales, deberían promover la igualdad de género, deberían ayudar a ascender en las cadenas globales de valor, etc. Para la sociedad, la sostenibilidad de una inversión también incluye ciertas expectativas sobre el "comportamiento del inversor" (*investment behaviour*). De este modo, se pone de manifiesto el acento en la reciprocidad que supone una inversión —cuestiones absolutamente inimaginables hace tan solo un siglo. Asimismo, el inversor también pareciera ha-

---

152 BLENKINSON, P. Protesters march in Brussels against transatlantic free trade deals [en línea], *Reuters* 20 September 2016. Thousands protest against CETA and TTIP in Brussels [en línea], DW *Deutsche Welle*, 20 September 2016. Controversial CETA deal signed as protesters storm European Council in Brussels, *RT*, 30 October 2016. MINEUR, A. Compatibility with EU law is not real issue with ISDS [en línea], *EU Observer*, 30 April 2019. BEATTIE, A. Relief for EU over investment protection tangle [en línea], *Financial Times*, 2 May 2019.

ber evolucionado hacia expectativas diferentes, entre las que destacan unas reglas de juego más claras y previsibles, tanto en lo que refiere al acceso como durante el establecimiento de la inversión.

Como corolario, las inversiones extranjeras sufrieron un cambio de rol y esta demanda derivó, consecuentemente, en la necesidad de reformar el sistema de protección de inversiones y de su mecanismo de solución de controversias.

1.4. LA REFORMA DEL SISTEMA ISDS

El debate sobre la utilidad y legitimidad del mecanismo de solución de controversias inversor-Estado, puso de manifiesto las deficiencias sistémicas del ISDS. Un importante factor de visibilidad sobre el rechazo al sistema ISDS fueron las manifestaciones civiles durante las negociaciones de los Acuerdos megarregionales TTIP y CETA, que resultaron el ingrediente catalizador de una inminente reforma.[153]

Otro factor decisivo en la propuesta de una reforma fueron los flujos de IED y el aumento de la presencia de las empresas multinacionales (MNEs) (y sus redes comerciales) entre diferentes mercados internacionales. Tradicionalmente, los flujos de inversiones extranjeras (un poderoso vector de integración económica) eran unidireccionales: desde economías desarrolladas hacia economías en desarrollo, trazando consigo la fisonomía de los acuerdos internacionales de inversión. Pero los mercados emergentes incrementaron su participación en estos flujos, ocupando los primeros lugares en los rankings como

---

153 SAUVANT, K. The Evolving International Investment Law and Policy Regime: Ways Forward. E15 Task Force on Investment Policy – Policy Options Paper. E15Initiative. Geneva: International Centre for Trade and Sustainable Development (ICTSD) and World Economic Forum, 2016, p.4.

mayores emisores y receptores de IED.[154] Esta nueva realidad obligó a reexaminar la gobernanza global en materia de inversiones internacionales,[155] y en especial las formas (legítimas) de resolver las controversias potenciales.

A pesar de que la necesidad de la reforma no era unánime ni en doctrina ni en la totalidad de Estados, el debate quedó plasmado en informes oficiales y en diversos textos doctrinales. Diversos Estados, académicos y operarios del sector privado, comenzaron a hacer diferentes propuestas para reformar las normas y las instituciones involucradas en ISDS.[156]

Las propuestas de reforma oscilaban entre la configuración de un sistema completamente nuevo,[157] una reforma gradual a través de un cambio incremental y paulatino de las características más problemáticas del régimen ISDS[158] (la propuesta más resonada), y una adaptación interna del sistema existente.[159]

---

154 UNCTAD, *World Investment Report 2014.* Naciones Unidas, Nueva York-Ginebra, pp.4-7. Ver Banco Mundial, Inversión extranjera directa, entrada neta de capital (% del PIB) https://datos.bancomundial.org/indicator/BX.KLT.DINV.WD.GD.ZS.

155 *Ibid*, p.5.

156 CHAISSE, J., SAUVANT, K. and ORTINO, F. Improving the International Investment Law and Policy Regime: Options for the Future. *European Yearbook of International Economic Law 2016*, 2016, p. 819-822. SAUVANT, K., ORTINO, F. The need for an international investment consensus-building process. *Columbia FDI Perspectives*, 101, 23 September 2013.

157 SORNARAJAH, M. Starting anew in international investment law. *Columbia FDI Perspectives*, Nro. 74, 16 julio 2012. BUTLER, N., SUBEDI, S. *The future of international investment regulation…, op. cit.*, pp.58-65.

158 GAUKRODGER, D., GORDON, K., Investor-State Dispute Settlement …, *op. cit.*, p.7.

159 SCHILL, S.W. The Sixth Path: Reforming Investment Law from Within. En *Reshaping the Investor-State Dispute Settlement System.* Brill Nijhoff, 2015. p. 621-652. SAUVANT, K., ORTINO, F. *The need for an international investment… op. cit.*, p.2.

Progresivamente, el análisis de la reforma del sistema ISDS cobró relevancia en el plano multilateral y motivó importantes encuentros.[160] En 2012, el UNCTAD publicó su Informe sobre las Inversiones Internacionales titulado: "Hacia una Nueva Generación de Políticas sobre Inversiones"[161] y un año después sus "Notas Temáticas" (Issues Notes): "La Reforma del Sistema de Solución de controversias Inversor- Estado: en búsqueda de un itinerario"[162]. Este último documento resumió las principales preocupaciones relacionadas con el régimen ISDS, y esbozó diversas vías de reforma posibles.[163] En contraposición con la dificultad de conseguir multilateralmente una masa crítica uniforme de estándares sustanciales sobre la protección de las inversiones, la revisión del mecanismo de solución de controversias resultó una temática más permeable en la búsqueda de un consenso, dándose así curso a la reforma y poniéndola en acción.

---

160 Durante 2010 y 2011 siete importantes conversaciones de alto nivel fueron organizadas y co-organizadas por UNCTAD, en formas de pequeños grupos en los cuales diversos actores internacionales debatían respecto a las mejoras posibles al sistema ISDS. Estas conversaciones estaban orientadas a generar resultados concretos para mejorar el sistema. El debate en tal sentido también fue promovido en la OECD. OECD, Government perspectives on investor-state dispute settlement: a progress report, Freedom of Investment Roundtable, 14 December 2012.

161 UNCTAD, *World Investment Report 2012.* Towards a new generation of investment policies. Naciones Unidas, Nueva York-Ginebra.

162 UNCTAD, Reform of Investor State Dispute Settlement: In search of a Roadmap, IIA Issues Notes No. 2, 2013 https://unctad.org/system/files/official-document/webdiaepcb2013d4_en.pdf.

163 La reforma del ISDS, formó parte de un proceso global, contextualizado y documentado en UNCTAD, que establecía un monitoreo direccionado desde aproximadamente 2013. Luego de los informes sobre las inversiones mundiales elaborados en 2013, 2015 y 2018, se fueron marcando pautas y guías para orientar a los Estados en una reforma del régimen internacional de inversiones.

A partir del esfuerzo colectivo liderado por la UNCTAD, fueron trazados cinco amplios caminos para la reforma del sistema de solución de controversias relativo a inversiones, con posibilidades de acciones individuales o colectivas[164]:

- Promover un sistema alternativo de resolución de controversias
- Adaptar el sistema existente a través de los AII de manera individual
- Limitar el acceso de los inversores al sistema ISDS
- Introducir un mecanismo de apelación
- Crear una corte permanente de inversiones internacionales

Antes de profundizar en las opciones de reforma, es inexorable hacer referencia a un debate relevante respecto a la naturaleza del arbitraje de inversiones, ya que influye de manera considerable en dicha reforma. Algunos autores han considerado que el sistema de solución de controversias en materia de inversiones fue esencialmente pensado para disputas de Derecho Internacional Público, y que el curso de los acontecimientos ha permitido que sea utilizado de manera distinta a cómo fuera originalmente concebido. [165] Si bien la relación entre las partes del tratado define los derechos y obligaciones de éstas e incluso la autoridad de los tribunales arbitrales, al enfocarse en las partes de la controversia como los actores relevantes de

---

[164] UNCTAD´s Reform Package for the International Investment Regime, New York and Geneva, 2018. El pack de reformas promovidas por el UNCTAD es el resultado del análisis e investigación de un conjunto de informes previos, entre los cuales se integran los informes sobre las Inversiones Internacionales (*World Investment Report*) de 2015, 2017 y 2018.

[165] BERNASCONI-OSTERWALDER, N. Rethinking Investment-Related Dispute Settlement. Views and Experiences from Developing Countries, 2015, p.92.

la relación, se ha puesto (en la práctica) demasiado énfasis en la naturaleza privada del arbitraje y, con ello, en la autonomía de las partes.[166]

El régimen de inversiones tiene características que pueden ser enmarcadas en el Derecho Internacional Público (en la relación interestatal derivada del tratado de inversión) o en el Derecho Internacional Privado (en la relación inversor/Estado derivada de la controversia).[167] El debate sobre la caracterización del arbitraje de inversiones bajo uno u otro paradigma, evidencia un desarrollo novato y frágil del sistema, dado que dicho encuadre resulta crucial en la conceptualización y análisis de los problemas, y consecuentemente en la construcción de posibles soluciones.

El sistema de solución de controversias en materia de inversiones se ha inclinado ampliamente hacia los objetivos de protección de una de las partes de la relación, dejando de lado otras facetas involucradas en las inversiones y marginando en la construcción de sus normas cuestiones tales como el desarrollo sostenible, los derechos humanos, la protección del me-

---

166 Siendo una disciplina relativamente nueva y cambiante, el derecho internacional de inversiones ha sido objeto de comparaciones con otras ramas del derecho público (derecho internacional del comercio, derecho internacional de los derechos humanos, derecho administrativo internacional) y del derecho privado. A. Roberts expone que los tratados de inversión son cortos y vagos en su terminología, por lo que las comparaciones con otros campos legales para resolver ambigüedades, rellenar vacíos legales o entender la naturaleza del sistema deben ser cautelosamente analizadas, ya que en muchos casos no son una forma de llegar a conclusiones sino de "conseguir" conclusiones. Las analogías y paradigmas pueden sugerir diferentes (radicalmente) formas de analizar problemas concretos, a menudo con distintos resultados- consecuencias determinadas. ROBERTS, A. Clash of paradigms..., *op. cit.*, p.46.

167 ROBERTS, A. Clash of paradigms..., *op. cit.* p.48. SCHILL, S., The Sixth Path..., *op. cit.*, pp.10-14.

dio ambiente y la responsabilidad empresarial.[168] Los Estados han asumido durante años un rol pasivo en esta construcción, permitiendo que los inversores, sus abogados y árbitros ostentasen el rol activo por excelencia.

Quizás los Estados no pudieron predecir el modo en que las cláusulas ISDS serían utilizadas y, por tanto, el rol y la estructura del mecanismo de solución de controversias en materia de inversiones internacionales nunca fue apropiadamente debatido.[169] Como resultado, el mecanismo diseñado coloca a los Estados, y en especial su "espacio regulatorio", en una posición altamente vulnerable. Si bien esta situación había sido denunciada anteriormente por países en desarrollo, el proceso de reforma fue únicamente acogido cuando diversos gobiernos que habían sido importantes defensores del mecanismo ISDS (como los Estados Miembros de la UE y los Estados Unidos) decidieron cambiar el curso de los acontecimientos.[170]

1.4.1. La deconstrucción del "derecho a regular".

El retorno del Estado se produjo con la redefinición del "derecho a regular" y fue el puntapié inicial para la reforma del sistema de solución de controversias en las inversiones internacionales. La reivindicación del derecho a regular constituyó un punto de inflexión en el camino hacia la reforma. Las acciones unilaterales de los Estados con miras a reconfigurar sus cláusulas ISDS en los modelos de AII, podrían haber sido una solución mitigadora de las tensiones del sistema, pero el debate abierto respecto al derecho a regular provocó un fenó-

---

168 PRIETO MUÑOZ, J.G. Evolución del derecho internacional ..., *op. cit.*, p.26.

169 BERNASCONI-OSTERWALDER, *N.* Rethinking Investment..., *op. cit.*, p.90.

170 SUBEDI, S. *International Investment Law ...*, *op. cit.*, p.3.

meno de deconstrucción, constituyendo un paso fundamental para la renovación del sistema.

Los primeros Estados que tomaron acciones al identificar la vulnerabilidad del espacio regulatorio del Estado generada en el arbitraje internacional de inversiones (amparado por la ideología del *laissez faire* inherente a los antiguos tratados de protección de inversiones), fueron EEUU y Canadá. Dichos Estados, sin acoger directamente el derecho a regular en sus modernos Modelos TBI del 2004, recogieron ciertas modificaciones relativas a la protección del espacio regulatorio del Estado. Los Modelos TBI EEUU y Canadá de 2004 procuraban eliminar algunos de los elementos más restrictivos para la acción del Estado, propios de antiguos modelos elaborados en la cúspide del neoliberalismo.[171]

---

[171] TITI, C. *The Right to Regulate in International Investment Law.* Nomos/Hart, 2013, pp.58-61. Tanto EEUU como Canadá, insertaron modificaciones al efecto de normas sustanciales de la protección de inversiones (en especial la cláusula de trato justo y equitativo, y la protección y seguridad plenas sobre el estándar de trato mínimo del derecho internacional consuetudinario) alegando excepciones de seguridad, objetivos legítimos de bienestar público, regulaciones laborales y medioambientales, etc. Ambos Modelos de TBI revelaron la voluntad de incorporar en los acuerdos consideraciones de políticas públicas para ampliar la libertad regulatoria, y fueron luego reiterados en sus Modelos TBI de 2012. MARKERT, L. The crucial question of future investment treaties: balancing investors' rights and regulatory interests of host states. En M. BUNGENBERG, J. GRIEBEL, S. HINDELANG. *European Yearbook of International Economic Law. Special Issue: International Investment Law and EU Law.* Berlin, Heidelberg: Springer, 2011. p. 145-171, en particular p.146. LÉVESQUE, C. The Challenges of "Marrying" Investment Liberalisation and Protection in the Canada-EU CETA. En M. BURGENBERG, A. REINISCH, C. TIETJE. *EU and Investment Agreements.* Baden-Baden: Nomos Verlagsgesellschaft, 2013, pp.121-144, en particular p.128. La experiencia del NAFTA fue relevante en la elaboración de estos nuevos modelos, un mayor equilibrio entre la protección del inversor y del espacio regulatorio de los Estados se vislumbra como objetivo en ambos Modelos de TBI.

Por ese entonces, los acuerdos de protección de inversiones de los Estados europeos —los más prolíficos negociadores de TBIs— por el contrario, eran documentos cortos, escuetos, enfocados unilateralmente a la protección del inversor y lacónicos en las partes concernientes al interés público.[172] El derecho a regular resultaba una suerte de "tabú" en las negociaciones sobre inversiones (no se encontraba más que en algunos textos de UNCTAD, y —menos frecuentemente— en publicaciones de OECD[173]) y los debates en torno a su contenido eran rápidamente direccionados a las excepciones del Derecho del Comercio Internacional.[174] El derecho a regular no era un concepto nuevo, ni exclusivo del derecho de las inversiones[175], pero tenía mayor acogida en el área del comercio internacional —más caracterizada por un "liberalismo enmarcado" que

---

172 TITI, C. International Investment Law and the European Union: Towards a New Generation of International Investment Agreements, *European Journal of International Law,* 20015, Volume 26, Issue 3, pp.639–661, en particular p.647.

173 OECD, "Indirect Expropriation" and the "Right to Regulate" in International Investment Law, OECD Working Papers on International Investment, 2004,2004/04, OECD Publishing.

174 Las excepciones regulatorias en derecho de inversiones eran moldeadas en referencia al art. XX y XXI GATT. Los debates sobre derecho a regular se direccionaban automáticamente a esta temática. Constituyó una excepción el Modelo TBI Noruega (2007), que incorpora elementos del derecho a regular pero que fue abandonado -por rechazo de la sociedad y el sector privado- en el año 2009. TITI, C. *The Right to Regulate ..., op. cit* p.58.

175 *Ibid.* Otras áreas del Derecho Internacional, como los derechos humanos, el Derecho de la Unión Europea, y el Derecho Comercial, contenían consideraciones sobre la flexibilidad regulatoria del Estado. Incluso los antiguos tratados de inversión contenían este tipo de consideraciones, que sin ser estrictamente derecho a regular, constituyen primeros acercamientos. Para mayor profundidad sobre las preocupaciones del espacio regulatorio en sistemas anteriores y paralelos, TITI, C. *The Right to Regulate ..., op. cit* pp.53-67.

permitía a los Estados proteger el espacio regulatorio en aras del interés por mantener la estabilidad interna.[176]

Después de la crisis financiera global del 2008, los gobiernos devinieron menos reticentes a regular y dirigir sus economías. Aunque el sector privado continuaba siendo el principal motor del crecimiento económico mundial y la innovación, los gobiernos se fueron apartando del enfoque de la desregulación predominante desde la década de los noventa.[177] El rol regulatorio del Estado cobró fuerza, y la tendencia de los políticos a intervenir cada vez más en la economía y dirigir las actividades de inversión se hizo visible con el aumento general de políticas regulatorias y restrictivas de cualquier medida relacionada con las inversiones internacionales. Los gobiernos manifestaron una actitud encaminada a reorientar aquellos sistemas que dejaban espacio a vulnerabilidades en el ejercicio de la soberanía del Estado.

Diversos factores (varios de los fenómenos derivados del *backlash* para el sistema de solución de controversias sobre inversiones[178], y ciertas acciones de los Estados que se desarrollan en el capítulo siguiente[179]), influyeron en la deconstrucción del derecho a regular, tal y como era conocido.[180] La deconstrucción ocurrió como un fenómeno fáctico que desnaturalizó un concepto legal que funcionaba perfectamente en el ámbito

---

176 TITI, C. EU Investment Agreements And The Search For A New Balance: A Paradigm Shift From Laissez-Faire Liberalism Toward Embedded Liberalism? *Columbia FDI Perspectives,* Nro. 86, 3 enero 2013. TITI, C. International Investment Law and the European..., *op. cit.*, p.647.

177 UNCTAD´s Reform Package for the International Investment..., *op. cit.*, p.15.

178 Ver apartado 1.3.2.

179 Ver apartado 1.4.2.

180 TITI, C. Courses of the Summer School on Public International Law. The Right to Regulate in International Investment Law (Revisited). International and Comparative Law Researcher, 2022, p.16. Vale destacar que una serie de circunstancias complejas convergen en el origen de esta deconstrucción.

del comercio internacional, pero que no era comprendido —y por tanto rechazado— en el ámbito de las inversiones. En materia de inversiones el derecho a regular no suponía una mayor protección del espacio regulatorio del Estado en su carácter de soberano, sino solamente la posibilidad de acotar la aplicación de un tratado de inversiones a determinadas materias.

Un fuerte cuestionamiento a la lógica concebida del derecho a regular, su contenido y su alcance, desarmó un concepto que parecía no haber sido holísticamente construido, generando fuertes tensiones plasmadas en debates académicos y en negociaciones relacionadas con las inversiones.[181] El resultado abrió paso al entendimiento del derecho a regular como un derecho legal (protegido convencionalmente) excepcional, que permite a los Estados regular en derogación de obligaciones internacionales asumidas a través de un tratado de inversión, sin incurrir en el deber de compensar.[182]

En un tiempo relativamente corto, la manifestación expresa del derecho a regular en las negociaciones sobre inversiones —como remedio para circunscribir la libertad del espacio regulatorio del Estado— fue acogido vigorosamente por Estados

---

181 VON WALTER, A. Balancing Investors' and Host States' Rights–What Alternatives for Treaty-makers? En *International Investment Law and EU Law.* Springer, Berlin, Heidelberg, 2011. p. 141-143.

182 TITI, C. *The Right to Regulate ..., op. cit.*, pp.32 y ss. El derecho a regular se entendió como un derecho legal (protegido convencionalmente) excepcional que permite a los Estados regular en derogación de obligaciones internacionales que ha asumido a través de un tratado de inversión sin incurrir en el deber de compensar. El derecho a regular, tal y como está actualmente planteado, exime al Estado de la típica compensación requerida *vis-a-vis* al inversor agraviado. Si el derecho a regular invocado exitosamente en un caso determinado generara el deber de compensar, estaría despojado de su significado. La deconstrucción repercute además en la obligación de compensación, despojando el binomio "todo-nada" y siguiendo el Principio de proporcionalidad.

que se mostraban muy reacios a incluirlo en el ámbito de las inversiones.[183] El derecho a regular, en su función de válvula elástica capaz de instaurar en el sistema un cierto grado de equilibrio, se convirtió en la piedra angular de las negociaciones en materia de inversiones a nivel global y dio lugar a una reivindicación del concepto, desmantelando la idea de que la protección de las inversiones fuera el fin último del sistema de inversiones.[184]

La deconstrucción del derecho a regular permitió a los Estados tomar participación activa en el nuevo diseño del sistema de solución de controversias, y redefinir las reglas imperantes bajo las cuales el "espacio regulatorio" había resultado altamente vulnerable en el sistema anterior. Con la reivindicación del derecho a regular los Estados estaban definiendo el rol del ISDS, su relación con el proceso de decisión democrática y su impacto en el espacio regulatorio. Este fenómeno de deconstrucción fue el origen de una era de cambio.

1.4.2. La reconfiguración del ISDS

Identificada la necesidad de reforma por parte de los Estados, éstos comenzaron a tomar acciones para reconfigurar la tradicional cláusula ISDS. Eliminado el binomio reformar-no reformar, el siguiente paso fue indagar cómo y con qué alcance dicha reforma debía ser realizada. El análisis de algunas

---

183 TITI, C. *The Right to Regulate ..., op. cit.*, p.53.

184 La reivindicación de este concepto fue el pestillo que desbloqueó, casi una década más tarde, la reforma hacia la judicialización de la solución de controversias en materia de inversiones en la Unión Europea. En el Dictamen 1/17 del TJUE (Dictamen 1/17, de 30 de abril de 2019, EU:C:2019:341), al evaluar la compatibilidad del tribunal CETA con el sistema de justicia de la UE, el tribunal manifestó los requisitos para validar dicho tribunal otorgando una relevancia fundamental al derecho a regular. Ver apartado 2.2.2.2.1.

acciones de reformulación más representativas en materia de solución de controversias tomadas por diferentes Estados (procurando abarcar países heterogéneos y de diferentes zonas geográficas) permiten exhibir diversas líneas orientadas a la reconfiguración del sistema ISDS.

Los Estados, como actores primarios del sistema internacional de inversiones, dieron señales de respuesta a la crisis de legitimidad a través de medidas concretas que incluyeron acciones individuales y conjuntas. Una vez identificadas las áreas problemáticas del sistema, los Estados tomaron decisiones estratégicas para identificar los aspectos a reformar, las herramientas para hacerlo y las posibles opciones políticas para implementarlas.[185]

Las acciones individuales de los Estados para redefinir el sistema de solución de controversias en materia de inversiones, reflejan la dirección de la política de inversiones internacionales de un país, en consonancia con su estrategia nacional de desarrollo. Las estrategias abarcaron un amplio espectro de posibilidades: desde la negativa absoluta del sistema ISDS (y la consecuente terminación de acuerdos vigente y retirada de los organismos nucleares del sistema), hasta una metamorfosis total orientada a la judicialización de las controversias en materia de inversiones.

Como fuerte reacción a las incongruencias del sistema de solución de controversias, la primera decisión estratégica de algunos Estados consistió en "tener o no tener ISDS" en sus acuerdos sobre inversiones internacionales. Estados como Bolivia, Ecuador y Venezuela realizaron una denuncia al Conve-

---

185 UNCTAD´s Reform Package for the International Investment ..., *op. cit.* p.13-15.

nio CIADI[186] y comenzaron además un proceso de finalización de sus TBI (con intenciones dirigidas a un posterior proceso de renegociación).[187] La retirada unilateral de mecanismos multilaterales relacionados con la inversión se realizaba para reducir el riesgo de sufrir reclamaciones por parte de inversionistas, aunque generaba problemas en la futura cooperación multilateral en materia de inversión.[188] La efectividad de la denuncia CIADI por estos Estados fue cuestionada por algunos autores: si el objetivo era "desmarcarse" del sistema ISDS,

---

186 Bolivia realizó la denuncia al Convenio CIADI el 2 de mayo de 2007. Ecuador, presentó una comunicación el 4 de diciembre de 2007 para dejar sin efecto la jurisdicción del CIADI en las disputas futuras sobre hidrocarburos, gas y minería (invocando el art. 25(4) del Convenio CIADI), dicha comunicación no tuvo las consecuencias estipuladas por Ecuador y el país presentó finalmente su denuncia al Convenio CIADI en 6 de julio de 2009. Venezuela presentó la denuncia el 24 de enero de 2012. Ver articulo 71 Convenio CIADI. Efectos de la denuncia del Convenio CIADI. UNCTAD, Denunciation of the ICSID Convention and BITs: Impact on Investor-State Claims, *IIA Issues Note* No. 2, diciembre 2010. POLANCO LAZO, R. Is there a life for Latin American countries after denouncing the ICSID convention? *Transnational Dispute Management,* 2014, vol. 11, no 1. TIETJE, C., NOWROT, K., WACKERNAGEL, C. *Once and Forever? The Legal Effects of a Denunciation of ICSID.* Inst. für Wirtschaftsrecht, 2008. No obstante, como ejemplo de la impactante complejidad que la protección de inversiones internacionales tiene en para los países -y en especial para los países Latinoamericanos –, cabe mencionar que Ecuador ha reelaborado recientemente su política con respecto a la solución de controversias sobre inversiones, impulsando un proceso de retorno al CIADI. GARCIA, A. "Presidente Guillermo Lasso ratificó oficialmente el retorno de Ecuador al Ciadi", *El Comercio,* 19 de julio de 2021.

187 Como ejemplo, la denuncia del FTA entre Bolivia y México (que incluía un capítulo sobre Inversiones), fue seguida por un Acuerdo de Complementación económica (sin capítulo de inversiones) que operaba en su reemplazo. POLANCO LAZO, R. Is there a life for Latin American ..., *op. cit.,* p.13.

188 UNCTAD, Junta de Comercio y Desarrollo Comisión de la Inversión, la Empresa y el Desarrollo, 11° período de sesiones Ginebra (11 a 15 de noviembre de 2019), TD/b/C.II/42, p.19 https://unctad.org/system/files/official-document/ciid42_es.pdf.

el resultado sería nulo. La desconexión con el sistema ISDS no resolvería la problemática que este sistema generaba, que continuaría vigente de todos modos y afectando los miles de TBI en vigor, dado que los efectos de la cláusula compromisoria sobre la jurisdicción del CIADI se mantiene por un largo período después de la denuncia.[189] Sin embargo, quizás éste desenganche inicial fue un paso necesario para reorientar el sistema ISDS de manera global.

A diferencia de autores que consideraban la salida del CIADI como un "retorno a la doctrina Calvo"[190], los Estados denunciantes del Convenio CIADI apostaban por otras opciones que sí acogían el arbitraje de inversiones internacional en otros marcos (como UNASUR o ALBA) o bajo otras condiciones (contractualmente pactadas en reemplazo de obligaciones derivadas de un tratado)[191], por lo que esta retirada no perseguía como fin último la exclusividad de una jurisdicción doméstica para el tema de las inversiones.

---

189 SCHREUER, C. Denunciation of the ICSID Convention and Consent to Arbitration. En M. WAIBEL, *et alt* (eds). *The Backlash Against Investment Arbitration. Perceptions and Reality.* Alphen aan den Rijn: Kluwer, 2010, pp.353-368, en particular p.355.

190 Algunos autores vaticinaban incluso este mismo proceso en otros Estados latinoamericanos, que no ocurrió posteriormente. PERRY, S. Is Argentina about to leave ICSID? *Global Arbitration Review,* 25 January 2013. HAFTEL, Y., LEVI, H. Argentina's curious response to the global investment regime: external constraints, identity, or both? *Journal of International Relations and Development,* 2020, No.23, pp.755-780, en particular p.855.

191 Los tres Estados (Bolivia, Ecuador y Venezuela), junto a Nicaragua, durante la 5ta Conferencia de Presidentes del ALBA, habían realizado declaraciones de voluntad de "desmarcarse" del FMI, BM- en especial del CIADI, en la búsqueda de garantizar el derecho a regular en sus territorios. Denunciaron la presión diplomática, mediática y amenazas de multinacionales respecto a iniciar arbitrajes internacionales de inversiones, frente a la aplicación de ciertas normas medioambientales, socio-laborales, etc. POLANCO LAZO, R. Is there a life for Latin..., *op. cit.,* p.13.

Por el contrario, otros Estados sí determinaron con sus acciones individuales la intención de dotar de jurisdicción exclusiva a sus tribunales nacionales para la solución de controversias en materia de inversiones internacionales. Australia, por ejemplo, conocida por su oposición al ISDS en acuerdos previos, [192] en abril de 2011 declaró su intención de no incluir cláusulas ISDS en sus tratados bilaterales y acuerdos regionales futuros.[193] Sin embargo, en solamente dos años, la política de inversiones volvió a dar un giro y aquella manifestación quedó neutralizada por el nuevo gobierno.[194]

---

192 En 2004 la conclusión del FTA entre Australia y EEUU no incluyó ISDS. Los países consideraron que ambos tenían "robustos sistemas legales" para resolver posibles controversias. Ver art. 11.16 Australia-US FTA (AUFSTA). TIENHAARA, K., RANALD, P. Australia's rejection of Investor-State Dispute Settlement: Four potential contributing factors, *IISD.org*, 12 july 2011. DODGE, W. S., Investor-State Dispute Settlement between Developed Countries: Reflections on the Australia-United States Free Trade Agreement, 2006, *Vanderbilt Journal of Transnational Law,* 39 (1), p.25.

193 Government of Australia, Department of Foreign Affairs and Trade, *Gillard Government Trade Policy Statement: Trading our way to more jobs and prosperity*, April 2011 https://www.dfat.gov.au/publications/trade/trading-our-way-to-morejobs-and-prosperity.pdf p. 14. En realación a la política australiana en rechazo hacia el ISDS ver KURTZ, J. Australia's rejection of investor–state arbitration: causation, omission and implication. *ICSID Review*, 2012, 27(1), pp.65-86. TRAKMAN, L. Australia's Rejection of Investor-State Arbitration: A Sign of Global Change. En L. TRAKMAN, N. RANIERI. *Regionalism in International Investment Law,* Oxford: Oxford University Press, 2013, pp.344-373. NOTTAGE, L. The Rise and Possible Fall of Investor-State Arbitration in Asia: A Skeptic's View of Australia's 'Gillard Government Trade Policy Statement'. Sydney Law School Research Paper, 2011, No. 11/32, p.3. FAUNCE, T. Australia's embrace of investor-state dispute settlement: a challenge to the social contract ideal? *Australian Journal of International Affairs,*2015, 69 (5), pp.595-609.

194 Este tipo de manifestaciones revelan la fragilidad de las acciones individuales encaminadas a la reforma de un Sistema que adquirió un *statu quo* en el ámbito de las negociaciones internacionales. El nuevo gobierno no anulo por completo la decisión de retirada del sistema ISDS, pero manifestó su voluntad

Otros Estados, como India, se convirtieron en modelos emblemáticos en la reconfiguración de la solución de controversias. India abandonó su Modelo TBI 2003 (contextualizado en una época liberal y orientado principalmente a la protección del inversor), a partir de su experiencia en el caso "*White Industries*"[195]. El laudo de este arbitraje significó la posibilidad de que el sistema legal indio se convirtiera en un blanco significativo de responsabilidad internacional en materia de inversiones[196]. Por este motivo, India, después de un análisis pormenorizado,[197] de-

---

de revisar la posible inclusión de una cláusula ISDS en las negociaciones de cada caso particular. TRAKMAN, L. Investor-State arbitration: evaluating Australia's evolving position. *The Journal of World Investment & Trade*, 2014, 15(1), p.162 y ss.

195 *White Industries Australia Limited v. The Republic of India*, UNCITRAL, Award of Nov. 30, 2011. Sentencia final disponible en https://www.italaw.com/sites/default/files/case-documents/ita0906.pdf ASHUTOSH RAY. White Industries Australia Ltd. v. Republic of India: A New Lesson for India. *Journal of International Arbitration*, 2012, 29(5), pp.623-635.

196 En dicho arbitraje el retraso en la provisión de un remedio judicial a un inversor extranjero fue considerado una violación a la cláusula de trato justo y equitativo. El sistema judicial de la India, excesivamente cargado con una enorme acumulación de casos, sería entonces extremamente vulnerable a los reclamos en arbitrajes internacionales. CAI, C. Balanced Investment Treaties and the BRICS, AJIL Unbound, 2018, 112, pp.217-222, en particular p.218. SORNARAJAH, M. The Unworkability of "Balanced Treaties" and the Importance of Diversity of Approach among the BRICS. *AJIL Unbound*, 2018, 112, p.224.

197 El Modelo fue realizado luego de un proceso consultivo y siguiendo un borrador publicado en marzo de 2015, del que diversos interesados nacionales e internacionales realizaron oportunos comentarios. La Comisión Legal de la India (Law Comission of India) realizó un análisis detallado del Borrador y sugirió ciertos cambios en un informe final. Para mas detalle de la evolución sobre los cambios propuestos y el resultado ver HANESSIAN, G., DUGGAL, K. The final 2015 Indian model BIT: Is this the change the world wishes to see?. *ICSID Review-Foreign Investment Law Journal*, 2017, 32(1), pp.216-226.

cidió terminar sus TBI[198] para renegociarlos posteriormente a partir de la elaboración de un nuevo Modelo TBI 2015.[199]

El Modelo Indio TBI 2015 establece importantes cambios en materia de solución de controversias, ya que la reconfigurada cláusula ISDS establece distintas calificaciones muy acotadas para el acceso al arbitraje de inversiones.[200] Principalmente, permite al inversor acceder al arbitraje internacional de inversiones solamente una vez agotadas todas las vías judiciales y administrativas "por al menos un período de cinco años desde que el inversor tuvo conocimiento de la medida en cuestión". Además, establece que solamente potenciales incumplimientos de las obligaciones del capítulo II (y solo de este capítulo) podrán ser llevadas ante un arbitraje internacional de inversiones. Asimismo, establece calificaciones adicionales —de tiempo y forma— para proceder al arbitraje una vez agotadas las vías domésticas (por ejemplo, seis meses de negociación una vez agotadas las vías y antes de iniciar una reclamación ante tribunales arbitrales). En suma, el modelo TBI indio 2015 modifica de manera trascendental el capítulo de solución de contro-

---

198 Hasta la fecha 67 TBIs de la India han sido terminados. UNCTAD, Investment Policy Hub https://investmentpolicy.unctad.org/international-investment-agreements/countries/96/india?type=bits VALLEJO-COOLEY, D. India: ¿momento adecuado para reestructurar las inversiones extranjeras en el país?, *Expansión*, 31 enero 2018.

199 Model Text for the Indian Bilateral Investment Treaty 2016, http://www.finmin.nic.in/reports/ModelTextIndia_BIT.pdf (en adelante Modelo Indio TBI 2015). La primera publicación del modelo se realizó en marzo de 2015, aunque posteriormente fueron realizadas modificaciones al texto y el modelo final fue adoptado en 14 de enero de 2016. RANJAN, P., ANAND, P. The 2016 Model Indian Bilateral Investment Treaty: a critical deconstruction. *Northwestern Journal of International Law and Business*, 2017, 38(1), pp.1-53, en particular p.5

200 *Ibid*, p.39.

versias inversor-Estado, empoderando a las cortes domésticas y realizando cambios sustanciales en el sistema.[201]

Sudáfrica es también un ejemplo simbólico en su acción reorientadora del sistema ISDS. Con un bagaje representativo de TBIs tradicionales (neoliberales), firmados tras el restablecimiento democrático de 1993, decidió cambiar el curso de los acontecimientos revisando su marco legal de inversiones extranjeras y dando por terminados diversos TBIs desde el año 2010. Como resultado, nueve tratados con Estados europeos fueron terminados entre 2012 y 2014, siguiendo además con un plan de terminaciones de TBIs para los años posteriores.[202] El cambio más radical realizado ha sido la construcción de un marco doméstico para la promoción y protección de inversiones: el "*Protection of Investment Act 22 of 2015*"[203] . Esta normativa introduce importantes y novedosos giros en la política de inversiones del país.

En materia de solución de controversias, El "*Protection of Investment Act 22 of 2015*" omite completamente la posibilidad del arbitraje internacional Inversor-Estado.

---

201 Además de las modificaciones procedimentales, existen importantes modificaciones sustanciales, como la ausencia de cláusulas NMF y TJyE, y una mayor precisión de las cláusulas del tratado para evitar en mayor medida la discrecionalidad arbitral. *Ibid,* p. 18-30.

202 En 2017 terminó su TBI con Argentina, en 2019 con Italia y procura concluir su TBI con Grecia en 2021. Actualmente tiene 11 TBI terminados, UNCTAD, Investment policy hub. https://investmentpolicy.unctad.org/international-investment-agreements/countries/195/south-africa?type=bits SCHLEMMER, E. Dispute Settlement in Investment Related Matters: South Africa and the BRICS. *AJIL Unbound,* 2018, pp.212-216, en particular p.213.

203 Republic of South Africa, Government Gazzete, No. 39514, 15 December 2015. http://www.thedtic.gov.za/wp-content/uploads/Investment_Act_22of2015.pdf (entrada en vigor el 13 de julio de 2018). GAZZINI, T. Rethinking the Promotion and Protection of Foreign Investments: The 2015 South Africa's Protection Investment Act. SSRN, 1 May 2017, pp.1-19.

"13. (1) An investor that has a dispute in respect of action taken by the government, which action affected an investment of such foreign investor, may within six months of becoming aware of the dispute request the Department to facilitate the resolution of such dispute by appointing a mediator.

(4) Subject to applicable legislation, an investor, upon becoming aware of a dispute as referred to in subsection (1), is not precluded from approaching any competent court, independent tribunal or statutory body within the Republic for the resolution of a dispute relating to an investment.

(5) The government may consent to international arbitration in respect of investments covered by this Act, subject to the exhaustion of domestic remedies. The consideration of a request for international arbitration will be subject to the administrative processes set out in section 6. Such arbitration will be conducted between the Republic and the home state of the applicable investor."[204]

En virtud del capítulo 13 (*Dispute Resolution*) se establecen dos tipos de remedios domésticos: dentro de los seis meses de conocida la disputa, el inversor podrá acudir al Departamento de Comercio e Industria para facilitar la solución del conflicto a través de una mediación. Alternativamente, en la sección 13 (4) y sujeto a la legislación aplicable, el inversor puede acudir a los tribunales domésticos para conseguir la solución de la disputa. Finalmente, la sección 13(5) determina que el gobierno "puede" consentir un arbitraje de inversiones, sujeto al agotamiento de las vías internas, entre Sudáfrica y el Estado de origen del inversor.[205] Todo lo anterior revela el gran giro que este país ha decidido dar a la solución de controversias en

---

204 Artículo 13 "*Protection of Investment Act 22 of 2015*".

205 Sudáfrica es además Miembro del Southern African Development Community (SADC), cuyo Anexo 1 al protocolo de Finanzas e Inversiones, que remueve el arbitraje inversor-Estado como forma de solución de controversias en materia de inversiones. Southern African Development Community, Agreement

materia de inversiones, controlando el Estado la mayor parte de este proceso.

El modelo de Brasil[206] también puede considerarse un referente de las acciones individuales re-orientadoras del sistema ISDS, debido a la fuerte impronta de "prevención de conflictos" incorporada en su propuesta Acuerdo de Cooperación y Facilitación de Inversiones (ACFI)[207]. El ACFI es un modelo que pretende desmarcarse de los tradicionales TBIs (Brasil no tiene en efecto ningún TBI vigente)[208] orientándose más hacia la facilitación de las inversiones que a la protección de las mismas. El modelo ACFI propone el establecimiento de "puntos focales" u(y) "Ombudsmen", en cada Estado Parte, así como la creación de un Comité Conjunto Intergubernamental, instancias consideradas como núcleo institucional del acuerdo. El "punto focal" de cada Parte tiene el papel de actuar como facilitador en la relación más técnica entre los inversionistas y el gobierno del país receptor, y posee un importante rol en la detección y gestión temprana de potenciales conflictos. El Comité Conjunto (compuesto por representantes de los gobiernos de ambas Partes) también actúa en la prevención de controversias y en la resolución amistosa de diferencias que involucren inversiones bilaterales. Al incorporar un nuevo ca-

---

Amending Annex 1 (Co-operation on investment) of the Protocol of Finance and Investment. https://bit.ly/3hRh7mT.

206 Este país se ha mantenido, desde el inicio, al margen de la solución de controversias inversor-Estado, ya que no posee ningún TBI que contenga una cláusula de este tipo.

207 Gobierno de Brasil, Comercio Exterior y Asuntos Internacionales. Acuerdo de Cooperación y Facilitación de Inversiones http://www.mdic.gov.br/arquivos/Presentacion-General-ACFI-ES.pdf.

208 Aun así, ha estado en los puestos más altos de los rankings de países receptores de IED. Por ejemplo, en 2017 ocupó el cuarto lugar. CHOER MORAES, H. Y HESS, F. Breaking the BIT Mold: Brazil´s pioneering approach to investment agreements, *112 AJIL Unbound.* 2018, pp.197-201, en particular p.198.

nal institucional (hasta ahora inexistente entre inversionistas y Estados), fomenta el diálogo y las sugerencias en materia de regulación que afecte potencialmente determinadas inversiones. Cabe aclarar que el único arbitraje internacional que se contempla en este modelo es el arbitraje de inversiones interestatal.[209]

Otros Estados, en cambio, decidieron realizar una reconfiguración más incremental, manteniendo el sistema ISDS (y su preponderancia en la solución de controversias) pero mejorando ciertos aspectos específicos. El Modelo de TBI de EEUU de 2012[210] modificó algunos aspectos de la solución de controversias como, por ejemplo, agregar un estatuto de limitaciones y otorgar a los Estados partes del tratado una autoridad adicional o más clara para determinar cuestiones de interpretación y aplicación del Tratado que sería vinculante para los tribunales arbitrales.[211]

A pesar de que el Modelo EEUU TBI 2012 acogió las críticas del rechazo al sistema ISDS y accionó al respecto, algunas de las características más controvertidas del texto original TBI 2004 se mantuvieron intactas; entre ellas, muchas de las cláu-

---

209 Gobierno de Brasil, Comercio Exterior y Asuntos Internacionales. Acuerdo de Cooperación y Facilitación de Inversiones, p.2 BERNASCONI-OSTERWALDER, N., BRAUCH, M. D. (2015). *Brazil's Innovative approach to international investment law. IISD,* 15 September 2015. VIEIRA MARTINS, J. Acuerdos de Cooperación y Facilitación de Inversiones (ACFI) de Brasil y Últimos Avances. *Investment Treaty News,* 12 junio 2017.

210 Lanzado por la Administración Obama en 2009- para reformar el Modelo EEUU TBI de 2004.

211 JOHNSON, L. The 2012 US Model BIT and What the Changes (or Lack Thereof) Suggest about Future Investment Treaties". *Political Risk Insurance Newsletter,* Vol. VIII Issue 2, 2012, p.3.

sulas relativas a ISDS, lo que generó importantes controversias, en especial para quienes abogaban por su eliminación.[212]

El Modelo TBI de Canadá 2012 —que reforma su anterior modelo de 2004— representa otra línea de reformulación del sistema ISDS. Canadá, a diferencia de muchos otros Estados, fue revisando su modelo de manera incremental a lo largo del tiempo e incluyendo cláusulas de mejora. Si bien el mecanismo de solución de controversias ofrecido se mantiene en estructura inalterable, la variación de plazos, definiciones más claras (más detalles en la terminología utilizada), etc. revelan un esfuerzo del Estado por acomodar el sistema de manera holística procurando un mayor equilibrio.[213] Sin embargo, el alto grado de transparencia en todo el proceso de solución de controversias (audiencias abiertas, laudos públicamente accesibles, así como todos los documentos presentados o expedidos por el tribunal, a menos que las partes acuerden algo diferente) del cual Canadá siempre resultó un referente, se ha visto cuestionado más recientemente por la negociación del Acuerdo Bilateral de Inversiones con China, desacreditando los avances logrados.[214] Asimismo, otros aspectos del modelo canadiense han sido reformulados en virtud del interlocutor de turno, restando fuerza a los logros de mejoramiento del sistema.

Vale mencionar que algunas de las reformulaciones del sistema ISDS se han ido produciendo a través de acciones conjun-

---

212 *Ibid.* JOHNSON, L. The 2012 US model bit and what the changes (or lack thereof) suggest about future investment treaties. *Political Insurance Risk Newsletter.* 2012, 8 (2), pp.1-5. https://cutt.ly/OSOt0GS.

213 LÉVESQUE, C. The Challenges of "Marrying" Investment..., op. cit., p.128.

214 VAN HARTEN, G. Canada's Non-Reciprocal BIT with China: Would the US or Europe Do the Same? *Columbia FDI Perspectives*. No. 136, 8 December 2014, p.1 GAGNÉ, G. The Canadian Policy on the Protection of Foreign Investment and the Canada-China Bilateral Investment Treaty. *Beijing Law Rev.*, 2019, vol. 10, pp.361-377, en particular p.370.

tas, ya no como modelo individual de tal o cual Estado. Ciertos Estados —en determinados acuerdos de inversiones— han introducido innovaciones en materia de solución de controversias en sus negociaciones con otros Estados determinados.[215] Las mejoras de este tipo se han facilitado desde la UNCTAD[216], que en el "Paquete de reformas para el régimen internacional de inversiones de la UNCTAD"[217], plantea una reforma progresiva de los AII en 3 fases, dentro de las cuales incluye —en la primera fase— la reforma del mecanismo de solución de controversias[218], y aboga por conseguir la "modernización" de los AII en los nuevos textos que sean celebrados.

---

215 "Aunque el acervo de tratados de vieja generación es diez veces mayor que el de tratados modernos orientados a la reforma, y los inversionistas siguen recurriendo a los tratados de vieja generación cuando plantean casos de solución de controversias entre inversionistas y Estados." UNCTAD, Junta de Comercio y Desarrollo Comisión de la Inversión, la Empresa y el Desarrollo, 11° período de sesiones TD/B/C.II/42 p.2 https://unctad.org/system/files/official-document/ciid42_es.pdf.

216 UNCTAD promovió las cláusulas de reforma, que fueron novedad al inicio y se convirtieron en habituales posteriormente. Los nuevos enfoques en los AII incluyen la orientación al desarrollo sustentable, la preservación del espacio regulatorio y mejoras en el sistema de solución de controversias.

217 UNCTAD´s Reform Package for the International Investment... *op. cit.*, p.3 1 El paquete de reformas combina en un solo documento, la investigación y el análisis de políticas del mundo del *World Investment Report 2015* (WIR15) (una hoja de ruta para los acuerdos internacionales de inversión), el *World Investment Report 2017* (las 10 opciones para la Fase 2 de la Reforma de AII) y el *World Investment Report 2018* (la guía para la Fase 3 de la Reforma de AII).

218 "Los tratados modernos suelen incluir una orientación hacia el desarrollo sostenible, la preservación del espacio regulatorio y la mejora o la omisión del sistema de solución de controversias en materia de inversión. (...) El arbitraje entre inversionistas y Estados es otro tema central de la reforma de los AII". Sigue estando sujeto a controversia, suscitando debates en los círculos de la inversión y el desarrollo y en la sociedad. Alrededor del 75 % de los AII celebrados en 2018 contienen al menos un elemento de reforma del sistema de solución de controversias entre inversionistas y Estados, y muchos de ellos

En recientes Acuerdos de Inversión (concluidos en 2018[219]) se observan acciones conjuntas orientadas a delimitar de manera más específica el alcance del ISDS. Por ejemplo:

- Cláusulas que limitan las provisiones relativas al ISDS y/o excluyen ciertas áreas políticas del ISDS.[220]
- Cláusulas que establecen un cierto período de tiempo limitado para presentar una reclamación ISDS.[221]
- Cláusulas que refuerzan el papel del Estado en el sistema ISDS, a través de interpretaciones conjuntas, reenvío para determinaciones conjuntas, participación de partes

---

contienen varias." UNCTAD, Junta de Comercio y Desarrollo Comisión de la Inversión, la Empresa y el Desarrollo, 11° período de sesiones, TD/B/C. II/42, p.2.

219 En 2018 los países concertaron al menos 40 AII: 30 TBI y 10 tratados con disposiciones sobre inversión. Para el presente análisis se toma la referencia de 29 AII que son aquellos cuyo texto se conoce al momento de la elaboración del Informe "Evolución reciente del régimen internacional de inversiones: balance de las medidas tomadas de reforma de la fase 2." UNCTAD, Junta de Comercio y Desarrollo Comisión de la Inversión, la Empresa y el Desarrollo, 11° período de sesiones, TD/B/C.II/42. Ver también UNCTAD, *World Investment Report* 2019, Special Economic Zones. Naciones Unidas, Nueva York-Ginebra, 2019, pp.107-108.

220 Como por ejemplo en los siguientes Tratados Bilaterales de Inversión: Argentina- Japón, Australia-Perú FTA, Belarus-India BIT, Cambodia- Turquía BIT, Canadá- República de Moldavia BIT, América Central- República de Korea FTA, CPTPP, Kazajstán- Singapur BIT, Singapur- Sri Lanka FTA, Palestina-Turquía BIT, UMSCA.

221 De 29 Tratados concluidos en 2018, 17 de ellos contienen este tipo de limitación.: Argentina- Japón, Argentina- Emiratos Árabes Unidos TBI, Armenia- Japón TBI, Australia-Perú FTA, Belarus-India BIT, Belarus- Turquía BIT, América Central- República de Korea FTA, CPTPP, EU- Singapur IPA, Japón- Jordania BIT, Japón- Emiratos Árabes Unidos BIT, Kazajstán- Singapur BIT, Lituania- Turquía BIT, Singapur- Sri Lanka FTA, Emiratos Árabes Unidos- Uruguay BIT, UMSCA.

no en litigio, revisión de laudos, presentación de contrademandas.[222]

- Cláusulas que refuerzan la idoneidad e imparcialidad de los árbitros o adjudicadores a través de normativas de calificación, códigos de conducta, reglas para la solución de conflictos de intereses y prohibiciones del doble rol (*double hatting*)[223]
- Cláusulas que refuerzan la eficiencia del mecanismo de solución de controversias ISDS a través de rechazo temprano de reclamaciones frívolas, consolidación de reclamaciones, limitación del tiempo máximo para los procedimientos y ofreciendo alternativas para la solución voluntaria de las controversias.[224]
- Cláusulas de apertura de los procedimientos ISDS al público y a terceras partes, estableciendo determinadas re-

---

222 De 29 Tratados concluidos en 2018, 13 de ellos contienen este tipo de limitación.: Argentina-Japón, Argentina- Emiratos Árabes Unidos TBI, Armenia-Japón TBI, Australia Perú FTA, Belarus-India BIT, Canadá- República de Moldavia BIT, América Central- República de Korea FTA, CPTPP, EU- Singapur IPA, Japón-Jordania BIT, Japón- Emiratos Árabes Unidos BIT, Lituania- Turquía BIT, UMSCA.

223 De 29 Tratados concluidos en 2018, 9 de ellos contienen este tipo de cláusula: Argentina- Japón, Argentina- Emiratos Árabes Unidos TBI, Australia-Perú FTA, Belarus-India BIT, América Central- República de Korea FTA, CPTPP, EU- Singapur IPA, Lituania- Turquía BIT, UMSCA.

224 De 29 Tratados concluidos en 2018, 13 de ellos contienen este tipo de limitación: Argentina-Japón, Argentina- Emiratos Árabes Unidos TBI, Armenia-Japón TBI, Australia-Perú FTA, Belarus-India BIT, Canadá- República de Moldavia BIT, América Central- República de Korea FTA, CPTPP, EU- Singapur IPA, Kazajstán- Emiratos Árabes Unidos BIT, Singapur- Sri Lanka FTA, Emiratos Árabes Unidos- Uruguay BIT, UMSCA.

glas de transparencia y participación a través de *Amicus Curiae*[225]

- Cláusulas que limitan los poderes de reparación de los tribunales a través de los recursos jurídicos y los tipos de daños.[226]

Vale la pena considerar bajo este análisis que estas acciones de reformulación conjuntas no se mantienen linealmente en las políticas de inversión de un mismo Estado, sino que varían según el interlocutor. Por ejemplo, Kazajistán posee provisiones de reforzamiento de la eficiencia del mecanismo ISDS (con normativas que rechazan las reclamaciones frívolas, limitan del tiempo máximo para los procedimientos y ofrecen alternativas para la solución voluntaria de las controversias) en su TBI con los Emiratos Árabes Unidos, pero no en su TBI con Singapur, siendo ambos del mismo año 2018. Japón posee cláusulas para mejorar la idoneidad y neutralidad de los árbitros (evitar el "*double hatting*", establecer un código de conducta, etc.) en su TBI con Argentina, pero lo omite en sus TBI con Armenia, con Jordania y con los Emiratos Árabes Unidos (todos del 2018). Otros numerosos ejemplos demuestran que muchas de las acciones orientadas a reformular y mejorar el sistema ISDS no tienen una consistencia, sino que van variando en virtud de las negociaciones (algunos casos incluso modifican de manera

---

225 De 29 Tratados concluidos en 2018, 12 de ellos contienen este tipo de cláusula: Argentina-Japón, Armenia-Japón TBI, Australia-Perú FTA, Belarus-India BIT, Canadá- República de Moldavia BIT, América Central- República de Korea FTA, CPTPP, EU- Singapur IPA, Japón- Jordania BIT, Japón- Emiratos Árabes Unidos BIT, Lituania- Turquía BIT, UMSCA.

226 De 29 Tratados concluidos en 2018, 14 de ellos contienen este tipo de limitación.: Argentina- Japón, Argentina- Emiratos Árabes Unidos TBI, Armenia- Japón TBI, Australia-Perú FTA, Belarus-India BIT, Canadá- República de Moldavia BIT, América Central- República de Korea FTA, CPTPP, EU- Singapur IPA, Japón-Jordania BIT, Japón- Emiratos Árabes Unidos BIT, Singapur- Sri Lanka FTA, Emiratos Árabes Unidos- Uruguay BIT, UMSCA.

llamativa la orientación de un Estado).[227] Por este motivo, surge la necesidad de un "núcleo" consensual multilateral capaz de consolidar aquellas reorientaciones del sistema ISDS (desarrolladas en base a la experiencia) de manera más eficiente, permitiendo que se introduzcan cambios de una sola vez para múltiples países y relaciones.

De toda esta experiencia, surge una de las propuestas más vanguardistas para reformular de manera holística y multilateral el sistema ISDS. La Unión Europea propuso por primera vez en el año 2015 el reemplazo del tradicional sistema ISDS por un sistema de corte, denominado actualmente "Tribunal Multilateral de Inversiones" (TMI).[228] La idea resultó de una consulta pública llevada a cabo en el año 2014, durante las negociaciones del Acuerdo TTIP[229], en cuyo abordaje era clave saber si el enfoque propuesto por la UE en el TTIP lograba el

---

227 Como por ejemplo el caso del TBI Canada-China, muy controvertido en su carácter no reciproco. VAN HARTEN, G. Canada's Non-Reciprocal BIT with China ..., op. cit., p.2. Los cambios en ISDS han dado lugar a incoherencias en mismos países. Por ejemplo Canadá y México, acuerdan un sistema de cortes de inversión con la UE. Pero en el Comprehensive and Progressive Agreement for Trans-Pacific Partnership (CPTTP) mantienen un sistema tradicional de ISDS, y en NAFTA debaten propuestas para quitar el ISDS. Como resultado, la necesidad de reforma se manifiesta con claridad, aunque resta coordinación en la orientación de la misma.

228 European Commission, Concept Paper Investment in TTIP and beyond: The path for reform https://trade.ec.europa.eu/doclib/docs/2015/may/tradoc_153408.PDF El 5 de Mayo de 2015 la Comisión anunció que comenzaría acciones encaminadas al establecimiento de un sistema multilateral para la resolución de conflictos en materia de inversiones.

229 Online public consultation on investment protection and investor-to-state dispute settlement (ISDS) in the Transatlantic Trade and Investment Partnership Agreement (TTIP): http://trade.ec.europa.eu/consultations/index.cfm?consul_id=179 completada el 13 de julio de 2014. Acuerdo Transatlántico sobre Comercio e Inversiones, entre la Unión Europea y Estados Unidos. https://ec.europa.eu/trade/policy/in-focus/ttip/index_es.htm.

adecuado equilibrio entre la protección de los inversores y la salvaguardia del derecho y la capacidad del Estado o la Unión para regular en interés público.

El modelo inicial de judicialización establecido por la Unión Europea ha sido objeto de modificaciones posteriores[230] pero ciertas características esenciales se mantienen desde el inicio:

- se basa en un mecanismo permanente (por oposición al sistema *Ad hoc* del ISDS tradicional)
- establece dos niveles jurisdiccionales: un tribunal de primera instancia y un tribunal de apelación
- se compone de "jueces" (en vez de árbitros) con cargos a tiempo completo, altamente calificados y obligados a adherirse a estrictas normas éticas. Atiende a una diversidad (nacionalidad, sistemas socioeconómicos, género, etc.) en su designación.
- Establece un estricto Código de Conducta
- Se rige por el principio de transparencia

Formalmente, esta propuesta no generó un "modelo TBI UE" por diversas razones, pero las claves de este documento quedaron plasmadas en un modelo tácito (conocido como *unwritten model*) que suscitó adeptos y contrarios.[231] La acción de la UE se materializó tras la entrada en vigor del Tratado Lisboa, en sus inmediatamente posteriores acuerdos sobre inversiones o que contenían un capítulo relativo a la protección de inver-

---

230 Y es desarrollado en profundidad en el Capítulo II (*2.2.2 La judicialización bilateral del ISDS (Acuerdo UE- Singapur, UE- Vietnam, Acuerdo Económico Comercial y Global y Acuerdo Global UE- México)*.

231 TITI, C. International investment law and the European Union..., *op. cit.*, pp.653-654. LENTNER, G. A uniform European investment policy? The unwritten EU model BIT. *Journal of Economics, Finance and Administrative Science*, 2014, vol. 2, pp.156-165, en particular p.157.

siones: Acuerdo de la UE con Canadá (CETA), el Acuerdo de Libre Comercio con Singapur, el Acuerdo de Libre Comercio con Vietnam y Acuerdo de Libre Comercio con México.[232] En todos ellos, se establece un sistema de corte de inversiones que permite la judicialización de la solución de controversias en materia de inversiones internacionales. Esta reforma provisionalmente diseñada de forma bilateral (de la UE con un interlocutor puntual), nace con el inminente germen de la multilateralidad, ya que en todos estos acuerdos mencionados, la UE ha previsto una judicialización multilateral y la transferencia de competencia a un futuro Tribunal Multilateral de Inversiones, a través de "cláusulas puente".[233]

---

232 El 13 de diciembre de 2023, la Unión Europea y Chile firmaron la modernización del actual Acuerdo de Asociación UE-Chile, que prevé dos instrumentos jurídicos paralelos: un Acuerdo Marco Avanzado, que incluye un pilar político y de cooperación y un pilar de comercio e inversión. En este último, se incluyen las disposiciones de protección de las inversiones y, en línea con la política de inversiones UE, se incluye un sistema de corte bilateral de inversión. El Acuerdo también incluye un Acuerdo Comercial Interino (ACI) que abarca la liberalización del comercio y las inversiones, que expirará cuando entre en vigor el Acuerdo Marco Avanzado. En vista de esta arquitectura jurídica, la Comisión publicó: a) el texto del Acuerdo Comercial Provisional (ACI) en su totalidad; y b) los textos del Capítulo 10 «Inversión», Capítulo 18 «Servicios Financieros» y Capítulo 20 «Movimientos Capitales» del Acuerdo Marco Avanzado. https://trade.ec.europa.eu/access-to-markets/es/content/acuerdo-de-asociacion-ue-chile Sin embargo, los textos se publican únicamente con fines informativos (pueden sufrir nuevas modificaciones) y se entienden sin perjuicio del resultado final del acuerdo entre la UE y Chile. Por este motivo, y dado que las negociaciones son demasiado recientes, no son incorporados en la presente obra con el detalle y rigurosidad de los otros cuatro acuerdos mencionados.

233 Ver apartado 2.2.2.2.2.

Capítulo 2.

LA POLÍTICA COMÚN DE INVERSIONES DE LA UE Y LOS PROCEDIMIENTOS DE SOLUCIÓN DE CONTROVERSIAS SOBRE INVERSIÓN INTERNACIONAL

El presente capítulo sitúa a la Unión Europea en el contexto de la reforma de los procedimientos de solución de controversias sobre inversión internacional (apartado 2.1). En primer lugar, para comprender el escenario global en el que actúa la Unión Europea en esta materia, resulta indispensable analizar brevemente la evolución histórica de la Política Común de inversiones de la UE (apartado 2.1.1) así como el complejo sistema de distribución de competencias para la protección de las inversiones internacionales en el que se inserta (apartado 2.1.2). A continuación, se describen las implicaciones internas y externas de la participación de la UE en el sistema de solución de controversias sobre inversiones (apartado 2.2). En primer lugar, considerando las implicaciones internas de la participación de la UE en el ISDS (2.2.1) se abordan las acciones tendientes a garantizar una transición fluida con el sistema vigente de TBIs (apartado 2.2.1.1). Igualmente, se analizan las tensiones derivadas de la compatibilidad de los "Intra TBIs" con el Derecho de la UE (apartado 2.2.1.2). En segundo lugar, se analizan las implicaciones de la participación de la UE en el ISDS en el plano externo (apartado 2.2.2). Para ello, se examina la Política Común de inversiones en los Acuerdos de Nueva Generación de la UE (apartado 2.2.2.1) y el particular sistema de judicialización bilateral del ISDS establecido en determinados acuerdos de la UE (apartado 2.2.2.2). Finalmente, se plantean una serie de reflexiones sobre la compatibilidad de dicha judicialización bilateral con el ordenamiento jurídico de la UE (apartado 2.2.2.2.1) y la provisionalidad de dicha judicialización bilateral (2.2.2.2.2)

2.1. LA POLÍTICA COMÚN DE INVERSIONES DE LA UE.

Con la entrada en vigor del Tratado de Lisboa, el 1 de diciembre de 2009, la inversión extranjera directa (IED) quedó integrada dentro del marco de la Política Comercial Común y, por lo tanto, de la competencia exclusiva de la UE. Esta transferencia de competencias no se produjo sino como resultado de un proceso gradual y estratégico llevado a cabo por la Comisión a lo largo del tiempo. Diversos episodios, que analizaremos a continuación, componen la trayectoria jurídica y política de la UE como actor en el régimen internacional de inversiones.

Formalmente, el Derecho originario se mantuvo tradicionalmente ajeno al régimen internacional de protección de las inversiones extranjeras directas. En el Tratado de la Comunidad Europea (TCE) las inversiones no figuraban entre las materias integrantes de la Política Comercial Común (PCC).[1] Sin embargo, a pesar de que el Tratado de Roma no proveyó a la UE de competencias para regular los flujos de inversiones, el "Informe Spaak" (1956)[2] y los debates preparatorios contemplaron esta materia. La consideración del rol de la UE en

---

1 Ver artículo 113 Tratado Constitutivo de la Comunidad Económica Europea, 25 marzo 1957.

2 En 1956 Paul-Henri Spaak, Ministro de Asuntos Exteriores belga, presentó ante la Comunidad Europea del Carbón y el Acero (CECa) un informe sobre los proyectos de tratados comunitarios que preveían la creación de la CEE y del Euratom. Spaak (llamado también el "estadista europeo") consideraba la cooperación económica un elemento esencial para la Unión. Ver https://

la regulación de los flujos de inversiones, fue abordado en los debates sobre la libre circulación de capitales y no durante la evaluación de la Política Comercial Común.[3]

El "Informe Spaak" advertía que la liberalización de capital entre Estados Miembros, en un Mercado Común, requeriría el establecimiento de un régimen externo común de capital para articular los flujos de inversiones "extra-UE". Sin embargo, el texto final del artículo 69 TCE sobre movimientos de capitales, estableció que la liberalización de movimiento de capitales sería un procedimiento de legislación secundaria, dejando el proceso en un segundo plano y restando importancia (en ese momento) a la necesidad de creación de dicho régimen externo común.[4]

A partir de la década de 1980, las inversiones internacionales se convirtieron en un fenómeno relevante, debido al advenimiento de políticas neoliberales y el funcionamiento libre

---

europa.eu/european-union/sites/europaeu/files/docs/body/paul-henri_spaak_es.pdf.

3 BASEDOW, R. A Legal History of the EU's International Investment Policy. *The Journal of World Investment & Trade*, 2016, n° 5(17), pp.743-767, en particular p.745. HINDELANG, S. *The free movement of capital and foreign direct investment: the scope of protection in EU law.* Oxford: Oxford University Press, 2009. TORRENT, R. Derecho comunitario e Inversiones extranjeras directas: Libre circulación de los capitales vs. Regulación no discriminatoria del establecimiento. De la *golden share* a los nuevos *open skies. Revista española de derecho europeo*, 2007, Nro. 22, pp.283-312.

4 Ibid. Ver artículo 69 Tratado de Roma: "Il Consiglio, deliberando su proposta della Commissione che all'uopo consulta il Comitato monetario di cui all'articolo 105, stabilisce, all'unanimità nel corso delle due prime tappe e a maggioranza qualificata in seguito, le direttive necessarie alla progressiva attuazione delle disposizioni dell'articolo 67." Disponible en https://eur-lex.europa.eu/legal-content/IT/TXT/PDF/?uri=CELEX:11957E/TXT&from=ES.

del mercado.[5] La Comisión, previendo estas cuestiones, planteó en dos borradores de 1972 y 1975 el establecimiento de una *European Export Policy* (Política de Exportación Europea) como parte integral de la PCC, que se complementaba con la creación de una agencia europea de garantía de inversiones. La idea fue rechazada por los Estados Miembros, quienes a pesar de considerar oportuna la armonización de las políticas de exportación nacionales, percibían un exceso en la creación de una política comunitaria complementaria al efecto.[6]

Diversos factores fueron apareciendo durante toda la década de los ochenta y generaron un cambio sustancial en el panorama mundial (y comunitario) a principios de los noventa. Desde una perspectiva económica, la globalización de los mercados financieros produjo su mayor aceleración a finales de los ochenta, poniendo en competencia cada vez más directa a los mercados europeos de capital con los de terceros Estados.

---

5 Se evaluaba que una eficiente locación de los recursos requeriría imprescindiblemente desmantelar los controles de capitales internos al Mercado Común.

6 BASEDOW, R. A Legal History of the EU's International...,*op. cit.*, p.746. El desacuerdo motivo el Dictamen 1/75 que reconoció la capacidad legal de la UE para la armonización de las políticas de exportación, pero no de la creación de un modelo para las negociaciones bilaterales con terceros. CJEU, Opinion 1/75, Opinion of the Court of 11 November 1975 Given pursuant to article 228 (6) of the EEC Treaty (1975). EU:C:1975:145. DIMOPOULOS, A. Foreign Investment Insurance and EU Law. En M. BURGENBERG, A. REINISCH, C. TIETJE. *EU and Investment Agreements.* Baden-Baden: Nomos Verlagsgesellschaft, 2013, pp.171-200, en particular p.178. CREMONA, M. The external dimension of the internal market. En C. BARNARD, J. SCOTT (eds.). *The Law of the Single European Market.* Oxford: Hart Publishing, 2002, pp.351-394. ADAM, S. The legal basis of international agreements of the European Union in. the post-Lisbon era. *The European Union in the World.* Brill Nijhoff, 2014. p. 65-86, en particular p.66. EECKHOUT, P. *External relations of the European Union: legal and constitutional foundations.* Oxford University Press, 2011, pp.14-17.

Este hecho desató una ola liberalizadora (desreguladora) que condujo a la supresión de las restricciones de los movimientos de capital en la generalidad de los Estados Miembros.[7]

Desde un punto de vista jurídico, el Tratado de Maastrich (1992) —que puso en marcha el proceso de unión monetaria— afirmó por primera vez en el Derecho originario la libre circulación de capitales. Esto último ocurrió de una manera abierta al exterior, debido a que no solo se suprimían las restricciones a los movimientos de capital entre Estados Miembros sino también entre éstos y países terceros.[8] En efecto, durante los trabajos preparatorios del Tratado de Maastrich (diciembre 1991-febrero 1992), la Comisión había propuesto una amplia reforma de la Política Comercial Común procurando una "política común de las relaciones económicas externas", en la que enfatizaba el rol de la UE para regular tanto la liberalización como la protección de las inversiones.[9] Asimismo, la Comisión reclamaba una mayor cobertura de la competencia de las inversiones acorde con su actuación internacional.[10]

El Tratado de Maastrich no modificó la PCC. Sin embargo, estableció un régimen externo común de capitales para regular el flujo de capitales entre EEMM y terceros países —debido a que los avances en la creación del Mercado Común eran inminentes y hacían necesario tener un régimen externo común

7 HINOJOSA MARTÍNEZ, L. Las relaciones financieras ..., *op. cit.* p.339.

8 HINDELANG, S. *The free movement of capital and foreign direct investment: the scope of protection in EU law.* Oxford University Press, 2009, p.37.

9 *Ibíd.*

10 HOFFMEISTER, F., ÜNÜVAR, G. From BITS and pieces towards European investment agreements. En M. BURGENBERG, A. REINISCH, C. TIETJE. *EU and Investment Agreements.* Baden-Baden: Nomos Verlagsgesellschaft, 2013, pp.57-85, en particular p.60. La Comisión reclamaba especial relevancia con respecto a su participación en el Acuerdo General sobre Aranceles y de Comercio ("GATT" por sus siglas en inglés, en adelante Acuerdo GATT), Ronda de Uruguay (1986-1993).

de capitales. Esta revisión específica del Tratado no procuraba afectar el rol de la UE en la política de inversiones internacionales, pero accidentalmente lo hizo al otorgar competencia compartida a la UE en la regulación del acceso al mercado de inversiones.[11] La creación de ese régimen externo común otorgó participación a la UE en la regulación del acceso al mercado de inversiones ya que al adquirir competencia compartida para los movimientos transfronterizos de capital, estaba recibiendo una competencia compartida de la misma dimensión en el diseño de la política internacional de inversiones.[12]

Las tensiones que ya se habían manifestado durante las deliberaciones intergubernamentales del Tratado de Maastrich derivaron en confusiones respecto al alcance específico de la competencia de la UE en ejercicio de la PCC, debido a la actuación internacional de la UE durante la Ronda de Uruguay del GATT de 1986. En dicha Ronda de debate comercial multilateral, se incluyeron nuevas cuestiones comerciales entre las que se incorporaba un acuerdo sobre las inversiones relacionadas con el comercio (llamado Anexo 1A relativo al comercio de mercancías).[13] La Ronda de Uruguay concluyó en abril de 1994 con la creación del Acuerdo OMC que incluyó en forma de anexos el Acuerdo General sobre el Comercio de Servicios (AGCS)[14] y el Acuerdo sobre Aspectos de los Derechos de Propiedad Intelectual relacionados con el comercio (ADPIC).[15]

---

11 Por efecto expansivo se produce una extensión de la competencia de la UE para regular temas de inversiones internacionales. BASEDOW, R. A Legal History of the EU's International..., *op. cit.*, p.749

12 *Ibíd.*

13 GATT. Los resultados de la ronda de Uruguay de negociaciones comerciales multilaterales. Ginebra: Secretaria del GATT, 1994, pp.19-330.

14 Anexo 1B. Acuerdo General sobre Comercio de Servicios. https://www.wto.org/spanish/docs_s/legal_s/26-gats.pdf.

15 El Acuerdo sobre los ADPIC y los instrumentos internacionales a los que hace referencia. https://www.wto.org/spanish/tratop_s/trips_s/ta_docs_s/1_

En esta Ronda la Comisión representó a la UE en todos los debates, en el marco de actuación de la PCC, pero algunas tensiones se hicieron patentes al concluir la Ronda.

La creación de la OMC con los mencionados anexos motivó el Dictamen 1/94 del TJUE (a solicitud de la Comisión) que determinó la falta de competencia exclusiva de la Comisión Europea para convenir algunos compromisos internacionales relativos al comercio de servicios y a la propiedad intelectual en el marco de la Organización Mundial del Comercio. El Dictamen esclarecía la cuestión estableciendo que la Comunidad Europea gozaba de competencia exclusiva para la gestión y negociación de acuerdos multilaterales relacionados al comercio de mercancías, pero no tenía competencia para sustituir completamente a los EEMM en la OMC, dado que ciertos aspectos del comercio de servicios y en materia de propiedad intelectual exigían la participación de éstos últimos.[16]

---

tripsandconventions_s.pdf El Acuerdo por el que se establece la OMC constituye un Acuerdo marco e incluye en forma de anexos los acuerdos relativos a mercancías, servicios, propiedad intelectual, solución de diferencias, el mecanismo de examen de políticas comerciales y los acuerdos plurilaterales. Ver https://www.wto.org/spanish/docs_s/legal_s/legal_s.htm.

16 Dictamen 1/94 de 15 de noviembre de 1994, Competencia de la Comunidad para celebrar acuerdos internacionales en materia de servicios y de protección de la propiedad intelectual, EU:C:1994:384. BASEDOW, R. A Legal History of the EU's International..., *op. cit.*, p.749-751. HINOJOSA MARTÍNEZ, L. Las relaciones financieras..., *op. cit.*, p. 339. HILF, M. The ECJ's Opinion 1/94 on the WTO-No Surprise, but Wise. *European Journal of International Law,* 1995, vol. 6, pp.245-259. CEYSSENS, J. Towards a Common Foreign Investment Policy-Foreign Investment in the European Constitution. *Legal Issues of Economic. Integration,* 2005, 32(3), pp.259-291. MARÍN DURÁN, G. Untangling the International Responsibility of the European Union and Its Member States in the World Trade Organization Post-Lisbon: A Competence/Remedy Model. *European Journal of International Law,* 2017, 28(3), pp. 697–729, en particular p.700-701. TORRENT, R. El règim jurídic del comerç internacional de serveis en el marc de la UE i l'OMC. *Paradigmes: economia*

Posteriormente, la cuestión competencial en materia de inversiones también motivó el Dictamen 2/92 (marzo 1995)[17] que, esencialmente, examinó la competencia de la UE en la regulación del tratamiento post-establecimiento de las inversiones. En línea con una interpretación restrictiva de la PCC, el TJUE dictaminó que la UE y los EEMM eran conjuntamente competentes para la adhesión al acuerdo internacional objeto de controversia.

---

productiva i coneixement, 2010, p.31. MEUNIER, S., NICOLAIDIS, K. Who speaks for Europe? The Delegation of Trade Authority in the EU. *Journal of Common Market Studies.* 1999,37(3), pp.477-501. La introducción del comercio de servicios introducida por el GATS trata no solo de los intercambios internacionales de servicios sino también de las inversiones extranjeras en el sector de servicios. De tal modo, la integración de las nuevas áreas en las rondas de negociaciones respaldaba la solicitud de la Comisión Europea respecto a la necesaria expansión de la PCC.

17 Dictamen 2/92 de 24 de marzo de 1995, Competencia de la Comunidad, o de una de sus Instituciones, para participar en la Tercera Decisión revisada del Consejo de la OCDE relativa al trato nacional, EU:C:1995:83. El desacuerdo surgió entre la Comisión y los Estados Miembros a partir de un Acuerdo entre países de la OCDE ("Third Revised Decision of the OECD on National Treatment")- que estipulaba garantizar a los inversores de dichos países el trato nacional- con respecto a la competencia de adhesión al mismo. Entre los argumentos de la Comisión, las inversiones internacionales constituían la forma moderna de sustituir y complementar el comercio de mercancías tradicional, y el Acuerdo procuraba aumentar las inversiones y consecuentemente el comercio. En su lógica, todos los aspectos de la política de inversiones (acceso a mercado, tratamiento post establecimiento y protección) deberían ser consideradas medidas enmarcadas en la PCC. BASEDOW, R. A Legal History of the EU's International..., *op. cit.*, p.751-752. FLORY, T. Remarques à propos des avis 1/94 et 2/92 de la Cour de justice des Communautés européennes au regard de lévolution de la notion de politique commerciale commune. *Cahiers de droit europeen,* 1996, 32 (3), p. 379-400. VIVES CHILLIDA, J. El fin de una etapa de las negociaciones sobre el Acuerdo Multilateral de Inversiones (Coloquio De La 'Société Française Pour Le Droit International' De 7 de diciembre de 1998). *Revista Española De Derecho Internacional,* 1998, 50(2), pp.277–282, en particular p.280.

Como resultado, la intervención de la UE en la política de inversiones internacionales ocurría efectivamente, pero se realizaba enhebrando disposiciones dispersas. La Comisión, a través de un razonamiento teleológico, defendía que para representar efectivamente los intereses europeos y del Mercado Único, era imprescindible que el ámbito de la PCC evolucionase en línea con las negociaciones internacionales. Los EEMM, sin embargo, se mantenían reacios a delegar mayores competencias que permitieran una actuación exclusiva de la UE en materia de inversiones.

En esta evolución de la participación internacional efectiva de la UE en materia de inversiones —y en especial en la protección de inversiones—, es posible destacar dos hitos que han marcado su actuación. En primer lugar, la adhesión de la UE al Tratado sobre la Carta de la Energía (1994)[18] en la que, por primera vez, la UE asumió obligaciones específicas en materia de protección de inversiones.[19] Y, por otro lado, la mencionada adhesión de la UE a la OMC junto a los EEMM (1995)[20],

---

18 Decisión 98/181/CE, CECA, Euratom del Consejo y de la Comisión, de 23 de septiembre de 1997, relativa a la conclusión, por parte de las Comunidades Europeas, del Tratado sobre la Carta de la Energía (DO L 69/1 de 9 marzo de 1998). Ver también Acta Final de la Conferencia sobre la Carta Europea de la Energía, abierta a la firma en Lisboa el 17 de diciembre de 1994. Anexos y documentos relacionados disponibles en ttps://www.energycharter.org/fileadmin/DocumentsMedia/Legal/ECT-es.pdf.

19 HOFFMEISTER, F., ÜNÜVAR, G. From BITS and pieces towards..., *op. cit.*, p.59 Además, la UE a través de una Declaración establece la aceptación de reclamaciones individuales por parte de inversores bajo condición de la realización de ciertas consultas previas (en un plazo de tiempo determinado) con la UE y sus EEMM para determinar el demandado adecuado.

20 Ver Decisión 94/800/CE (DO L 336/1 de 23 de diciembre de 1994), relativa a la celebración de los acuerdos resultantes de las negociaciones multilaterales de la Ronda Uruguay. La UE es Miembro de la OMC desde el 1° de enero de 1995. Los Estados miembros de la UE también son Miembros de la OMC por derecho propio (en virtud del Dictamen 1/94). STEINBERGER,

que amplió la esfera de actuación del comercio internacional y que implicó su participación en el sistema de solución de diferencias de este organismo.[21] A pesar de que los EEMM continuaban reacios a aceptar mayores injerencias de la UE en el área de las inversiones, este efecto se producía inevitablemente a medida que la UE iba desarrollando su política comercial internacional.

E. The WTO Treaty as a Mixed Agreement: Problems with the EC's and the EC Member States' Membership of the WTO. *The European Journal of International Law.*2006, 17(4), pp.837-862. KLAMERT, M. *The Principle of Loyalty in EU Law.* Oxford: Oxford University Press, 2014. Oxford: Oxford University Press, 2014, pp.183 y ss. El autor analiza el principio de lealtad en los acuerdos mixtos, considerando problemáticas trascendentes tanto en las fases de negociación como en las de conclusión. Alude al especial equilibrio en acuerdos con competencias interrelacionadas, enfatizando los acuerdos de la OMC.

21 La OMC, como organización multilateral, posee un mecanismo de solución de controversias propio para resolver los conflictos entre sus miembros. El mecanismo diseñado no admite el acceso a particulares (persona física o jurídica). Sin embargo, en algunas ocasiones también han sido debatidas otras opciones, en especial dentro de grupos que analizan la estrecha relación entre comercio e inversiones. Ver OMC, Informe (2002) del Grupo de Trabajo sobre la relación entre comercio e inversiones al Consejo General, 9 de diciembre de 2002, WT/WGTI/6, p.29. En el Informe del Grupo de Trabajo sobre la relación entre comercio e inversiones al Consejo General queda expresado: "Una cuestión conexa era si un futuro marco de inversiones de la OMC debería reconocer el derecho de los inversores particulares a presentar reclamaciones contra los Estados receptores incorporando la solución de diferencias entre inversores y Estados.". TORRENT, R. El règim jurídic del comerç internacional..., *op. cit.*, pp.31-32. KARAYIGIT, M. *The implications of the delimitation of competences between the Community and the member states in external trade with regard to the WTO.* The University of Manchester (United Kingdom). ProQuest Dissertations Publishing, 2004. 10729611. DELGADO CASTELEIRO, A., LARIK, J. The 'odd couple': the responsibility of the EU at the WTO, in M.D. EVANS and P. KOUTRAKOS (eds). *The international responsibility of the European Union: European and international perspectives,* Oxford: Hart Publishing, 2013, pp.233-255.

Tanto en las negociaciones para el Tratado de Ámsterdam como en Niza, la Comisión intentó expandir el alcance de la PCC, procurando modernizarlo de acuerdo con la agenda internacional de negociación de la UE (que excedía ampliamente las competencias de la UE y causaba disfunciones en el proceso de decisión interna).[22] En ninguna de las dos instancias el objetivo de la Comisión fue alcanzado.

Durante la revisión del Tratado de Niza, una declaración realizada en el seno de las negociaciones comerciales internacionales de la Ronda de Doha ejerció especial presión.[23] La Declaración ministerial de Doha encargó al "Grupo de trabajo

---

22 Dos informes presentados por la Comisión son relevantes en este sentido: Commission of the European Communities, "A Level Playing Field for Direct Investment World-Wide". COM (95) 42 final https://eur-lex.europa.eu/legal-content/EN/TXT/PDF/?uri=CELEX:51995DC0042&from=EN y Commission of the European Communities, "Adapting the institutions to make success of enlargement" (Communication) COM (2000) 34 final. HINOJOSA MARTÍNEZ, L. Las relaciones financieras..., *op. cit.*, p.362 "Tanto en la CIG 1996/1997, como en la CIG 2000/2001 hubo intentos concretos de introducir la inversión extranjera directa dentro del enunciado de áreas cubiertas por la política comercial común en el art. 133 TCE, pero en ambos casos una mayoría de EEMM, celosos de sus competencias económicas, hicieron que el añadido desapareciese de la versión final de dicha disposición.

23 La Ronda de Doha es la ronda de negociaciones comerciales más reciente entre los Miembros de la OMC. Tiene por objeto lograr una importante reforma del sistema de comercio internacional mediante el establecimiento de medidas encaminadas a reducir los obstáculos al comercio y de normas comerciales revisadas. Fue iniciada oficialmente en la Cuarta Conferencia Ministerial de la OMC, celebrada en Doha (Qatar) en noviembre de 2001, en cuya declaración establece el mandato para las negociaciones. Mayor información en https://www.wto.org/spanish/tratop_s/dda_s/dda_s.htm Sobre la participación de la UE en la Ronda de Doha ver POLETTI, A. *The European Union and multilateral trade governance: the politics of the Doha round.* Routledge, 2012. YOUNG, A. Trade politics ain't what it used to be: the European Union in the Doha Round. *Journal of Common Market Studies,* 2007, 45(2), pp.789-811.

sobre la relación entre comercio e inversiones" estudiar el contenido de un posible acuerdo que estableciese un marco multilateral para garantizar condiciones transparentes, estables y previsibles para las inversiones transfronterizas a largo plazo, en particular las inversiones extranjeras directas.[24] Estas circunstancias planteaban en la UE la preocupante necesidad de clarificar la titularidad de la competencia para negociar dicho acuerdo multilateral en materia de inversiones, por lo que el Tratado de Niza intentó aportar una solución al efecto.[25]

El Tratado de Niza otorgó a la UE la primera competencia exclusiva en el marco de la PCC para regular determinados aspectos de las actividades de inversión internacional. El artículo 133 TCE enmarcó la regulación relativa al comercio de servicios bajo el ámbito de la Política Comercial Común, generando un efecto *spillover* en materia de inversiones internacionales para la UE.[26]

Considerando que la disposición se había adoptado para empoderar a la UE en su participación en las negociaciones del AGCS, la nueva competencia debería ser congruente con la noción de "comercio de servicios" de este acuerdo y abarcar la regulación de esta materia tanto en su liberalización como en el post-establecimiento. De este modo, casi inadvertido, la

---

24 WTO, Ministerial Conference, Fourth session (Doha, 9-14 November 2001). WT/MIN (01)/DEC/1 de 20.11.2001, para. 20-22.

25 BASEDOW, R. A Legal History of the EU's International..., *op. cit.*, p.755.

26 HINOJOSA MARTÍNEZ, L. Las relaciones financieras..., *op. cit.*, p.370 "Sin bien no otorga una competencia exclusiva directamente, por el apartado quinto de esa disposición se otorgó competencia a la Comunidad para celebrar acuerdos internacionales en aquellos ámbitos del comercio de servicios que el Dictamen 1/94 había situado fuera de la política comercial común, con algunas excepciones sectoriales." El efecto "*spillover*" hace referencia a un derrame o desbordamiento que se produce hacia los elementos adyacentes de un sistema.

participación de la UE en la regulación de la política sobre inversiones internacionales fue extendiéndose gradualmente.

Tradicionalmente, la Comisión actuaba en las negociaciones internacionales solamente en lo referente a liberalización y reglas de acceso/admisión en materia de inversiones internacionales, aunque también le correspondía promover negociaciones comerciales con terceros Estados que incorporasen la liberalización de las inversiones. Sobre este último aspecto, después del Tratado de Niza, la UE evolucionó no solo a nivel multilateral sino incluso en su relación bilateral con terceros Estados, concluyendo acuerdos bilaterales en los que incluyó disposiciones relativas a inversiones. En efecto, el Acuerdo de Asociación UE-Chile (2002) fue el primer acuerdo con un Estado no europeo en el que se incluyó el trato nacional en el pre- y *post-* establecimiento tanto a personas físicas como jurídicas, convirtiéndose luego en la regla para los futuros acuerdos de la UE.[27]

Por aquel entonces, la Comisión consideraba necesario que los nuevos acuerdos comerciales de la UE integrasen de modo más holístico el comercio de mercancías y las inversiones, y para poder actuar integralmente necesitaba que el Comité de políticas comerciales del Consejo promoviera el consenso sobre una *plataforma mínima de inversiones,* con la que fuera posible conseguir compromisos de acceso a mercados (incluyendo establecimiento de inversiones) para los sectores de servicios y otros sectores *distintos a los servicios*, así como proveer Trato

---

[27] EU-Chile Association Agreement, OJ 2002L352/3. HOFFMEISTER, F., ÜNÜVAR, G. From BITS and pieces towards..., *op. cit.*, p.61 REINISCH, A. The EU on the Investment Path, Quo Vadis Europe-The Future of EU BITs and Other Investment Agreements. *Santa Clara Journal of International Law.*2013, vol. 12, pp.111-157, en particular p.115.

Nacional (TN) y Nación Más Favorecida (NMF).[28] La UE negociaba el acceso a mercados en áreas distintas de los servicios en acuerdos bilaterales sobre la base de la llamada *plataforma mínima de inversiones* (en adelante la "Plataforma"). Dicha Plataforma constituyó el primer acercamiento formal y sistemático de la Comisión al campo de las inversiones internacionales, y una prueba significativa de su voluntad de intervenir en una de las acciones externas de la UE librada normalmente por los EEMM. La intención de la Comisión a través de la Plataforma era obtener un texto común utilizado en las propuestas de negociaciones contemporáneas y futuras[29] que no tuviera que ser negociado internamente cada vez que se llevara a cabo una negociación internacional con un tercer Estado. Pero el alcance de dicha Plataforma no estaba limitado al sector de los servicios, sino que también abarcaba los sectores primario y secundario.[30]

En principio, la Plataforma cubriría la reglamentación relacionada con el "acceso a mercado" y los TBIs de los EEMM cubrirían lo relacionado con el post-establecimiento de una inversión. Pero el alcance de aplicación de la Plataforma era

---

28 BROWN, C. NAGLIS, I. Dispute Settlement in Future EU Investment Agreements. En M. BURGENBERG, A. REINISCH, C. TIETJE. EU and Investment Agreements. Baden-Baden: Nomos Verlagsgesellschaft, 2013, p. 20. BROWN, C. ALCOVER-LLUBIA, M. The external investment policy of the European Union in the light of the entrey into force of the Treaty of Lisbon. En K. SAUVANT (ed) *Yearbook of International Investment Law & Policy*. Oxford University Press, 2012, pp.45-164.

29 Council of the European Union, 15375/06, 27 November 2006, Minimum Platform on Investment for EU Free Trade Agreements. El acceso a este documento se encuentra restringido: https://data.consilium.europa.eu/doc/document/ST%206454%202010%20INIT/EN/pdf.

30 MAYDELL, N. The European Community´s Minimum Platform on Investment or the Trojan Horse of Investment Competence". En A. REINISCH, C. KNAHR, (eds.). *International Investment Law in context.* 2008, Eleven, pp.73-92, en particular p.79 y ss.

mayor, pues poseía naturaleza horizontal y atravesaba diversos sectores. De este modo, la Plataforma invadía uno de los campos más controvertidos y poco claros del Derecho de la UE: el área referida por la doctrina de los poderes implícitos.[31] Por este motivo, la Plataforma fue considerada "el caballo de Troya" de la UE en la competencia sobre las inversiones.[32]

En 2006 la Comisión lanzó una comunicación denominada "Una Europa Global: competir en el mundo"[33], que establecía una estrategia más agresiva en la ampliación y liberalización de los mercados. La Comunicación manifestaba lo siguiente:

> "La UE debe esforzarse por promover una liberalización más amplia y rápida en el marco de sus relaciones bilaterales, que los Acuerdos de Libre Comercio (ALC) impulsarán. Los ALC tienen la ventaja de poder cubrir ámbitos no abarcados ni por una normativa comercial ni por la OMC" (...) En lo que respecta al contenido, esos acuerdos han de ser más completos, ambiciosos y amplios, de modo que incluyan una amplia gama de ámbitos que abarquen los servicios y las inversiones, así como los derechos de propiedad intelectual (DPI)."[34]

---

31 MAYDELL, N. The European Community´s Minimum Platform..., *op. cit.*, p.90 El autor desarrolla la doctrina de los poderes implícitos concurrentes y argumenta que, tal y como está planteada la Plataforma, logra abarcar un área de competencias externas, implícitas, compartidas de la UE. Ni las competencias explicitas, ni las competencias implícitas podrían cubrir en su totalidad la aplicación de la Plataforma, que se extiende al cubrir tanto cuestiones de acceso a mercado como post-establecimiento.

32 *Íbid.* BROWN, C. NAGLIS, I. Dispute Settlement in Future EU Investment Agreements. En M. BURGENBERG, A. REINISCH, C. TIETJE. *EU and Investment Agreements.* Baden-Baden: Nomos Verlagsgesellschaft, 2013, p. 19. HOFFMEISTER, F., ÜNÜVAR, G. From BITS and pieces towards..., *op. cit.*, p.62

33 Comisión de las Comunidades Europeas, Comunicación de la Comisión al Consejo, al Parlamento Europeo, al Comité Económico y Social Europeo y al Comité de las Regiones, Una Europa Global: competir en el mundo. COM (2006) 567 final, 4 de octubre de 2006.

34 *Ibíd.*

En el marco de esta estrategia de mayor competitividad, la Plataforma (desarrollada inicialmente en 2006 y concluida en 2008) fue exitosamente utilizada en el Acuerdo de Asociación Económica con los Estados del CARIFORUM[35] y en el Acuerdo de Libre Comercio con Corea.[36] Sus principios fueron acogidos y acordados por los EEMM, aunque en ambos casos se excluyó la protección de las inversiones y, en particular, el sistema de solución de diferencias inversor-Estado.[37]

Resumiendo, es evidente que la UE fue gradualmente abarcando —entre otros motivos, por la contundente iniciativa funcionalista de la Comisión— cada vez más espacios relacionados con la regulación de las inversiones internacionales. Por este motivo, no es posible afirmar que la transferencia de competencias en materia de inversiones que se produjo a partir de la entrada en vigor del Tratado de Lisboa haya abierto un nuevo capítulo para la Unión Europea en esta materia sino, más bien, que dicho Tratado complementó los poderes precedentes de la Comisión (de liberalización de inversiones) con nuevos poderes (de protección de las mismas). Sin embargo, a nivel político significó un gran paso adelante, ya que puso numerosos tratados bilaterales de protección de inversiones en el foco de la UE.[38]

---

35 Acuerdo de Asociación Económica entre los Estados del CARIFORUM, por una parte, y la Comunidad Europea y sus Estados miembros, por otra. OJ L 289/I/3 (30 de Octubre 2008) https://eur-lex.europa.eu/legal-content/ES/TXT/PDF/?uri=CELEX:22008A1030(01)&from=ES.

36 Acuerdo de libre comercio entre la Unión Europea y sus Estados miembros, por una parte, y la República de Corea, por otra. *OJ L 127/6,* 14 de mayo 2011, pp.6-1426.

37 BROWN, C. NAGLIS, I. Dispute Settlement in Future..., *op. cit.*, p.20. En estos acuerdos se estableció una cláusula específica para asegurar la vigencia de los TBIs de los EEMM con dichos Estados.

38 HOFFMEISTER, F., ÜNÜVAR, G. From BITS and pieces towards..., *op. cit.*, p.64.

2.1.1. La competencia de la Unión Europea en materia de Inversión Extranjera Directa.

La actuación gradual y expansiva de la UE en la regulación de las inversiones internacionales culminó exitosamente con la incorporación de las palabras "inversión extranjera directa" en el ámbito de competencia exclusiva de la Política Comercial Común de la UE cuando se redacta el Tratado de Lisboa. A pesar de que la transferencia de competencias recogida por el texto del Tratado de Lisboa podría percibirse como el resultado de un debate interno procedimental para aumentar el posicionamiento de la UE en materia de inversiones internacionales, las singularidades del proceso y las tensiones resultantes desautorizan enérgicamente esta interpretación. Como ha ocurrido durante décadas, la acción de la UE en el campo de las inversiones internacionales continúa generando significativas tensiones con respecto a la distribución de competencias entre la UE y los EEMM.

La transferencia de competencia sobre las inversiones extranjeras directas —del nivel nacional al nivel europeo— se hizo efectiva en el articulado del Tratado de Lisboa. Sin embargo, su desarrollo responde al procedimiento llevado a cabo durante la preparación del "Tratado por el que se establece una Constitución para Europa" (en adelante Tratado Constitucional).[39]

---

[39] En décadas anteriores la Comisión había presionado en diversas instancias para conseguir incorporar las inversiones dentro de la Política Comercial Común. En las Conferencias Intergubernamentales (Intergovermental Conferences, IGC) de Maastricht, Ámsterdam y Niza, la Comisión exponía vigorosamente la necesidad de adaptar los objetivos de la PCC a las formas modernas de comercialización que incluían cada vez más a las inversiones extranjeras directas, pero en ninguno de estos casos había sido acogida la propuesta por parte de los EEMM. HINDELANG, S., MAYDELL, N. The EU's Common Investment Policy ..., *op. cit.*, p.13.

La elaboración de la Constitución Europea tuvo su origen inmediato en la «Declaración relativa al futuro de la Unión», adoptada en la misma Conferencia Intergubernamental que cerró las negociaciones de la reforma de Niza en diciembre de 2000 (y en la que se acordó la convocatoria de una nueva Conferencia para 2004).[40] La realización del Tratado Constitucional conllevaba una novedad en el modus operandi, que no afectaba a la etapa final del proceso de reforma sino al inicio y desarrollo de las deliberaciones, pues difería de los tradicionales borradores realizados por y discutidos entre los gobiernos nacionales.[41]

La Convención sobre el futuro de Europa, constituida en febrero de 2002 (bajo Presidencia *pro tempore* española), estableció diferentes Grupos de Trabajo que abordarían cuestiones específicas y en cuyo seno eran debatidas distintas problemáticas. Asistida por su propia Secretaría, la Convención se organizó en torno a un *Praesidium* encargado de impulsar y orientar los trabajos del Pleno a partir de los informes elaborados por dichos Grupos de Trabajo y Círculos de Debate.[42] La Política

---

40 El Tratado de Niza recogía una Declaración (declaración núm.23) relativa al futuro de la Unión que destacaba la conveniencia de un "debate más amplio y profundo sobre el desarrollo futuro de la Unión", que debería ser más amplio que las tradicionales conferencias intergubernamentales dado que debía recoger una mayor participación de todas las partes interesadas, incluyendo medios y sociedad civil. Algunos denominan este el "sistema de las muñecas rusas", ya que dentro de la última reforma de los tratados se prevé la siguiente. MARTIN Y PEREZ DE NANCLARES, J. y URREA CORRES, M. *El Tratado de Lisboa.* Madrid: Marcial Pons, 2008, p.20.

41 ALDECOA LUZÁRRAGA, F. *Tratado por el que se establece una Constitución para Europa.* Madrid: Biblioteca Nueva Real Instituto Elcano, 2004, pp.19-84.

42 ALONSO GARCÍA, R. El Tratado de Lisboa. *Asamblea: revista parlamentaria de la Asamblea de Madrid*, 2008, No. 18, p.5. Se crearon once Grupos de Trabajo: subsidiariedad, la Carta de derechos fundamentales, la personalidad jurídica de la Unión, el papel de los parlamentos nacionales, las competencias complementarias, la gobernanza económica, la acción exterior, la defensa,

Comercial Común, quedó enmarcada en el análisis del Grupo de Trabajo Número VII (en adelante GT VII), junto a la nueva y destacada área referida a la acción exterior de la UE.

El Grupo de Trabajo VII extremó sus análisis, detalles y deliberaciones en la parte relacionada con la acción exterior de la UE, dedicándole un énfasis menor a la PCC. Como resultado de ello, en las conclusiones del GT VII no había mención a la IED.[43] Acabada la fase de los Grupos de Trabajo, se comenzó a preparar el Borrador, que sería el texto de la Convención.[44]

El 22 y 23 de abril de 2003, el *Praesidium* se reunió en Val Duchesse (Bélgica), para debatir las conclusiones presentadas en el Informe del GT VII.[45] El texto trabajado del informe esta-

---

la simplificación de los procedimientos e instrumentos legislativos, el establecimiento de un área de Libertad, Seguridad y Justicia y la Europa Social.

43 EUROPEAN CONVENTION, Final report of Working Group VII on External Action, CONV 459/02, WG VII 17, 16 December 2002. https://bit.ly/3qT757r. MEUNIER, S. Integration by stealth: How the European Union gained competence over foreign direct investment. *Journal of Common Market Studies*, 2017, 55(3), p.601. Durante las negociaciones, el entonces Comisario de Comercio Pascual Lamy intentó abrir el debate respecto a las IED en más de una oportunidad, pero fue descartado por falta de aval entre los EEMM. EUROPEAN CONVENTION, Speech by Commissioner Lamy to the EPC 05/02/2003- "The Convention and trade policy : concrete steps to enhance the EU's international profile", 5 de febrero de 2003 https://cutt.ly/4SpMi9S CONVENTION EUROPEENNE, Intervention de M. Pascal Lamy, membre de la Commission Européenne, lors de la réunion du Groupe de Travail VII, Working Group VII, Working Document 10, 15 de octubre de 2002, pp.5-6 http://european-convention.europa.eu/docs/wd7/4539.pdf.

44 A partir de los informes presentados por los diversos grupos de trabajo el Secretario de la Convención propone el texto al *Praesidium*, éste último órgano lo aprueba y luego el texto es llevado al Plenario. Este texto es modificado en virtud de las discusiones plenarias y se convierte posteriormente en el texto de la Convención.

45 EUROPEAN CONVENTION, Praesidium Meeting. Brussels 22-23 April 2003 Agenda, http://european-convention.europa.eu/docs/praesidi-

ba enfocado a la Política Exterior, y en segundo plano se trataban otras cuestiones comunitarias (entre las que se encontraba la política de inversiones).[46] La cuestión relacionada con la Política de Seguridad Exterior y la figura del "Ministro de Asuntos Exteriores"[47] eran primordiales y acapararon la mayor parte de la atención.[48] Las cuestiones de unanimidad para ciertas decisiones sensibles en materia de seguridad exterior o el modo como funcionaría el proceso de decisión para intervenciones exteriores de la UE resultaban de una importancia extrema. En un segundo plano estaban las cuestiones relacionadas con las materias comunitarias: competencias de la UE, política comercial, política de desarrollo, etc. En resumen, el Grupo de Trabajo VII lidiaba con un "paquete de artículos" en el que se encontraban cuestiones tan complejas y dispares como la política exterior, la política comercial, la ayuda exterior, la defensa militar, etc.[49]

Las reuniones del *Praesidium* resultaron particularmente complejas y tensas, dado que las discrepancias relacionadas con la acción exterior constituían un sólido obstáculo para el

---

um/2003/030422-23.A.pdf.

46 EUROPEAN CONVENTION, Final report of Working Group VII on External Action, CONV 459/02, WG VII 17, 16 December 2002

47 Actualmente "Alto representante para Asuntos Exteriores y Política de Seguridad".

48 Contemporáneamente, ocurría en paralelo la Guerra de Irak (con la cuestionada intervención de las tropas norteamericanas) por lo que las discusiones de política internacional y de acción exterior del bloque europeo tenían una importancia central. En las notas explicativas del Proyecto de artículos sobre la acción exterior de la UE, se hace alusión a la crisis de Iraq como elemento de reflexión profunda. EUROPEAN CONVENTION, From *Praesidium* to Convention, Draft Articles on external action in the Constitutional Treaty, CONV 685/03, 23 April 2003, p.2 http://european-convention.europa.eu/pdf/reg/en/03/cv00/cv00685.en03.pdf.

49 EUROPEAN CONVENTION, Final report of Working Group VII on External Action, CONV 459/02, WG VII 17, 16 December 2002. https://bit.ly/3qT757r.

entendimiento.[50] El presidente del *Praesidium*, Valery Giscard d´Estaing, abandonó el encuentro al finalizar la mañana y las sesiones vespertinas fueron conducidas por su vicepresidente Jean- Luc Dehaene, centrando el debate en cuestiones más técnicas que incluían los dos artículos relacionados a la PCC (artículos 23 y 24 de la Parte II, del Título B del borrador del texto del tratado constitucional).[51]

Durante el debate de estos artículos, John Bruton (primer ministro irlandés y representante de los parlamentos nacionales en el *Praesidium*), sugirió espontáneamente incluir las inversiones extranjeras directas en los objetivos de la progresiva liberalización de obstáculos al comercio.[52] A continuación, el comisario de la UE para la política regional (Michele Barnier) consideró que al incorporar la IED en los objetivos de la PCC, sería apropiado incluida en la cláusula sustantiva sobre la Política Comercial Común, en reconocimiento de que los flujos financieros complementan el comercio de mercancías y repre-

---

50 EUROPEAN CONVENTION, From Praesidium to Convention, Draft Articles on external action in the Constitutional Treaty, CONV 685/03, 23 April 2003. http://european-convention.europa.eu/pdf/reg/en/03/cv00/cv00685.en03.pdf Algunos Estados sostenían mayor necesidad de mayorías cualificadas, otros incluso mencionaban que el método comunitario no podría aplicarse en Asuntos Exteriores, entre muchas otras cuestiones que revelaban falta de consenso. Entrevista de la autora con Miembro de la Comisión europea, diciembre 2017.

51 EUROPEAN CONVENTION, Summary of the proceedings, Meeting of Praesidium (Brussels, 22-23 April 2003), http://european-convention.europa.eu/docs/praesidium/2003/030422-23.S.pdf.

52 EUROPEAN CONVENTION, From Praesidium to Convention, Draft Articles on external action in the Constitutional Treaty, CONV 685/03, 23 April 2003. MEUNIER, S. Integration by stealth..., *op. cit.*, p.601. Entrevista de la autora con Miembro de la Comisión europea, diciembre 2017. A pesar de que Irlanda es uno de los pocos países del mundo que no han firmado TBI, es un país considerablemente abierto a las IED, las cuales han impulsado un rápido crecimiento económico.

sentan una parte importante de los intercambios comerciales en la actualidad.[53] No hubo mayores comentarios al efecto y la alusión a IED quedó incluida en el articulado.[54]

> "Artículo III-314: Mediante el establecimiento de una unión aduanera de conformidad con el artículo III-151, la Unión contribuirá, en el interés común, al desarrollo armonioso del comercio mundial, a la supresión progresiva de las restricciones a los intercambios internacionales y a las *inversiones extranjeras directas,* así como a la reducción de las barreras arancelarias y de otro tipo.
>
> Artículo III-315 1. La política comercial común se basará en principios uniformes, en particular por lo que se refiere a las modificaciones arancelarias, la celebración de acuerdos arancelarios y comerciales relativos a los intercambios de mercancías y de servicios, y los aspectos comerciales de la propiedad intelectual e industrial, las *inversiones extranjeras directas,* la uniformización de las medidas de liberalización, la política de exportación, así como las medidas de protección comercial, entre ellas las que deban adoptarse en caso de dumping y subvenciones. La política comercial común se llevará a cabo en el marco de los principios y objetivos de la acción exterior de la Unión. (...)"[55]

---

53 EUROPEAN CONVENTION, From Praesidium to Convention, Draft Articles on external action in the Constitutional Treaty, CONV 685/03, 23 April 2003, p.52 http://european-convention.europa.eu/pdf/reg/en/03/cv00/cv00685.en03.pdf Entrevista de la autora con un Miembro oficial de la Comisión europea., diciembre 2017.

54 EUROPEAN CONVENTION, From Praesidium to Convention, Draft Articles on external action in the Constitutional Treaty, CONV 685/03, 23 April 2003.

55 Artículo III-314 y III-315. Tratado por el que se establece una Constitución para Europa. Diario Oficial de la Unión Europea, C 310, 16 de diciembre de 2004, pp.1-474.

El texto final preparado en el *Praesidium* fue sometido a discusión, posteriormente, en la Convención.[56] Siguiendo el funcionamiento de la Convención, los Estados realizaron las pertinentes enmiendas. Las enmiendas relacionadas con la Política Exterior fueron las más numerosas y la política comercial tuvo, lógicamente, menor repercusión. De las noventa y nueve enmiendas a la PCC tan solo treinta y dos estaban relacionadas con la IED.[57]

Realizadas las enmiendas, el texto volvió al *Praesidium* para ser nuevamente discutido.[58] Llegado el momento, pocos participantes pidieron la eliminación de la IED.[59] Después del debate, la cantidad de enmiendas resultó menor y los diferentes Estados intervinieron para defender la posición manifestada

---

[56] EUROPEAN CONVENTION, Summary of the proceedings, Meeting of Praesidium (Brussels, 22-23 April 2003), http://european-convention.europa.eu/docs/praesidium/2003/030422-23.S.pdf

[57] EUROPEAN CONVENTION, Proposed Amendments to the text of the articles of the Treaty establishing a Constitution for Europe, Part III of the Constitution, Chapter III Common Commercial Policy. Disponible en http://european-convention.europa.eu/EN/amendments/amendments3dd9.html?content=866&lang=EN. MEUNIER, S. Integration by stealth…, *op. cit.*, p.602. HINOJOSA MARTÍNEZ, L. El alcance de la competencia exterior …, *op. cit.* p.888.

[58] Para cada artículo el Secretario de la Convención hace una lista con todas las enmiendas. La totalidad de las enmiendas se encuentra accesible en EUROPEAN CONVENTION, Proposed Amendments to the text of the articles of the Treaty establishing a Constitution for Europe. http://european-convention.europa.eu/EN/amendemTrait/amendemTrait2352.html?lang=EN Véase la lista completa de las enmiendas propuestas en http://european-convention.europa.eu/docs/Treaty/pdf/866/global866.pdf.

[59] MEUNIER, S. Integration by stealth…, *op. cit.*, p.600. A pesar de que eran pocos, las enmiendas de los opositores a incluir la IED en la PCC provenían de países con un peso relevante: Francia, Alemania y Gran Bretaña se oponían rotundamente a la inclusión de esta referencia. Otros Estados consideraron inadecuada la ubicación de esta referencia, argumentando una mejor idoneidad en la parte referida a libre circulación de capitales.

en las enmiendas, dejando vigentes solo aquellas consideradas clave. Fue entonces, en estas rondas de negociaciones, cuando las enmiendas sobre IED comenzaron a desaparecer, quedando solo cuestiones absolutamente irreconciliables con las políticas de algún Estado.[60] Finalmente, cuando la IGC aprobó el borrador del Tratado por el que se establece una Constitución para Europa, en junio de 2004, los artículos debatidos mantuvieron la expresa mención originalmente propuesta a la IED.

Después de que la ratificación del Tratado Constitucional se viera truncada en los referéndums de Francia y Países Bajos[61], los Estados tomaron una nueva iniciativa para la reforma que culminó con la firma del Tratado de Lisboa, el 13 de diciembre de 2007. En el procedimiento de reforma —cuya base constituyó el Tratado Constitucional— se decidió no reabrir cuestiones sustantivas, por lo que la Política Comercial Común quedó intacta y los artículos III-314 y III-315 se convirtieron en los siguientes artículos del TFUE[62]:

---

60 Por ejemplo, Francia insistía en su enmienda relacionada con "servicios culturales y audiovisuales", Ver Amendment Form by Mr. Farnleitner, Suggestion for amendment of Article: III-212(5), https://bit.ly/2V4DkVt. Los países suelen colocar enmiendas en los temas más políticamente sensibles, y en algunas ocasiones las enmiendas quedan anexadas a un complejo proceso de negociación. Esto no ocurrió con la IED. Quizás la celeridad y la vorágine con que se desarrollaron las negociaciones haya tenido una influencia en el resultado. Entrevista de la autora con un Miembro oficial de la Comisión europea, diciembre 2017.

61 El rechazo al Tratado Constitucional se produjo en los referéndums celebrados en Francia (29 de mayo de 2005) y Países Bajos (1 de junio de 2005), generando un aturdimiento político generalizado que paralizó el proceso de ratificación y produjo una incertidumbre respecto al futuro de la UE. MARTÍN Y PÉREZ DE NANCLARES, J., URREA CORRES, M. *Tratado de Lisboa.* Madrid: Real Instituto Elcano de Estudios Internacionales y Estratégicos, Marcial Pons, 2008, p.22.

62 Para un análisis detallado sobre el alcance material de estos dos artículos ver HINOJOSA MARTÍNEZ, L. El alcance de la competencia exterior europea

> "Artículo 206 «Mediante el establecimiento de una unión aduanera de conformidad con los artículos 23 a 27, la Unión contribuirá, en el interés común, al desarrollo armonioso del comercio mundial, a la supresión progresiva de las restricciones a los intercambios internacionales y a las inversiones extranjeras directas, así como a la reducción de las barreras arancelarias y de otro tipo.».
>
> Artículo 207 1. La política comercial común se basará en principios uniformes, en particular por lo que se refiere a las modificaciones arancelarias, la celebración de acuerdos arancelarios y comerciales relativos a los intercambios de mercancías y de servicios, y los aspectos comerciales de la propiedad intelectual e industrial, las inversiones extranjeras directas, la uniformización de las medidas de liberalización, la política de exportación, así como las medidas de protección comercial, entre ellas las que deban adoptarse en caso de dumping y subvenciones. La política comercial común se llevará a cabo en el marco de los principios y objetivos de la acción exterior de la Unión. (...)"[63]

La transferencia formal de competencia sobre la IED operada por el Tratado de Lisboa se produjo como resultado de una suerte de combinación de diversos factores, entre los que pueden mencionarse: cuestiones procedimentales, habilidad y funcionalidad de los agentes de la UE, pasividad de los EEMM derivada de una agenda ajustada de prioridades políticas que incluía temas altamente sensibles en el debate intergubernamental, etc.[64]

---

en materia de inversiones. *Revista de Derecho Comunitario Europeo,* 2015, n.° 52(19), pp.871-907, en particular p.889 y ss. En referencia a la difícil salida del "impasse constitucional" y el equilibrio hacia el nuevo Tratado, ver MARTÍN Y PÉREZ DE NANCLARES, J., URREA CORRES, M. *Tratado de Lisboa, op. cit,* pp.26-31.

63 Artículos 206 y 207 TFUE.

64 MEUNIER, S. Integration by stealth..., *op. cit.,* pp.603-605.

La falta de debate y claridad respecto a las cuestiones técnicas derivadas de esta transferencia de competencias resultó patente en la fase de implementación.[65] Una vez en marcha el Tratado de Lisboa, todas las implicaciones —internas y externas— de la nueva actuación de la UE en relación con las inversiones internacionales revelaron esta debilidad y la necesidad urgente de una articulación en la que resultaría determinante la participación del Tribunal de Justicia de la Unión Europea, llamado a pronunciarse sobre cuestiones jurídicas importantes y complejas que se examinan a continuación.

2.1.2. Distribución de competencias para la protección de las inversiones internacionales. Dictamen 2/15

La transferencia de competencias operada en materia de protección de inversiones también agregó dificultades al ya complejo sistema competencial comunitario y se suscitaron opiniones divergentes sobre la naturaleza de la competencia de la UE para concluir acuerdos internacionales en materia de inversiones (o que posean capítulos sobre inversiones); en particular, esta duda se planteó respecto al acuerdo bilateral con la República de Singapur.[66]

---

65 MEUNIER, S., MORIN, J.F. The European Union and the space-time continuum of investment agreements. *Journal of European Integration*, 2017, 39(7), p.893. MEUNIER, S. Integration by stealth..., *op. cit.*, p.605.

66 Este Acuerdo se enmarca inicialmente en las negociaciones de la UE con todos los países miembros de ASEAN (Asociación de las Naciones del Sudeste Asiático), cuyas complicaciones derivaron en una estrategia de negociación bilateral. La UE comenzó las negociaciones bilaterales con la Rep. de Singapur en marzo de 2012 y finalizó sus rondas de negociación en diciembre del mismo año, a excepción del capítulo relativo a la protección de las inversiones que finalizó en octubre de 2014. https://trade.ec.europa.eu/access-to-markets/es/content/acuerdo-de-libre-comercio-ue-singapur.

La diferencia surgida en relación con el Acuerdo UE- Singapur[67] devino de las divergencias de opiniones respecto a la naturaleza de la competencia de la Unión para celebrar el acuerdo proyectado. Este instrumento constituía uno de los primeros acuerdos bilaterales de la UE llamados de "nueva generación"[68] y la Comisión (con el apoyo del Parlamento de la UE) alegaba que sus disposiciones recaían en el ámbito de la acción exterior de la UE y la PCC. Por el contrario, el Consejo de la UE y los EEMM sostenían que algunas de las disposiciones no estaban incluidas en el ámbito de la competencia exclusiva de la Unión (como por ejemplo su sistema de solución de controversias) y consideraban que el acuerdo proyectado poseía las características de un "acuerdo mixto".

---

67 Este Acuerdo derivó del intento de la UE para celebrar un acuerdo de libre comercio con los países de la Asociación de Naciones del Asia Sudoriental (ASEAN, por sus siglas en ingles). El Acuerdo con ASEAN no prosperó y el Consejo autorizó a la Comisión a negociar de manera bilateral con la República de Singapur. Las negociaciones comenzaron el 22 de diciembre de 2009 (poco tiempo de la entrada en vigencia del Tratado de Lisboa) y concluyeron en diciembre de 2012, con excepción del capítulo sobre la protección de inversiones, que finalizó en octubre de 2014. COMISION EUROPEA, DG TRADE, https://trade.ec.europa.eu/access-to-markets/es/content/acuerdo-de-libre-comercio-ue-singapur Sobre la contextualización del Acuerdo de Libre Comercio UE- Singapur, ver RECIO SAN EMETERIO, S. El Arbitraje De Inversiones Entre La Unión Europea Y Singapur: ¿Del Arbitraje De Diferencias Estado-Inversor a Un Sistema De Tribunales De Inversiones? *Estudios De Deusto*, 2019, 67(1), pp.353-83, en particular pp.357-361.

68 Además de las disposiciones tradicionales relativas a la reducción de los derechos de aduana y de los obstáculos no arancelarios que afectan al comercio de mercancía y servicios, estos acuerdos incluyen disposiciones en diversas materias vinculadas al comercio, como la protección de la propiedad intelectual e industrial, las inversiones, la contratación pública, la competencia y el desarrollo sostenible. Dictamen 2/15, de 16 de mayo de 2017, EU:C:2017:376, 17.

Dicha diferencia motivó la solicitud de un Dictamen, sobre la base del artículo 218 (11) TFUE[69], el 10 de julio de 2015. La solicitud estaba dirigida a determinar si el Acuerdo con la República de Singapur podría ser firmado y celebrado exclusivamente por la UE o si, por el contrario, debería ser firmado y celebrado tanto por la UE como por los EEMM.[70] El Dictamen 2/15, de 16 de mayo de 2017, resolvió la cuestión y clarificó el debate jurídico suscitado sobre la distribución de competencias para concluir estos nuevos acuerdos.

La determinación de los límites de la competencia exclusiva de la UE resultaba un elemento importante a dilucidar —en especial, en lo referente a la protección de las inversiones extranjeras— debido a su carácter angular en la formación de nuevos acuerdos de la Unión. Particularmente, en una encrucijada política global entre la liberalización económica y los movimientos antiglobalización, la determinación de quien decide sobre este tipo de cuestiones (la conclusión de acuerdos de comercio e inversiones) no era un tema de carácter meramente técnico o académico, sino de grandes implicaciones políticas y jurídicas.[71]

El TJUE llegó a la conclusión de que el Acuerdo de Libre Comercio entre la Unión Europea y la República de Singapur estaba incluido en el ámbito de la competencia exclusiva de la Unión. No obstante, determinadas disposiciones corres-

---

69 Artículo 218(11) TFUE: "Un Estado miembro, el Parlamento Europeo, el Consejo o la Comisión podrán solicitar el dictamen del Tribunal de Justicia sobre la compatibilidad con los Tratados de cualquier acuerdo previsto. En caso de dictamen negativo del Tribunal de Justicia, el acuerdo previsto no podrá entrar en vigor, salvo modificación de éste o revisión de los Tratados."

70 Dictamen 2/15, de 16 de mayo de 2017, EU:C:2017:376,1.

71 CREMONA, M. Shaping EU trade policy post-Lisbon: opinion 2/15 of 16 may 2017: ECJ, 16 may 2017, opinion 2/15 free trade agreement with Singapore. *European Constitutional Law Review*, 2018, 14(1), pp.231-259.

pondían a una competencia compartida entre la Unión y los Estados miembros. A saber: disposiciones relacionadas con la protección de las inversiones en la medida que refieran a inversiones extranjeras distintas de las directas, disposiciones institucionales y disposiciones referidas a la solución de controversias entre un inversor y un Estado. El Tribunal dejó claramente establecido que,

> "Corresponden a una competencia compartida entre la Unión y los Estados Miembros:
>
> - las disposiciones de la sección A (Protección de las inversiones) del capítulo 9 (Inversiones) del Acuerdo, en la medida en que se refieran a las inversiones entre la Unión y la República de Singapur distintas de las directas;
>
> - las disposiciones de la sección B (Solución de diferencias entre un inversor y un Estado) de ese capítulo 9, y
>
> - las disposiciones de los capítulos 1 (Objetivos y definiciones generales), 14 (Transparencia), 15 (Solución de diferencias entre las Partes), 16 (Mecanismo de mediación) y 17 (Disposiciones institucionales, generales y finales) del Acuerdo, en la medida en que se refieran a las disposiciones del mencionado capítulo 9 y en tanto en cuanto estas últimas se incluyan en el ámbito de una competencia compartida entre la Unión y los Estados miembros." [72]

El TJUE realizó un estricto examen del alcance de la PCC para analizar y justificar (o no) la posibilidad de que una provisión recayera (o no) dentro del ámbito de la PCC y, por ende, de la competencia exclusiva de la UE. A pesar de la amplitud de la PCC considerada por el Tribunal[73], las inversiones ex-

---

72 Dictamen 2/15, de 16 de mayo de 2017, EU:C:2017:376, para. 305.

73 El análisis del TJUE con respecto a esta cuestión se diferencia de las conclusiones del Abogado General Sharpston, quien esbozó una interpretación más restrictiva en el examen de la PCC. Conclusiones de la Abogado General

tranjeras distintas de las directas no recaen dentro del ámbito de competencia exclusiva de la UE sino que constituyen una competencia compartida con los EEMM. Dicha conclusión es significativa, dado su carácter transversal en el texto del Acuerdo UE- Singapur.

Para algunos autores el Dictamen 2/15 parecería determinar que las competencias compartidas implicarían indefectiblemente la celebración de acuerdos mixtos. El TJUE afirmaba a este respecto que:

> "Por consiguiente, la sección A de dicho capítulo del Acuerdo proyectado no puede ser aprobada exclusivamente por la Unión"[74]

Sin embargo, el recurso a un acuerdo mixto es considerado más bien como una opción política[75], dado que en diversas ocasiones la UE concluye sola acuerdos en materia que son competencia compartida con los EEMM, sin que esta práctica haya sido cuestionada hasta la fecha[76]. De este modo, es posible establecer que cuando en un acuerdo hay contenido que no sea de competencia de la UE, el acuerdo será obviamente mixto como un requisito fundamental. Pero, cuando la UE tiene competencia relativa en toda la materia objeto del acuerdo, aun cuando fuera compartida con los EEMM (en todo o en

---

Sra. Eleanor Sharpston presentadas el 21 de diciembre de 2016, C-2/15, EU:C:2016:992.

74 Dictamen 2/15, de 16 de mayo de 2017, EU:C:2017:376, para. 244.

75 CREMONA, M. Shaping EU trade policy..., *op. cit.*, p.246. KLEIMANN, D. *Reading opinion 2/15: standards of analysis, the Court's discretion, and the legal view of the Advocate General.* [en línea] *EUI Working Papers*, RSCAS 2017/23, pp.1-38.

76 Un ejemplo reciente constituye el "Acuerdo de Estabilización y Asociación entre la Unión Europea y Kosovo" OJ L 71, 16.3.2016, p. 3–321. KLEIMANN, D., KUBEK, G. The Singapore Opinion or the End of Mixity as We Know It [en línea], *Verfassungsblog on matters constitutional*, 23 mayo 2017.

parte), la posibilidad de que el acuerdo sea mixto sería derivación de una opción política definida en virtud de varios factores, incluyendo la importancia del acuerdo.[77]

El reparto de competencias abordado en el Dictamen 2/15 tiene importancia relevante en lo referente a la conclusión de acuerdos de la UE que contengan disposiciones sobre un "sistema de cortes de inversión" e incluso para la conclusión de un potencial acuerdo sobre el establecimiento de un Tribunal Multilateral de Inversiones. Cuando el TJUE establece que un régimen de ISDS no puede ser establecido por la UE sin el consentimiento de los EEMM, lo hace considerando que el sistema ISDS no puede ser concebido con una naturaleza auxiliar. El régimen de solución de controversias en el acuerdo proyectado incluye la posibilidad de que una diferencia entre un inversor de Singapur y un Estado miembro pueda someterse a los tribunales de dicho Estado miembro, pero dicha posibilidad queda sujeta a la discrecionalidad del inversor demandante.

> "En efecto, este último puede decidir, con arreglo al artículo 9.16 del Acuerdo, someter dicha diferencia al procedimiento de arbitraje, sin que el Estado miembro pueda oponerse, ya que su consentimiento a este respecto se considera otorgado en virtud del artículo 9.16, apartado 2, del Acuerdo."[78]

---

77 CREMONA, M. Shaping EU trade policy…, *op. cit.,* p.246. El Dictamen 2/15 abrió un fuerte debate doctrinario sobre esta cuestión. KLEIMANN, D., KUBEK, G. The Singapore Opinion or the End of Mixity…, *op. cit.* ANKERSMITH, L. Opinion 2/15 and the future of mixity and ISDS [en línea] *European Law Blog,* 19 mayo 2017. LENK, H., GÁSPÁR-SZILÁGYI, S., Case C-600/14, Germany v Council (OTIF). More Clarity over Facultative 'Mixity'? [en línea], *European Law Blog,* 11 diciembre 2017. ROBERTS, A. A Turning of the Tide against ISDS?[en línea], *EJIL: Talk!,* 19 mayo 2017.

78 Dictamen 2/15, de 16 de mayo de 2017, EU:C:2017:376, para 291.

De tal modo, dado que dicho mecanismo sustrae estas diferencias a la competencia jurisdiccional de los EEMM, el Tribunal considera que

> "no puede tener carácter meramente auxiliar en el sentido de la jurisprudencia recordada en el apartado 276 del presente dictamen, y, en consecuencia, no puede establecerse sin el consentimiento de éstos."[79]

Las disposiciones sobre ISDS no son consideradas auxiliares y, por lo tanto, no pueden entenderse comprendidas en el ejercicio de la competencia sustantiva de la UE. Estas disposiciones requieren el ejercicio, en el ámbito exterior, de la competencia de los EEMM junto con la competencia exclusiva o compartida de la UE. En este sentido, el poder de veto de los EEMM cuando los tratados son concluidos como acuerdos mixtos implica una potencial debilidad de la UE como actor internacional y la obliga a un equilibrio delicado en el ejercicio efectivo y eficiente de la PCC.[80]

El hecho de que el Dictamen 2/15 haya analizado las disposiciones de solución de controversias del Acuerdo UE-Singapur desde una perspectiva competencial revela el impacto limitado del caso *Achmea*.[81] La remoción de la competencia de las cortes domésticas en favor de tribunales arbitrales tiene connotacio-

---

[79] Dictamen 2/15, de 16 de mayo de 2017, EU:C:2017:376, para 292.

[80] KLEIMANN, D., KUBEK, G. The signing, provisional application, and conclusion of trade and investment agreements in the EU: the case of CETA and Opinion 2/15. EUI Working Papers, RSCAS 2016/58, Global Governance Programme-238, [Global Economics], pp.1-28. Sobre las problemáticas de los acuerdos de carácter mixto ver HILLION, C., KOUTRAKOS, P. (eds.) *Mixed Agreements Revisited: The EU and its Member States in the World. Oxford: Hart Publishing*, 2010.

[81] NEFRAMI, E. Permanent Investment Courts and the EU Legal Order. En G. UNUVAR, *et al. European Yearbook of International Economic Law. Permanent Investment Courts.* Cham: Springer, 2020, p. 27-51, en particular p.32

nes muy diferentes en el marco de las relaciones "intra-UE" o de las relaciones de la UE "con terceros Estados". En el primer caso, resulta incompatible con el Derecho de la UE, en la medida en que dichas relaciones están basadas en el principio de confianza mutua. En el segundo caso, sería posible siempre que se haya realizado un profundo y específico análisis de compatibilidad, que el Tribunal no realiza en su Dictamen 2/15[82]. Lo que el TJUE ha dejado claramente establecido es que, para la conclusión de acuerdos que incluyan este tipo de disposiciones (ya sea, un acuerdo con cláusulas ISDS o un acuerdo por el cual se estableciera un TMI), es necesario contar con la participación de los EEMM.[83]

Algunos autores, interpretaron que en el Dictamen 2/15 el Tribunal proponía la escisión del acuerdo en virtud de la división interna de competencias. De este modo, la UE podría concluir un acuerdo con las disposiciones sobre materias de su competencia exclusiva y separar en otro acuerdo las disposiciones en materia de competencia compartida. Por ejemplo, creando un Acuerdo sobre Protección de Inversiones.[84] La cuestión no pasa de ser una mera interpretación doctrinal, ya

---

82 El Tribunal enfatizó abiertamente que resolvía las cuestiones competenciales emanadas de la consulta y no las cuestiones de compatibilidad. Dictamen 2/15, de 16 de mayo de 2017, EU:C:2017:376, 30, 290 y 300.

83 NEFRAMI, E. Permanent Investment Courts..., *op. cit.*, p.33. ROSAS, A. Mixity and the Common Commercial Policy after Opinion 2/15. En M. HAHN, G. VAN DER LOO, *Law and Practice of the Common Commercial Policy*. Leiden, The Netherlands: Brill | Nijhoff, 2020, pp.27-46. LENK, H. Prior Judicial Involvement in Investor-State Dispute Settlement: Lessons from the Court's Rhetoric in Opinion 2/15. *Global Trade and Customs Journal*, 2018, 13(1), pp.19-26. NEFRAMI, E. The competence to conclude the EU's new generation of free trade agreements: lessons from Opinion 2/15. En J. CHAISSE (ed.). *China-European Union Investment Relationships*. London: Edward Elgar Publishing, 2018, pp.32-58.

84 KLEIMANN, D., KUBEK, G. The Singapore Opinion or the End of Mixity..., *op. cit.*

que el TJUE se limitó específicamente a escrutar qué materias eran de competencia exclusiva de la UE y cuáles eran competencias compartidas entre la UE y los EEMM, sin responder de forma directa a la pregunta inicialmente formulada por la Comisión: "¿Tiene la Unión competencias necesarias para firmar y celebrar por sí sola el Acuerdo de Libre Comercio con Singapur?"[85] El Tribunal no realizó sugerencias, sino que se limitó a resolver la cuestión controvertida e incluso enfatizó abiertamente que resolvía las cuestiones competenciales planteadas en la consulta, y *no* las cuestiones de compatibilidad.

La falta de un abordaje profundo de diversas cuestiones jurídicas necesitadas de una mayor clarificación dejó pendientes interrogantes relativas a la cuestión competencial principal y abrió nuevos interrogantes; en especial, sobre las implicaciones internas y externas de la nueva competencia en materia de inversiones y sus efectos en el sistema de protección de inversiones extranjeras.

2.2. IMPLICACIONES INTERNAS Y EXTERNAS DE LA PARTICIPACIÓN DE LA UNIÓN EUROPEA EN EL SISTEMA DE SOLUCIÓN DE CONTROVERSIAS ISDS.

La inclusión de la IED en la PCC condujo a un nuevo escenario de actuación para la UE. Las consecuencias de la absorción de IED en el ámbito de la competencia exclusiva de la UE tuvo importantes repercusiones tanto a nivel interno como externo.

La superposición de un sinnúmero de relaciones jurídicas atravesadas por las IED, tanto dentro de la UE como en su relación con terceros Estados, dio lugar a un panorama incierto.

---

[85] Dictamen 2/15, 16 de mayo de 2017, EU:C:2017:376, 1.

La participación de la UE en el ISDS suscitaba el riesgo de amenazas para el ordenamiento jurídico interno de la UE, tanto en lo relativo a la atribución de responsabilidades frente a terceros Estados como en lo atinente a la compatibilidad de los acuerdos bilaterales vigentes con el Derecho de la UE, entre otras cuestiones. Frente a esta situación, comenzó un proceso gradual en el que la UE, a través de diferentes medidas normativas y de la jurisprudencia del TJUE, trató de llevar a cabo una transición más o menos ordenada.

2.2.1 Las implicaciones de la participación UE en el ISDS en el plano interno.

La transferencia de competencias en materia de inversiones internacionales realizada en el Tratado de Lisboa dio origen a una avalancha de problemas relacionados con la protección de las inversiones; entre otras cuestiones, considerando el impacto que dicha transferencia tiene en el comercio, las inversiones y el desarrollo. Además, esta dimensión (la *protección* de las inversiones) es una de las principales diferencias que perciben los inversores entre el Derecho de la Unión y las reglas contenidas en los TBI[86], por lo que surgió la necesidad inmediata de reestructurar de manera clara las relaciones internas de la UE en esta materia.

La transferencia de competencias sobre inversiones realizada por el Tratado de Lisboa introdujo una gran incertidumbre respecto a la validez y articulación de los TBIs firmados por los Estados Miembros y, en especial, *entre* los Estados Miembros. Además de la cuestionada capacidad para negociar nuevos tratados de inversión, surgieron importantes dudas sobre

---

86 BUNGEBERG, M. Centralizing European BIT Making under the Lisbon Treaty, Paper (draft version) to be presented at the 2008 Biennial Interest Group Conference in Washington, D.C., 2008, November 13- 15, p.8

la compatibilidad de los TBI "intra-UE" con el Derecho de la Unión.[87]

La articulación del nuevo sistema, como primer problema a resolver, fue abordada en diversas acciones de la Comisión, tanto para proyectar la nueva política común de inversiones de la UE como para garantizar una transición fluida del sistema vigente de tratados bilaterales de inversión al nuevo sistema.[88] Luego, la compatibilidad de los "intra-TBIs" fue objeto de una consulta en vía prejudicial al TJUE en el caso *Achmea.* El análisis de ambas cuestiones es necesario para comprender el "puzzle" relativo a las implicaciones internas de la intervención de la UE en el sistema ISDS.

---

87 LENK, H. Challenging the Notion of Coherence in EU Foreign Investment Policy. *European Journal of Legal Studies.* 2015, vol. 8, p.10 y ss. REINISCH, A. The Division of Powers Between the EU and its Member States "after Lisbon". En M. BURGENBERG, J. GRIEBEL, S. HINDELANG. *International Investment Law and EU Law.* Berlin: Springer, 2011. pp.43-54. BURGSTALLER, M. The Future of Bilateral Investment Treaties of EU Member States. En M. BURGENBERG, J. GRIEBEL, S. HINDELANG. *International Investment Law and EU Law.* Berlin: Springer, 2011. pp.55-78, p.56 AGIRREZABALAGA, I. Los APPRI en la Unión Europea post-Lisboa. Anuario Español de Derecho Internacional Privado. 2010, n.° 10, p.761.

88 De los aproximadamente 3.000 acuerdos bilaterales de inversión que existen globalmente, 1.400 han sido concluidos por EEMM de la UE. La vasta mayoría incluye el mecanismo ISDS. Los inversores europeos son los más frecuentes usuarios de este mecanismo a nivel global. EUROPEAN COMMISSION, Investment Disputes, https://ec.europa.eu/trade/policy/accessing-markets/dispute-settlement/investment-disputes/ Desde 1959, los Estados miembros de la UE han celebrado 1.384 TBIs con terceros países. SCHACHERER, S. ¿Los Estados Miembros de la UE Pueden Seguir Negociando TBIs con Terceros Países? [en línea], *Investment Treaty News,* 10 agosto 2016.

2.2.1.1. Acciones para garantizar una transición fluida en el sistema de tratados bilaterales de inversión. Reglamento 1219/2012

La nueva transferencia de competencias realizada en virtud del Tratado de Lisboa dio lugar a un intenso debate académico sobre la naturaleza de la competencia en materia de inversiones. La Comisión tenía un concepto más tradicional de la naturaleza de la competencia. Consideraba que, junto a la competencia exclusiva en materia de IED atribuida por el artículo 207 TFUE, existía también una competencia implícita sobre las inversiones que no fueran directas (inversiones de cartera) en virtud de las normas de libre circulación de capitales con terceros Estados (artículo 63 TFUE) e inclusive una competencia para la solución de controversias derivadas de las inversiones internacionales, pues consideraba esto último como un aspecto auxiliar de las IED. Por el contrario, los Estados consideraban que la competencia exclusiva de la UE en materia de IED comprendía únicamente la liberalización de las inversiones, no lo referido a la protección de éstas.[89] Estos desencuentros obligaron a intensificar las labores de coordinación y armonización entre la UE y los EEMM. Dicho objetivo se plasmará en la elaboración de varios documentos esclarecedores.

La Comisión adoptó, el 7 de julio de 2010, una Comunicación relativa a una política global europea en materia de inversión internacional titulada "Hacia una política global europea en materia de inversión internacional"[90]. También se presen-

---

[89] BROWN, C. The First 10 Years of the European Union´s Policy on Investment Dispute Settlement. From Initial Reforms to the Multilateral Investment Court. En M. HAHN, G. VAN DER LOO, *Law and Practice of the Common Commercial Policy*. Leiden, The Netherlands: Brill | Nijhoff, 2020, pp.73-97, en particular p.74

[90] COMISION EUROPEA, Comunicación de la Comisión al Consejo, al Parlamento Europeo, al Comité Económico y Social Europeo y al Comité de

tó una Propuesta de Reglamento del Parlamento Europeo y del Consejo[91], con un diagrama transitorio para los acuerdos bilaterales sobre inversión entre los EEMM y terceros países. En la Comunicación se exponen las principales orientaciones de la futura política de la UE en materia de inversiones y se establecen algunos parámetros de acción más inmediatos en este ámbito. La Comisión precisa que no pretende opacar los esfuerzos de los EEMM por atraer las inversiones, pero demanda el control de los diferentes acuerdos hasta tanto consiga englobar la política común de inversiones.[92]

Con respecto a la protección de las inversiones, la Comunicación pretende integrarla adecuadamente con la liberalización, y refiriéndose a la importancia del cumplimiento de los compromisos asumidos afirma que:

> "(...) los futuros acuerdos de la UE que incluyan protección de las inversiones deberían contener un mecanismo de resolución de litigios entre el inversor y el Estado. Ello plantea problemas relacionados, por un lado, con la unicidad del mecanismo de resolución de litigios entre el inversor y el Estado en el Derecho económico internacional y, por otro, con el hecho de que históricamente la Unión no ha sido un actor destacado en este ámbito." [93]

La Comisión advierte en este análisis que, en cierta medida, "las estructuras actuales no están adaptadas a la llegada de

---

las Regiones. "Hacia una política global europea en materia de inversión internacional". COM (2010) 343 final.

91 EUROPEAN COMMISSION, Proposal for a Regulation of the European Parliament and ff the Council establishing transitional arrangements for bilateral investment agreements between Member States and third countries, COM(2010)344 final.

92 "*No parece pertinente ni viable sustituir los esfuerzos de promoción de las inversiones realizados por los Estados miembros, siempre y cuando sean conformes a la política comercial común y al Derecho de la UE.*" COM (2010)343 final, p.6.

93 COM (2010) 343 final, p.10.

la Unión".[94] A efectos prácticos, era necesario dar cobertura a los aproximadamente 1.400 TBIs de los EEMM y establecer las condiciones bajo las cuales los EEMM pudieran celebrar nuevos acuerdos de inversión en el futuro. Progresivamente —y en función de los intereses de la UE— los TBIs que los EEMM mantenían en vigor irían sustituyéndose por acuerdos firmados por la UE. Durante la etapa de transición era necesario garantizar la seguridad jurídica y el mantenimiento del nivel de protección de las inversiones extranjeras, preservando la vigencia de los TBIs y permitiendo la negociación y entrada en vigor de nuevos acuerdos.[95]

Después de dos años de negociación de la propuesta original, el Reglamento UE 1219/2012 del Parlamento Europeo y del Consejo[96], de 12 de diciembre de 2012, estableció las disposiciones transitorias sobre los acuerdos bilaterales de inversión entre Estados Miembros y terceros países, determinando tanto las condiciones para el mantenimiento en vigor de los acuerdos existentes[97] como las condiciones de autori-

---

94 *Ibid.*

95 MORENO, L., PEREZ IBAÑES, C. La nueva política de la Unión Europea de protección de inversiones. *Arbitraje: revista de arbitraje comercial y de inversiones.* 2014, 7(1), pp.35-60, en particular p.46. BROWN, C. The First 10 Years of the European Union´s Policy..., *op. cit.*, p.76. LAVRANOS, N. In Defence of Member States' BITs Gold Standard: The Regulation 1219/2012 Establishing a Transitional Regime for Existing Extra-EU BITs-A Member State's Perspective. *Transnational Dispute Management*, 2013, 10(2), pp.1-14.

96 Unión Europea. Reglamento (UE) 1219/2012 del Parlamento Europeo y del Consejo de 12 de diciembre de 2012 por el que se establecen disposiciones transitorias sobre los acuerdos bilaterales de inversión entre Estados miembros y terceros países, Diario Oficial de la Unión Europea L 351, 12 de diciembre de 2012, pp.40-46.

97 Capítulo II del Reglamento UE 1219/2012 del Parlamento Europeo y del Consejo, de 12 de diciembre de 2012.

zación para modificar o celebrar nuevos acuerdos bilaterales de inversión.[98]

El Reglamento trata los acuerdos de inversión de los EEMM como un todo, sin distinción de competencia. Los "apadrina" como un todo y permite a los EEMM la negociación de nuevos acuerdos sin distinciones competenciales. El Reglamento fue considerado entonces como un Reglamento apadrinador (Grandfathering Regulation), que clarifica el *status* de los TBIs en el Derecho de la Unión y garantiza su mantenimiento.[99] Si un Estado quisiera modificar un TBI existente o entrar en nuevas negociaciones, el Reglamento establece una serie de procedimientos en virtud de los cuales el EEMM interesado debe obtener la autorización de la Comisión. Este mecanismo atenuó el desencuentro entre los EEMM y la UE en la asunción de la nueva competencia, concibiendo una solución rápida y pragmática que permite a la UE autorizar a los EEMM a actuar en un ámbito en el que la UE ostenta una competencia exclusiva.[100]

Con respecto a la solución de controversias, el artículo 13 del Reglamento precisa las obligaciones de los Estados Miembros en lo que respecta a los acuerdos bilaterales de inversión con un tercer país. Así,

> "En relación con los acuerdos bilaterales de inversión que entren en el ámbito de aplicación del presente Reglamento, los Estados miembros interesados:

---

98 Capítulo III del Reglamento UE 1219/2012 del Parlamento Europeo y del Consejo, de 12 de diciembre de 2012.

99 BROWN, C. The First 10 Years of the European Union´s Policy..., *op. cit.*, p.75. LAVRANOS, N. In Defence of Member States..., *op. cit.*, p.3.

100 Mediante un sistema de notificaciones, la Comisión asesoraba respecto al mantenimiento de los TBIs y advertía en caso de conflicto de intereses. Ver artículos Reglamento UE 1219/2012 del Parlamento Europeo y del Consejo, de 12 de diciembre de 2012. REINISCH, A. The EU on the Investment Path..., *op. cit.*, p.6 y ss.

> a) (...)
>
> b) informarán a la Comisión sin dilaciones indebidas de cualquier información que les sea sometida sobre la incompatibilidad de una medida particular con dichos acuerdos. Los Estados miembros informarán también a la Comisión de cualquier petición de solución de diferencias presentada en relación con un acuerdo bilateral de inversión, tan pronto como tengan conocimiento de la petición. El Estado miembro de que se trate y la Comisión cooperarán entre sí plenamente y adoptarán todas las medidas necesarias para garantizar una defensa efectiva, lo que puede suponer, si procede, la participación de la Comisión en el procedimiento;
>
> c) solicitarán el acuerdo de la Comisión antes de activar cualquier mecanismo pertinente de solución de diferencias frente a un tercer país contemplado en dichos acuerdos bilaterales de inversión y, a petición de la Comisión, activarán esos mecanismos. Estos incluirán consultas con la otra parte del acuerdo bilateral de inversión y la solución de diferencias si está contemplada en el mismo. El Estado miembro de que se trate y la Comisión cooperarán entre sí plenamente en relación con las actuaciones en los procedimientos de los mecanismos aplicables, lo que puede suponer, si procede, la participación de la Comisión en los procedimientos correspondientes."[101]

En este nuevo contexto, las demás instituciones de la UE se posicionaron respecto a la nueva política de inversiones. La posición central del Consejo de la UE —plasmada en las Conclusiones del Consejo de 25 de octubre de 2010—[102] es un reflejo de los diversos intereses existentes entre los Estados Miembros. En dichas conclusiones es posible entrever tanto las posiciones de Estados que preferirían mantener el *statu quo* previo a la

[101] Artículo 13 del Reglamento UE 1219/2012 del Parlamento Europeo y del Consejo, de 12 de diciembre de 2012.

[102] Council of the EU, Conclusions on a comprehensive international investment policy, 3041st Foreign Affairs Council Meeting, 25 October 2010.

transferencia de competencias como las de aquellos Estados más favorables a la misma. El Consejo respalda el mayor ámbito de actuación para la nueva política de la UE en materia de inversiones, pero insiste en el respeto de la distribución de competencias —en especial, las competencias compartidas de la UE—.[103] Con respecto a la protección de las inversiones, el Consejo apunta al tradicional enfoque europeo de garantizar la mayor protección incluyendo cláusulas sustantivas y un mecanismo de solución de controversias (sin mencionar ninguno en particular).[104]

El Parlamento Europeo, en su Resolución del 6 de abril de 2011[105] —complementada por el anterior informe del Comité de Comercio Internacional[106]—, desarrolla una sorprendente posición en contraste con la tradicional prioridad otorgada a la protección al inversor, atenuando dicha premisa al subrayar que la política global europea:

> "(...) si bien se centra en gran medida en la protección de los inversores, deberá, por el contrario, abordar el derecho a proteger la capacidad de regulación de los poderes públicos y cumplir la obligación de la UE de adoptar políticas coherentes en materia de desarrollo"[107]

En igual sentido,

---

[103] *Ibid*, para.7. REINISCH, A. The EU on the Investment Path..., *op. cit.*, p.8.

[104] Council of the EU, Conclusions on a comprehensive international investment policy, 3041st Foreign Affairs Council Meeting, 25 October 2010, para.14.

[105] Resolución del Parlamento Europeo, 6 de abril de 2011, sobre la futura política europea en materia de inversiones extranjeras (2010/2203(INI)). Diario de la Unión Europea C 296/34, de 12 del 10 de 2012, pp.36-42.

[106] European Parliament, Committee on International Trade, Report on the Future of the European Investment Policy (2010/2203 (INI)), 22 March 2011, A7-0070/2011 https://www.europarl.europa.eu/doceo/document/A-7-2011-0070_ES.html.

[107] Resolución del Parlamento Europeo, 6 de abril de 2011, para. 6.

> "Expresa su profunda preocupación por el nivel de discreción del que disfrutan las instancias de arbitraje internacional para hacer una interpretación amplia de las cláusulas de protección de los inversores, lo que ha llevado a descartar una regulación legítima de carácter público; pide a la Comisión que elabore unas definiciones claras de las normas de protección de los inversores con el fin de evitar estos problemas en los nuevos acuerdos de inversión."[108]

Es preciso destacar que el Parlamento Europeo, por su parte, estrenó un nuevo rol en el ámbito de las inversiones internacionales a partir del Tratado de Lisboa, ya que las enmiendas a la PCC consagran su derecho a ser inmediata y completamente informado durante las negociaciones de un acuerdo internacional. Además, es necesaria su previa aprobación para la conclusión de los mismos. Esta situación le confiere poder para influir en la Política de inversiones de la UE, poder que el Parlamento no ha hesitado en utilizar.[109]

La Resolución del Parlamento Europeo, de 6 de abril de 2011, dedica un subtítulo completo al mecanismo de resolución de litigios y responsabilidad de la UE[110], acogiendo el sistema de solución de controversias entre inversor y Estado como parte de la garantía de protección al inversor, pero con-

---

108 *Ibid*, para.24.

109 TITI, C. A Stronger Role for the European Parliament in the Design of the EU's Investment Policy as a Legitimacy Safeguard. 2017. *Columbia FDI Perspectives*, Nro. 209, 25 September 2017. BERNASCONI-OSTERWALDER, N. European parliament hearing on foreign direct investment. *International Institute for Sustainable Development*, 2010. En la Resolución del 6 de abril de 2011 el Parlamento "*requiere que se le consulte adecuadamente sobre los mandatos de las negociaciones futuras y que se le transmita regularmente información pertinente sobre las negociaciones en curso*". Gáspár-Szilágyi, G. Transparency, Investment Protection and the Role of the European Parliament. *European Investment Law Review*, 2017. Nro. 2, pp.371–411. Resolución del Parlamento Europeo, 6 de abril de 2011, para. 2.

110 *Ibid*, para 31-35.

siderando la necesidad de establecer ciertas modificaciones para mejorar el sistema[111]. Es posible advertir la interacción de poderes y la importante función asumida por el Parlamento en esta materia, ya que dicha Resolución contempla la necesidad de mejorar la transparencia y la posibilidad de apelación en el sistema de solución de controversias entre inversor y Estado. Esto derivó, años más tarde, en la propuesta de la Comisión sobre la creación de un tribunal multilateral de inversiones.[112]

2.2.1.2. La compatibilidad de los "Intra TBIs" con el Derecho de la Unión Europea. El Caso Achmea.

La segunda problemática derivada de la transferencia de competencias consistía en determinar hasta qué punto la competencia exclusiva de la IED en la PCC tenía como consecuencia la incompatibilidad de los TBIs firmados entre Estados Miembros ("intra-TBIs") con el Derecho de la UE.

Antes del Tratado de Lisboa, la difícil relación entre los TBIs de los EEMM previos a su accesión y las subsecuentes obligaciones derivadas del Derecho de la UE ya había sido cuestionada. La temática resultaba de gran importancia por sus repercusiones para los Estados Miembros, para terceros Estados y, en general, para las inversiones realizadas en el marco de aquellos

---

111 *Ibid,* para 31.

112 Posteriormente, el Parlamento en la Resolución del 8 de julio de 2015- en las negociaciones para el TTIP- encomendó a la Comisión reemplazar el arbitraje por un sistema con jueces de designación pública y un mecanismo de apelación. Resolución del Parlamento Europeo, de 8 de julio de 2015, que contiene las recomendaciones del Parlamento Europeo a la Comisión Europea relativas a las negociaciones de la Asociación Transatlántica de Comercio e Inversión (ATCI) (2014/2228(INI)). Diario de la Unión Europea C 265/35, de 11 del 8 de 2017, pp.35-47. Este proceso derivó más tarde en la presentación por parte de la Comisión Europea de una propuesta sobre la creación de una corte de inversiones.

TBIs. De hecho, las distorsiones que estos acuerdos "entre Estados Miembros" podrían causar habían sido advertidas anteriormente[113], pero el tema no cobró especial relevancia hasta que entró en vigor el nuevo artículo 207 TFUE.

La existencia de "intra TBIs" se convirtió en una anomalía dentro del Derecho de la UE[114] y un obstáculo para encarar una política común de inversiones internacionales. Intrínsecamente, una de las derivaciones más peligrosas de estos acuerdos era

---

113 La Comisión había advertido de las distorsiones que este tipo de acuerdos era capaz de causar. La Comision alegaba que la diferencia de tratamiento entre Estados–derivada por los TBIs- era inaceptable bajo el Derecho de la UE y por tanto deberían ser terminados o declarados inaplicables. En 2006 la Comisión demandó ante el TJUE a Austria (Case C-205/06, Commission vs. Austria), a Suecia (Case C-249/06 Commission vs.Sweden) y Finlandia (Case C-118/07, Commission vs. Finland), solicitando a la Corte que declare ciertas cláusulas de dichos acuerdos contrarias al Derecho de la Unión. La mera posibilidad de generar una violación al derecho de la Unión era considerada por la Comisión suficiente para que dichos Estados terminasen sus TBIs. En la realidad, ningún caso había materializado el cuestionamiento hacia aquella incompatibilidad.

114 La cuestión se vio reflejada también en los casos Eastern Sugar v. Slovak Republic (Ver Eastern Sugar v. Czech Republic, Eastern Sugar B.V. v. The Czech Republic (SCC: Stockholm Chamber of Commerce Case No. 088/2004) y Eureko v. Slovak Republic (PCA: Permanent Court of Arbitration Case No. 2008-13). En estos casos la discusión respecto a la incompatibilidad de los TBIs y el derecho de la Unión había suscitado debate. La República Eslovaca, argumentaba que al momento de accesión a la UE y debido a la incompatibilidad de los *intra-TBIs* con el derecho de la Unión, éstos últimos deberían considerarse automáticamente terminados. REINISCH, A. The EU on the Investment Path..., *op. cit.* p.32. BUNGEBERG, M. Centralizing European BIT..., *op. cit.*, p.8. VACCARO INCISA, G. Can a party from a E.U Member State Invoke a BIT against another E.U Member State? Geneva Master in International Dispute Settlement. 2009. HINDELANG, S. Circumventing primacy of EU law and the CJEU's judicial monopoly by resorting to dispute resolution mechanisms provided for in inter-se treaties? The case of intra-EU investment arbitration. *Legal Issues of Economic Integration*, 2012, 39(2), pp.179-206. LENK, H. Challenging the notion of coherence..., *op. cit.*, p.10.

la posibilidad de que la jurisdicción exclusiva del TJUE consagrada en el artículo 344 TFUE se viera afectada por los tribunales arbitrales de inversión acogidos en dichos TBIs. El riesgo de que un tribunal internacional arbitral acabase interpretando y aplicando Derecho de la Unión se materializó en una remisión de cuestión prejudicial al TJUE en el caso *Achmea.*[115]

La empresa holandesa "Achmea" demandó a la República de Eslovaquia ante un tribunal arbitral de inversiones alegando el incumplimiento de sus obligaciones internacionales derivadas del Tratado Bilateral de Inversión firmado por ambos países en 1991[116]. En el marco del procedimiento arbitral, la República de Eslovaquia presentó una excepción de incompetencia ante el tribunal arbitral. La excepción fue desestimada por el tribunal y los recursos de anulación interpuestos ante los órganos judiciales alemanes (lugar del arbitraje) no prosperaron ni en primera ni en segunda instancia.[117]

El tribunal arbitral condenó, en su sentencia de 7 de diciembre de 2012, a la República Eslovaca a pagar una indemnización por daños y perjuicios por el importe de 22,1 millones de euros. La República Eslovaca interpuso un recurso de anulación contra este laudo arbitral ante el *Oberlandesgericht Frankfurt am Mein* (Tribunal Superior Regional Civil y Penal de Fráncfort del Meno, Alemania). Dicho órgano jurisdiccional desestimó el recurso mediante una resolución que fue recurrida en casación por la República Eslovaca ante el Bundesgerichtshof (Tribunal Supremo Civil y Penal, Alemania), quien

---

115 Sentencia del Tribunal de Justicia (Gran Sala), 6 de marzo de 2018, C-284/16, EU:C:2018:159.

116 Tratado para el Fomento y la Protección Recíprocos de las Inversiones entre el Reino de los Países Bajos y la República Federal Checa y Eslovaca, celebrado en 1991 y en vigor desde el 1 de enero de 1992.

117 Sentencia del Tribunal de Justicia (Gran Sala), 6 de marzo de 2018, C-284/16, EU:C:2018:159,19.

decidió suspender el procedimiento y plantear al TJUE una serie de cuestiones prejudiciales sobre la compatibilidad del arbitraje internacional contemplado en el TBI con el sistema judicial y el ordenamiento jurídico de la UE.[118]

La sentencia del TJUE, de 6 de marzo de 2018, declaró la incompatibilidad del artículo 8 del TBI entre el Reino de los Países Bajos y la República Federal Checa y Eslovaca (conforme a la cual un inversor de uno de esos Estados miembros podía, en caso de controversia sobre inversiones realizadas en el otro Estado miembro, iniciar un procedimiento contra este último Estado ante un tribunal arbitral cuya competencia éste se había comprometido a aceptar) con la normativa comunitaria, específicamente con los artículos 267 TFUE y 344 TFUE.[119]

Entre sus consideraciones, el TJUE reafirma el principio de autonomía del Derecho de la UE en los siguientes términos:

---

118 Las cuestiones planteadas concretamente fueron: 1) ¿Se opone el artículo 344 TFUE a la aplicación de una norma incluida en un tratado bilateral de protección de la inversión entre Estados miembros de la Unión (un denominado "TBI interno de la Unión") con arreglo a la cual un inversor de un Estado parte, en caso de controversia sobre inversiones en el otro Estado parte, puede iniciar un procedimiento contra este último ante un tribunal arbitral, cuando el tratado bilateral de protección de la inversión se celebró antes de la adhesión de uno de los Estados parte a la Unión pero el procedimiento arbitral se pretende iniciar después de dicha adhesión? En caso de respuesta negativa a la primera cuestión prejudicial: 2) ¿Se opone el artículo 267 TFUE a la aplicación de tal norma? En caso de respuesta negativa a las cuestiones primera y segunda: 3) ¿Se opone el artículo 18 TFUE, párrafo primero, a la aplicación de tal norma en las circunstancias descritas en la primera cuestión?». Petición de Decisión prejudicial planteada por el Bundesgerichtshof (Alemania) el 23 de mayo de 2016, República de Eslovaquia / *Achmea* BV, C-284/16.

119 Sentencia del 6 de marzo de 2018, Achmea, C-284/16, EU:C:2018:158. Artículo 344 TFUE: Los Estados miembros se comprometen a no someter las controversias relativas a la interpretación o aplicación de los Tratados a un procedimiento de solución distinto de los previstos en los mismos.

> "El Derecho de la Unión se caracteriza, en efecto, por proceder de una fuente autónoma, constituida por los Tratados, por su primacía sobre los Derechos de los Estados miembros, y por el efecto directo de toda una serie de disposiciones aplicables a sus nacionales y a ellos mismos"

Asimismo, resalta que en virtud de estas características existe:

> "Una red estructurada de principios, normas y relaciones jurídicas mutuamente interdependientes que vinculan recíprocamente a la propia Unión y a sus Estados miembros, y a los Estados miembros entre sí."[120]

El TJUE se refiere a un marco constitucional propio en el que la autonomía del Derecho de la UE —que posee tanto en relación con el Derecho interno de los EEMM como respecto al Derecho Internacional— es preservada a través de un sistema jurisdiccional destinado a garantizar la coherencia y unidad en la interpretación del Derecho de la Unión.[121] Para preservar dicha autonomía, los Estados se han comprometido a salvaguardar la jurisdicción exclusiva del TJUE, que posee el monopolio de la interpretación definitiva del Derecho de la UE (artículo 344 TFUE).

En este contexto, el TJUE considera el lugar que ocupa el diálogo prejudicial (artículo 267 TFUE) en relación con el principio de autonomía del Derecho de la UE. Dicho artículo contempla "un dialogo juez a juez precisamente entre el Tribunal de Justicia y los órganos jurisdiccionales de los Estados

---

120 Sentencia del 6 de marzo de 2018, Achmea, C-284/16, EU:C:2018:158, 33. Véase en este sentido, Dictamen 2/13, de 18 de diciembre de 2014, EU:C:2014:2454, 165-167. Dictamen 6/64, 15 de julio de 1964, EU:C:1964:66, pp.1159 y 1160, Dictamen 11/70, 17 de diciembre 1970, EU:C:1970:114, apartado 3, Dictamen 1/91, 14 de diciembre de 1991, EU:C:1991:490, apartado 21, y Dictamen 1/09, 8 de marzo de 2011, EU:C:2011:123, apartado 65, y Sentencia Melloni, C-399/11, EU:C:2013:107, apartado 59.

121 Sentencia del 6 de marzo de 2018, C-284/16, *Achmea*, EU:C:2018:158, 33-35.

Miembros "[122] Este diálogo es un elemento decisivo para garantizar la interpretación uniforme del Derecho de la Unión, asegurando su coherencia, plena eficacia y autonomía.

Al analizar el artículo 8 del TBI, el TJUE deduce que este tribunal arbitral podría verse "obligado, en su caso, a interpretar o aplicar el Derecho de la Unión".[123] En consecuencia, examina si dicho tribunal arbitral podría ser considerado un "órgano jurisdiccional de uno de los Estados Miembros" en el sentido del artículo 267 TFUE, a fin de dilucidar si tal diálogo judicial podría llevarse a cabo efectivamente. Considerando que el tribunal arbitral no constituye un elemento del sistema judicial establecido en los Países Bajos y en Eslovaquia, el TJUE concluye que

> "no puede calificarse de `órgano jurisdiccional de uno de los Estados Miembros´ en el sentido del artículo 267 TFUE y no está facultado, por tanto, para solicitar una decisión prejudicial al Tribunal de Justicia"[124].

Agrega, además, el TJUE que la decisión materializada en dicho laudo es definitiva y, por tanto, no está sujeta al control de ningún otro órgano jurisdiccional de un Estado Miembro que garantice que las cuestiones relativas al Derecho de la

---

122 Sentencia del 6 de marzo de 2018, C-284/16, *Achmea*, EU:C:2018:158, 37.

123 Sentencia del 6 de marzo de 2018, C-284/16, *Achmea*, EU:C:2018:158, 42. Andrés Delgado Casteleiro apunta "*Al Tribunal de Justicia parece que le es indiferente de que en el procedimiento principal el tribunal arbitral no haya interpretado ningún precepto del Derecho de la UE, y que ninguno de los otros tribunales tampoco lo hayan hecho (hasta ahora). El tribunal considera que en la medida que exista la mera posibilidad de que un tribunal arbitral pueda llegar a interpretar el Derecho de la UE es suficiente para que su autonomía se vea afectada.*" DELGADO CASTELEIRO, A. El fin de los TBI intra-UE: una breve reflexión sobre la sentencia Achmea, *Aquiescencia blog*, 8 de marzo 2018.

124 Sentencia del 6 de marzo de 2018, C-284/16, *Achmea*, EU:C:2018:158, 49.

Unión puedan ser sometidas al Tribunal de Justicia mediante el planteamiento de cuestión prejudicial.[125]

Analizadas las características del referido tribunal arbitral, y el principio de cooperación leal por el cual los Estados procuran asegurar en su territorio la aplicación y el respeto del Derecho de la Unión, el TJUE concluye que el artículo 8 del TBI celebrado entre los Países Bajos y la República de Eslovaquia vulnera la autonomía del Derecho de la Unión.[126]

Pese a la amplia repercusión reconocida al caso *Achmea* desde la perspectiva de las implicaciones internas del ISDS para la UE, se confirma un impacto limitado de la sentencia. En ella se afirma que el hecho de remover la competencia de las cortes domésticas en favor de un procedimiento arbitral es incompatible con la autonomía de la UE solo en las relaciones "intra-UE" (basadas en el principio de confianza mutua)[127]. Sin embargo, la sentencia dejó abiertos múltiples interrogantes en lo que respecta a la dimensión externa (las relaciones UE con terceros Estados) del principio de autonomía del Derecho de la UE, haciendo necesarios otros dictámenes posteriores para el esclarecimiento de esta cuestión.[128]

Además de la jurisprudencia sentada y la vasta proyección doctrinal que el caso *Achmea* ha llegado a alcanzar[129], entre las

---

125 Sentencia del 6 de marzo de 2018, C-284/16, *Achmea*, EU:C:2018:158, 51.

126 Ibid, para. 59.

127 NEFRAMI, E. Permanent Investment Courts..., *op. cit.*, p.33.

128 Ver *2.2 Las implicaciones de la participación UE en el ISDS en el plano externo.*

129 NAGY, C. Intra-EU Bilateral Investment Treaties and EU Law After Achmea: "Know Well What Leads You Forward and What Holds You Back". German Law Journal. 2018, 19(4), pp.981-1016. ANDENAS, M., CONTARTESE, C. EU autonomy and investor-state dispute settlement under inter-se agreements between EU Member States: Achmea. *Common Market Law Review,* 2019, 56(1), pp.157-191. ECKES, C Some reflections on Achmea's broader consequences for investment arbitration. *European Papers,* 2019, 4(19), pp.79-97.

consecuencias jurídicas más importantes destaca el dato de que el 24 de octubre de 2019 los Estados Miembros de la UE llegaron a un acuerdo para establecer un tratado multilateral para la terminación de los Tratados Bilaterales de Inversión entre los Estados Miembros de la Unión Europea[130] firmado por 23 EEMM el 5 de mayo de 2020.[131]

Aún dilucidadas estas cuestiones de compatibilidad con el Derecho de la UE de los intra-TBIs, quedaban pendientes cuestiones competenciales de gran relevancia en el desarrollo de un sistema común de protección de inversiones.

GÁSPÁR SZILÁGYI, S. It is not Just about Investor-State Arbitration. A Look at Case-284/16, Slovak Republic v Achmea BV. European Papers, 2018, 3(1), pp.357-373. GÁSPÁR-SZILÁGYI, S., USYNIN, M. The uneasy relationship between intra-EU investment tribunals and the Court of Justice's Achmea judgment. *European Investment Law and Arbitration Review Online*, 2019, 4(1), pp.29-65.

130 Acuerdo para la terminación de los tratados bilaterales de inversión entre los Estados miembros de la Unión Europea, Diario Oficial de la Unión Europea, L 169/1, 25 de mayo de 2020 https://eur-lex.europa.eu/legal-content/ES/TXT/PDF/?uri=CELEX:22020A0529(01)&from=EN Las tensiones que suscita la aplicación efectiva de este acuerdo son analizadas en profundidad en LAVRANOS, N. The World after the Termination of Intra-EU BIT S. *European Investment Law and Arbitration Review Online*, 2020, 5(1), pp.196-211. NARDELL, Q.C., REES-EVANS, L. The agreement terminating intra-EU BITs: are its provisions on 'New' and 'Pending' Arbitration Proceedings compatible with investors' fundamental rights? *Arbitration International*, 2021, 37(1), pp.197–237.

131 European Commission, EU Member States sign an agreement for the termination of intra-EU bilateral investment treaties, 5 May 2020, https://ec.europa.eu/info/publications/200505-bilateral-investment-treaties-agreement_en Los Estados firmantes son: Bélgica, Bulgaria, Croacia, República de Chipre, República Checa, Dinamarca, Estonia, Francia, Alemania, Grecia, Hungría, Italia, Letonia, Lituania, Luxemburgo, Malta, Holanda, Polonia, Portugal, Rumania, Eslovaquia, Eslovenia y España. Para consultar el status de ratificación, aceptación y aprobación consultar https://bit.ly/3BqDnM5.

2.2.2. Las implicaciones de la participación UE en el ISDS en el plano externo.

La transferencia de competencias suscitó dudas en la dimensión externa, es decir en las relaciones en materia de inversiones de la UE y de los EEMM con terceros Estados, en especial en áreas en que las repercusiones afectaban de modo directo la posición de la UE y los EEMM frente a terceros Estados. Por ejemplo: en virtud de esta transferencia de competencias, a partir de la entrada en vigor del Tratado de Lisboa, la UE se convertiría en Parte (como sujeto activo de Derecho Internacional) en un gran número de acuerdos internacionales sobre inversiones. Además del peso de la UE en el flujo de inversiones internacionales,[132]el número de acuerdos internacionales de la UE ha ido en aumento,[133] suscitando algunos interrogantes con respecto a los mecanismos de solución de controversias en ellos incluido.

---

132 A pesar de la reciente caída de IED mundial, y de la competencia global de actores como China, la UE sigue siendo un jugador dominante, y se destaca como la mayor fuente y destino de los flujos de IED en el mundo. European Commission, The state of investment in Europe and the world. 2018 , European Political Strategy Centre. https://bit.ly/3hsoEIH. Para mayor información sobre las tendencias mundiales de los flujos IED por regiones, ver UNCTAD, *WIR 2021*, pp.4-5. Para mayor información sobre los principales socios en los flujos de entrada y salida de IED UE-28, ver Eurostat, Foreign Direct Investment flows, https://ec.europa.eu/eurostat/statistics-explained/index.php?title=Foreign_direct_investment_-_flows y Eurostat, Globalisation patterns in EU trade and investment, https://ec.europa.eu/eurostat/statistics-explained/index.php?title=Globalisation_patterns_in_EU_trade_and_investment.

133 En la actualidad existen 71 tratados de la UE con disposiciones sobre inversiones, 56 de los cuales están en vigor. Investment Policy Hub, international investment agreements navigator, https://investmentpolicy.unctad.org/international-investment-agreements/groupings/28/eu-european-union

A pesar de que el TJUE había manifestado en diversas opiniones que la UE, como sujeto de Derecho Internacional, podría estar involucrada en mecanismos de solución de controversias con terceros Estados[134], no es menos cierto que el mismo Tribunal había establecido condiciones y al respecto, rechazado incluso algunos acuerdos al considerarlos excesivamente intrusivos para el orden constitucional de la UE.[135]

Entre todas las preocupaciones que la transferencia de competencias en materia de inversiones generaba en el marco de las relaciones exteriores de la UE, dos cuestiones en particular requerían urgente claridad: cómo se gestionaría la responsabilidad financiera en relación con los tribunales de resolución de litigios entre inversor-Estado; y cómo se orientaría la negociación, celebración y conclusión de nuevos acuerdos internacionales en materia de inversiones —en especial, sus mecanismos de solución de controversias—.

La primera cuestión fue abordada por el Reglamento 912/2014, que estableció el marco para determinar la responsabilidad financiera de la UE y los Estados miembros en relación con los tribunales de resolución de litigios entre inversores y Estados establecidos por acuerdos internacionales de la Unión Europea.[136] Dicho marco de protección determi-

---

134 Ver Dictamen 1/91, de 14 de diciembre de 1991, EU:C:1991:490, apartados 40 y 70. Dictamen 1/09, de 8 de marzo de 2011, EU:C:2011:123, apartado 74. Dictamen 2/13 de 18 de diciembre de 2014, EU:C:2014:2454, apartado 128.

135 ROSAS, A. The EU and international dispute settlement..., *op. cit.*, pp.18-22. Ver también en este capítulo *apartado 2.2.2.2.1*.

136 Reglamento (UE) No 912/2014 del Parlamento Europeo y del Consejo de 23 de julio de 2014 por el que se establece un marco para gestionar la responsabilidad financiera relacionada con los tribunales de resolución de litigios entre inversores y Estados establecidos por acuerdos internacionales en los que la Unión Europea sea parte. *OJ L 257*, 28 de agosto de 2014, pp.121–134.Para un mayor análisis pormenorizado del contexto y las rela-

na quien —la UE o los EEMM— debe ser externamente: a) *responsable* como potencial deudor, y por ende, b) *demandado* en un procedimiento arbitral incoado por un inversor de un tercer Estado en base a un determinado tratamiento generado en el ámbito de la UE.[137] Al establecer un límite a los derechos que se garantizan a los futuros inversores externos a la UE (de no poder elegir contra quien reclamar un incumplimiento), es fundamental que el Reglamento 912/2014 sea complementado por la importante declaración (realizada en cada negociación futura de la UE con terceros Estados) de una cláusula que establezca el deber del inversor (de la otra Parte) de aceptar que la determinación con respecto a quien actuará como demandado y asumirá la responsabilidad derivada de los procedimientos arbitrales recae únicamente en la UE.[138] De igual manera, la determinación de la responsabilidad financiera es una cuestión de Derecho de la UE más que de Derecho

---

ciones derivadas del Reglamento ver STEGMANN, P.T. *European Yearbook of International Economic Law: Responsibility of the EU and the Member States under EU International Investment Protection Agreements.* Heidelberg: Springer, 2019.

137 KLEINHEISTERKAMP, J. Financial Responsibility in European Investment Policy. *International and Comparative Law Quarterly*, 2014, 6(2), pp.449-476, en particular p.452. El reglamento establece los objetivos para determinar la responsabilidad financiera, el alcance de la misma y los nexos con la participación en el sistema ISDS. DIMOPOULOS, A. The involvement of the EU in investor-state dispute settlement: a question of responsibilities. *Common Market Law Review.* 2014, n.º 51, pp.1671-1720, en particular p. 1675. PANTALEO, L.. Respondent status and allocation of international responsibility under EU investment agreements. *European Papers-A Journal on Law and Integration*, 2016, 1(3), pp.847-860, en particular p.858 y ss. PASCUAL VIVES, F. La responsabilidad financiera y la participación en el arbitraje de inversiones de la Unión Europea y sus Estados miembros a la luz del Reglamento (UE) núm. 912/2014. Revista Española de Derecho Internacional, 2015, 67(1), pp.294-298.

138 KLEINHEISTERKAMP, J. Financial Responsibility in European..., *op. cit.*, p.456.

Internacional,[139] por lo que la Unión será, en principio, responsable de defender cualquier pretensión basada en un incumplimiento de las normas incluidas en un acuerdo que sea exclusivamente de competencia de la Unión (independientemente de si el trato en cuestión es dispensado por la propia Unión o por un Estado miembro).[140] A pesar de que el artículo 3 del Reglamento 912/2014 establece los "criterios de reparto" para la atribución de responsabilidad financiera, dichos criterios carecen de eficacia si no son incluidos expresamente en el texto de los futuros acuerdos de la UE.[141] Los tribunales arbitrales decidirán, en todo caso, sobre la base de un acuerdo de inversiones previamente pactado, por lo que es crucial para la UE plasmar las pautas más relevantes del reglamento en sus futuros acuerdos.

---

139 DIMOPOULOS, A. The involvement of the EU..., *op. cit.*, p.1677.

140 Reglamento 912/2014 considerando (3). Sin embargo, para garantizar la neutralidad presupuestaria de la UE, el Reglamento establece en su párrafo 5 que "(...) *un laudo desfavorable puede deberse tanto a un trato dispensado por la propia Unión como por un Estado miembro. No sería, por tanto, justo que la indemnización fijada en dichos laudos y los costes de arbitraje fueran pagados con cargo al presupuesto de la Unión cuando el trato haya sido dispensado por un Estado miembro, a menos que dicho trato sea requerido por el Derecho de la Unión. Es, por tanto, necesario, que la responsabilidad financiera se reparta, con arreglo al Derecho de la Unión, entre la propia Unión y el Estado miembro responsable del trato dispensado, sobre la base de los criterios establecidos en el presente Reglamento*". Ver STEGMANN, P.T. *European Yearbook of International Economic Law..., op. cit.* p.235 y ss.

141 Debido a que las normas del reglamento dirigen responsabilidades externas frente al inversor, pero no pueden por sí mismas alterar las normas de derecho internacional público, que constituyen las únicas relevantes para los tribunales arbitrales a la hora de decidir sobre la reclamación de un inversor extranjero. KLEINHEISTERKAMP, J. Financial Responsibility in European..., *op. cit.*, p. 456-457. Esta cuestión genera interrogantes en materia de responsabilidad internacional, ya que la articulación entre los acuerdos concluidos por la UE y el Reglamento 912/2014 abren nuevos caminos respecto a la asignación de demandado. DIMOPOULOS, A. The involvement of the EU..., *op. cit.*, p.1673.

La segunda cuestión implica para la UE el desafío de desarrollar nuevos acuerdos que respondan a las nuevas necesidades derivadas de la transferencia de competencias en materia de inversiones al ámbito de competencia exclusiva de la PCC. Este reto dio origen a los denominados Acuerdos de Nueva Generación (ANG) de la UE y a su novedoso sistema de solución de controversias en materia de inversiones: los sistemas de tribunales de inversiones y la judicialización bilateral del ISDS.

2.2.2.1. La política común de inversiones en los Acuerdos de Nueva Generación de la UE.

La extensión de competencia exclusiva de la UE a las IED (en el marco de la PCC) operada en el Tratado de Lisboa, tuvo consecuencias importantes en la acción exterior de la UE. Siendo la PCC un factor decisivo para las relaciones económicas exteriores de la UE, un cambio de gran envergadura en dicha política se traduce automáticamente en un cambio en las relaciones económicas internacionales de la UE.

Si bien la Comisión había anunciado, antes del Tratado de Lisboa, su voluntad de expandir el campo comercial y, a través de sus políticas comerciales, contribuir a una serie de objetivos externos de la UE[142], la nueva competencia atribuida por el artículo 207 del Tratado de Lisboa generó nuevos planteamientos sobre la estrategia de acción a seguir por parte de la Comisión Europea y su compatibilidad con los instrumentos disponibles.

---

142 Comisión de las Comunidades Europeas, Comunicación de la Comisión al Consejo, al Parlamento Europeo, al Comité Económico y Social Europeo y al Comité de las Regiones, Una Europa Global: competir en el mundo. COM (2006) 567 final, 4 de octubre de 2006. p.2.

La Comisión había recalcado ya la necesidad de adaptar los instrumentos de la PCC de la Unión a nuevos desafíos y nuevos socios, para garantizar que Europa siga estando abierta al mundo y que otros mercados sigan abiertos a ella.[143] El Mercado Único, como elemento de radical importancia en la construcción de la política comercial, obligaba a generar una acción externa coherente con las acciones internas al mismo.[144] La tendencia a la liberalización y la inclusión de nuevos campos en la PCC exigía, consecuentemente, una mayor responsabilidad en el diseño de la política comercial internacional.[145] Asimismo, la Comisión, convencida de que para garantizar un auténtico acceso a nuevos mercados en el Siglo XXI era necesario no centrarse únicamente en los aranceles sino en nuevos temas y elaborar instrumentos de política comercial que lograsen una diferencia real, recurrió a la expansión y apertura comercial a través de los denominados "Acuerdos de Nueva Generación".[146]

---

143 *Ibid.*

144 DIMOPOULOS, A. The Common Commercial Policy after Lisbon: Establishing Parallelism between Internal and External Economic Relations. *Croatian Yearbook of European Law & Policy*, 2008, 4(1), pp.101-129. Se produjo un desbordamiento del aspecto comercial en la PCC posterior al Tratado de Lisboa, por lo que resultaba necesario hacer coherente la política comercial exterior con la interna.

145 *Ibid*, p.102. BURGSTALLER, M. Dispute Settlement in EU International Investment Agreements with Third States: Three Salient Problems. *The Journal of World Investment & Trade*, 2014, 15, pp.551-569.

146 TITI, C. International investment law and the European Union: towards a new generation of international investment agreements. *European Journal of International Law*, 2015, 26(3), pp.639-661. NAGY, C. Free trade, public interest and reality: new generation free trade agreements and national regulatory sovereignty. Public Interest and Reality: New Generation Free Trade Agreements and National Regulatory Sovereignty. *Czech Yearbook of International Law*, 2018, vol. 9, p. 197-216. HOFFMANN, R., SCHILL, S. TAMS, C. (eds). *Preferential Trade and Investment Agreements: From Recalibration*

Los ANG tienen su base en los ya existentes Acuerdos de Libre Comercio (ALC)[147] pero van más allá, puesto que suponen el desbordamiento de la mera reducción arancelaria y liberalización comercial e incluyen temas como el desarrollo sostenible, la protección de las inversiones, el establecimiento de normas laborales y sociales, la protección del medio ambiente, etc. A las tradicionales cláusulas de Derecho Internacional co-

---

to Reintegration. Nomos Verlagsgesellschaft, 2013. BARONCINI, E. *et al.* Global Public Goods, Global Commons, Fundamental Values and International Investment Law: the Responses of the New Generation of International Economic Law Agreements and Investment Arbitration Proceedings. *Brill Open Law*. 2018, 1(1). CREMONA M. The European Union and Regional Trade Agreements. In: C. HERRMANN, J.P. TERHECHTE (eds). *European Yearbook of International Economic Law*.2010, Berlin: Springer, pp.245-268. GSTÖHL, S., HANF, D. The EU's Post-Lisbon Free Trade Agreements: Commercial Interests in a Changing Constitutional Context. *European Law Journal*, 2014, 20(6) pp.733-748. BROWN, C. NAGLIS, I. Dispute Settlement in Future EU Investment Agreements. En M. BURGENBERG, A. REINISCH, C. TIETJE. *EU and Investment Agreements*. Baden-Baden: Nomos Verlagsgesellschaft, 2013, pp.17-35. OLMOS GIUPPONI, B. Nature and Powers of Arbitrators in the New Generation of International Investment Agreements: An Exploratory Research Agenda. En K. FACH (ed.) *La política de la Unión Europea en materia de derecho de las inversiones/ EU Policy on International Investment Law*. Barcelona, JMB Bosch, 2017, pp.255-278. SILVEREKE, S.E. The New Generation of Bilateral Free Trade Agreements-A New Legal Instrument of the Union's External Action. (PhD Thesis). Luxembourg: University of Luxembourg, 2018, 268 p. HINDELANG, S., SASSENRATH, C. The investment chapters of the EU's international trade and investment agreements in a comparative perspective, 1-173. Brussels: European Parliament, Directorate General for External Policies, EP/EXPO/B/INTA/2015/01, 29 September 2015.

147 Comisión de las Comunidades Europeas, Comunicación de la Comisión al Consejo, al Parlamento Europeo, al Comité Económico y Social Europeo y al Comité de las Regiones, Una Europa Global: competir en el mundo. COM (2006) 567 final, 4 de octubre de 2006, p.9. En dicha comunicación se desarrolla detalladamente la descripción, los desafíos y los riesgos de los ALC, contextualizados en la estrategia de la UE para ser más competitiva a nivel global.

mercial se agregan, además, normas de Derecho Internacional de las inversiones y capítulos que abordan la solución de controversias.[148] Los ANG fueron los instrumentos desarrollados para conseguir el cambio en la política exterior hacia los objetivos de liberalización del comercio y la inversión.[149]

A través de estos nuevos acuerdos, se allana el camino hacia un régimen jurídico internacional mucho más amplio —que requiere una mayor integración— donde la UE, en su papel de actor internacional, necesita adaptarse mejor a la interacción entre los diferentes regímenes.[150] Su carácter abarcativo, da cuenta del giro en la política comercial junto a una nueva perspectiva de liberalización, que procura la apertura gradual de más mercados atento a un delicado equilibrio entre las diferentes dimensiones del interés público atravesadas por el comercio.

El cambio político comenzado unos años antes del Tratado de Lisboa es a consecuencia del cambio de enfoque, más que de una alteración fundamental. El desafío metodológico de los nuevos acuerdos consiste en equilibrar el racional interés

---

148 OLMOS GIUPPONI, B. Nature and Powers of Arbitrators in the New Generation of International..., *op. cit.*, p.258. NAGY, C. Free trade, public interest and reality..., *op. cit.*, p.206. SUCIU GRAVRILOAIE, D. El marco jurídico de las inversiones en la nueva generación de acuerdos de comercio e inversión de la Unión Europea. Pamplona: Aranzadi, 2023, p.193.

149 SILVEREKE, S.E. The New Generation of Bilateral Free Trade Agreements..., *op. cit., p.15.* Una crítica al *modus operandi* y a la transparencia de los ANG en LENK, H. An Investment Court System for the New Generation of EU Trade and Investment..., *op. cit.*, p.666-667. SCHWIEDER, R. TTIP and the Investment Court System: A New (and Improved) Paradigm for Investor-State Adjudication. *Columbia Journal of Transanational Law*, 2016, 55 (1), pp.178-227.

150 *Ibid*, p.7 Comercio para todos: hacia una política de comercio e inversión más responsable. 2015 p.32 https://trade.ec.europa.eu/doclib/docs/2016/january/tradoc_154134.pdf TITI, C. International investment law and the European Union..., *op. cit.*, pp.643-644.

privado y el razonable interés público, ya que las distorsiones del mercado internacional pueden provenir tanto de prácticas restrictivas a los negocios como de fallas en la buena gobernanza.[151] Se agrega además la complejidad de un factor social, ya que los ciudadanos fueron involucrándose cada vez más a través de sus propios intereses para "institucionalizar la razón pública" a través de las disposiciones constitucionales, legislativas, administrativas y judiciales.[152] Motivados por diversos factores, los ANG de la UE abordan estas problemáticas y acogen la necesidad de adaptación de la inicial liberalización competitiva iniciada en los años noventa, hacia una liberalización más acorde a las necesidades del s. XXI. [153]

El primer esfuerzo por conseguir un acuerdo de libre comercio ambicioso y comprensivo fue un acuerdo bilateral con la República de Corea del Sur[154] —cuyas negociaciones iniciaron en 2006—, en el que contenido y miembros provocaron diferencias en el sistema, revelando un cambio de política hacia una nueva fase más activa de bilateralismo.[155] La vanguardista estrategia con-

---

151 SILVEREKE, S.E. *The New Generation of Bilateral..., op. cit.*, p.8.

152 *Ibidem.*

153 *Ibid*, pp.7-10. La autora menciona tres móviles fundamentales: neutralizar la posible desviación del comercio que resulta de tratados de libre comercio firmados por otros Estados (en especial EEUU a través del NAFTA). La segunda establecer links estratégicos con Estados o regiones que se encuentran en rápido crecimiento económico. La tercera para reforzar la aplicación de las reglas del comercio internacional.

154 Acuerdo de Libre Comercio entre la Unión Europea y sus Estados miembros, por una parte, y la República de Corea, por otra, DO L 127 de 14 de Mayo de 2011 http://eur-lex.europa.eu/legal-content/ES/TXT/PDF/?uri=OJ:L:2011:127:FULL&from=ES El ALC UE-Corea entró en vigor el 1 de julio de 2011 y fue el primer ALC bilateral de «nueva generación» de la UE aplicado.

155 SILVEREKE, S.E. *The New Generation of Bilateral..., op. cit.*, p.9. Otros acuerdos negociados o concluidos acorde la una nueva estrategia global europea, iniciada en 2006 (EU´s Global Europe strategy) son: EU-CARIFORUM entre la UE y el Foro del Caribe de la Organización de los Estados de Africa, Caribe

tinuó post-Tratado de Lisboa y los acuerdos que destacan bajo esta metodología son los acuerdos: UE- Singapur[156], UE- Vietnam[157], El Acuerdo Económico y Comercial Global UE- Canadá (CETA)[158], el Acuerdo Global UE-México[159], Acuerdo UE-Japón[160], Acuerdo

---

y el Pacifico, Acuerdos con Colombia, Peru, Singapur, Corea del Sur, CETA, Japon, Vietnam, China, Myanmar, Algeria, India, Libia.

156 Free Trade Agreement between the European Union and the Republic of Singapore, *OJ L294*, 14 November 2019, pp.3-755.

157 Free Trade Agreement between the European Union and the Socialist Republic of Viet nam, *OJ L 186*, 12 June 2020, pp.3-1400. El Acuerdo de Libre Comercio UE-Vietnam entro en vigor el 1 de agosto de 2020 https://eur-lex.europa.eu/legal-content/EN/TXT/PDF/?uri=OJ:L:2020:186:FULL&from=EN El Acuerdo de Protección de las Inversiones entre la UE y Vietnam entrará en vigor una vez que todos los Estados miembros de la UE lo hayan dado oficialmente http://trade.ec.europa.eu/doclib/press/index.cfm?id=1437

158 Comprehensive Economic and Trade Agreement (CETA) between Canada, of the one part, and the European Union and its Member States, of the other part, *OJ L 11*, 14 January 2017, pp.23–1079.

159 Las relaciones comerciales bilaterales UE-México se rigen por el pilar comercial del Acuerdo de Asociación Económica, Coordinación Política y Cooperación UE-México (también denominado «Acuerdo Global»). Este acuerdo entró en vigor en el año 2000, ambas partes decidieron en 2016 modernizarlo de manera global y ambiciosa. El proceso comenzó con un «acuerdo de principio» sobre la parte comercial del Acuerdo Global UE-México modernizado en abril de 2018 y concluyeron los detalles técnicos finales sobre contratación pública en abril de 2020. El Acuerdo Global Modernizado UE-México está siendo objeto de los procedimientos internos necesarios por ambas partes. Agreement in Principle EU- Mexico, https://ec.europa.eu/trade/policy/in-focus/eu-mexico-trade-agreement/.

160 Agreement between the European Union and Japan for an Economic Partnership, OJ L 330, 27 December 2018, pp.3–899.

UE- MERCOSUR[161] , el Acuerdo UE-China[162] y Acuerdo UE- Chile[163].

Una de las cuestiones más controvertidas y menos esclarecidas del debate sobre los ANG, refería a la intervención de la UE en los mecanismos de solución de controversias en materia de inversiones, concretamente el sistema ISDS. ISDS es un sistema único y la peculiar multifacética naturaleza de la intervención de la UE en este tipo de sistemas generó incontables incertidumbres.[164] Una vez obtenido el soporte del Parlamento Europeo para avanzar en un nuevo concepto de ISDS[165], los

---

161 El texto del acuerdo se encuentra en fase de revisión y podría surtir modificaciones. Ha sido publicado en virtud de la política de transparencia de la Comisión. Nuevo acuerdo comercial entre la Unión Europea y el Mercosur Acuerdo de principio Bruselas, 1 de julio de 2019, http://trade.ec.europa.eu/doclib/docs/2019/july/tradoc_158249.pdf

162 El 30 de diciembre de 2020, la UE y China concluyeron las negociaciones sobre un acuerdo global de inversiones. El texto es publicado como política de transparencia de la Comisión y puede surtir modificaciones en su composición final. EU – China Comprehensive Agreement on Investment (CAI) https://trade.ec.europa.eu/doclib/press/index.cfm?id=2237.

163 La modernización del actual Acuerdo de Asociación UE-Chile es llevada a cabo actualmente por la Comisión Europea con una arquitectura jurídica específica: un Acuerdo Avanzado y un Acuerdo Comercial Interino (ACI). Las negociaciones para la modernización comenzaron en diciembre de 2023, y los textos se publican con carácter meramente informativo, siguiendo la política de transparencia de la Comisión. https://policy.trade.ec.europa.eu/eu-trade-relationships-country-and-region/countries-and-regions/chile/eu-chile-agreement_en.

164 PANTALEO, L. *The Participation of the EU in International…op. cit.*, p.143 y ss. NAGY, C. Free trade, public interest and reality, *op. cit.*, pp.206-207. DIMOPOULOS, A. The involvement of the EU in investor-state dispute settlement…, *op. cit.*, p.1672.

165 Resolución del Parlamento Europeo, de 8 de julio de 2015, que contiene las recomendaciones del Parlamento Europeo a la Comisión Europea relativas a las negociaciones de la Asociación Transatlántica de Comercio e Inversión (ATCI) (2014/2228(INI)). Diario de la Unión Europea C 265/35, de 11 del

Acuerdos de Nueva Generación resultaron ser el puntapié inicial de la Comisión Europea para proyectar una nueva estrategia sobre la protección de las inversiones.

2.2.2.2. La judicialización bilateral del ISDS (Acuerdo UE- Singapur, UE- Vietnam, Acuerdo Económico Comercial y Global y Acuerdo Global UE- México).

Los mecanismos de solución de controversias vigentes en los diferentes acuerdos de los EEMM pusieron de manifiesto las dificultades de la UE en relación con los requisitos jurídicos e institucionales para ejercer su rol como actor en el Derecho Internacional de las inversiones. Además de la crítica internacional al sistema ISDS vigente, la difícil articulación entre el ordenamiento jurídico de la UE y el régimen internacional de inversiones revelaba que existían obstáculos insuperables que obligaban a considerar el sistema de solución de controversias bajo una perspectiva nueva y diferente.[166]

---

8 de 2017, pp.35-47. En dicha normativa el Parlamento insta a la Comisión a reemplazar el sistema de arbitraje por un sistema de jueces públicamente designados y un mecanismo de apelación.

166 DE NANTEUIL realiza un desarrollo explícito de alternativas y obstáculos para conciliar el derecho de la UE y el régimen jurídico internacional de las inversiones en el marco de la solución de controversias. Ver Interactions (2): International investment Law and European Union Law, en DE NANTEUIL, A. *International Investment Law.* Edward Elgar Publishing, 2020, p.398-416. Diversos autores abordan las tensiones entre el Derecho de la UE y el régimen jurídico internacional de las inversiones: WESEL, R. (2012) Between the authority of international law and the autonomy of EU Law. REISNICH, A. (2014) The EU on the Investment Path- Quo vadis Europe? The Future EU BITs and other investment agreements. *Santa Clara Journal of International Law,* p.11. BURGENBERG, A. REINISCH, C. TIETJE. *EU and Investment Agreements.* Baden-Baden: Nomos Verlagsgesellschaft, 2013. SUCIU GRAVRILOAIE, D. *El marco jurídico de las inversiones en la nueva generación ..., op. cit.,* p.200.

La nueva estrategia para la solución de controversias en materia de inversiones debía tener en cuenta los límites de la acción exterior de la UE.[167] Dado que el TJUE había realizado, en cada ocasión posible, las advertencias e indicaciones a tener en cuenta como requisitos para considerar la validez de participación de la UE en mecanismos de solución de controversias internacionales, la Comisión debía elaborar una propuesta acorde, considerando el importante lugar que corresponde a la cuestión de la garantía del principio de autonomía del Derecho de la UE en los ANG. [168]

La Comisión, entrado en vigor el Tratado de Lisboa —y una vez organizada mínimamente la estructura interna de la nueva competencia—, estableció en el plano externo un nuevo rumbo con el fin de reformar el sistema tradicional de solución de controversias sobre inversiones. El sistema de arbitraje internacional inversor-Estado era fuertemente cuestionado (dentro y fuera de la UE) y la UE estaba obligada a reconsiderar este aspecto en los ANG. Además, la intervención de la UE en este sistema resultaba altamente compleja, ya que la mayor parte de los arbitrajes ISDS se realizaban en el marco del CIADI, un

---

167 Considerados por el TJUE a la luz del Principio de Autonomía de la UE. A la luz de este principio existe un claro contraste con los compromisos asumidos por la UE en sus acuerdos, ya que el establecimiento de los mecanismos de solución de controversias en materia de inversiones genera dificultades en la relación entre el orden jurídico de la UE y el orden jurídico internacional. HILLION, C., WESSEL, R. The European Union and international dispute settlement: mapping principles and conditions. En in M. Cremona, A. Thies and R.A. Wessel (eds.). *The European Union and International Dispute Settlement.* Oxford/Portland: Hart Publishing, 2017, pp.7-30.

168 ODERMATT, J. When a fence becomes a cage: the principle of autonomy in EU external relations law. *EUI Working Papers,* 2016, MPW 2016/07, pp.1-19. La autonomía puede ser considerada de este modo como una prerrogativa que excluye al derecho internacional de tener un impacto en la interpretación y aplicación del derecho de la UE. SILVEREKE, S.E. *The New Generation of Bilateral..., op. cit.,* p.12.

mecanismo inaccesible para la UE por carecer ella misma de membresía ante tal organismo.[169] Siendo los inversores de la UE grandes usuarios del sistema ISDS, y siendo lógicamente imprescindible tener un mecanismo de este tipo en los futuros ANG, la UE hubo de llevar a cabo una investigación exhaustiva sobre el sistema de solución de controversias vigente, la opinión pública al respecto y las diversas maneras posibles de solventar los problemas suscitados.[170]

A pesar de que el desarrollo de algunos ANG ya había sido iniciado, durante las negociaciones con determinados Estados fue gestándose gradualmente la idea de crear un sistema de solución de controversias en materia de inversiones que tuviera un carácter más permanente y pudiera resolver las preocupaciones más acuciantes sobre la coherencia y previsibilidad (entre otros) del sistema vigente.

Si bien la propuesta de transformación del sistema de solución de controversias (pasando de un tradicional mecanismo de arbitraje internacional inversor-Estado a un sistema de tribunales judiciales) fue plasmada en los documentos de la UE a partir del año 2015[171], debió pasar por diversas instancias a través de un proceso complejo y sinuoso, dado que las negociaciones internacionales tuvieron momentos de interrupciones y discontinuidades (con avances y remisiones para reformular cláusulas de negociación que ya habían sido comentadas o debatidas), con adeptos y detractores, con momentos de incer-

---

169 DE NANTEUIL, A. *International Investment Law*..., *op. cit.*, p.413 y ss.

170 Ver Capítulo 1.1 La competencia de la Unión Europea en materia de Inversión Extranjera Directa.

171 European Commission, Concept Paper Investment in TTIP and beyond: The path for reform https://trade.ec.europa.eu/doclib/docs/2015/may/tradoc_153408.PDF European Commission, EU finalises proposal for investment protection and Court System for TTIP (12 November 2015) https://ec.europa.eu/commission/presscorner/detail/en/IP_15_6059.

tidumbre, etc. que fueron tallando la formulación de la propuesta y retrasando su materialización.[172]

La creación de un "Sistema de Corte de Inversiones" (en algunos documentos denominado también sistema de tribunales de inversiones) con características propias y de carácter vanguardista, fue acogida tras arduas negociaciones en cuatro de sus ANG: UE- Singapur[173], UE- Vietnam[174], El Acuerdo Económico y Comercial Global UE- Canadá (CETA)[175] y el Acuerdo de Global UE-México[176]. A pesar de que la UE también negoció además este nuevo mecanismo con otros Estados,

---

172 La manera de desarrollarse los hechos obligaba a la Comisión a desarrollar la propuesta casi paralelamente a las negociaciones, intentando articular los diversos actores involucrados y dar paso a una idea de vanguardia no premeditada y calculada sino más bien resolutiva y pragmática. Por ejemplo, las negociaciones con Canadá estaban cerradas al momento de la propuesta de una corte de inversiones, por lo que fue necesario renegociar dicho capítulo. BROWN, C. The First 10 Years of the European Union´s Policy…, *op. cit.*, p.91.

173 Proposal for a Council Decision on the conclusion of the Investment Protection Agreement between the European Union and its Member States, of the one part, and the Republic of Singapore of the other part, COM/2018/194 final, 14th April 2018, 2018/0095 (NLE). https://bit.ly/36w1pXI Anex I https://bit.ly/3wvDrXm Anex II https://bit.ly/2Vmmcuu.

174 Proposal for a Council Decision on the conclusion of the Investment Protection Agreement between the European Union and its Member States, of the one part, and the Socialist Republic of Viet Nam, of the other part COM/2018/693 final, 17 October 2018, https://bit.ly/2T73x5k Annex I https://bit.ly/36tqnqO Anex II https://bit.ly/36uc3hO.

175 Comprehensive Economic and Trade Agreement (CETA) between Canada, of the one part, and the European Union and its Member States, of the other part, *OJ L 11,* 14 January 2017, pp.23–1079. Ver Capítulo 29, Solución de diferencias https://ec.europa.eu/trade/policy/in-focus/ceta/ceta-chapter-by-chapter/index_es.htm.

176 Agreement in Principle EU- Mexico, 21st April 2018, https://ec.europa.eu/trade/policy/in-focus/eu-mexico-trade-agreement/

Ver Capítulo 19, Investment Dispute Resolution https://trade.ec.europa.eu/doclib/docs/2018/april/tradoc_156814.pdf.

solamente éstos han sido ya firmados y se encuentran en fase de consolidación, por lo que sobre ellos centraremos el análisis del presente estudio.

El primero de los acuerdos en formalizar esta modificación fue el CETA[177] y esta dinámica dio lugar a la negociación (y renegociación) de los capítulos de inversiones de otros acuerdos.[178] Las negociaciones entre la UE y Canadá habían concluido el 26 de septiembre de 2014, pero durante la revisión legal surgieron modificaciones; en especial, en el capítulo de Inversiones, en el que se decidió "reforzar las cláusulas referidas al derecho a regular; moverse hacia un sistema permanente, transparente e institucionalizado de solución de controversias"[179], estableciéndose un sistema de cortes de inversión y judicializándose bilateralmente este nuevo mecanismo.[180] Canadá se convirtió

---

177 Verdaderamente la propuesta se materializó por primera vez en el TTIP, ya que el documento de la Comisión publicado el 12 de noviembre de 2015, que recogía en el capítulo de inversiones (capítulo II) lo que se dio en llamar el "sistema de corte de inversiones" se presentó por primera vez en el marco de dicho acuerdo. Al poco tiempo el TTIP sufrió un bloqueo en sus negociaciones, entonces la UE decidió llevar la propuesta a las negociaciones con Canadá que se encontraban también en curso (aunque estaban ya en fase de revisión legal del texto del acuerdo).

178 Puede decirse que incluso dio el puntapié inicial para el proyecto de multilateralizacion de este nuevo sistema de judicialización de controversias en materia de inversiones, configurando la política de la UE en esta materia. BROWN, C. The First 10 Years of the European Union´s Policy..., *op. cit.*, p.91 y ss.

179 Joint Statement Canada EU Comprenhensive Trade Agreement. Monday 29 February 2016 https://trade.ec.europa.eu/doclib/docs/2016/february/tradoc_154330.pdf.

180 La aceptación por parte del gobierno canadiense para realizar un giro en materia de protección de inversiones y judicializar el sistema, fue una grata sorpresa para los negociadores de la Comisión, ya que la propuesta había sido antes mencionada, pero había recibido una negativa rotunda. Entrevista de la autora con Miembro de la Comisión Europea. Diciembre 2017. Cabe des-

entonces en un gran aliado de la UE, ya que no solo compartió la ideología de una reforma bilateral sino que además pactó su compromiso para elevar dicha reforma al plano multilateral.[181]

Como resultado de la nueva propuesta (judicializar la solución de controversias en materia de inversiones) se produce la decodificación de un nuevo modelo de liberalización comercial a partir del tratamiento de la protección de inversiones de los ANG de la UE. Las tensiones generadas por esta situación llevaron a la UE a diseñar diversas configuraciones arquitectónicas para tratar de llevar adelante la reforma con sus diferentes socios bilaterales sin truncar las negociaciones en marcha o retrasar las demás provisiones de los tratados que ya habían sido acordadas. En este sentido, mientras el CETA es provisionalmente aplicado[182], la parte relativa a protección de inversiones y el sistema de corte de inversiones no lo es. Para que pueda surtir pleno efecto, los parlamentos nacionales de los Estados miembros de la UE (y en algunos casos, también los parlamentos regionales) tendrán que aprobarlo. Contrariamente, los Acuerdos UE- Singapur y UE-Vietnam fueron divididos en un Acuerdo de Libre Comercio (concluido por la UE) y en un

---

tacar que en octubre de 2015 se produjo en Canadá un cambio de gobierno, asumiendo como Primer Ministro Justin Trudeau. BASSETS, M. El nuevo Trudeau impulsa el cambio en Canadá. (20 octubre 2015), *El País*. https://elpais.com/internacional/2015/10/20/america/1445370249_628024.html.

181 Joint Statement Canada EU Comprenhensive Trade Agreement. Monday 29 February 2016 https://trade.ec.europa.eu/doclib/docs/2016/february/tradoc_154330.pdf CETA- Summarize of the final negotiating results, p.11 y ss. https://trade.ec.europa.eu/doclib/docs/2014/december/tradoc_152982.pdf.

182 Entró provisionalmente en vigor el 21 de septiembre de 2017 https://ec.europa.eu/trade/policy/in-focus/ceta/index_es.htm Esta aplicación provisional significa que algunas provisiones se aplican antes de completarse el proceso de ratificación por parte de los EEMM. Sin embargo, el capítulo de solución de controversias queda excluido de esta aplicación provisional.

Acuerdo de Protección de Inversiones (IPA) que contiene las normas relativas a la corte de inversiones y debe ser concluido de forma mixta (por la UE y los EEMM conjuntamente).[183] Esta metodología permitió continuar con la propuesta sin mermar por ello las disposiciones que ya habían alcanzado un acuerdo. El Acuerdo de Asociación con México es un "acuerdo de principio" sobre los principales capítulos (el capítulo 19 contempla el nuevo sistema de corte de inversiones) y, en cualquier caso, deberá ser ratificado por todos los EEMM para su entrada en vigor. En definitiva, la UE procuró una estrategia específica para poner en marcha la propuesta en todos los acuerdos con negociaciones pendientes.

A pesar de que cada acuerdo posee unas características específicas en su mecanismo, es posible identificar en ellos ciertos rasgos comunes característicos del nuevo sistema bilateral judicial de solución de controversias. Entre las características más relevantes y novedosas es posible adelantar: un sistema de doble instancia de tribunales judiciales y la creación de un Comité integrado por ambas partes del acuerdo con diversas y peculiares funciones.[184]

---

183 En virtud del Dictamen 2/15. Ver Capítulo 1.2 Distribución de competencias para la protección de las inversiones internacionales. Dictamen 2/15.

184 En todos los acuerdos (en los API dentro de un capítulo institucional) se crea un Comité que tiene como tarea principal supervisar y facilitar la ejecución y aplicación del Acuerdo. Entre otras tareas, el Comité puede, una vez cumplidos los respectivos procedimientos y requisitos jurídicos de cada Parte, decidir proceder al nombramiento de los miembros de los Tribunales del STI, fijar su retribución mensual y adoptar interpretaciones vinculantes del Acuerdo. LENK H. Bilateral Committees in EU Trade and Investment Agreements: Platforms for the Reassertion of State control over Investor-State Adjudication? En F. BAETENS (ed.) *Legitimity of Unaseen Actors in International Adjudication.* Cambridge University Press, 2019, pp.591-610. PANTALEO, L. Lights and Shadows of the TTIP Investment Court System..., *op. cit.*, p.81. LENK, H. An Investment Court System for the New Generation of EU Trade and Investment Agreements: A Discussion of the Free Trade Agreement

La judicialización consiste en sustituir el tradicional mecanismo *Ad hoc* por un sistema de solución de controversias internacional, permanente e independiente, que consta en todos los casos de una doble instancia: un tribunal permanente de primera instancia (Tribunal de Inversiones) y un Tribunal de Apelación. La nueva propuesta procura garantizar que se respeten las normas de protección de inversiones al mismo tiempo que se establezca un equilibrio entre la protección de los inversores de manera transparente y la salvaguardia del derecho de los Estados a legislar para perseguir objetivos públicos.[185] Además, el sistema es complementado por la redacción descriptiva y minuciosa de las cláusulas sustantivas (expropiación directa, expropiación indirecta, trato justo y equitativo, nación más favorecida, etc.[186]) y un fuerte arraigo del derecho a regular como lineamiento rector en la interpretación y aplicación del acuerdo.[187]

---

with Vietnam and the Comprehensive Economic and Trade Agreement with Canada. European Papers, 2016, 1(2), p.668.

185 Proposal for a Council Decision on the conclusion of the Investment Protection Agreement between the European Union and its Member States, of the one part, and the Socialist Republic of Viet Nam, of the other part COM/2018/693 final, 17 October 2018, https://bit.ly/2T73x5k; Proposal for a Council Decision on the conclusion of the Investment Protection Agreement between the European Union and its Member States, of the one part, and the Republic of Singapore of the other part, COM/2018/194 final, 14th April 2018, 2018/0095 (NLE). https://bit.ly/36w1pXI.

186 Todas estas cláusulas son redactadas con detalle, procurando evitar vaguedades y lagunas. Aun asi, existen críticas y un amplio desarrollo doctrinario sobre sus falencias e interrogantes. DE NANTEUIL, A. *International Investment Law...*, *op. cit.*, p.410. DOUMA, W. Th. CETA: Gold Standard or Greenwashing?. En W. Th. Douma *et al. The Evolving Nature of EU External Relations Law.* The Hague: TMC Asser Press Springer, 2021. p. 61-99.

187 Artículo 8.9 CETA, artículo 2.2 acuerdo UE- Vietnam, artículo 2.2 acuerdo UE-Singapur, artículo 2 del Capítulo "Comercio y Desarrollo sostenible" del Acuerdo en Principio UE- México.

A diferencia de los tradicionales árbitros, el sistema establece jueces cuya designación se realiza a través de un "Comité" integrado por ambas partes del acuerdo que adopta una denominación particular en cada acuerdo.[188] Además, para ejercer el cargo, los candidatos deben tener las cualificaciones necesarias en sus países para el ejercicio de funciones jurisdiccionales o bien ser juristas de reconocida competencia; deben tener conocimientos especializados o experiencia en el ámbito del Derecho Internacional Público y es conveniente que tengan conocimientos especializados; en particular, sobre Derecho Internacional en materia de inversiones, Derecho Mercantil Internacional o en solución de diferencias que surjan en el marco de acuerdos internacionales de inversión o de comercio.[189] En todos los casos, los jueces están sometidos a un Código de conducta que establece obligaciones específicas y vinculantes para éstos cuya supervisión corresponde al comité conjunto. Las obligaciones del Código abarcan tanto conflictos de intereses como también cuestiones más amplias referidas a la ética de los árbitros o jueces.[190]

A pesar de que el número de miembros y los plazos para el ejercicio difieren considerablemente en todos los acuerdos, los tribunales se componen de: una determinada cantidad de jueces nombrados por la UE, la misma cantidad de jueces nombrados por su contraparte en el acuerdo y la misma cantidad de jueces nombrados por ambos Estados Parte en el acuerdo pero que no sean nacionales ni de la UE ni de su contrapar-

---

188 Se denomina "Comité Mixto" en el CETA, "Comité" en los API UE- Singapur y UE- Vietnam. El acuerdo con México establece el término Comité Conjunto (artículo 31 y 32 del acuerdo), aunque inicialmente establecía incluso comités para determinadas tareas, por ej. Sub-Comité de Servicios e Inversiones (en el borrador inicial del artículo 33 de la sección Solución de Controversias).

189 Artículo 3.9 4) API UE- Singapur.

190 Artículo 3.40 acuerdo API UE-Vietnam.

te.[191] El tribunal posee un presidente y un vicepresidente que se encargan de cuestiones organizativas y pertenecen al grupo de miembros del Tribunal que, nombrados conjuntamente por la UE y su contraparte en el acuerdo, no son nacionales de ninguno de ellos. Para el ejercicio de sus funciones están vinculados al comité conjunto.

El tribunal considera los asuntos por divisiones de tres miembros, en las que uno debe haber sido nombrado por la UE, otro por la parte contraria en el acuerdo y un tercer miembro del grupo de nacionales de un tercer Estado (nombrado por ambas partes de acuerdo). Éste último miembro preside el tribunal. Las composiciones del tribunal se realizan siempre con carácter rotatorio, garantizando una composición aleatoria e imprevisible.

En su afán por hacer accesible el sistema a cualquier inversor de IED, independientemente de su tamaño, en todos los acuerdos se establece la posibilidad de que las partes en la controversia acuerden que un asunto sea considerado por un único miembro. En tal caso, dicho juez será seleccionado por el Presidente del tribunal entre aquellos jueces originarios de

---

191 Por ejemplo, en el caso de CETA el tribunal se compone de quince miembros, cinco nombrados por la UE, cinco nombrados por Canadá, y cinco nombrados conjuntamente que sean nacionales de un tercer Estado (artículo 8.27 CETA). En el Acuerdo UE Singapur el tribunal se compone de seis miembros, dos nombrados por la UE, dos por Singapur y dos nombrados conjuntamente nacionales de un tercer Estado (artículo 3.9 API UE- Singapur). En el acuerdo UE- Vietnam el tribunal se compone de seis miembros, tres nombrados por la UE, tres por Vietnam y tres nombrados conjuntamente que sean nacionales de un tercer Estado (artículo 3.38, par..2º API UE- Vietnam) , esta misma cantidad de miembros (nueve) se repite en la composición del tribunal diseñado en el acuerdo con México (artículo 11.2 de la Sección de Solución de Controversias del acuerdo UE-México). Sin embargo, el diseño de esta última no es definitiva y está sujeta a variaciones.

un tercer Estado (que no es nacional de la UE ni de su contraparte en el acuerdo).

Algunas características del tradicional sistema eran motivo de preocupaciones importantes en la UE. Entre ellas, destacaban las verificaciones sistémicas limitadas de corrección y coherencia que habían derivado en laudos a veces jurídicamente incorrectos, pero sin posibilidades de ser corregidos.[192] Esta era una situación especialmente peligrosa para la UE, dada la complejidad de la relación entre el Derecho de la UE y el Derecho Internacional de las inversiones. Como respuesta, el desarrollo de un mecanismo de dos niveles representaba la estructura más eficaz para garantizar la previsibilidad y la coherencia en el nuevo sistema. Considerando la experiencia de la OMC, la propuesta de la UE estableció un Tribunal de Apelación como mecanismo para corregir errores de Derecho y manifiestos errores de hecho en el marco de una controversia. Este Tribunal de Apelación está previsto en todos los acuerdos estudiados y representa una de las particularidades más novedosa y característica de la judicialización del ISDS promovida por la UE.[193]

En todos los acuerdos se crea un Tribunal de Apelación permanente para atender los recursos de los laudos provisionales emitidos por el Tribunal de primera instancia. Una vez transcurrido el plazo establecido desde la emisión del laudo del Tribunal de primera instancia, es posible recurrir al Tribunal de Apelación por cualesquiera de los siguientes motivos: "a) que el Tribunal haya incurrido en error de interpretación o aplicación del Derecho aplicable; b) que el Tribunal haya incurrido manifiestamente en error en su apreciación de los hechos,

---

192 UNCITRAL, Working Group III, Possible reform of investor-State dispute settlement (ISDS) Submission from the European Union, A/CN.9/WG.III/WP.145, p. 10.

193 PANTALEO, L. *The Participation of the EU in International...*, *op. cit.*, p.85.

incluida la apreciación del Derecho interno pertinente, o c) por los motivos establecidos en el artículo 52 del Convenio del CIADI, en la medida en la que no estén contemplados en las letras a) y b)."[194]

Por último y no menos importante, la democracia y transparencia en todo el procedimiento establecido es una prioridad en el sistema judicial en estudio, en especial el acceso público a los documentos, las audiencias y la posibilidad de que terceras personas presenten observaciones.[195]

Finalmente, cabe señalar que la articulación de todo el sistema judicial diseñado en los acuerdos es calibrada institucionalmente a través de un comité conjunto, al que se han hecho ya anteriormente diversas referencias. Este Comité (cuya denominación varía en los diferentes acuerdos: Comité, Comité Mixto, Comité Conjunto)[196] se compone de miembros de ambas partes del acuerdo, es copresidido el miembro de la Comisión Europea responsable de Comercio, o por sus respectivos delegados, y por el ministro de Comercio e Industria del Estado contraparte. El Comité se reúne periódicamente en virtud de un calendario de reuniones y fija su orden del día. Puede además adoptar su propio reglamento interno. El Comité desempeña tareas del más diverso tipo: supervisión y funcionamiento del acuerdo, acercamiento de partes en caso de diferencias,

---

[194] Artículo 52 Convenio CIADI: Cualquiera de las partes podrá solicitar la anulación del laudo mediante escrito dirigido al Secretario General fundado en una o más de las siguientes causas: (a) que el Tribunal se hubiere constituido incorrectamente; (b) que el Tribunal se hubiere extralimitado manifiestamente en sus facultades; (c) que hubiere habido corrupción de algún miembro del Tribunal; (d) que hubiere quebrantamiento grave de una norma de procedimiento; o (e) que no se hubieren expresado en el laudo los motivos en que se funde. Articulo 3.54 API UE- Vietnam, Articulo 8.28 CETA, Articulo 3.19 API UE- Singapur.

[195] PANTALEO, L. *The Participation of the EU in International..., op. cit.*, pp.90-92.

[196] Ver supra *447*.

estudia posibles mejoras del acuerdo, etc., aunque su posición con respecto a la conformación y supervisión de los tribunales es de gran relevancia (nombramiento de los jueces de los tribunales, prórroga de sus mandatos, remuneración, expulsión de un miembro, etc.). Resultan de singular interés las facultades de interpretación que posee el Comité, ya que en todos los acuerdos se establece su facultad para realizar interpretaciones de las disposiciones del acuerdo.[197] Toda interpretación que haya sido adoptada por el Comité será vinculante para el Tribunal de primera instancia y el Tribunal de Apelación y todo laudo deberá ser coherente con dicha decisión.[198] Si bien es cierto que el objetivo pragmático y resolutivo —que otorga pleno control a las partes sobre la interpretación de los términos del acuerdo— queda garantizado, no es menos cierto que la posibilidad de que un órgano de naturaleza política tenga el poder de establecer interpretaciones vinculantes para los órganos jurisdiccionales del sistema resulta chocante.

El sofisticado sistema de judicialización diseñado constituye un avance en la reforma global del sistema de solución de controversias sobre inversiones y ayuda —en parte— a mejorar el clima de las inversiones internacionales. Sin embargo, la solución remedia solo en parte algunas de las tensiones existentes, y la configuración de un sistema judicial abre la brecha a nuevos desafíos e interrogantes.

---

[197] LENK, H. Bilateral Committees in EU Trade and Investment Agreements: Platforms for the Reassertion of State..., *op. cit.*, p.595.

[198] Conforme artículo 4.1 4) apartado c) API UE- Vietnam, artículo 8.44 3) b) CETA, artículo 4.1 4) apartado f) del API UE- Singapur y articulo 15.5 de la sección de Solución de Controversias del texto (provisional) del Acuerdo en principio UE- México.

2.2.2.2.1. Compatibilidad de la judicialización bilateral del ISDS con el ordenamiento jurídico de la UE. Dictamen 1/17.

Una de las innovaciones más importantes en el ejercicio de su nueva competencia en materia de inversiones resulta ser la ruptura de la nueva política común de inversiones UE con el modelo tradicional de ISDS para la solución de controversias sobre inversiones.[199] El establecimiento de sistemas de tribunales de inversiones, de carácter permanente, como los contemplados en los ANG, resulta directamente vinculado a la delimitación de la acción exterior de la UE. La ampliación y el desarrollo de la política comercial en su dimensión externa obligó a considerar con mayor profundidad las cuestiones jurídicas vinculadas a la creciente participación de la UE en foros internacionales, regímenes jurídicos internacionales particulares y sistemas de solución de controversias internacionales.[200]

El TJUE no se ha mostrado contrario a la participación de la UE en mecanismos de solución de controversias internacionales. En tal sentido, ha afirmado reiteradamente que:

> "la competencia de la Unión en materia de relaciones internacionales y su capacidad para celebrar acuerdos internacionales implican necesariamente la facultad de someterse a las resoluciones de un órgano jurisdiccional creado o designado en virtud de tales acuerdos por lo que se refiere a la interpretación y aplicación de sus disposiciones"[201]

---

[199] LENTNER, G. A uniform European investment policy?..., *op. cit.*, p.161.

[200] NEFRAMI, E. Permanent Investment Courts..., *op. cit.*, p.39. ROSAS, A. The EU and international dispute settlement..., op. cit., p.20. ODERMATT, J. When a fence becomes a cage..., op. cit., p.5 y ss. PANTALEO, L. *The Participation of the EU in International Dispute Settlement...*, *op. cit.*, p.145 y ss.

[201] Dictamen 2/13 (Adhesión de la Unión al CEDH), 18 de diciembre de 2014, EU:C:2014:2454, apartado 182; Dictamen 1/91 (Acuerdo EEE-I), 14 de diciembre de 1991, EU:C:1991:490, apartados 40 y 70; dictamen 1/09 (Acuerdo por el que se c rea un Sistema Unificado de Resolución de Litigios sobre Patentes) 8 de marzo de 2011, EU:C:2011:123, apartado 74.

No obstante, el TJUE ha precisado también que ciertos requisitos que derivan de su particular estructura constitucional, resultan indispensables para admitir la validez de dicha participación por parte de la UE en mecanismos jurisdiccionales de solución de controversias internacionales.[202]

En relación con el nuevo sistema de tribunales de inversiones promovido por la UE, el Reino de Bélgica presentó, el 7 de septiembre de 2017, una solicitud de Dictamen con arreglo al artículo 218 apartado 11 del TFUE, cuestionando la compatibilidad con el Derecho de la UE del mecanismo ISDS establecido en el CETA.[203]

---

202 ROSAS, A. The EU and international dispute settlement..., *op. cit.*, pp.4-12. HINDELANG, S. Repellent Forces: The CJEU and Investor-State Dispute Settlement. Archiv des Völkerrechts. 2015, 53(1), p. 74. ANKERSMIT, L. The Compatibility of Investment Arbitration in EU Trade Agreements with the EU Judicial System. Journal for European Environmental & Planning Law, 2016, 13(1), pp.46-63. DIMOPOULOS, A. The compatibility of future EU investment agreements with EU law. Legal Issues of Economic Integration. 2012, 39(4), pp.447-471. CONTARTESE, C. The Autonomy of the EU Legal Order in the ECJ's External Relations Case Law: From the "Essential" to "Specific Characteristics" of the Union and Back Again. Common Market Law Review, 2017, No.54, pp.1627-1671. ECKES, C. International Ruling and the EU Legal Order: Autonomy as Legitimacy. CLEER Paper. 2016, No. 2016/2, pp.1-31. KASSOTI, E., ODERMATT, J. The Principle of Autonomy and International Investment Arbitration: Reflections on Opinion 1/17. *Questions of International Law*, 2020, Nro. 73, pp.5-20. SCHILL, S. W. Luxembourg limits: conditions for investor-state dispute settlement under future EU investment agreements. En M. BURGENBERG, A. REINISCH, C. TIETJE. EU and Investment Agreements. Baden-Baden: Nomos Verlagsgesellschaft, 2013, pp,37-54.

203 La solicitud fue planteada en los siguientes términos: ¿Es compatible con los Tratados, incluidos los derechos fundamentales, el Acuerdo Económico y Comercial Global entre Canadá, por una parte, y la Unión Europea y sus Estados miembros, por otra, firmado en Bruselas el 30 de octubre de 2016 [(DO 2017, L 11, p. 23; en lo sucesivo, "CETA")], en lo que atañe a la sección F ("Solución de diferencias en materia de inversiones entre inversores y

En su Dictamen 1/17, de 30 de abril de 2019, el TJUE resolvió sobre la compatibilidad del mecanismo de solución de controversias del Acuerdo Económico Comercial Global entre Canadá y la UE.[204] Además de dar respuesta a la consulta formulada en el caso particular, este Dictamen posee un impacto muy relevante para la proyección bilateral y multilateral de la nueva política de la UE en materia de solución de controversias sobre inversiones. De él se deduce, en buena medida, lo que la UE puede y no hacer en futuros acuerdos para que la participación de la UE en mecanismos jurisdiccionales de solución de controversias internacionales sea compatible con el Derecho de la Unión.[205]

El Tribunal invoca su jurisprudencia previa, elaborada en varios Dictámenes, al considerar la compatibilidad del mecanismo ISDS con el principio de autonomía (externa) del ordenamiento jurídico de la Unión. Sin embargo, en el Dictamen 1/17 la noción de autonomía se flexibiliza como resultado del reconocimiento de un papel más prominente para la UE como actor internacional, y la necesidad para el TJUE de encontrar un equilibrio adecuado entre la protección y garantía del mar-

---

Estados") de su capítulo ocho ("Inversiones")?». Diario Oficial de la Unión Europea, C 369, 30 de octubre de 2017. El contexto político y legal de la trayectoria de esta cuestión preliminar es desarrollada en TITI, C. Opinion 1/17 and the future of investment dispute settlement: implications for the design of a multilateral investment court. En L. Sachs, L. Johnson, J. Coleman. *Yearbook on International Investment Law & Policy*. Oxford: Oxford University Press, 2020, pp.514-542, en particular pp.516-522.

204 Dictamen 1/17, de 30 de abril de 2019, EU:C:2019:341.

205 TITI, C. Opinion 1/17 and the future of investment ..., op. cit., p.514. VAN DER LOO, G. Opinion 1/17: Legitimising the EU's Investment Court System but Raising the Bar for Compliance with EU Law. En M. HAHN, G. VAN DER LOO, Law and Practice of the Common Commercial Policy. Leiden, The Netherlands: Brill | Nijhoff, 2020, pp.98-127.

co constitucional de la UE y el desarrollo de su acción exterior.[206] Además de examinar el principio general de igualdad de trato y la garantía del derecho a un tribunal independiente, el TJUE desarrolló en profundidad un examen del CETA desde la perspectiva de la garantía de la autonomía del ordenamiento jurídico de la UE en dos dimensiones fundamentales: la exclusividad de la competencia exclusiva del TJUE para interpretar y aplicar el Derecho de la UE, y la definición del nivel de protección del interés público establecido por el Derecho de la UE.

Según el TJUE la autonomía del ordenamiento jurídico de la Unión

> "deriva de las características esenciales de la Unión y su Derecho. Este último se caracteriza, en efecto por proceder de una fuente autónoma constituida por los Tratados, por su primacía sobre los Derechos de los Estados Miembros y por el efecto directo de toda una serie de disposiciones aplicables a esos mismos Estados y a sus nacionales."[207]

Estas características específicas o esenciales constituyen una red estructurada de principios, normas y relaciones jurídicas mutuamente interdependientes que justifican su autonomía tanto del Derecho nacional como del Derecho Internacional.[208] Este énfasis en el marco constitucional de Derecho de

---

206 NEFRAMI, E. Permanent Investment Courts..., *op. cit.*, p.33. OJINAGA RUIZ, R., LEIVA, M.L. EU as a Driver in the Judicialization Process of International Investment Disputes: ISDS Reform and EU Judicial System. En A. GOURGOURINIS (ed.). *European Yearbook of International Economic Law: Transnational Actors in International Investment Law.* Cham: Springer, 2021. p. 19-44, en particular pp.38-39.

207 Dictamen 1/17, de 30 de abril de 2019, EU:C:2019:341,109.

208 NEFRAMI, E. Permanent Investment Courts..., *op. cit.*, p.43. CONTARTESE, C. The Autonomy of the EU Legal Order in the ECJ's External Relations..., op. cit., p.1629. KASSOTI, E., ODERMATT, J. The Principle of Autonomy and International Investment..., op. cit., p.8. KOUTRAKOS, P. The Auton-

la UE tiene gran relevancia en el Dictamen, ya que, al sistematizar el acervo normativo, señala las limitaciones endógenas ("derecho constitucional") presentando más que nunca el Derecho de la UE como un "orden jurídico doméstico", con todo lo que dicha interpretación sugiere.[209]

En apreciaciones del TJUE uno de los pilares fundamentales del sistema judicial lo constituye el procedimiento de remisión prejudicial (artículo 267 TFUE), que establece el mecanismo a través del cual las cortes domesticas cumplen con el deber de cooperación leal con el TJUE y los EEMM, comprometiéndose a asegurar la tutela judicial efectiva en los ámbitos de competencia de la UE.[210] En el Dictamen 1/17 el Tribunal remite al caso *Achmea* para distinguir los acuerdos intra-UE (cuyo mecanismo ISDS vulnera la autonomía de la UE) de los acuerdos de la UE con terceros Estados.[211] En este último caso, el impacto de un mecanismo ISDS en el procedimiento de remisión prejudicial no implica *per se* una amenaza a la vulneración de la autonomía del Derecho de la UE. En el caso particular, el mecanismo ISDS del sistema de tribunales del CETA se considera *fuera* del sistema jurisdiccional de la Unión, dado que la jurisdicción prevista por el CETA es "distinta de los órganos ju-

---

omy of EU Law and International Investment Arbitration. Nordic Journal of International Law. 2019, 88(1), pp. 41-64. ODERMAT, J. The Principle of Autonomy: An Adolescent Dissease of EU External Relations Law. En M. CREMONA, Structural Principles in EU External Relations Law. Oxford, Portland: Hart Publishing, 2018, pp.291-316. KOUTRAKOS, P. More on Autonomy..., op. cit. p.295. LENK, H. Investment arbitration under EU investment agreements: is there a role for an autonomous EU legal order? European Business Law Review, 2017, 28(2), pp.135-162.

209 TITI, C. Opinion 1/17 and the future of investment ..., *op. cit.*, p.522. VAN DER LOO, G. Opinion 1/17: Legitimising the EU's Investment Court System..., op. cit., p.101.

210 NEFRAMI, E. Permanent Investment Courts..., *op. cit.*, p.40 y ss.

211 Dictamen 1/17, de 30 de abril de 2019, EU:C:2019:341, para. 127-128

risdiccionales internos de Canadá, de la Unión y de los Estados Miembros".[212] Por consiguiente,

> "(...) dado que dichos tribunales no pertenecen al sistema jurisdiccional de la Unión, no pueden estar facultados para interpretar o aplicar disposiciones del Derecho de la Unión distintas de las del CETA ni para dictar laudos que puedan tener como efecto impedir que las instituciones de la Unión actúen conforme al marco constitucional de ésta".[213]

Además de *no pertenecer el sistema jurisdiccional* de la UE, la competencia de interpretación del Tribunal CETA se limita a las disposiciones del CETA conforme a las normas y principios del Derecho Internacional aplicables entre las partes.[214] La preservación de la competencia exclusiva del TJUE para interpretar y aplicar normas de Derecho de la Unión, se encuentra así protegida en el acuerdo, fundamentalmente (no exclusivamente) por el artículo 8.31 que reza en su primer párrafo:

> "(...) el tribunal creado con arreglo a la presente sección aplicara el presente Acuerdo interpretándolo de conformidad con la Convención de Viena sobre el Derecho de los Tratados y con otras normas y principios de Derecho internacional aplicables entre las Partes."

> "El tribunal no será competente para determinar la legalidad de una medida que supuestamente constituya una violación del presente Acuerdo, de conformidad con el Derecho Interno de una Parte. Para mayor seguridad, al determinar la compatibilidad de una medida con el presente Acuerdo, el tribunal podrá tener en cuenta, en su caso, el Derecho interno de una Parte como un elemento de hecho. Al hacerlo, el tribunal seguirá la interpretación predominante dada al Derecho interno por los órganos jurisdiccionales o las autoridades de dicha Parte, y cualquier sentido que el tribunal haya dado al Derecho

---

212 Dictamen 1/17, de 30 de abril de 2019, EU:C:2019:341, para. 113-114.

213 Dictamen 1/17, de 30 de abril de 2019, EU:C:2019:341, para. 118.

214 Dictamen 1/17, de 30 de abril de 2019, EU:C:2019:341, para.134.

interno no será vinculante para los órganos jurisdiccionales o las autoridades de dicha Parte."[215]

La afirmación expresa sobre la falta de competencia del Tribunal CETA para interpretar y aplicar Derecho de la UE, salvo como una mera cuestión de hecho, resulta una salvaguardia esencial para la afirmación de la compatibilidad de dicho acuerdo con el ordenamiento jurídico de la UE.[216] Complementariamente, la negación expresa de jurisdicción del Tribunal CETA para determinar la legalidad de una medida (su jurisdicción se limita solamente a la determinación de los daños) en virtud del Derecho interno, incluido el Derecho de la UE, incrementa la certeza sobre la garantía de la autonomía del Derecho de la UE.[217]

En el mismo sentido, se considera preservada la competencia exclusiva del TJUE para resolver sobre el reparto de competencias entre la UE y sus Estados miembros[218] en virtud del artículo 8.21 del CETA, que atribuye a la Unión la facultad de determinar (frente a la demanda de un inversor canadiense de impugnar medidas adoptadas por un Estado miembro o por la Unión) si, habida cuenta de las normas sobre distribución

---

215 Artículo 8.31 CETA.

216 Expresamente establecido en el par.131 del Dictamen 1/17. Resaltado su carácter pragmático en KOUTRAKOS, P. More on Autonomy—Opinion 1/17 (CETA). *European law review.* 2019, Nro. 3, pp. 293-294.

217 NEFRAMI, E. Permanent Investment Courts..., *op. cit.*, p.42. KOUTRAKOS, P. More on Autonomy..., *op. cit.* p.294.

218 Ausente en apreciación del TJUE sobre la adhesión de la Unión al Convenio Europeo de Derechos Humanos. Dictamen 2/13 ("Adhesión de la Unión al CEDH"), 18 de diciembre de 2014, EU:C:2014:2454, apartados 224 a 231. Un análisis detallado sobre las tendencias del TJUE con respecto a gestión de la responsabilidad por parte de la UE en DELGADO CASTELEIRO A. The International Responsibility of the European Union – The EU Perspective: Between Pragmatism and Proceduralisation. *Cambridge Yearbook of European Legal Studies,* 2013, 15, pp.563-586.

de competencias, la diferencia debe dirigirse contra el Estado miembro o contra la Unión.[219] La "internalización" de la determinación del demandado es otro requisito necesario para preservar la autonomía del ordenamiento jurídico de la UE.[220]

Otro elemento que enfatiza la autonomía del Derecho de la UE es la "cláusula de exclusividad mutua" del CETA, que obliga al inversor a elegir entre el sistema ISDS para reclamar la compensación ante el Tribunal CETA frente a una medida potencialmente contraria al acuerdo, o a presentar una demanda ante los tribunales internos.[221] Esta última opción incluye el recurso a las cortes domésticas y al sistema judicial de la UE, exclusivamente competentes para pronunciarse directamente sobre la vulneración del Derecho interno y el Derecho de la Unión. En este caso la acción puede estar dirigida, además de a obtener una indemnización, a la anulación de una medida en Derecho interno.[222] Por lo tanto, ambas vías procesales estarían basadas en diferentes sistemas de normas de referencia y su objeto sería también diferente.[223]

Todos los argumentos esgrimidos confirman la separación de los ordenamientos jurídicos y sistemas judiciales en presencia como condición necesaria para preservar la autonomía del Derecho de la UE y la compatibilidad de mecanismos exter-

---

219 El artículo 8.21.1 CETA establece: "Si la diferencia no puede solucionarse en un plazo de noventa días a partir de la presentación de la solicitud de consultas, la solicitud se refiere a un presunto incumplimiento del presente Acuerdo por la Unión Europea o por uno de sus Estados miembros y el inversor se propone presentar una solicitud de conformidad con el artículo 8.23, el inversor proporcionará a la Unión Europea una notificación en la que se solicite que se determine cuál es el demandado.

220 NEFRAMI, E. Permanent Investment Courts..., *op. cit.*, p.38.

221 CETA artículo 8.22 f) y g).

222 Opinion de AG Bot, 29 de enero de 2019, ECLI:EU:C:2019:72, para.168.

223 OJINAGA RUIZ, R., LEIVA, M.L. EU as a Driver in the Judicialization..., *op. cit.*, p.34.

nos de solución judicial de controversias con el ordenamiento jurídico de la UE.[224] Sin embargo, la desconexión en la que se fundamenta la compatibilidad de regímenes adolece de un formalismo excesivo y se anticipa en la práctica especialmente compleja.[225] Tal vez, la introducción de mecanismos de diálogo judicial directo entre el Tribunal CETA y el TJUE podría haber aliviado las tensiones previsibles en el funcionamiento de esta arquitectura, permitiendo una judicialización más integrada y reforzando el papel de la UE como un actor trasnacional clave en la construcción del nuevo sistema judicializado de ISDS.

Otra cuestión de carácter constitucional sobre la que se ha pronunciado el TJUE en el Dictamen 1/17 es la relativa a la preservación de la autonomía, y la no interferencia del Tribunal CETA, en cuanto al nivel de protección del interés público establecido por el Derecho de la UE.[226] Al considerar si el CETA salvaguarda el nivel de protección del interés público establecido en el Derecho de la UE, el TJUE analizó el efecto de los laudos del Tribunal CETA y enfatizó su falta de competencia para "impedir que las instituciones de la Unión actúen conforme al marco constitucional de ésta".[227] Este aspecto tiene una especial relevancia como elemento evolutivo en la reforma holística y sistémica del ISDS. Lo que está en juego en

---

224 LAVRANOS, N. CJEU opinion 1/17: keeping international investment law and EU law strictly apart. *European Investment Law and Arbitration Review Online,* 2019, 4(1), pp.240-259.

225 *Ibid,* p.40 y ss. HINDELANG, S. The Price for a Seat at the ISDS Reform Table – CJEU's Clearance of the EU's Investment Protection Policy in Opinion 1/17 and Its Impact on the EU Constitutional Order. En *A. Biondi, G. Sangiuolo* (eds*), Judicial Protection and EU Free Trade Agreements,* LAwTTIP Book Series, Edward Elgar Publishing,2021, pp.127-153.

226 Dictamen 1/17, de 30 de abril de 2019, EU:C:2019:341, para.148-161

227 Dictamen 1/17, de 30 de abril de 2019, EU:C:2019:341, para.119. TITI, C. Opinion 1/17 and the future of investment ..., *op. cit.,* p.529.

esta cuestión es, básicamente, la no interferencia del Tribunal CETA en el denominado derecho a regular.

En principio, los laudos del Tribunal CETA[228] solo pueden otorgar daños monetarios e intereses aplicables y restitución de la propiedad. El tribunal CETA no puede ordenar la derogación, cese o modificación de una medida adoptada por la UE en protección del interés público, sino solamente ordenar el pago de una compensación.[229] Pero podría ocurrir que, frente a un deber de compensación derivado de un laudo del Tribunal CETA, la UE evaluara la inconveniencia de verse repetidamente obligada a compensar y, de este modo, se afectara indirectamente a una medida dictada en aras del interés público en virtud del Derecho de la UE.[230]

Para evaluar el caso en cuestión, el TJUE profundizó en las disposiciones del CETA respecto al derecho a regular. El artículo 28.3 del CETA establece una serie de excepciones (siguiendo el modelo de excepciones del artículo XX del GATT) que permiten a las partes tomar las medidas necesarias para proteger la seguridad pública, mantener el orden público, proteger la salud y la vida de las personas y de los animales o para preservar los vegetales. Tales excepciones se ven limitadas por el requisito de que "dichas medidas no se apliquen de forma que constituyan un medio de discriminación arbitrario o injustificable entre las Partes cuando prevalezcan condiciones similares o una restricción encubierta del comercio de servicios". El CETA refirma el derecho a regular estableciendo en su artículo 8.9 párrafo segundo lo siguiente:

> "para mayor seguridad, el mero hecho de que una Parte regule, incluso mediante una modificación de su legislación, de tal

---

228 También considerado en los API UE- Vietnam y UE Singapur, así como en el Acuerdo Global UE-México.

229 Artículo 8.39 1) CETA.

230 Dictamen 1/17, de 30 de abril de 2019, EU:C:2019:341, para.149.

> forma que afecte negativamente a las inversiones o no satisfaga las expectativas de un inversor, incluidas sus expectativas de beneficios, no constituye un incumplimiento de ninguna de las obligaciones establecidas en la presente sección"[231]

Más allá de los formidables esfuerzos realizados por los negociadores del acuerdo para plasmar de modo inequívoco el derecho a regular, la interpretación del TJUE es un tanto problemática en este sentido. El Tribunal tensa el concepto, al considerar que el Tribunal CETA no tiene "competencia" para declarar que el nivel de protección de un interés público establecido en la medida cuestionada es incompatible con el CETA, y por tanto condenar sobre esa base al pago de una indemnización. El Tribunal enfatiza esta dimensión negativa (repitiendo varias veces "no será competente", "no le permite cuestionar", "no está comprendido en la competencia" etc.)[232] cuando, en realidad, el derecho a regular comporta una dimensión positiva mucho más determinante. El derecho a regular —en sus particulares excepciones— en los tratados, comporta la capacidad de las partes de tomar medidas en favor del interés público sin violar el acuerdo en cuestión, siempre que se apliquen dentro de los limites comprendidos en la excepción.[233]

A pesar de la sinuosa conformación (favorable) del derecho a regular en el CETA —y su compatibilidad con la autonomía del Derecho de la UE—, es destacable el carácter formalista del razonamiento jurídico de la UE teniendo en cuenta el fuerte *backlash* respecto al tradicional sistema ISDS y el carácter de piedra angular que posee el derecho a regular en las nuevas tendencias reformistas.

---

[231] Artículo 8.9 2) CETA.

[232] Menciona estas afirmaciones en varias ocasiones. Ver Dictamen 1/17 para. 153-156-159 y190.

[233] TITI, C. Opinion 1/17 and the future of investment ..., *op. cit.*, pp.529-535.

2.2.2.2.2. Provisionalidad de la judicialización bilateral del ISDS.

El TJUE ha sido siempre receloso de su función en cuanto a la determinación del contenido y significado del Derecho de la UE. El Tribunal ha mirado con sospecha cualquier medida capaz de comprometer remotamente su monopolio jurisdiccional sobre la interpretación definitiva del Derecho de la UE.[234] Esto, no obstante, aunque haya afirmado reiteradamente que "un acuerdo internacional que prevea la creación de un órgano jurisdiccional encargado de la interpretación de sus disposiciones y cuyas decisiones vinculen a la Unión es, en principio, compatible con el Derecho de la Unión" agregando, además, que se deriva de la misma capacidad de la UE de celebrar acuerdos que impliquen la necesidad de someterse a resoluciones de un órgano jurisdiccional creado por tales acuerdos para interpretar y aplicar sus disposiciones.[235]

Mientras se esperaba la decisión final del TJUE en el Dictamen 1/17 —en el que, como ya hemos observado, su anterior rigidez en las exigencias de garantía de la autonomía del ordenamiento jurídico de la UE parece flexibilizarse— la UE no solo continuaba sus negociaciones de creación de cortes bilaterales de inversión, sino que desarrollaba una propuesta mucho más ambiciosa para el establecimiento de una corte multilateral de inversiones. Baste recordar que, intrínsecamente, la transferencia de competencias en materia de inversiones extranjeras operada por el Tratado de Lisboa, está relacionada

---

[234] HINDELANG, S. Repellent Forces: the CJUE and Investor-State Dispute..., *op. cit.*, p.68.

[235] Dictamen 1/17, de 30 de abril de 2019, EU:C:2019:341,106. Dictamen 2/13 (Adhesión de la Unión al CEDH), 18 de diciembre de 2014, EU:C:2014:2454, apartado 182; Dictamen 1/91 (Acuerdo EEE-I), 14 de diciembre de 1991, EU:C:1991:490, apartados 40 y 70; dictamen 1/09 (Acuerdo por el que se c rea un Sistema Unificado de Resolución de Litigios sobre Patentes) 8 de marzo de 2011, EU:C:2011:123, apartado 74.

con el objetivo de reforzar el peso de la Unión en las negociaciones internacionales.[236] Esta estrategia de judicialización bilateral es paralela al desarrollo potencial de una judicialización multilateral de alta complejidad y entraña diversos riesgos, pero sobre todo resulta un tanto provisional en la medida en que se hará necesario en algún momento un nuevo desarrollo o conexión que garantice un ensamble coherente con el mecanismo jurisdiccional multilateral que, eventualmente, pueda crearse.

La idea principal de la UE es que una corte multilateral de inversiones centralice el conocimiento de las disputas que puedan surgir de acuerdos bilaterales o multilaterales, siempre que las partes de esos acuerdos hayan aceptado su competencia[237] A tal efecto, una "cláusula puente" ha sido diseñada y plasmada en todos los acuerdos concluidos por la UE que contemplan la judicialización bilateral de la solución de controversias en materia de inversiones. A modo de ejemplo, se detalla a continuación el texto de dicha disposición en el CETA:

> "Las Partes perseguirán, junto con otros socios comerciales, la creación de un tribunal multilateral sobre inversiones y de un mecanismo de apelación para la solución de diferencias en materia de inversiones. Al crear tal mecanismo multilateral, el Comité Mixto del CETA adoptará una decisión por la que se establezca que las diferencias en materia de inversiones con arreglo a la presente sección se decidirán con arreglo al me-

---

236 TITI, C. Opinion 1/17 and the future of investment ..., *op. cit.*, p.524.

237 HOFFMEISTER, F. The EU contribution to the progressive development of institutional aspects in international investment law. *Revue Belge de Droit International*, 2017, vol. 50, pp.566-590, en particular p.576. Esta intención es expresada en la Recomendación de Decision del Consejo por la que se autoriza la apertura de negociaciones sobre un Convenio relativo al establecimiento de un tribunal multilateral para la solución de diferencias en materia de inversiones. COM(2017) 493 final, 13 de septiembre de 2017.

> canismo multilateral, y formulará las disposiciones transitorias oportunas."[238]

El texto se repite literalmente (con las adecuaciones oportunas, especialmente al Comité referenciado) en los API UE-Singapur[239], UE-Vietnam[240] y en el Acuerdo de Asociación UE- México.[241] Si bien la creatividad jurídica para conectar de un modo dinámico la judicialización bilateral y multilateral en curso es de elogiar, también es cierto que, a efectos prácticos, suscita varios interrogantes: ¿es económicamente viable la existencia de diversas cortes bilaterales reemplazables en el corto/ medio o largo plazo? ¿Qué ocurriría si, finalmente, el efecto resulta ser una proliferación de cortes de inversión bilaterales? ¿Qué efectos tendrían los laudos dictados por los sistemas de tribunales de inversiones bilaterales con respecto al tribunal multilateral? ¿Cómo se dilucidarían las controversias suscitadas durante el proceso de transición? ¿Podrían coexistir ambos sistemas simultáneamente si un Estado Parte en los acuerdos celebrados por la Unión no aceptara finalmente la competencia del tribunal multilateral?

La presencia de esta "cláusula puente" en los ANG permite afirmar, al reformar el marco institucional del Derecho Internacional de inversiones en sus acuerdos bilaterales, que la acción de la UE está teniendo un fuerte impacto de modernización del Derecho Internacional de inversiones en su dimensión institucional.[242] Pero la articulación entre la judi-

---

238 Artículo 8.29 del CETA.

239 Artículo 3.12 API UE- Singapur.

240 Artículo 3.41 API UE- Vietnam.

241 Artículo 14 de la Sección de Solución de Controversias del Acuerdo UE-México.

242 Sobre la contribución del desarrollo institucional de la UE en el derecho internacional de las inversiones, sus desafíos e interrogantes abiertos, ver

cialización bilateral y multilateral de la solución de controversias internacionales en materia de inversiones suscita muchas cuestiones pendientes de resolver. ¿Es éste el impacto deseado?

HOFFMEISTER, F. The EU contribution to the progressive development of..., *op. cit.*, p.578 y ss.

Capítulo 3.

LA UE Y LA MULTILATERALIZACIÓN DE LA REFORMA DEL ISDS EN EL MARCO DE UNCITRAL

En el presente capítulo se aborda el proceso mediante el cual la reforma del ISDS ha sido elevada al debate multilateral. Inicialmente, se identifica el papel de la UE como catalizador del proceso multilateral de reforma del ISDS (apartado 3.1). En este análisis inicial, se identifican los motivos por los que la judicialización se convierte en un objetivo estratégico de la acción exterior de la UE (apartado 3.1.1); se considera también el modelo inicial promovido por la UE para la judicialización, denominado sistema de cortes de inversión y desarrollado experimentalmente en el acuerdo CETA (apartado 3.1.2). Posteriormente, consideraremos las características particulares del proceso de negociaciones en curso en UNCITRAL, que lo diferencian del lugar que ocupan otros foros con respecto al debate de reforma del ISDS (apartado 3.2). En este sentido, se analiza tanto la relación de UNCITRAL con respecto a la gobernanza de las inversiones internacionales (apartado 3.2.1) como el desarrollo más específico de las negociaciones relativas a la reforma del ISDS en su Grupo de Trabajo III (apartado 3.2.2). Finalmente, en el contexto de este análisis sobre UNCITRAL, se examina el proceso de transición y las principales tendencias presentes en el debate sobre la reforma del ISDS (apartado 3.2.3).

3.1. LA UE COMO CATALIZADOR DEL PROCESO MULTILATERAL DE REFORMA DEL ISDS

En el marco del proceso de multilateralización de reforma del sistema de solución de controversias entre inversores y Estados, la iniciativa de la UE se convirtió en un factor catalítico. El Parlamento Europeo —en uso de su nuevo rol en la formulación de la política de inversiones de la UE—, en su Resolución del 8 de julio de 2015, urgió a la Comisión a;

> "sustituir el mecanismo de resolución de litigios entre inversores y Estados por un nuevo sistema para resolver las diferencias entre los inversores y los Estados que esté sujeto a los principios y el control democráticos, en el que los posibles asuntos sean tratados de forma transparente por jueces profesionales, independientes y designados públicamente en audiencias públicas, y que incluya un mecanismo de apelación en el que se garantice la coherencia de las decisiones judiciales, se respete la jurisdicción de los tribunales de la UE y de los Estados miembros, y los intereses privados no puedan menoscabar los objetivos en materia de políticas públicas".[1]

Esta Resolución representa un hito fundamental dentro de un proceso más amplio, ya que la Comisión Europea había mostrado, desde 2010, indicios de su tendencia a la búsqueda de un mecanismo alternativo para la solución de las controver-

---

1 Resolución del Parlamento Europeo, de 8 de julio de 2015, que contiene las recomendaciones del Parlamento Europeo a la Comisión Europea relativas a las negociaciones de la Asociación Transatlántica de Comercio e Inversión (ATCI) (2014/2228). Diario de la Unión Europea C 265/35, de 11 del 8 de 2017, pp.35-47.

sias en materia de inversiones.[2] En el mismo sentido, el Parlamento venía analizando la propuesta desde 2011.[3]

Durante las negociaciones para alcanzar un acuerdo megarregional con EEUU, (acuerdo TTIP) la UE decidió realizar una consulta pública para recabar información sobre la protección de las inversiones y el sistema de solución de controversias entre inversores y Estados.[4] La consulta pública fue desarrollada entre el 27 de marzo de 2014 y el 13 de julio de

---

2 Comisión Europea, Comunicación de la Comisión al consejo, al Parlamento Europeo, al Comité Económico y Social Europeo y al Comité de las Regiones. Hacia una política global europea en materia de inversión internacional, COM (2010)343 final, 7 de julio de 2010.

3 Resolución del Parlamento Europeo, 6 de abril de 2011, sobre la futura política europea en materia de inversiones extranjeras (2010/2203(INI)). Diario de la Unión Europea C 296/34, de 12 del 10 de 2012, pp.36-42. Asimismo, El Comité de Comercio Internacional del Parlamento Europeo encargó una serie de estudios a expertos para analizar la cuestión en profundidad: KUIJPER P., PERNICE I., HINDELANG S. KINNEAR M., SCHWARZ M., REULING M. Workshop Investor-State Dispute Settlement (ISDS) Provisions in the EU´s International Investment Agreements, Volume 1. European Parliament, Directorate General for External Policies, EXPO/B/INTA/2014/08-09-10. September 2014 https://www.europarl.europa.eu/RegData/etudes/STUD/2014/534979/EXPO_STU%282014%29534979_EN.pdf KUIJPER P., PERNICE I., HINDELANG S.., SCHWARZ M., REULING M. Workshop Investor-State Dispute Settlement (ISDS) Provisions in the EU´s International Investment Agreements, Volume 2. European Parliament, Directorate General for External Policies. EXPO/B/INTA/2014/08-09-10. September 2014 https://op.europa.eu/en/publication-detail/-/publication/5108db7a-770a-4326-bbaa-4a7bba89f07d.

4 En junio de 2013, el Consejo autorizó por unanimidad a la Comisión Europea a negociar el TTIP. Las directrices de negociación indicaron que el acuerdo debía incluir la protección de las inversiones y la solución de diferencias entre inversores y Estados a condición de que el resultado final responda a los intereses de la UE. Para conocer si los intereses de la UE estarían conformes, la Comisión accionó una serie de estrategias para analizar la conveniencia o no de incluir la ISDS en los acuerdos comerciales y de inversión.

2014[5] y lanzó un planteamiento potencial para la solución de las controversias que difería sustancialmente del sistema ISDS acogido en otros acuerdos comerciales anteriores. La UE acudía a la opinión pública para saber si el nuevo enfoque de la solución de controversias "permitiría alcanzar el adecuado equilibrio entre la protección de los inversores y la salvaguardia del Derecho de la UE y de los Estados miembros a regular en interés público".[6] La Comisión recibió casi 150.000 respuestas que revelaban el encendido debate y preocupación existentes en la materia, ya que nunca antes se habían recibido tal cantidad de respuestas en una consulta pública. Los resultados de la consulta llevaron a un proceso de reflexión en el seno de las tres instituciones europeas (Comisión, Consejo y Parlamento), así como a un obligado diálogo entre las mismas, y una fuerte apuesta por promover la comunicación con los representantes de la sociedad civil y las empresas.[7]

---

5 Online public consultation on investment protection and investor-to-state dispute settlement (ISDS) in the Transatlantic Trade and Investment Partnership Agreement (TTIP): http://trade.ec.europa.eu/consultations/index.cfm?consul_id=179 KOPRIVICA, A. Online Public Consultation on Investment Protection and ISDS Dispute Settlement in the TTIP, 9th April 2014, *MPG PURE* (publication repository of the Max Planck Society). MARQUIS, L. The evolution of the EU investment policy..., *op. cit.*, p.229.

6 Comisión Europea, Informe Consulta pública en línea sobre la protección de las inversiones y la solución de diferencias entre inversores y Estados en el Acuerdo de la Asociación Transatlántica de Comercio e Inversión (ATCI), Bruselas, 13 de enero de 2015. SWD(2015)3 draft. p.3 https://trade.ec.europa.eu/doclib/docs/2015/march/tradoc_153304.pdf.

7 Resolución del Parlamento Europeo, de 8 de julio de 2015, que contiene las recomendaciones del Parlamento Europeo a la Comisión Europea relativas a las negociaciones de la Asociación Transatlántica de Comercio e Inversión (ATCI), p.9. PANTALEO, L. Lights and Shadows of the TTIP Investment Court System. En L. PANTALEO, W. DOUMA, T. TAKÁCS, (eds.). Tiptoeing to TTIP: What Kind of Agreement for What Kind of Partnership. CLEER Paper. 2016, 1/2016, T.M.C. Asser Institute, pp.77-92. REINISCH, A. The European Union and Investor-State Dispute Settlement: From Investor-State

El primer documento que materializó los resultados de la consulta pública fue el documento denominado "*Concept Paper Investment in TTIP and beyond -the path for reform enhancing the right to regulate and moving from current ad hoc arbitration towards an Investment Court*"[8], de mayo de 2015 (en adelante *Concept Paper 2015*). Dicho documento no sustituye el arbitraje por un sistema de judicialización puro, pero prevé la creación de un mecanismo de apelación y una lista de adjudicadores potencialmente utilizada por las partes en la disputa. Este documento expresa una idea inicial de creación de un sistema permanente para la solución de las controversias y considera, desde sus cimientos, que tal sistema debería tener una proyección multilateral.

En virtud del vigoroso debate público sobre la protección de las inversiones y el ISDS, el derecho a regular se convirtió en una preocupación esencial en la agenda de reforma del ISDS de la UE. El derecho a regular es un elemento clave en la estabilidad democrática de la UE. Por ello, el impacto del ISDS sobre la potencial limitación del genuino ejercicio del poder regulatorio constituyó un pilar fundamental en la elaboración de la propuesta de reforma. El Parlamento dejó claro que la

---

Arbitration to a Permanent Investment Court. Investor-State Arbitration. Series, 2016, Paper No. 2, Centre for International Governance Innovation, p.8 y ss. SCHILL, S. Editorial: Five Times Transparency in International Investment Law. Special Issue: The Anatomy of the (Invisible) EU Model BIT; EU Commission's Public Consultation on TTIP; UNCITRAL Rules on Transparency; Freedom of Information Acts; Off to New Shores... *Journal of World Investment & Trade.* 2014, 15(3), pp.363-374. SQUATRITTO, T. The Democratizing Effects of Transnational Actors´Access..., *op. cit.*, p.604.

8 European Commission Concept paper "*Investment in TTIP and beyond –the path for reform. Enhancing the right to regulate and moving from current ad hoc arbitration towards an Investment Court*", 5 May 2015. https://trade.ec.europa.eu/doclib/docs/2015/may/tradoc_153408.PDF Traducción (UE): La inversión en la ATCI y más allá: la senda de la reforma. Mejora del derecho a legislar y evolución desde el actual arbitraje A*d hoc* hacia un tribunal de inversiones.

protección del derecho a regular es un componente clave en el ejercicio de la autonomía de la UE y constituye un objetivo primordial, junto con la estabilidad y predictibilidad del sistema (características derivadas de la permanencia) en el desarrollo de un nuevo modelo de ISDS.[9]

De este modo, los acontecimientos del 2015 (el resultado de la consulta pública, el *Concept Paper 2015* y la Resolución del Parlamento Europeo) marcaron el resultado final de un proceso analítico interno. Todo ello germinó en un desarrollo del posicionamiento de la UE en su acción exterior. Por consiguiente, puede considerarse que entre los años 2010-2015 la UE realizó pasos graduales, metódicos y estratégicos en el proceso hacia la judicialización de la solución de controversias sobre inversiones. Por el contrario, a partir del 2015, un fuerte dinamismo caracterizó la actuación de la UE en esta materia —en especial en sus relaciones con terceros Estados— impactando vigorosamente en la gobernanza global.[10]

---

9 Las preocupaciones sobre el sistema no eran exclusivas de la UE, y por tanto su accionar vanguardista la colocó en una posición de liderazgo en la materia, a nivel multilateral. ROBERTS, A., BOURAOUI Z., UNCITRAL and ISDS Reforms: What are States' Concerns?, EJIL TALK! 5 June 2018. POLLACK, M. The New, New Sovereigntism, or How the European Union Became Disenchanted with International Law and Defiantly Protective of Its Domestic Legal Order. En Ch. GIORGETTI, G. VERDIRAME, *Whither the West? International Law in Europe and the United States*. Cambridge: Cambridge University Press, 2021, pp.73-112. CAPLAN, L. ISDS Reform and the Proposal for a Multilateral Investment Court. *Berkeley J. Int'l L.*, 2019, vol. 37, pp.207-2013. GÁSPÁR-SZILAGYI, G. Transparency, Investment Protection and the Role of ..., *op. cit.*, p.371.

10 FACH GÓMEZ, K. Unión Europea e inversiones internacionales: el futuro de los mecanismos de solución de inversor-Estado. *Revista Española de Derecho Internacional*. 2017, 69 (1), pp.295-302. TITI, C. EU investment agreements and the search for new balance: A paradigm shift from laissez faire liberalism toward embedded liberalism? *Columbia FDI Perspectives*. No.86, 17th January 2013. CREMONA, M. A Quiet Revolution: The Common Commercial Policy

3.1.1. La judicialización del ISDS como objetivo estratégico en la Acción Exterior de la UE.

La emergencia de la política de inversiones internacionales de la UE y su posicionamiento de cara al exterior son un fenómeno reciente que, como tal, continúa sorteando infinidad de obstáculos. Pese a la inestabilidad en la concreción de una estrategia definida, la fortaleza de la UE en su rol de actor global está relacionada con su capacidad de diseminar normas y valores, lo que la convierte en una "potencia normativa", generadora y reformista de reglas en la escena internacional.[11] Consecuentemente, las dificultades no han mermado el enfoque específico que la UE ha desarrollado con respecto a la protección de inversiones y al mecanismo de solución de controversias en esta materia.

De un modo particular, la participación de la UE en mecanismos de solución de controversias internacionales encaja perfectamente con el esquema teleológico que inspira su acción exterior. Esta participación se ve alentada por concretas disposiciones de su marco normativo y constitucional. Por ejemplo, al referirse a los fines y objetivos para los que la UE ha sido creada, el artículo 3(5) del TUE establece lo siguiente:

Six Years after the Treaty of Lisbon. Swedish Institute for European Policy Studies, 2017, No. 2, p.22. Este cambio forma parte de una modernización más amplia de la PCC, con un impacto especial en su dimensión exterior.

11 MANNERS, I. Normative Power Europe: A Contradiction in Terms? *Journal of Common Market Studies*. 2002, 40(2), 235-58. DOI: https://doi.org/10.1111/1468-5965.00353. SVOBODA, O. UNCITRAL Working Group III and Multilateral Investment Court..., *op. cit.*, p.107. SANGIUOLO, G. An international court system for..., *op. cit.*, p.274. DE RIDDER, M. et alt. Authority, Legitimacy and the Rule of Law in EU Trade Policy..., op. cit., p.40. WESSEL, R., LARIK, J. EU External Relations Law. Text, Cases and Materials. (2nd Ed.). Oxford, NY: Hart, 2020, p.2.

> En sus relaciones con el resto del mundo, la Unión afirmará y promoverá sus valores e intereses y contribuirá a la protección de sus ciudadanos. Contribuirá a la paz, la seguridad, el desarrollo sostenible del planeta, la solidaridad y el respeto mutuo entre los pueblos, el comercio libre y justo, la erradicación de la pobreza y la protección de los derechos humanos, especialmente los derechos del niño, así como al estricto respeto y al desarrollo del Derecho internacional, en particular el respeto de los principios de la Carta de las Naciones Unidas.

Asimismo, el artículo 21(1) del TUE, que dota a la UE de una acción exterior de matriz constructivista[12], afirma que:

> La acción de la Unión en la escena internacional se basará en los principios que han inspirado su creación, desarrollo y ampliación y que pretende fomentar en el resto del mundo: la democracia, el Estado de Derecho, la universalidad e indivisibilidad de los derechos humanos y de las libertades fundamentales, el respeto de la dignidad humana, los principios de igualdad y solidaridad y el respeto de los principios de la Carta de las Naciones Unidas y del Derecho internacional.

A pesar de que el cambio de un sistema de solución de controversias *Ad hoc* a un sistema de carácter permanente (como lo es el sistema de cortes de inversión) podría parecer, en un primer momento, un cambio radical para la UE, lo cierto es que la judicialización es una estrategia ampliamente asentada en su más amplia tendencia a promover este fenómeno en su acción exterior.[13]

---

12 MALLO, T. SANAHUJA, J.A.(coords.) *Las Relaciones de la Unión Europea con America Latina y el Caribe.* Madrid: Fundación Carolina/ Siglo XXI. 2011, p.11.

13 La UE ha mantenido esta tendencia en otras áreas tales como el Comercio Internacional, el Derecho del Mar, el Derecho Internacional de los Derechos Humanos o, más recientemente, el Derecho Penal Internacional. SVOBODA, O. EU Reform Agenda in Defence of the Judicialization of International Economic Law..., *op. cit.* PEREZ DE LAS HERAS, B. The European Union in international investment governance..., *op. cit.*, p.82 y ss. MARQUIS, L. The evolution of the EU investment policy..., *op. cit.*, p.230.

Los principios y valores constitucionales que orientan la acción exterior de la UE justifican su tendencia a una promoción sostenida de la judicialización como forma de solución de las controversias internacionales. Dado el lineamiento de este mecanismo con el principio del Estado de Derecho, al liderar ahora esta tendencia a la judicialización de las controversias sobre inversión internacional, la UE cumple con sus objetivos internos al tiempo que asume un papel protagonista en la escena internacional actuando como promotor, cumplidor y ejecutor del Estado de Derecho.[14]

Otro paradigma característico de la acción exterior de la UE es el multilateralismo. Por consiguiente, la UE ha asumido, desde un principio, un fuerte compromiso con su propósito de "multilateralizar" el debate sobre la reforma del sistema ISDS. Por este motivo, la propuesta de judicialización elaborada por la UE incorporaba en sus cimientos el germen multilateral. En efecto, en noviembre de 2013, la Comisión manifestaba en uno de sus documentos internos lo siguiente:

> "La UE puede servirse de las lecciones aprendidas acerca de cómo el sistema de arbitraje ha funcionado hasta la fecha, teniendo en cuenta además los 1.400 acuerdos vigentes en los Estados miembros en materia de protección de la inversión, a fin de introducir cambios en el sistema de protección de la inversión. Gracias a su peso económico en todo el mundo, la UE está en una posición fuerte para convencer a sus socios comerciales de la necesidad de establecer normas más claras y mejores. La mejor manera de hacerlo consiste en entablar negociaciones **bilaterales** con terceros países. También tene-

---

14 HILLION, C., WESSEL, R. The European Union and international dispute settlement ..., *op. cit.*, p.23. BROWN, C. The 3d Vienna Investment Arbitration debate: The European Union´s approach to Investment Dispute Settlement, 22 junio 2018, http://trade.ec.europa.eu/doclib/docs/2018/july/tradoc_157112.pdf. STOLL, P.T. International Investment Law and the Rule of..., op. cit., p.280. WESSEL, R., LARIK, J. The European Union as a Global Legal..., op. cit., p.26.

> mos la posibilidad de influir en el contexto **multilateral**, por ejemplo, mediante la Comisión de las Naciones Unidas para el Derecho Mercantil Internacional (CNUDMI), donde hemos elaborado nuevas normas sobre la transparencia que van más allá de los propios acuerdos de inversión de la UE."[15]

La proyección multilateral de la reforma se ve reflejada en el lanzamiento de la propuesta de judicialización del sistema ISDS, ya que en el *Concept Paper 2015* se alude también a la multilateralización.[16] En dicho documento la Comisión indicó que, paralelamente al proceso de reforma emprendido en las negociaciones bilaterales de la UE, deberían comenzar los trabajos sobre el establecimiento de un sistema multilateral para la resolución de litigios internacionales en materia de inversión.

Finalmente, la elección de UNCITRAL como el foro apropiado para el debate multilateral de esta reforma, encuentra sus fundamentos en la misma orientación de la acción exterior de la UE. Así, los ya mencionados artículos 3(5) y 21 (1) del TUE, enfatizan la relevancia de la Carta de Naciones Unidas y el cumplimiento del Derecho Internacional. Estos principios estructuran sus relaciones exteriores de la UE al mismo tiempo que configuran su identidad internacional.[17] La UE hace eco

---

15 Comisión Europea, Ficha informativa Protección De la inversión y solución de controversias entre inversor y Estado en los acuerdos de la UE. Noviembre 2013. http://www.sice.oas.org/TPD/USA_EU/Studies/tradoc_151991_Investment_s.pdf p.2 PANTALEO, L. *The Participation of the EU in International Dispute Settlement. Lessons from EU Investment Agreements.* The Hague: Springer, 2019, pp.96-97.

16 European Commission Concept paper "*Investment in TTIP and beyond – the path for reform*, p.11.

17 SVOBODA, O. Uncitral Working Group III and Multilateral Investment Court..., *op. cit.*, pp.109-110.

de su poder normativo al promover un orden internacional basado en reglas.[18]

A pesar de la existencia de una estrategia firme y un objetivo claro por parte de la Comisión en cuanto al desarrollo de la tendencia a la judicialización de la solución de controversias sobre inversiones, las discordantes fuerzas internas impidieron —durante un largo período— el equilibrio necesario para avanzar en la dimensión exterior. En tanto que la Comisión y el Parlamento impulsaban la innovación en la solución de controversias para las inversiones, el Consejo esbozaba una dirección mucho más cercana al sistema tradicional de ISDS.[19] Esta falta de acuerdo

---

18 SVOBODA, O. EU Reform Agenda in Defence of the Judicialization of International Economic Law, Euopean Foreign Affairs Review. 2020, 25 (2), pp.177-196. STOLL, P.T. International investment law and the rule of ..., op. cit., p.276. SCHILL, S. Editorial: US versus EU Leadership in Global Investment Governance. *The Journal of World Investment & Trade.* 2016, 17(1), p.3. HEGDE, V. The Judicialisation of International Investment Law: The European Union's Efforts in Addressing the Legitimacy Crisis [en línea]. *Reconnect Europe,* 3 diciembre 2020.

19 BROWN, C., The First 10 Years of the European Union's Policy on Investment Dispute Settlement: From Initial Reforms to the Multilateral Investment Court. En M. HAHN, G. VAN DER LOO, *Law and Practice of the Common Commercial Policy.* Leiden, The Netherlands: Brill | Nijhoff, 2020, pp.73-97, en particular p.88. En las Directivas de negociación iniciales puede verse que la inclusión de ISDS en los acuerdos era un tema de alta sensibilidad política, que incluso motivó la pausa de las negociaciones y la consulta pública de 2014. Una postura conservadora del Consejo de la UE queda reflejada en: Council Decision of 9 October 2014 (11103/13 DCL 1) declassifying the negotiating directives for the Transatlantic Trade and Investment Partnership between the European Union and the United States of America, par.22. LAVRANOS, N. The Remaining Decisive Role of Member States in Negotiating and Concluding EU Investment Agreements. En M. BURGENBERG, A. REINISCH, C. TIETJE. *EU and Investment Agreements.* Baden-Baden: Nomos Verlagsgesellschaft, 2013, pp.165-168.CREMONA, M. A Quiet Revolution: The Common Commercial..., *op. cit.,* p.7. La Comisión juega un rol estratégico en la delineación de la política internacional de inversiones, pero sus interlocutores incluyen

impedía la elaboración de una propuesta de reforma holística y ralentizaba el desarrollo de la estrategia vanguardista. En este sentido, los obstáculos existentes para que la UE materialice su propuesta de judicialización no provienen solamente del proceso multilateral y su complejo procedimiento, sino también de las importantes tensiones —jurídicas y políticas— que se suscitan en el propio seno de la UE y han generado incertidumbre sobre el resultado final de la propuesta de reforma.

3.1.2. Los sistemas de cortes de inversiones: el CETA como modelo de experimentación.

El germen del multilateralismo en la propuesta de reforma del ISDS por parte de la UE, nacía junto con el desarrollo de su estrategia bilateral. En el Borrador del Acuerdo TTIP, publicado por primera vez en noviembre de 2015, se introdujo una "cláusula puente". El artículo 12 establecía, a este respecto, lo siguiente:

> "Multilateral dispute settlement mechanisms. Upon the entry into force between the Parties of an international agreement providing for a multilateral investment tribunal and/or a multilateral appellate mechanism applicable to disputes under this Agreement, the relevant parts of this section shall cease to apply. The [] Committee may adopt a decision specifying any necessary transitional arrangements." [20]

---

ahora al Parlamento y al Consejo (en virtud del cambio operado a partir del Tratado de Lisboa).

20 *"Mecanismos multilaterales de solución de controversias. A partir de la entrada en vigor entre las Partes de un Acuerdo Internacional que establezca un tribunal multilateral de inversiones y/o un mecanismo de apelación multilateral para las disputas derivadas de este Acuerdo, las partes relevantes de esta sección cesarán de ser aplicadas. El [] Comité puede adoptar una decisión especificando cualquier acuerdo transicional que fuera necesario."* (Traducción propia). Artículo 12 Propuesta de la Unión Europea en el contexto del TTIP–12 de Noviembre de 2015 disponible en

Las características esenciales esbozadas en este borrador del acuerdo TTIP dieron origen a lo que posteriormente fue denominado el "sistema de cortes de inversión" (*investment court system*) de la UE. Dicho modelo comenzó a ejercer su influencia en las negociaciones de la UE con terceros Estados. Esta tuvo que decidir entonces el modo de gestionar sus negociaciones con Canadá y Vietnam, contemporáneas al TTIP.[21]

Las negociaciones del CETA estaban ya cerradas y en fase de escrutinio, pero la consulta pública realizada por la UE en 2014 se había realizado sobre la base de las disposiciones ISDS anteriores. Como consecuencia del debate suscitado sobre la protección de inversiones, dichas disposiciones corrían el riesgo de no ser consideradas políticamente en la misma línea de protección propuesta en el TTIP.[22] Por ello, se decidió incluir el sistema de cortes de inversiones en el CETA.[23] Aunque

---

https://trade.ec.europa.eu/doclib/docs/2015/november/tradoc_153955.pdf.

21 Paralelamente se desarrollaban también negociaciones con la Rep. de Singapur pero el proyecto de Cortes de Inversión fue retrasado en virtud de la consulta preliminar pendiente. Dictamen 2/15, de 16 de mayo de 2017, C-2/15, EU:C:2017:376. DIETZ, T., DOTZAUER, M. & COHEN, E. The legitimacy crisis of investor-state arbitration and the new EU investment court system. *Review of International Political Economy*, 2019, no. 26(4), p. 750. PASCUAL VIVES, F. La Unión Europea y el Arbitraje de Inversión en CETA y TTIP. *Revista Española de Derecho Internacional*, 2017, 69 (1), pp.287-294.

22 BROWN, C., The First 10 Years of the European Union's Policy ..., *op. cit.*, p.91. TREW, S. Correcting the democratic deficit in the CETA negotiations: Civil society engagement in the provinces, municipalities, and Europe. *International Journal*, 2013, 68(4), pp.573-574. Las negociaciones del CETA eran seguidas minuciosamente tanto por la sociedad civil, como por grupos municipales y provinciales tanto de la UE como de Canadá, con fluida interrelación entre sí, por lo que las decisiones sobre el modo de incluir la protección de inversiones serían profundamente estudiadas.

23 Un futuro tribunal multilateral de inversiones. Comisión Europea, Zona de prensa, 13 de diciembre de 2016. https://ec.europa.eu/commission/presscorner/detail/es/MEMO_16_4350 . LENK, Hannes. An Investment Court

este socio comercial no recibió entusiásticamente la propuesta inicial de cambiar el tradicional sistema ISDS por un nuevo sistema de carácter judicial o cuasi-judicial[24], diversos factores (entre los que destacan el cambio de gobierno y, con ello, una ideología más proactiva hacia el multilateralismo)[25] posibilitaron un cambio de rumbo. Canadá se convirtió no solamente en un importante socio en el marco de las relaciones comerciales bilaterales sino también en un copartícipe estratégico en la creación de un dinamismo encaminado al establecimiento de un tribunal multilateral de inversiones.[26]

También a nivel interno se produjo un giro fundamental, ya que en el marco de los debates sobre la celebración del CETA, los gobiernos de la UE reunidos en el Consejo, aprobaron una declaración sobre el tribunal multilateral de inversiones:

System for the New Generation of EU Trade and Investment Agreements: A Discussion of the Free Trade Agreement with Vietnam and the Comprehensive Economic and Trade Agreement with Canada. European Papers-A Journal on Law and Integration, 2016, Nro.2, pp.665-677.

24 Entrevista de la autora a Miembro de la Comisión Europea, diciembre 2017.

25 BASSETS, M. El nuevo Trudeau impulsa el cambio en Canadá, *El País,* 20 octubre 2015, https://elpais.com/internacional/2015/10/20/america/1445370249_628024.html.

26 Sobre el desarrollo de la relación UE- Canadá a través del acuerdo megarregional ver LÉVESQUE, C. The Challenges of "Marrying" Investment Liberalisation and Protection in the Canada-EU CETA. En M. BURGENBERG, A. REINISCH, C. TIETJE. *EU and Investment Agreements.* Baden-Baden: Nomos Verlagsgesellschaft, 2013, pp.121-144. PASCUAL VIVES, F. La Unión Europea y el Arbitraje de Inversión en ..., *op. cit.*, p.287 y ss. HOWSE, R. Designing a Multilateral Investment Court: Issues and Options. *Yearbook of European Law,* 2017, 36, pp.209-236, en particular p.209. PUCCIO, L., HARTE, R. From arbitration to the Investment Court System (ICS): The evolution of CETA rules. European Parliament Research Services, 2017. PE607.251. HOWSE, R. International Investment Law and Arbitration: A Conceptual Framework. En H. RUIZ-FABRI, E. STOPPIONI (eds.) *International Law and Litigation.* Nomos Verlagsgesellschaft, 2019, pp.363-446.

> "El Consejo apoya, por otra parte, a la Comisión Europea en su voluntad de trabajar con vistas al establecimiento de un tribunal multilateral de inversiones, que sustituirá al sistema bilateral establecido por el AECG, una vez que se establezca, y de conformidad con el procedimiento previsto en el AECG".[27]

Complementariamente, la UE y Canadá adoptaron un instrumento interpretativo conjunto en el que se establecía lo siguiente:

> «Por consiguiente, el AECG representa un cambio importante y radical en las normas de inversión y la solución de diferencias. Establece las bases para seguir desarrollando con el esfuerzo multilateral este nuevo planteamiento sobre la solución de diferencias en materia de inversiones por parte de un tribunal multilateral sobre inversiones. La UE y Canadá trabajarán con diligencia con vistas a la creación de dicho tribunal multilateral sobre inversiones, que deberá crearse una vez exista una masa crítica de participantes y deberá sustituir inmediatamente a los sistemas bilaterales como el del AECG y estar plenamente abierto a la adhesión de cualquier país que suscriba los principios de base».[28]

El tándem UE-Canadá asumió esta propuesta transformadora del régimen internacional de inversiones y fue utilizando las diversas instancias multilaterales para impulsar el debate en torno a la creación de un mecanismo de solución de controversias de carácter permanente. El ímpetu del tándem UE-Canadá

---

[27] Consejo (UE). Acuerdo Económico y Comercial Global (AECG) entre Canadá, por una parte, y la Unión Europea y sus Estados miembros, por otra–Declaraciones para el acta del Consejo. 13463/1/16, 27 de octubre de 2016, p.28. https://data.consilium.europa.eu/doc/document/ST-13463-2016-REV-1/es/pdf.

[28] Consejo de la Unión Europea. Instrumento interpretativo conjunto sobre el Acuerdo Económico y Comercial Global (AECG)entre Canadá y la Unión Europea y sus Estados miembros. (OR. en) 13541/16, 27 de octubre de 2016 https://data.consilium.europa.eu/doc/document/ST-13541-2016-INIT/es/pdf.

por movilizar una masa crítica de Estados para la reforma multilateral del ISDS quedó reflejado en diversas iniciativas. En julio de 2016, la UE y Canadá co-presidieron una sesión externa en el UNCTAD´s *World Investment Forum* en Nairobi, Kenya.[29] En octubre 2016, la UE y Canadá co-presidieron intercambios técnicos en la OCDE -*Treaty Dialogue* en Paris.[30] En diciembre de 2016, la UE y Canadá fueron co-anfitriones de un encuentro de expertos intergubernamental realizado en Ginebra (en presencia de políticos de más de 40 países).[31] En enero de 2017, la Comisaria Mälstrom y el Ministro de Comercio Exterior co-presidieron un encuentro informal ministerial en el contexto del *World Economic Forum* en Davos.[32] Paralelamente a estos encuentros, la UE promovía frecuentemente discusiones informales sobre la temática en cada ocasión posible.[33]

Además de avanzar en el debate sobre la posible creación de un Tribunal Multilateral de Inversiones, los Estados debatían cuál sería el mejor foro para encauzar adecuadamente dichas deliberaciones. Se barajaron diversas opciones: el CIADI,

---

29 The Multilateral Investment Court Project. *European Commission News archive*, 21 December 2016 (updated on July 2021) http://trade.ec.europa.eu/doclib/press/index.cfm?id=1608.

30 *Ibíd.* Documento del debate copatrocinado https://bit.ly/3er4c8U .

31 *Ibíd.* European Commission, Canada, Expert meeting, Discussion paper Establishment of a multilateral investment dispute settlement system, https://bit.ly/3wGqcmE.

32 *Ibíd.* European Commission & Government of Canada, The Case for Creating a Multilateral Investment Dispute Settlement Mechanism, Informal Ministerial Meeting, World Economic Forum, Davos- Switzerland, 20 January 2017 https://bit.ly/3ij1rrp.

33 Sin embargo, estos encuentros también reforzaban las coaliciones de aquellos Estados que se oponían a la propuesta. SVOBODA, O. UNCITRAL Working Group III and Multilateral Investment Court..., op. cit., p.110. GÁSPÁR-SZILAGYI, G. Quo Vadis EU Investment Law and Policy..., op. cit., p. 170.

UNCTAD, OCDE, OMC, entre otros.[34] Finalmente, en julio 2017, la Asamblea General de la Comisión de las Naciones Unidas para el Derecho Mercantil Internacional, en su 50° período de sesiones confirió un mandato para que el Grupo de Trabajo III analizara la reforma del sistema ISDS.[35]

3.2. UNCITRAL: UN FORO MISCELÁNEO PARA LA MULTILATERALIZACIÓN DE LA REFORMA ISDS.

UNCITRAL fue establecido por la Asamblea General de las Naciones Unidas en su Resolución 2205 (XXI), de 17 de diciembre de 1966. Cumple una función importante en el desarrollo del marco jurídico para facilitar el comercio y la inversión internacionales. En cumplimiento de su mandato, promueve la armonización y modernización progresivas del Derecho de comercio internacional mediante la preparación y el fomento de la utilización y adopción de instrumentos le-

---

[34] Algunas de estas organizaciones, a pesar de tener una amplia influencia en materia de inversiones, son objeto de algunos prejuicios por parte de la comunidad internacional. UNCTAD sería un panel de expertos viable, pero con escasa capacidad de decisión gubernamental, OCDE es considerada poco inclusiva para algunos Estados, y la organización ha quedado estigmatizada por el fracaso de las negociaciones de un Acuerdo Multilateral de Inversiones de los años noventa. ROBERTS, A. Incremental, Systemic and Paradigmatic Reform of Investor-State Arbitration, 112 *American Journal of International Law*, 2018, pp.410-433, en particular p.426. HOFFMEISTER, F., ÜNÜVAR, G. From BITS and pieces towards European investment agreements. En M. BURGENBERG, A. REINISCH, C. TIETJE. *EU and Investment Agreements*. Baden-Baden: Nomos Verlagsgesellschaft, 2013, pp.57-85, en particular p.78.

[35] CNUDMI, 50° período de sesiones, Informe de la Comisión de las Naciones Unidas para el Derecho Mercantil Internacional, A/72/17, p.42 https://undocs.org/es/A/72/17.

gislativos y no legislativos en diversos temas claves del Derecho Mercantil internacional.[36]

La Comisión de UNCITRAL lleva a cabo su labor en períodos de sesiones anuales, que se celebran en años alternos en la sede de las Naciones Unidas en Nueva York y el Centro Internacional de Viena. La Comisión establece Grupos de Trabajo para el análisis y la deliberación sobre temas concretos. Los Grupos de Trabajo se reúnen generalmente uno o dos períodos de sesiones al año, en función de los temas que figuren en su agenda. El lugar de celebración alterna entre Nueva York y Viena.[37]

La pluralidad de los Grupos de Trabajo es una garantía de UNCITRAL, ya que además de los Estados Miembros se invita a participar en las deliberaciones a Estados que no son miembros y a organizaciones internacionales universales y regionales interesadas, teniendo así estos actores ocasión de contribuir intensamente a la labor de los Grupos de Trabajo. En las deliberaciones de este foro participan oficiales estatales (asesores, legisladores, ministros, etc.), personal consular y diplomático, académicos, miembros de ONG, abogados privados, practicantes del arbitraje, etc. La mayoría de las decisiones se adoptan por consenso. Los proyectos de texto que se preparan son, posteriormente, sometidos a consideración de la Comisión, quien

---

36 FARNSWORTH, E. Allan. UNCITRAL-Why? What? How? When?. *The American Journal of Comparative Law*, 1972, pp.314-322.

37 COMISIÓN DE LAS NACIONES UNIDAS PARA EL DERECHO MERCANTIL INTERNACIONAL, La guía de la CNUDMI: Datos básicos y funciones de la Comisión de las Naciones Unidas para el Derecho Mercantil Internacional, Naciones Unidas, Viena, 2007, p.1. NACIONES UNIDAS, Comision de las Naciones Unidas para el Derecho Mercantil Internacional [en línea], disponible en https://uncitral.un.org/es/about.

será la encargada de darles forma definitiva y aprobarlos en su período de sesiones anual.[38]

La UE no es un "Miembro" de UNCITRAL pero participa en sus trabajos con estatuto de observador. Esta situación no le impide utilizar la normativa de UNCITRAL en sus acuerdos; por ejemplo, recurriendo a las Reglas de Arbitraje de UNCITRAL.[39] En este contexto, el foro de UNCITRAL fue considerada la mejor de las opciones para el planteamiento de la reforma del ISDS teniendo en cuenta sus características de transparencia, inclusión y accesibilidad.[40]

---

38 CNUDMI, *El abecé de la CNUDMI*, V.04-58777, Austria, 2004, p.2 https://uncitral.un.org/sites/uncitral.un.org/files/media-documents/uncitral/es/uncitral-leaflet-s.pdf COMISIÓN DE LAS NACIONES UNIDAS PARA EL DERECHO MERCANTIL INTERNACIONAL, La guía de la CNUDMI..., *op. cit.*, pp.3-5.

39 HOFFMEISTER, F., ÜNÜVAR, G. From BITS and pieces towards..., *op. cit.*, p.78. El Estado de observador que posee la UE en UNCITRAL se asemeja a la condición de Miembro, en tanto que tiene capacidad para presentar propuestas e influir de este modo en las decisiones que se adopten. PEREZ BERNARDEZ, M. Las relaciones de la Unión Europea con organizaciones internacionales: análisis jurídico de la práctica institucional. (tesis doctoral). Universidad Complutense de Madrid, 2015, p.347.

40 Los informes de los encuentros de todas las sesiones de los grupos de trabajo son accesibles online, así como también las sesiones -que son grabadas y pueden ser escuchadas abiertamente a través de la web de UNCITRAL-. Las organizaciones internacionales están involucradas y existen también dos grupos (Academic Forum y Practitioner´s Group) que asisten al Grupo de Trabajo en cuestiones técnicas o de investigación. Ver https://uncitral.un.org/es/working_groups/3/investor-state ZELAZNA, E. The EU's Reform of the Investor-State Dispute Resolution System: A Bilateral Path towards a Multilateral Solution. Geneva Jean Monnet Working Papers, 2019, Nro. 06/2019, p.11.

3.2.1. UNCITRAL y la gobernanza de las inversiones internacionales.

Gran parte de la compleja estructura de normas jurídicas y acuerdos internacionales que rigen las relaciones comerciales son fruto de prolongadas y minuciosas consultas y negociaciones, organizadas, en muchas ocasiones, por UNCITRAL.[41] Por este motivo, a lo largo del tiempo, UNCITRAL se ha posicionado como uno de los centros normativos de mayor relevancia para la gobernanza transnacional económica, con importantes repercusiones en materia de inversiones.[42] Baste mencionar la importancia que poseen las Reglas de Arbitraje de UNCITRAL, el Reglamento sobre la Transparencia en los Arbitrajes entre Inversionistas y Estados en el Marco de un Tratado o la Convención de las Naciones Unidas sobre la Transparencia en los Arbitrajes entre Inversionistas y Estados en el Marco de un Tratado (Nueva York, 2014. "Convención de Mauricio sobre la Transparencia", en adelante Convención Mauricio).

Inicialmente, UNCITRAL no fue concebido como un foro para la gobernanza de las relaciones económicas entre Estados o para la gobernanza de las inversiones internacionales desde la perspectiva del Derecho Internacional Público. En su desarrollo, UNCITRAL ha sido un foro asociado con el Derecho Internacional Privado, centrado en la producción normativa de instrumentos para regir las relaciones transfronterizas de naturaleza privada.[43] Sin embargo, en materia de inversiones

---

41 CNUDMI, *El abecé de la CNUDMI ..., op. cit,* .p.2.

42 SHIRLOW, E. Dawn of a New Era? The UNCITRAL Rules and UN Convention on Transparency in Treaty-Based Investor-State Arbitration. ICSID Rev., 2016, 31 (3), pp.622-654.

43 SOUSA RODRIGUES, B. UNCITRAL and the Governance of International Investments. En A. GOURGOURINIS (ed.) *European Yearbook of International Economic Law Special Issue: Transnational Actors in International Investment Law.* Cham: Springer, 2020, pp.1-18, en particular p.7. ROBERTS, A. Incremental,

internacionales —y, en especial, en cuestiones de solución de conflictos entre inversionistas y Estados— la bifurcación entre Derecho Internacional Público y Derecho Internacional Privado adquiere unos contornos difusos.

En su 48° período de sesiones, celebrado en 2015, la Comisión señaló que la situación imperante en relación con el arbitraje entre inversionistas y Estados suscitaba varios problemas, ya que algunas organizaciones habían formulado propuestas de reforma. Se inició entonces un período de análisis y evaluación de cuestiones preliminares necesarias para examinar la conveniencia de plantear una reforma del sistema de solución de controversias entre inversionistas y Estados a nivel multilateral.

En su 49° período de sesiones, con el resultado del análisis presentado por la Secretaría de la Comisión[44] y tras un intenso debate, la Comisión solicitó a la Secretaría que estudiara la mejor forma de llevar adelante el proyecto de una reforma y que ampliara las consultas para poder tener en cuenta la opinión de todos los Estados y otras partes interesadas.[45]

Systemic and Paradigmatic ..., *op. cit.*, p.424. MOHAMADIEH, K. The Future of Investor-State Dispute Settlement Deliberated at UNCITRAL: Unveiling a Dichotomy between Reforming and Consolidating the Current Regime. *Investment Policy Brief*, 2019, South Centre 16, 2019, pp.1-14, en particular p.4.

44 CNUDMI, 49° período de sesiones, Solución de controversias comerciales: presentación de un documento de investigación sobre la Convención de Mauricio sobre la Transparencia en los Arbitrajes entre Inversionistas y Estados en el Marco de un Tratado como posible modelo para la introducción de nuevas reformas en materia de solución de controversias entre inversionistas y Estados, A/CN.9/890, https://undocs.org/sp/A/CN.9/890.

45 En especial, las formas en que el proyecto podía interactuar con otras iniciativas de la misma esfera, así como el formato y los procesos recomendables. Informe del Grupo de Trabajo III (Reforma del Sistema de Solución de Controversias entre Inversionistas y Estados) sobre la labor realizada en su 34° período de sesiones, A/CN.9/930/Rev.1, par. 1-4, https://undocs.org/es/A/CN.9/930/Rev.1 Es importante resaltar que en esta sesión, la inicia-

En su 50° período de sesiones, la Comisión obtuvo una recopilación de los trabajos para la labor futura en materia de solución de controversias[46], así como del posicionamiento de los Estados y organizaciones internacionales al respecto. Sobre estas bases, decidió encomendar al Grupo de Trabajo III un amplio mandato para trabajar en la posible reforma del sistema de solución de controversias entre inversionistas y Estados. El mandato establece que, en consonancia con los procesos de UNCITRAL el Grupo de Trabajo III:

> "velaría por que las deliberaciones, además de aprovechar la gama más amplia posible de conocimientos especializados de que dispusieran todos los interesados, fuesen dirigidas por los Gobiernos, se nutrieran con aportes de alto nivel de todos los Gobiernos, se basaran en el consenso y fueran plenamente transparentes. El Grupo de Trabajo procedería a) en primer lugar, a determinar y examinar las inquietudes relacionadas con la solución de controversias entre inversionistas y Estados; b) en segundo lugar, a evaluar si era deseable emprender una reforma a la luz de las inquietudes que se hubiesen detectado; y c) en tercer lugar, si el Grupo de Trabajo llegaba a la conclusión de que la reforma era deseable, a elaborar las soluciones pertinentes que cabría recomendar a la Comisión."[47]

---

tiva de abordar la temática de la reforma del ISDS en UNCITRAL no tuvo acogida favorable para la UE, por considerar que el foro estaba compuesto en mayor parte por practicantes del arbitraje, lo que podía menoscabar o influenciar la propuesta de reforma. ROBERTS, A. Incremental, Systemic and Paradigmatic ..., *op. cit.*, p.426.

46 Un informe relativo a los procesos paralelos en los arbitrajes internacionales (A/CN.9/915); otro informe sobre la ética en el arbitraje internacional (A/CN.9/916) y otro informe relativo a la reforma del régimen de solución de controversias entre inversionistas y Estados (A/CN.9/917).

47 CNUDMI, 50° período de sesiones, Informe de la Comisión de las Naciones Unidas para el Derecho Mercantil Internacional, A/72/17, https://undocs.org/es/A/72/17.

En virtud de este mandato, UNCITRAL aparece como un agente central en la formulación del régimen jurídico para la solución de disputas sobre inversiones. Aunque la reforma del ISDS es una temática que ha ocupado anteriormente otras instancias (nacionales y regionales), el debate multilateral ha quedado concentrado actualmente en este Grupo de Trabajo III. Uno de los factores influyentes en este sentido fue la exitosa labor desarrollada en la "Convención Mauricio", que elaboró una fórmula jurídica innovadora otorgando a UNCITRAL un claro reconocimiento en la producción de normas procedimentales sobre el Derecho Internacional de las inversiones.[48] Si bien este foro no se ha centrado históricamente en

---

[48] La Convención Mauricio permitió con su método aplicar las nuevas normas de transparencia a tratados ya vigentes anteriormente a dicha Convención. La fórmula resultó innovadora y jurídicamente revolucionaria. Su método flexible permite aplicar el Reglamento de la CNUDMI sobre la Transparencia en los Arbitrajes entre Inversionistas y Estados en el Marco de un Tratado, a tratados de inversiones aprobados antes del 1 de abril de 2014 cuando las partes en el tratado correspondiente acuerden aplicarlo. Convención de las Naciones Unidas sobre la Transparencia en los Arbitrajes entre Inversionistas y Estados en el Marco de un Tratado, artículo 1. https://uncitral.un.org/sites/uncitral.un.org/files/media-documents/uncitral/es/transparency-convention-s.pdf El Consejo de la Unión Europea autorizó formalmente a la UE a firmar la Convención Mauricio el 25 de junio de 2024. https://policy.trade.ec.europa.eu/news/council-approves-eu-signature-convention-transparency-dispute-settlement-2024-06-25_en?prefLang=es La ratificación de la UE es relevante, en tanto y en cuanto también abre la puerta a la ratificación de los Estados miembros de la UE. Los Estados Miembros de la UE son parte en alrededor de 1.200 tratados de inversión, cerca de la mitad del total mundial. Por consiguiente, cuando los Estados Miembros de la UE también la ratifiquen, la adopción de la Convención de Mauricio se expandirá enormemente. La ratificación de la UE también es importante porque la Convención Mauricio es el modelo para la reforma más amplia que se está negociando actualmente en UNCITRAL. ROBERTS, A. Incremental, Systemic and Paradigmatic ..., *op. cit.*, pp.425-426. TITI, C. Procedural Multilateralism and Multilateral Investment Court. En E FAHEY

la producción normativa con respecto a la gobernanza de las inversiones internacionales desde la perspectiva del Derecho Internacional Público, los términos del mandato encomendado al Grupo de Trabajo III sobre la reforma del ISDS reflejan un interesante cambio de paradigma.[49]

En los términos de mandato otorgado por la Comisión de UNCITRAL al Grupo de Trabajo III, se deja manifiesto que este grupo debe velar para que las deliberaciones sean "dirigidas por los Gobiernos, sean nutridas con aportes de alto nivel de todos los Gobiernos". Estas expresiones reflejan una transformación en el proceso de producción normativa, que se desvía claramente del tradicional análisis "*expert-led*" (liderado por expertos) y se orienta hacia un proceso "*government-led*" (liderado por gobiernos).[50] Este primer cambio revela el con-

---

(ed.) *Institutionalisation beyond the Nation State: Transatlantic Relations – Data Privacy and Trade Law.* Cham: Springer, 2018, pp.149-164.

49 La implicancia de UNCITRAL en el derecho internacional de las inversiones ha ocurrido de un modo casi accidental: su mayor implicancia viene dada por las Reglas de Arbitraje de UNCITRAL, ampliamente utilizadas en el arbitraje entre inversionistas y Estados, pero no formuladas inicialmente con ese objetivo. Dichas reglas fueron formuladas en el contexto de gobernanza de arbitrajes comerciales, pero fueron adoptadas por los Estados como alternativas a las normas de arbitraje del CIADI (en especial por Estados que denunciaron el Convenio CIADI). Esta implicancia accidental fue luego consolidada con la adopción de la "Convención Mauricio" y la aplicación del Reglamento de la CNUDMI sobre la Transparencia en los Arbitrajes entre Inversionistas y Estados en el Marco de un Tratado. SOUSA RODRIGUES, B. UNCITRAL and the Governance of..., *op. cit.*, pp.7-11. MOHAMADIEH, K. The Future of Investor-State Dispute..., *op. cit.*, p.3 y ss.

50 ROBERTS, A., ST JOHN, T. UNCITRAL and ISDS Reform: Not Business as Usual. 11 de diciembre de 2017, *EJIL TALK!* LANGFORD, M., *et al.* UNCITRAL and Investment Arbitration Reform: Matching Concerns and Solutions, *The Journal of World Investment & Trade*, 2020, 21(2-3), pp.167-187. Los autores destacan el rol de la investigación en el Grupo III. Los expertos deberían desempeñar roles de observadores y asesores, en lugar de representantes. El

tenido altamente político de los debates en torno a la reforma del ISDS.[51] Por este motivo, las delegaciones de los Estados están compuestas por representantes estatales y además, en gran parte, por abogados del Estado con particular experiencia en cuestiones de política y Derecho de las inversiones. De este modo, las posiciones expresadas en el foro pueden considerarse como las posiciones reales de los gobiernos y no como meras opiniones de expertos con conocimiento en la temática (ya se trate de académicos, árbitros, etc.).[52] Esta característica (*government-led*), revela un proceso de confluencia de politización que habría dado lugar a lo que HERRANZ SURRALLÉS denomina *authority shifts* (cambios de autoridad), ya sea a través de un movimiento vertical entre los niveles nacional e internacional; y/o mediante una recalibración horizontal entre las formas de gobernanza públicas y privadas.[53]

La alta sensibilidad política de la temática que aborda el Grupo de Trabajo III, tuvo su manifestación en la primera sesión del Grupo (34° período de sesiones, celebrada en Viena

---

mundo académico, la sociedad civil, los profesionales y las organizaciones de inversores, juegan un papel importante en la provisión de pruebas.

51 En un foro que generalmente estaba compuesto predominantemente por abogados privados, comienza a incrementarse la presencia de oficiales estatales y abogados expertos en Derecho Internacional público. SOUSA RODRIGUES, B. UNCITRAL and the Governance of..., *op. cit.*, p.13.

52 BROWN, C., The First 10 Years of the European Union's Policy ..., *op. cit.*, p.95. Para la UE, el hecho de las que las deliberaciones fueran "*government-led*" resultaba indispensable para conseguir un avance real en la reforma. En este sentido, el mandato debía ser amplio y además las deliberaciones debían expresar las posiciones de los gobiernos. FERNANDEZ MASIÁ, E., SALAVADORI, M. Lo que se está discutiendo en la CNUDMI: evolución o revolución en el sistema de solución de controversias inversor-Estado. *Cuadernos de Derecho Transnacional*, 2020, 12(1), pp.203-218, en particular p.204.

53 HERRANZ-SURRALLÉS, A. 'Authority Shifts' in Global Governance: Intersecting Politicizations and the Reform of Investor–State Arbitration. *Politics and Governance*, 2020, 8(1), pp.336-347.

del 27 de noviembre al 1 de diciembre de 2017). Las deliberaciones sobre el contenido sustantivo de la reforma del ISDS no pudieron comenzar durante un día y medio, debido a la falta de acuerdo para decidir sobre la presidencia del grupo. A pesar de que normalmente esta decisión es tomada por consenso y sin mayores disputas, fue necesario recurrir a una votación (sistema que solo fue utilizado una vez en toda la historia de UNCITRAL) en la que, finalmente, fue designado Shane Spelliscy (miembro de la Oficina de Derecho Comercial del Gobierno de Canadá) para presidir las sesiones del Grupo de Trabajo III.[54]

El mandato otorgado por la Comisión al Grupo de Trabajo III establece tres fases: (i) identificar las inquietudes relacionadas con la solución de controversias entre inversionistas y Estado; (ii) evaluar la necesidad de emprender una reforma del sistema vigente; (iii) elaborar una propuesta con soluciones para llevar a cabo la reforma del sistema ISDS. Cada una de estas fases se verá atravesada por la tensión política que generan los distintos posicionamientos de los Estados sobre una reforma del ISDS y la multiplicidad de intereses en juego. Adicionalmente, para la UE se agrega la problemática de la compatibilidad del eventual mecanismo que resulte de las deliberaciones

---

54 ROBERTS, A., ST JOHN, T. UNCITRAL and ISDS Reform: Not Business as Usual. [en línea]. *EJIL TALK!*, 11 de diciembre de 2017. La única vez en que fue necesario acudir a votación fue para decidir el traslado de la sede de UNCITRAL a Viena. PETERSON, E. UNCITRAL Meetings on ISDS Reform Get Off to Bumpy Start, as Delegates Can't Come to Consensus on Who Should Chair Sensitive Process – Entailing a Rare Vote [en línea]. *IAReporter*, 9 diciembre 2017. MARQUIS, L. The evolution of the EU investment policy..., op. cit., p.231. DOTHAN, S., LAM, J. A Paradigm Shift? Arbitration and Court-Like Mechanisms in Investors´Disputes. En G. UNUVAR, J. LAN, S. DOTHAN (eds.) *European Yearbook of International Economic Law: Permanent Investment Courts: The European Experiment.* Cham: Springer, 2020, p.3.

con su ordenamiento jurídico a la luz del principio de autonomía (externa) del Derecho de la Unión.[55]

3.2.2. La reforma del ISDS en UNCITRAL. Estado del arte.

Las primeras dos sesiones del Grupo de Trabajo III se llevaron a cabo en Viena (Austria) del 27 de noviembre al 1 de diciembre de 2017 y Nueva York (EEUU) del 23 al 27 de abril de 2018 (34° y 35° período de sesiones). En ellas se desarrolló ampliamente la primera fase del mandato, y se identificaron las principales inquietudes del sistema tradicional de ISDS.[56] Además de las observaciones de organizaciones internacionales intergubernamentales —en particular, un informe del CIADI y la Corte Permanente de Arbitraje[57]— solo la Unión Euro-

---

[55] BURGSTALLER, M. Investor-State Arbitration in EU International Investment Agreements with Third States. *Legal Issues of Economic Integration*, 2012, 39(2), pp.207-221, en particular p.207. El mayor obstáculo para la UE no es la imposibilidad de introducirse en ciertos organismos internacionales (como CIADI), sino los lineamientos que derivan de su propia jurisprudencia. MEUNIER, S., MORIN, J.F. The European Union and the space-time continuum of investment agreements. *Journal of European Integration*, 2017, 39(7), pp.891-907. Los autores desarrollan otro tipo de restricciones temporales para la UE, que influyen directamente en la negociación con terceros Estados. HERRANZ-SURRALLÉS, A. 'Authority Shifts' in Global Governance..., *op. cit.*, p.341.

[56] PETERSON, E. Analysis: what did governments agree (and disagree) on at recent UNCITRAL meetings on investor-State dispute settlement reform? [en línea]. *IAReporter*, 4 enero 2018.

[57] CNUDMI, Grupo de Trabajo III, Reforma del Sistema de Solución de Controversias entre Inversionistas y Estados, A/CN.9/WG.III/WP.143, https://undocs.org/es/A/CN.9/WG.III/WP.143.

pea[58] y el gobierno de Tailandia[59] presentaron observaciones escritas a la Secretaría del Grupo de Trabajo III.

Entre las inquietudes más destacadas sobre el sistema ISDS vigente se mencionaron la duración y costo de los procedimientos, transparencia de los procedimientos, coherencia de la jurisprudencia, revisión limitada de las decisiones, problemáticas del nombramiento de árbitros (transparencia, doble rol de juez/parte, grupo limitado de árbitros, etc.). [60] Frente a estas cuestiones, la 36° sesión del Grupo de Trabajo III (realizada entre el 29 de octubre y el 2 de noviembre de 2018 en Viena), determinó que, habiendo concluído las deliberaciones sobre la fase uno del mandato, la reforma sobre el sistema ISDS era *deseada* y necesaria para abordar las preocupaciones identificadas.[61] El Grupo

---

[58] CNUDMI, Grupo de Trabajo III, Posible Reforma del Sistema de Solución de Controversias entre Inversionistas y Estados, Documento presentado por la Unión Europea, A/CN.9/WG.III/WP.145, https://undocs.org/es/A/CN.9/WG.III/WP.145.

[59] UNCITRAL, Working Group III, Possible reform of Investor-State dispute settlement (ISDS) Comments by the Government of Thailand, A/CN.9/WG.III/WP.147, https://undocs.org/en/A/CN.9/WG.III/WP.147.

[60] Las principales características del ISDS, las tendencias y estadísticas, así como las inquietudes expresadas sobre el sistema vigente pueden encontrarse en CNUDMI, Grupo de Trabajo III, Posible reforma del sistema de solución de controversias entre inversionistas y Estados, A/CN.9/WG.III/WP.142, https://undocs.org/sp/A/CN.9/WG.III/WP.142 BROWN, C., The First 10 Years of the European Union's Policy ..., *op. cit.*, p.90. FERNANDEZ MASIÁ, E., SALAVADORI, M. Lo que se está discutiendo en la CNUDMI..., o*p. cit.*, pp.204-207. HOWSE, R. Courting the Critics of Investor-State Dispute Settlement: the EU Proposal for a Judicial System for Investment Disputes. 2015, disponible en https://cdn-media.web-view.net/i/fjj3t288ah/Courting_the_Criticsdraft1.pdf SOUSA RODRIGUES, B. UNCITRAL and the Governance of..., *op. cit*, p.12. SCHWIEDER, R. TTIP and the Investment Court System: A New (and Improved) Paradigm..., op. cit., p.186. MARKERT, L. The crucial question of future investment treaties: balancing investors' rights and ..., op. cit., p.146.

[61] CNUDMI, Informe del Grupo de Trabajo III, Reforma del Sistema de Solución de Controversias entre Inversionistas y Estados sobre la labor realizada en su

de Trabajo III destacó la necesidad de distinguir claramente la fase dos de la fase tres del mandato, para lo cual procuró establecer criterios que permitieran evaluar la conveniencia de una reforma. Por ejemplo, analizar si las inquietudes detectadas tenían fundamentos sólidos, si eran lo suficientemente graves como para justificar las reformas y si UNCITRAL sería el foro apropiado para aplicar las soluciones, etc.[62]

Aunque la determinación de las inquietudes no sería taxativa, y era posible agregar nuevas inquietudes si el desarrollo de los estudios así lo ameritaba, el Grupo de Trabajo III fijó un criterio pragmático tripartito para orientar las deliberaciones de manera estructurada. En tal sentido, agrupó las inquietudes planteadas en tres amplias categorías:

- Falta de uniformidad, coherencia, previsibilidad y corrección de los laudos dictados por tribunales arbitrales en controversias entre inversionistas y Estados
- Inquietudes respecto a árbitros y decisores

36° período de sesiones, A/CN.9/964. SCHILL, S., VIDIGAL, G. Cutting the Gordian Knot: Investment Dispute Settlement à la Carte, I-ADB, ICTSD, RTA exchange, 2018, pp.1-24. ZELAZNA, E. The EU's Reform of the Investor-State Dispute..., op. cit., p.10.

62 CNUDMI, Informe del Grupo de Trabajo III, Reforma del Sistema de Solución de Controversias entre Inversionistas y Estados sobre la labor realizada en su 36° período de sesiones, A/CN.9/964, par.18 https://undocs.org/es/A/CN.9/964 LANGFORD, M., *et al.* UNCITRAL and Investment..., *op. cit.*, p.174. A pesar de haber sido concluida la fase dos del mandato, persiste un desacuerdo entre los Estados sobre la seriedad con la que tratan las diferentes críticas al sistema. Esta cuestión influye en cómo enmarcan y sopesan las diferentes alternativas de reforma. COTULA, L. *et al.* UNCITRAL Working Group III on ISDS Reform: How Cross-Cutting Issues Reshape Reform Options. 2019, pp.1-8. KELSEY, J., SCHNEIDERMAN, D. & VAN HARTEN, G. Phase 2 of the UNCITRAL ISDS Review: Why 'Other Matters' Really Matter. *Osgoode Legal Studies Research Paper*, 2019, pp.1-15.

- Inquietudes relacionadas con el costo y la duración de los procesos ISDS

A pesar de que las categorías estaban interrelacionadas, la clasificación aportó un elemento útil para examinar las posibles opciones de reforma. El Grupo de Trabajo III cerró la sesión de 2018 después de analizar en profundidad los documentos de las tres amplias categorías de inquietudes[63], decidiendo que era conveniente considerar la reforma en el seno de UNCITRAL para abordar todas las problemáticas existentes.[64]

El Grupo de Trabajo III llegó a la conclusión de que era conveniente que UNCITRAL llevara a cabo reformas en torno a las inquietudes relacionadas con lo siguiente:

---

63 CNUDMI, Posible reforma del sistema de solución de controversias entre inversionistas y Estados (SCIE) Garantizar la independencia y la imparcialidad de los árbitros y decisores en la SCIE, A/CN.9/WG.III/WP.151, https://undocs.org/sp/A/CN.9/WG.III/WP.151 . CNUDMI, Posible reforma del sistema de solución de controversias entre inversionistas y Estados (SCIE) Árbitros y decisores: mecanismos para su nombramiento y cuestiones conexas, A/CN.9/WG.III/WP.152, https://undocs.org/sp/A/CN.9/WG.III/WP.152 . CNUDMI, Posible reforma del sistema de solución de controversias entre inversionistas y Estados (SCIE): costo y duración, A/CN.9/WG.III/WP.153, https://undocs.org/sp/A/CN.9/WG.III/WP.153.

64 En esta sesión surgió como relevante la problemática sobre la "financiación por terceros", dada su importancia se convino en que en se examinaría en primer lugar en el siguiente período de sesiones. Ver CNUDMI, Informe del Grupo de Trabajo III Reforma del Sistema de Solución de Controversias entre Inversionistas y Estados, sobre la labor realizada en su 36° período de sesiones, A/CN.9/964, par. 134. El tema es complejo y ha ameritado análisis relevantes en el Grupo III. Ver CNUDMI, Posible reforma del sistema de solución de controversias entre inversionistas y Estados (SCIE) Financiación por terceros, A/CN.9/WG.III/WP.157, https://undocs.org/es/A/CN.9/WG.III/WP.157 BREKOULAKIS, S., ROGERS, C. Third-Party Financing in ISDS: A Framework for Understanding Practice and Policy. Academic Forum on ISDS Concept Paper, 2019, 2019/11, pp.1-32.

Figura 8.- Inquietudes respecto al sistema ISDS[65]

FALTA DE UNIFORMIDAD, COHERENCIA, PREVISIBILIDAD Y CORRECCIÓN DE LOS LAUDOS ARBITRALES DE LOS TRIBUNALES ISDS	ÁRBITROS Y DECISORES	COSTO Y DURACIÓN DE LOS PROCESOS ISDS
Interpretaciones divergentes de las disposiciones de los tratados de inversión y de otros principios pertinentes del Derecho Internacional realizadas por los tribunales ISDS	Falta real o aparente de independencia e imparcialidad de los árbitros y los decisores que operan en el ISDS	Costo y duración de los procesos ISDS
Falta de un marco adecuado para los procesos múltiples incoados al amparo de tratados, leyes, instrumentos y acuerdos de inversión que permiten el acceso a los mecanismos internacionales de solución de controversias	Idoneidad, eficacia y transparencia de los mecanismos de comunicación de información y recusación previstos en numerosos tratados y reglamentos de arbitraje vigentes	Asignación de costas por los tribunales arbitrales en el contexto del ISDS
Falta o deficiencia de los mecanismos contemplados en los tratados existentes para subsanar la falta de uniformidad y corrección de las decisiones	Falta de diversidad suficiente de los árbitros y decisores que operan en el ISDS	Garantías de cobro de las costas
	Mecanismos previstos en los tratados y reglamentos de arbitraje vigentes para la constitución de tribunales ISDS	Falta de definición clara, utilización o reglamentación de la "financiación por terceros".

FUENTE: CNUDMI[66]

---

[65] Inquietudes agrupadas por criterio individual de la autora, documentación de referencia: CNUDMI, Grupo de Trabajo III, Reforma del Sistema de Solución de Controversias entre Inversionistas y Estados, Posible reforma del sistema de solución de controversias entre inversionistas y Estados (SCIE), Nota de la Secretaría, A/CN.9/WG.III/WP.166, pp.2-4, https://undocs.org/es/A/CN.9/WG.III/WP.166 BEHN, D., LANGFORD, M., LÉTOURNEAU-TREMBLAY, L. Empirical Perspectives on Investment Arbitration: What Do We Know? Does It Matter? *The Journal of World Investment & Trade*, 202, 21(2–3), 180–250. Los autores proporcionan un resumen y evaluación del estado actual de la investigación empírica sobre las preocupaciones identificadas en la primera fase del mandato del Grupo de Trabajo III.

[66] El cuadro es de elaboración propia en base al documento CNUDMI, A/CN.9/WG.III/WP.166.

Otras cuestiones aledañas también fueron objeto de debate durante las deliberaciones respecto a las inquietudes que suscitaba el tradicional sistema ISDS, y se consideró la posibilidad de incluirlas en un futuro instrumento al abordar los problemas detectados. Entre las más destacadas se encuentran: los medios distintos del arbitraje para resolver controversias en materia de inversiones[67] así como métodos para la prevención de controversias;[68] la creación de un Centro de Asesoría en Derecho Internacional de las Inversiones;[69] el cálculo de las indemnizaciones;[70] el agotamiento de los recursos internos; la

---

67 HINDELANG, S. Study on Investor-State Dispute Settlement (ISDS) and Alternatives to Dispute Resolution in International Investment Law. *Transnational Dispute Management (TDM)*, 2016, 13(1).

68 FERNÁNDEZ MASIÁ, E. La incorporación de los" ADR" al sistema de resolución de controversias sobre inversiones extranjeras. *Revista de la Secretaría del Tribunal Permanente de Revisión*, 2015, 3 (5), p. 19-44. REISMAN, W. International Investment Arbitration and ADR: Married but Best Living Apart. *ICSID Review.* 2009, 24 (1), pp.185-192.VALDERRAMA, C. Investor-State Dispute Prevention: The Perspective of Perú. En TITI, C.(ed) European Yearbook of International Economic Law, Special Issue: Public Actors in International Investment Law. Cham: Springer, 2021, pp.117-153. MOHAMADIED, K. Alternatives to Arbitration in Reforming Investor-State Dispute Settlement. En M.ANDERSON, B. BEAUMONT (eds). *The Investor-State Dispute Settlement System: Reform, Replace or Status Quo?* Kluwer Law International, 2020. pp.319-337.

69 SAUVANT, K. An Advisory Centre on International Investment Law: Key Features. *Academic Forum on ISDS Concept Paper*, 2019, 2019/14, pp.1-17. SCHWIEDER, R. Lessons for a Future Advisory Center on International Investment Law. *Columbia FDI Perspectives*, Nro.241. 17 diciembre 2018. ALISHER, U. The Case for an Advisory Center on International Investment Law. *Columbia FDI Perspectives*, Nro. 175, 6 junio 2016. Ver CNUDMI, A/CN.9/WG.III/WP.168, CNUDMI, A/CN.9/WG.III/WP.212 y CNUDMI, A/CN.9/WG.III/WP.212/Add.1.

70 BOTTINI, G. *et al.* Excessive Costs and Recoverability of Cost Awards in Investment Arbitration. *Academic Forum on ISDS*, 2019, Concept Paper 2019/9, pp.1-40.

participación de terceros; las reconvenciones y la parálisis normativa.[71] Además, dado que las categorías no se han realizado a partir de listas taxativas, es posible incluir nuevas aportaciones en cualquier momento del proceso de reforma (y efectivamente, nuevas inquietudes fueron incorporadas en un tiempo posterior).[72]

Para el año 2019, las deliberaciones tomaron un cauce centrado en diseñar las posibles reformas del sistema ISDS en cumplimiento de la fase tercera del mandato de la Comisión de UNCITRAL. Diversos miembros participaron activamente en el envío de observaciones escritas: los gobiernos de Costa Rica,[73] Chile, Israel y Japón (en un documento conjunto),[74]

---

71 CNUDMI, Grupo de Trabajo III, Reforma del Sistema de Solución de Controversias entre Inversionistas y Estados, Posible reforma del sistema de solución de controversias entre inversionistas y Estados, A/CN.9/WG.III/WP.166, p.3.

72 Algunas inquietudes fueron incorporadas posteriormente como cuestiones procesales de interés que el Grupo de Trabajo III había manifestado durante la primer etapa del mandato otorgado por la Comisión. CNUDMI, Grupo de Trabajo III, Reforma del Sistema de Solución de Controversias entre Inversionistas y Estados, Proyecto de disposiciones sobre la reforma procesal, A/CN.9/WG.III/WP.219. Estas cuestiones son señaladas teniendo en cuenta la práctica reciente en materia de tratados y deben entenderse siempre en el contexto de los acuerdos internacionales de inversión a los que se incorporarían las disposiciones. CNUDMI, Grupo de Trabajo III, Reforma del Sistema de Solución de Controversias entre Inversionistas y Estados, Proyecto de disposiciones sobre cuestiones procesales y transversales, A/CN.9/WG.III/WP.231 y A/CN.9/WG.III/WP.232.

73 CNUDMI, Grupo de Trabajo III, Reforma del Sistema de Solución de Controversias entre Inversionistas y Estados, Observaciones del Gobierno de Costa Rica, A/CN.9/WG.III/WP.164, https://undocs.org/es/A/CN.9/WG.III/WP.164.

74 CNUDMI, Grupo de Trabajo III, Reforma del Sistema de Solución de Controversias entre Inversionistas y Estados, Observaciones de los Gobiernos de Chile, Israel y el Japón, A/CN.9/WG.III/WP.163, https://undocs.org/es/A/CN.9/WG.III/WP.163.

Tailandia,[75],Marruecos,[76] República Dominicana,[77] Indonesia[78] y la Unión Europea.[79] Los Estados hicieron observaciones sobre las inquietudes que consideraban más relevantes y urgentes, acercándose a un mayor posicionamiento en torno a la reforma para las deliberaciones de la primera sesión del 2019 (37° periodo de sesiones, Nueva York del 1 al 5 de abril del 2019).

En las deliberaciones iniciales del 2019, se destacó la necesidad de adoptar un enfoque flexible y pragmático respecto a las opciones de reforma, de modo que todas las opciones fueran debidamente consideradas por el Grupo de Trabajo III.[80] Esta cuestión ge-

---

75 CNUDMI, Grupo de Trabajo III, Reforma del Sistema de Solución de Controversias entre Inversionistas y Estados, Observaciones del Gobierno de Tailandia, A/CN.9/WG.III/WP.162, https://undocs.org/es/A/CN.9/WG.III/WP.162.

76 CNUDMI, Grupo de Trabajo III, Reforma del Sistema de Solución de Controversias entre Inversionistas y Estados, Comunicación presentada por el Gobierno de Marruecos, Nota de la Secretaría, A/CN.9/WG.III/WP.161, https://undocs.org/es/A/CN.9/WG.III/WP.161.

77 CNUDMI, Grupo de Trabajo III, Reforma del Sistema de Solución de Controversias entre Inversionistas y Estados, Resumen de la Reunión Regional entre Períodos de Sesiones sobre la Reforma del Sistema de Solución de Controversias entre Inversionistas y Estados (SCIE) presentado por el Gobierno de la República Dominicana, A/CN.9/WG.III/WP.160, https://undocs.org/es/A/CN.9/WG.III/WP.160.

78 CNUDMI, Grupo de Trabajo III, Reforma del Sistema de Solución de Controversias entre Inversionistas y Estados, Observaciones del Gobierno de Indonesia, Nota de la Secretaría, A/CN.9/WG.III/WP.156, https://undocs.org/es/A/CN.9/WG.III/WP.156.

79 CNUDMI, Grupo de Trabajo III, Reforma del Sistema de Solución de Controversias entre Inversionistas y Estados, Documento presentado por la Unión Europea y sus Estados miembros, A/CN.9/WG.III/WP.159, y A/CN.9/WG.III/WP.159/Add.1.

80 Se produjo un cierto equilibrio entre Estados cuya tendencia era al rechazo de ISDS en los AII y aquellos Estados que pretenden reformar -total o parcialmente- el sistema. SAMPLES, T. Wining and Losing in Investor-State Dispute Settlement. *American Business Law Review.* 2019, 56 (1), pp.115-175.

neró una participación cada vez más activa por parte de los Estados, que fueron enviando sus observaciones y ofreciendo diversas propuestas concretas de reforma. En este sentido, China,[81] Bahréin,[82] la República de Corea,[83] Brasil,[84] Sudáfrica,[85] Ecuador,[86] Turquía,[87]

---

81 CNUDMI, Grupo de Trabajo III, Reforma del Sistema de Solución de Controversias entre Inversionistas y Estados, Posible reforma del sistema de solución de controversias entre inversionistas y Estados (SCIE), Comunicación del Gobierno de China, Nota de la Secretaría, A/CN.9/WG.III/WP.177, https://undocs.org/sp/A/CN.9/WG.III/WP.177.

82 CNUDMI, Grupo de Trabajo III, Reforma del Sistema de Solución de Controversias entre Inversionistas y Estados, Posible reforma del sistema de solución de controversias entre inversionistas y Estados (SCIE), Comunicación del Gobierno de Bahrein, Nota de la Secretaría, A/CN.9/WG.III/WP.180, https://undocs.org/es/A/CN.9/WG.III/WP.180.

83 CNUDMI, Grupo de Trabajo III, Reforma del Sistema de Solución de Controversias entre Inversionistas y Estados, Posible reforma del sistema de solución de controversias entre inversionistas y Estados (SCIE), Comunicación de la República de Corea, Nota de la Secretaría, A/CN.9/WG.III/WP.179, https://undocs.org/es/A/CN.9/WG.III/WP.179.

84 CNUDMI, Grupo de Trabajo III, Reforma del Sistema de Solución de Controversias entre Inversionistas y Estados, Posible reforma del sistema de solución de controversias entre inversionistas y Estados (SCIE), Comunicación del Gobierno de Brasil, Nota de la Secretaría, A/CN.9/WG.III/WP.171, https://undocs.org/sp/A/CN.9/WG.III/WP.171.

85 CNUDMI, Grupo de Trabajo III, Reforma del Sistema de Solución de Controversias entre Inversionistas y Estados, Posible reforma del sistema de solución de controversias entre inversionistas y Estados (SCIE), Comunicación del Gobierno de Sudáfrica, Nota de la Secretaría, A/CN.9/WG.III/WP.176, https://undocs.org/sp/A/CN.9/WG.III/WP.176.

86 CNUDMI, Grupo de Trabajo III, Reforma del Sistema de Solución de Controversias entre Inversionistas y Estados, Posible reforma del sistema de solución de controversias entre inversionistas y Estados (SCIE), Comunicación del Gobierno de la República del Ecuador, Nota de la Secretaría, A/CN.9/WG.III/WP.175, https://undocs.org/sp/A/CN.9/WG.III/WP.175.

87 CNUDMI, Grupo de Trabajo III, Reforma del Sistema de Solución de Controversias entre Inversionistas y Estados, Posible reforma del sistema de solución de controversias entre inversionistas y Estados (SCIE), Comunicación

Colombia[88] y Costa Rica,[89] también enviaron documentos escritos con propuestas de reforma a la Secretaría de UNCITRAL.

El Grupo de Trabajo III había convenido en examinar, elaborar y desarrollar simultáneamente múltiples opciones de reforma, y para mediados del año 2019 fue posible obtener una sistematización de éstas en forma de tabla (ver Figura 9) para su análisis en el 38° período de sesiones (realizado del 14 al 18 de octubre de 2019, en Viena). Dicha sistematización, además de clarificar gráficamente las opciones de reforma presentadas, considera la interrelación entre opciones al considerar la vinculación entre unas y otras. También refleja algunas de las principales consecuencias y determina específicamente cuál de las inquietudes identificadas en la fase dos del mandato se aborda en cada opción de reforma. Las opciones de reforma son consideradas en seis fórmulas, dentro de las cuales se presentan diversas alternativas:

A. Creación de tribunales y mecanismos multilaterales, especiales y permanentes

B. Métodos de nombramiento de los árbitros y decisores y requisitos de ética

---

del Gobierno de Turquía, Nota de la Secretaría, A/CN.9/WG.III/WP.174, https://undocs.org/sp/A/CN.9/WG.III/WP.174.

88 CNUDMI, Grupo de Trabajo III, Reforma del Sistema de Solución de Controversias entre Inversionistas y Estados, Posible reforma del sistema de solución de controversias entre inversionistas y Estados (SCIE), Comunicación del Gobierno de Colombia, Nota de la Secretaría, A/CN.9/WG.III/WP.173, https://undocs.org/sp/A/CN.9/WG.III/WP.173.

89 CNUDMI, Grupo de Trabajo III, Reforma del Sistema de Solución de Controversias entre Inversionistas y Estados,, Posible reforma del sistema de solución de controversias entre inversionistas y Estados (SCIE), Comunicación del Gobierno de Colombia, Nota de la Secretaría, A/CN.9/WG.III/WP.164, https://undocs.org/sp/A/CN.9/WG.III/WP.164 y A/CN.9/WG.III/WP.178, https://undocs.org/sp/A/CN.9/WG.III/WP.178.

C. Participación de las partes en el tratado y mecanismos de control de la interpretación de los tratados

D. Prevención y mitigación de controversias

E. Gestión de costas y procedimientos relacionados

F. Financiación por terceros

A continuación, el siguiente cuadro (Figura 9) resume en detalle las características principales de *una* de las alternativas de reforma: la creación de tribunales y mecanismos multilaterales especiales y permanentes, recogida en la sección A del Cuadro de Opciones de reforma del documento de UNCITRAL A/CN.9/WG.III/WP.166/Add.1. La selección de esta sección específica está justificada por su conexión directa con el objeto del presente trabajo. Aun así, el cuadro en su totalidad sistematiza las diversas alternativas de reforma debatidas, que podrían ser aplicadas tanto de manera conjunta o interrelacionada, así como también de manera aislada.[90] Para ilustrar, los métodos de nombramiento de árbitros y decisores (sección B del cuadro de Opciones de reforma), podrían estar interrelacionados con la creación de un mecanismo especial o permanente para la solución de controversias (sección A), o podrían constituirse en reformas a ser aplicadas de manera individual. En igual sentido, la participación de partes en el tratado y los mecanismos de control para la interpretación de los tratados (sección C) podrían también ser incluidos en el instrumento de creación de un mecanismo especial o permanente (sección A del cuadro).

---

[90] El cuadro completo se encuentra disponible en el Anexo 1 del presente trabajo.

Figura. 9 Cuadro alternativas de reforma.

Opciones de reforma: presentación del marco de debate en forma de cuadro

Posibles reformas	*Elementos de las reformas · Vinculación con otras opciones de reforma*	*Principales consecuencias*	*Inquietudes abordadas*
A. Tribunales y mecanismos multilaterales especiales y permanentes			
i) ***Centro multilateral de asesoramiento*** **Mencionados en:** A/CN.9/WG.III/WP.168 A/CN.9/WG.III/WP.159/Add.1 – Documento presentado por la Unión Europea y sus Estados miembros A/CN.9/WG.III/WP.161 – Documento presentado por el Gobierno de Marruecos A/CN.9/WG.III/WP.162 – Documento presentado por el Gobierno de Tailandia A/CN.9/WG.III/WP.164 y A/CN.9/WG.III/WP.178 – Documentos presentados por el Gobierno de Costa Rica A/CN.9/WG.III/WP.174 – Documento presentado por el Gobierno de Turquía A/CN.9/WG.III/WP.179 – Documento presentado por el Gobierno de la República de Corea	Establecer un centro de asesoramiento (o más de uno), por ejemplo, como órgano independiente, como parte de una institución, como organización intergubernamental o no gubernamental o como fondo fiduciario, con sede en un solo lugar o a nivel regional Funciones y servicios por definir (asistencia en la organización de la defensa; apoyo durante los procesos de solución de controversias; servicios de asesoramiento; servicios de solución de controversias por vías alternativas; y fortalecimiento de la capacidad e intercambio de las mejores prácticas) Beneficiarios por determinar (todos o algunos Estados y/o pequeñas y medianas empresas (PYMES)) Esta opción de reforma puede implementarse como una reforma independiente o junto con cualesquiera otras opciones de reforma. Posibles vinculaciones con la reforma de la financiación por terceros (véase F. *infra*)	Recursos para el establecimiento de servicios adecuados para prestar apoyo especialmente a los países en desarrollo y los países menos adelantados, y posiblemente a las PYMES Desarrollo de las mejores prácticas pertinentes e intercambio de información institucional para prevenir las controversias, protegiendo al mismo tiempo la confidencialidad y evitando posibles conflictos de intereses	Costo y duración de los procesos de SCIE (carga financiera excesiva para las partes, incluidos los países en desarrollo y los países menos adelantados, y posiblemente las PYMES) Corrección y uniformidad Acceso a la justicia
ii) ***Mecanismo independiente de revisión o apelación*** **Mencionado en:** A/CN.9/WG.III/WP.159/Add.1 – Documento presentado por la Unión Europea y sus Estados miembros (órgano de apelación, véase también A iii) *infra*) A/CN.9/WG.III/WP.161 – Documento presentado por el Gobierno de Marruecos (examen previo de los laudos y del mecanismo de apelación permanente) A/CN.9/WG.III/WP.163 – Documento presentado por los Gobiernos de Chile, Israel y el Japón (mecanismo de revisión de apelaciones basado en tratados específicos) A/CN.9/WG.III/WP.175 – Documento presentado por el Gobierno de Ecuador (mecanismo de revisión y apelación permanente) A/CN.9/WG.III/WP.177 – Documento presentado por el Gobierno de China (mecanismo de apelación independiente)	**Revisión de las decisiones** Sistema de control de los laudos antes de que sean dictados Procedimiento simplificado para las acciones incoadas después del laudo, como la interpretación, la revisión y la anulación	**Revisión de las decisiones** Establecimiento de un mecanismo para la revisión de las decisiones de los tribunales que entienden en la SCIE antes de que sean dictadas	**Revisión de las decisiones** Carencia de mecanismos o mecanismos limitados en muchos de los tratados existentes para subsanar la falta de uniformidad y corrección de las decisiones
	Mecanismo de apelación Creación de un mecanismo de apelación, posiblemente encargado de revisar los laudos y las decisiones adoptadas por: - tribunales arbitrales - tribunales internacionales especializados en inversiones - tribunales regionales especializados en inversiones - tribunales internacionales de comercio - tribunales nacionales en caso de denegación de justicia Determinación del marco en el que se creará el mecanismo; esto podrá implementarse junto con cualesquiera otras opciones de reforma	**Mecanismo de apelación** Convendría estudiar cuidadosamente la relación entre el mecanismo de apelación y el Convenio del CIADI, que excluye toda apelación o cualquier otro recurso, excepto en los casos previstos en el propio Convenio (art. 53). También habría que tener en cuenta las posibles consecuencias respecto de la Convención de Nueva York sobre el Reconocimiento y la Ejecución de las Sentencias Arbitrales Extranjeras (1958)	**Mecanismo de apelación** Carencia de mecanismos o mecanismos limitados en muchos de los tratados existentes para subsanar la falta de uniformidad y corrección de las decisiones

iii) ***Tribunal permanente de primera instancia y de apelación en materia de inversiones, con jueces a tiempo completo*** **Mencionado en:** A/CN.9/WG.III/WP.159/Add.1 – Documento presentado por la Unión Europea y sus Estados miembros Examinado también en: A/CN.9/WG.III/WP.176 – Documento presentado por el Gobierno de Sudáfrica A/CN.9/WG.III/WP.179 – Documento presentado por el Gobierno de la República de Corea A/CN.9/WG.III/WP.180 – Documento presentado por el Gobierno de Bahrein	Creación de un tribunal multilateral especializado en inversiones, lo que requeriría la formulación de un estatuto para determinar su funcionamiento Esta opción de reforma abarcaría otras opciones de reforma, posiblemente efectuadas de forma conjunta. La opción puede hacer que otras opciones de reforma resulten redundantes	Habría que estudiar la coexistencia o articulación con el sistema actual de SCIE y con los tribunales regionales especializados en inversiones	Limitaciones de los mecanismos actuales para subsanar la falta de uniformidad y corrección de las decisiones Inquietudes formuladas en relación con los árbitros y los decisores Costo y duración

FUENTE: UNCITRAL - A/CN.9/WG.III/WP.166/Add.1

El listado de las opciones de reforma no es exhaustivo y tampoco indica ningún orden de prioridad. Asimismo, la tabla demuestra que muchas de las opciones, aunque englobadas en una fórmula podrían pertenecer sin problemas a otra. Por ejemplo: un Centro de Asesoramiento podría existir, independientemente de la creación de un Mecanismo independiente de apelación, o de un Tribunal de primera y segunda instancia en materia de inversiones. Asimismo, un Centro de Asesoramiento podría tener influencia en los métodos de nombramientos de árbitros y decisores, o tener un rol en el establecimiento de un Código de ética. En definitiva, las diversas opciones desarrolladas son un punto de partida abierto y flexible, de infinitas combinaciones, que podrán ser utilizadas a la hora de consensuar un acuerdo.[91] Esta lista es una sistematización pragmática "derivada de" y "orientada a" las deliberaciones del foro multilateral. Gracias a esta sistematización, fue posible que el Grupo de Trabajo III elaborase un calendario del proyecto para la reforma, estructurando el tiempo que se dedicaría al análisis de cada opción de reforma.

---

91 La complejidad de este resultado es manifestada en ROBERTS, A., ST JOHN, T. Complex Designers and Emergent Design: Reforming the Investment Treaty System. *American Journal of International Law*. 2021, 116 (1), pp.96-149.

Dentro de la fórmula: "Creación de tribunales y mecanismos multilaterales, especiales y permanentes", la propuesta de creación de un Mecanismo de apelación y un Tribunal Multilateral requería un análisis pormenorizado, lo que ameritó un encuentro especial (junto a su conexa temática sobre "Selección y nombramiento de miembros de tribunales que entiendan en casos de ISDS"). Dicho encuentro fue celebrado en un nuevo período de sesiones, considerado una continuación del anterior período de sesiones del Grupo de Trabajo III (38°) y llevado a cabo del 20 al 24 de enero de 2020 en Viena.[92] En esta instancia y utilizando como base de sus deliberaciones el anterior período de sesiones, el Grupo de Trabajo III analizó:[93]

a) el establecimiento de un mecanismo de examen independiente o de apelación;

b) el establecimiento de un tribunal multilateral permanente de inversiones; y

---

92 De este modo, el 38° periodo de sesiones del Grupo III de UNCITRAL, consta de dos etapas: la primera del 14 al 18 de octubre de 2019 y la segunda del 20 al 24 de enero de 2020, ambas en Viena. LESTER, S. *Guest post: Pragmatism and flexibility in UNCITRAL working group III: Too much of a good thing?* 5 February 2020, *International Economic Law and Policy Blog*. ROBERTS, A. ST JOHN, T. UNCITRAL and ISDS Reform: Visualising a Flexible Framework, 2019, pp.1-11.

93 Las tres temáticas abordadas en este periodo de sesiones, son desarrolladas en profundidad en el *Capítulo IV*. Interesantemente, en el encuentro del 20 al 24 de enero de 2020, el Presidente del grupo solicitó a los participantes analizar las opciones de reforma independientemente de la postura que los Estados tenían con respecto a la misma. De este modo, las intervenciones avanzaron en cuestiones técnicas resaltando siempre la flexibilidad final de la estructura, y abordando lo que eventualmente podría convertirse, en efecto, en los componentes básicos de una institución permanente. JOHNSON, L. COTULA, L. Guest Post: Pragmatism and flexibility in UNCITRAL Working Group III: Too much of a good thing?[en línea]. *International Economic Law and Policy Blog*, 5 febrero 2020, https://cutt.ly/3SnrKcb.

c) la selección y el nombramiento de árbitros y decisores

Durante el año 2020 debido a la pandemia de enfermedad por coronavirus de 2019 (Covid-19), los períodos de sesiones correspondientes a los meses de marzo, abril y mayo debieron ser pospuestos. Se inició así un nuevo ciclo, en vista de que el siguiente período de sesiones (39° período de sesiones) fuera realizado del 5 al 8 de octubre de 2020 de manera virtual.[94] Esta nueva modalidad aportó nuevas características al foro multilateral, ya que por un lado la tecnología dio la posibilidad de concretar negociaciones más globales pero como contrapartida, redujo la experiencia de los participantes.[95] A partir de las celebraciones virtuales de las sesiones del Grupo de Trabajo III, no solamente ha aumentado la cantidad de participantes en cada nueva sesión —lo que permite obtener deliberaciones más inclusivas—[96], sino también mayor representación de

---

94 UNCITRAL adoptó medidas a partir de la pandemia, para garantizar la posibilidad de continuar con las sesiones de los Grupos de Trabajo, dando las opciones de modalidades presencial y virtual. En este sentido, se celebran las reuniones en la sede UNCITRAL de Viena, pudiendo los Estados decidir acudir presencialmente pero se realiza la sesión simultáneamente a través de una plataforma virtual. Ver CNUDMI, Continuación del 53° período de sesiones, Decisiones adoptadas por los Estados miembros de la CNUDMI en agosto de 2020 con arreglo al procedimiento para la adopción de decisiones de la Comisión durante la pandemia de enfermedad por coronavirus (COVID-19), A/CN.9/1038, https://undocs.org/sp/A/CN.9/1038.

95 ROBERTS, A., ST JOHN, T. UNCITRAL and ISDS Reform (Online): Can You Hear Me Now?, *EJIL TALK!*,13 octubre 2020. La información que surge de la comunicación no verbal (las reacciones de la sala, de las diferentes delegaciones, la diplomacia que se gesta en los pasillos, en las reuniones informales, etc.), que se produce en los márgenes de la sala multilateral de debate, desaparece.

96 Vale destacar como ejemplo, que en la sesión de octubre de 2020 se registraron 134 Estados y 406 oficiales de Estado (el mayor número hasta la fecha).

nuevas zonas geográficas.[97] En este sentido, diversos Estados han aumentado la cantidad de sus delegados (incluso incorporando agentes gubernamentales esenciales, como ministros y otros agentes oficiales), tal es el caso de Kenia (15 agentes), Jamaica (8 agentes), Perú (12 agentes) o Tailandia (16 agentes); para muchos de estos Estados resulta prácticamente imposible acudir a las negociaciones internacionales de UNCITRAL con delegaciones tan numerosas cuando dichas sesiones son presenciales.[98] A pesar de ello, la mayor cantidad de participantes no posee una relación directa con una mayor calidad de las deliberaciones (puesto que es imposible determinar el grado de atención real detrás de cada pantalla), pero puede ser utilizada favorablemente según la sagacidad del equipo que conduce las negociaciones en UNCITRAL.

Para el 40° período de sesiones, celebrado en dos fases de 2021 (entre el 8-12 de febrero y 4-5 de mayo), las negociaciones tomaron un rumbo estratégico encaminado a la consecución de un potencial texto sobre el que delinear una futura convención. Pese a las turbulencias iniciales, en una Carta a los delegados,[99] el presidente del Grupo de Trabajo III instó a las delegaciones a avanzar concretamente sobre un diseño de borrador textual.[100] A este efecto, se elaboró un Plan de trabajo

---

97 La participación del Gobierno de Burkina Faso es un ejemplo de ello. CNUDMI, Grupo de Trabajo III, Reforma del Sistema de Solución de Controversias entre Inversionistas y Estados, Comunicación del Gobierno de Burkina Faso, A/CN.9/WG.III/WP.199, https://undocs.org/es/A/CN.9/WG.III/WP.199.

98 ROBERTS, A., ST JOHN, T. UNCITRAL and ISDS Reform (Online)…., *op. cit.*

99 UNCITRAL, Letter from Chair, Shane Spelliscy, UNCITRAL Working Group III, 1 February 2021 https://cutt.ly/ZATPc8E.

100 ROBERTS, A., ST JOHN, T. UNCITRAL and ISDS Reform (Online): Crossing the Chasm [en línea] *EJIL TALK!*, 17 febrero 2021. El Grupo dio un importante paso referente a "textualizar" cláusulas para una futura Convención. Algunos Estados reclamaron que sería una fase demasiado temprana (la

que sugirió un calendario estructurado de sesiones periódicas durante el 2021 y 2022 (incorporando reuniones oficiosas entre períodos de sesiones),[101] una mayor parte de trabajo sobre una convención multilateral proyectada a partir de finales de 2023 y durante el año 2024, y la finalización de los trabajos de reforma del Grupo de Trabajo III para el año 2025.[102]

La sesión 41° del Grupo de Trabajo III, celebrada entre el 15 y el 19 de noviembre de 2021 en Viena, centró sus debates en la elaboración del Código de conducta que sería presentado a la Comisión de UNCITRAL en su reunión anual prevista para junio de 2022. Los avances con respecto al Código de conducta fueron fructíferos pero lentos, lo que generó algunas

---

Delegación Rusa mencionaba que sería como "zambullirse en una piscina que aún no estaba llena"). El obstáculo fue astutamente conducido por el Presidente del grupo, quien logró reconducir las negociaciones en ese sentido. (El presidente Spellicy aclaró que dicha piscina estaba siendo aún diseñada, no construida ni llenada, y que lo debatido era "dónde y cómo construirla"). ARATO, J. ISDS Reform: From the Forest to the Trees of an Appellate Mechanism [en línea], *International Economic Law and Policy Blog*, 15 February 2021. El diseño de esta fase es sumamente compleja, dado la diversidad de opciones presentadas y la necesidad de llegar a un documento único, aunque flexible.

101 La Comisión destaca que este tipo de reuniones entre sesiones resulta de gran utilidad, es una forma de apoyar los avances de las sesiones y también opera como consultas previas, reservando las sesiones oficiales para examinar las cuestiones que requieren deliberaciones extensas. CNUDMI, Grupo de Trabajo III, Reforma del Sistema de Solución de Controversias entre Inversionistas y Estados, Información sobre las opciones para aplicar un plan de trabajo, A/CN.9/WG.III/WP.158, p.4 https://undocs.org/es/A/CN.9/WG.III/WP.158.

102 CNUDMI, Grupo de Trabajo III, Reforma del Sistema de Solución de Controversias entre Inversionistas y Estados, Plan de trabajo para aplicar la reforma del sistema de solución de controversias entre inversionistas y Estados (SCIE) y necesidades de recursos, A/CN.9/WG.III/WP.206, https://undocs.org/es/A/CN.9/WG.III/WP.206 SVOBODA, O. UNCITRAL Working Group III and Multilateral Investment Court ..., *op. cit.*, p.116.

preocupaciones con respecto al futuro de las negociaciones para temas que podrían ser más polémicos.[103]

La sesión 42° del Grupo de Trabajo III, fue realizada del 14 al 18 de febrero de 2022 en la sede central de las Naciones Unidas en Nueva York. Debido a las restricciones derivadas de la pandemia, la reunión se realizó en formato de presencialidad limitada (solo los Estados podrían enviar delegaciones) y fue simultáneamente transmitida por la plataforma virtual Zoom. El Grupo de Trabajo III decidió dividir el esquema de trabajo de la siguiente manera: dos días y medio serían dedicados a debates sobre el mecanismo multilateral permanente (selección y nombramiento de los miembros del tribunal y asuntos relacionados a través de cinco encuentros de dos horas, con un total de diez horas de debate); y dos días y medio serían dedicados a completar la primera lectura del proyecto de Código de conducta con el objetivo de cumplir con el esquema de su sesión anterior y poder presentarlo a la Comisión en su 55° período de sesiones (a celebrarse durante el verano de 2022).[104] Dicha distribución dejó menos tiempo que el inicialmente planeado (tres días) para el debate del mecanismo permanente, quedando entonces en suspenso la conclusión de los debates respecto a esta temática particular.

La sesión 43° del Grupo de Trabajo III de UNCITRAL, realizada del 5 al 16 de septiembre de 2022, afianzó avances relacionados con la creación de un mecanismo permanente de solución de controversias —en particular con respecto a la selección y nombramiento de los miembros de un potencial

---

103 ROBERTS, A., ST JOHN, T. UNCITRAL and ISDS Reform (Hybrid): Season 5- Watching the Grass Grow, *EJILTALK!*, 24 noviembre 2021.

104 UNCITRAL, Carta del Presidente del Grupo de Trabajo III, 28 de enero de 2022. https://cutt.ly/7ATObGG.

tribunal multilateral—[105] e incluyó también debates respecto a un posible instrumento multilateral relativo a la reforma del ISDS, su estructura y su relación con los tratados de inversión.[106] Además de generar un avance en el debate respecto al Código de conducta, en esta sesión también se introdujeron las deliberaciones para la realización de un proyecto de disposiciones sobre mediación.[107]

El 44° período de sesiones se llevó a cabo del 23 al 27 de enero de 2023 en Viena, y el Grupo de Trabajo III concentró sus esfuerzos en la formulación del Proyecto del Código de Conducta.[108] A partir de un consenso en la sesión anterior, se decidió trabajar para presentar a la Comisión en 2023 dos textos de Código de conducta separados: uno para árbitros y otro para jueces. [109] En este período de sesiones se retomaron las

---

105 CNUDMI, Grupo de Trabajo III, Posible Reforma del Sistema de Solución de Controversias entre Inversionistas y Estados, Mecanismo multilateral permanente: selección y nombramiento de los miembros de los tribunales que entienden en casos de SCIE y asuntos conexos, A/CN.9/WG.III/WP.213. En este sentido, se expusieron también inquietudes sobre el costo y financiación que un tribunal de estas características podría ameritar. Ver "Comments on the financing of a permanent multilateral body" https://acortar.link/KNkPVk

106 CNUDMI, Grupo de Trabajo III, Posible Reforma del Sistema de Solución de Controversias entre Inversionistas y Estados, A/CN.9/1124.

107 CNUDMI, Grupo de Trabajo III, Posible Reforma del Sistema de Solución de Controversias entre Inversionistas y Estados, Proyecto de disposiciones sobre mediación, A/CN.9/WG.III/WP.217. A/CN.9/WG.III/WP.218.

108 CNUDMI, Grupo de Trabajo III, Posible Reforma del Sistema de Solución de Controversias entre Inversionistas y Estados, Proyecto de Códigos de conducta y comentario, A/CN.9/WG.III/WP.223

109 CNUDMI, Grupo de Trabajo III, Posible Reforma del Sistema de Solución de Controversias entre Inversionistas y Estados, A/CN.9/1124, p.33. A pesar de la utilidad de configurar un único texto, se presentaron dudas expresaron dudas acerca de la medida en que el Código podía regular la conducta de los jueces, cuando no estaban claro ni el funcionamiento del mecanismo

deliberaciones sobre un potencial mecanismo de apelación y, a más allá de que los Estados expresaron un interés general en el avance de esta temática, también dejaron claramente establecido que las opiniones no debían entenderse en el sentido de apoyar la *necesidad* de dicho mecanismo de apelación y que, asimismo, no afectarían la posición final de los Estados sobre distintos aspectos de esa alternativa de reforma.[110]

El 2023 marcó un hito en la aceleración de los encuentros ya que el 45° período de sesiones, fue celebrado en Nueva York del 27 al 31 de marzo de 2023 y avanzó en los debates sobre las cuestiones relacionadas a la mediación y a procedimientos sobre prevención y mitigación de controversias relativas a inversiones.[111] De igual manera, el Grupo de Trabajo III logró importantes progresos con respecto a los Códigos de conducta, con un especial debate sobre la limitación a la multiplicidad de roles y su compleja configuración en un potencial texto definitivo.[112]

Ese mismo año, la Comisión de UNCITRAL, en su 56° período de sesiones (julio de 2023), aprobó las Disposiciones Modelo de UNCITRAL sobre la Mediación de Controversias Internacionales relativas a Inversiones, las Directrices de UNCITRAL sobre la Mediación de Controversias Internacionales relativas a Inversiones y el Código de Conducta para Árbitros

---

permanente ni las funciones y tipos de servicios que los jueces prestarían, así como tampoco su régimen de dedicación.

110 CNUDMI, A/CN.9/1130, p.20.

111 Nuevos documentos, en calidad de borradores, completaron los anteriores trabajos elaborados por la Secretaria del Grupo III respecto a las disposiciones sobre mediación, incorporando los debates realizados durante el 43° período de sesiones de Grupo III. Ver A/CN.9/WG.III/WP.226, A/CN.9/WG.III/WP.227.

112 CNUDMI, A/CN.9/1131, p.18 y ss. Esta cuestión es abordada en mayor profundidad en el Capítulo IV.

en la Solución de Controversias Internacionales relativas a Inversiones y su comentario. La Comisión también aprobó en principio el Código de Conducta para Jueces en la Solución de Controversias Internacionales relativas a Inversiones y su comentario.[113] La Comisión se mostró satisfecha con los avances del Grupo de Trabajo III e instó a los Estados a presentar un proyecto de texto relativo a un Centro de Asesoramiento sobre el Derecho Internacional de las inversiones y, asimismo, un texto orientativo sobre los medios para prevenir y mitigar las controversias a fin de que se los examinara en 2024.[114]

Los avances satisfactorios continuaron en una reunión entre sesiones, celebrada en Singapur los días 7 y 8 de Septiembre de 2023. El Grupo de Trabajo III lograba de esta manera un contacto frecuente con respecto a años anteriores, y dos importantes alternativas de reforma fueron debatidas en este encuentro: el mecanismo multilateral permanente y el mecanismo de apelación.[115]

A partir de entonces, y con el desarrollo del 46° período de sesiones (que tuvo lugar en Viena del 9 al 13 de octubre de 2023) el proceso parece haber adquirido un matiz más ejecutivo. Si bien las sesiones anteriores eran más abiertas (identificar inquietudes, desarrollar propuestas, etc.) el Grupo de Trabajo III manifiesta una idea de resultados y plazos mucho más estricta.[116] En el desarrollo de las sesiones se observa una planificación cuidadosa de la secuencia en la que se analizan las reformas y se fijan plazos para detallar en profundidad cada reforma.

---

[113] A/CN.9/1160, p.2.

[114] *Ibid.*

[115] A/CN.9/WG.III.WP.233.

[116] ROBERTS, A. ST JOHN, T. UNCITRAL and ISDS Reform: Moving to the Delivery Phase. *EJILTALK!* 22 noviembre 2023.

En los debates del 46° y 47° período de sesiones (22 a 26 de enero de 2024 en Viena), los Estados del Grupo III de UNCITRAL, apoyaron genérica e unánimemente a que se estableciera un Centro de Asesoramiento para canalizar la urgente necesidad de asistencia existente entre los Estados en desarrollo en materia de controversias relativas a inversiones.[117] Dicho Centro de Asesoramiento debería presentarse como un órgano intergubernamental, para lo cual será necesario elaborar un instrumento internacional en el que puedan ser parte los Estados y las organizaciones regionales de integración económica. En general, las características, función, estructura y demás disposiciones sobre el establecimiento de este centro se encuentran aún en etapa provisoria, pero existe una clara evidencia del avance positivo al respecto de su creación.[118]

---

117 A/CN.9/1160, p.4.

118 Algunos de los textos presentados a debate por el Grupo III de UNCITRAL son: CNUDMI, Grupo de Trabajo III, Reforma del Sistema de Solución de Controversias entre Inversionistas y Estados , Posible reforma del sistema de solución de controversias entre inversionistas y Estados (SCIE) Proyecto de estatuto de un centro de asesoramiento sobre la solución de controversias internacionales relativas a inversiones, A/CN.9/WG.III/WP.238 (7 de febrero de 2024), CNUDMI, Grupo de Trabajo III, Reforma del Sistema de Solución de Controversias entre Inversionistas y Estados , Posible reforma del sistema de solución de controversias entre inversionistas y Estados (SCIE), Posible reforma del sistema de solución de controversias entre inversionistas y Estados (SCIE) Proyecto de estatuto de un centro de asesoramiento, A/CN.9/WG.III/WP.236 (27 de noviembre de 2023), CNUDMI, Grupo de Trabajo III, Reforma del Sistema de Solución de Controversias entre Inversionistas y Estados , Posible reforma del sistema de solución de controversias entre inversionistas y Estados (SCIE), Posible reforma del sistema de solución de controversias entre inversionistas y Estados (SCIE) Proyecto de disposiciones relativas al establecimiento de un centro de asesoramiento sobre derecho internacional de las inversiones, A/CN.9/WG.III/WP.230 (30 de junio de 2023).

En las sesiones más recientes celebradas en 2024 (47° y 48° período de sesiones), el Grupo de Trabajo III de UNCITRAL instó a debatir con minuciosidad un conjunto de disposiciones que abordan cuestiones procesales y transversales (tales como determinación de daños y perjuicios, limitación de demandas excesivas, acceso a la justicia, entre otras).[119] El Grupo de Trabajo III ha considerado que a través de estas modificaciones, podría aumentarse la eficiencia del procedimiento de solución de controversias entre inversores y Estados.[120] Asimismo, las sesiones han estado orientadas al debate del Proyecto de Directrices sobre prevención y mitigación de controversias internacionales relativas a inversiones[121] y al proyecto de Estatuto de un Centro de Asesoramiento.[122] La agenda del 48° período de sesiones, que tuvo lugar en Nueva York del 1 al 5 de abril de 2024, focalizó el debate en esas tres amplias temáticas: el potencial Centro de Asesoramiento, el Proyecto de disposiciones sobre cuestiones procesales y transversales y el Proyecto de disposiciones sobre prevención y mitigación de controversias internacionales.

En consonancia con el nuevo ritmo del proceso, posteriormente a la última sesión, (en el período entre sesiones), se llevó a cabo un encuentro en Bélgica (7-8 de marzo 2024), en que además de profundizar en las tres amplias temáticas de la sesión 48°, se desarrolló el debate sobre la potencial creación de

---

119 CNUDMI, Grupo de Trabajo III, Posible reforma del sistema de solución de controversias entre inversionistas y Estados (SCIE), Proyecto de disposiciones sobre cuestiones procesales y transversales, A/CN.9/WG.III/WP.231.

120 CNUDMI, Grupo de Trabajo III, Posible reforma del sistema de solución de controversias entre inversionistas y Estados (SCIE), Anotaciones al proyecto de disposiciones sobre cuestiones procesales y transversales, A/CN.9/WG.III/WP.232.

121 A/CN.9/WG.III/WP.235.

122 A/CN.9/WG.III/WP.236 y A/CN.9/WG.III/WP.238.

un TMI.[123] Si bien las reuniones entre sesiones generan avance y continuidad en las deliberaciones del Grupo de Trabajo III de UNCITRAL, merece la pena considerar la preocupación de algunos gobiernos —en especial de países en desarrollo— respecto a las limitaciones que enfrentan para participar de las reuniones, así como también la necesidad de avanzar en una serie de elementos que se esperan poder presentar a la Comisión de UNCITRAL en 2025.[124]

3.2.3. Transición y tendencias en la reforma del ISDS: reformistas incrementales, sistémicos y paradigmáticos.

El hecho de que la UE haya emprendido, desde el inicio de las sesiones periódicas del Grupo de Trabajo III de UNCITRAL,[125] una iniciativa destinada a la creación de un sistema permanente o TMI, tuvo un sólido impacto en el desarrollo de los debates del Grupo III. Sumado a ello, antes de la constitución del Grupo de Trabajo III, la UE y Canadá habían utilizado instancias multilaterales previas (formales e informales) para debatir la propuesta de creación de un sis-

---

123 A/CN.9/WG.III/WP.242.

124 Se han ofrecido como siguientes encuentros entre sesiones, uno en China (Chengdu, octubre 2024) y República de Corea (Seúl, marzo 2025). Por otro lado, el 49° período de sesiones está programado para ser entre el 22 y 27 de septiembre de 2024 (Viena) y el 50° período de sesiones (Nueva York), en enero 2025. A/CN.9/1167.

125 En el 34° período de sesiones del Grupo III de UNCITRAL (27 noviembre al 1 de diciembre, en Viena) la UE presentó un documento, en cuyas conclusiones establecía el carácter sistémico de las inquietudes, y en especial la naturaleza *Ad hoc* de los tribunales y la falta de revisión. Ver CNUDMI, Grupo de Trabajo III, Posible Reforma del Sistema de Solución de Controversias entre Inversionistas y Estados, Documento presentado por la Unión Europea, A/CN.9/WG.III/WP.145, p.12.

tema permanente de solución de controversias en materia de inversiones.[126]

En presencia de una propuesta de tal envergadura, era lógico considerar desde el inicio que el Grupo de Trabajo III no debatiría meramente pinceladas del tradicional sistema ISDS, sino verdaderas alternativas de reforma estructural.[127] Esta cuestión tuvo dos derivaciones relevantes para las negociaciones: por un lado, generó que los diversos Estados tomaran un posicionamiento con respecto a *esa* reforma propuesta por la UE. Por otro lado, los Estados asumieron una actitud prudencial frente a cualquier nuevo paso a iniciar.[128]

A partir de la crisis de legitimidad del ISDS, los Estados emprendieron acciones para su reconfiguración y contemplaron la posibilidad de una reforma, aunque no convergieron en cuál reforma sería la más apropiada. Debido a que la reforma se encuentra en proceso y aún los Estados no han decidido

---

126 Ver *apartado 3.1.2*.

127 Sin embargo, algunos autores son críticos con esta posibilidad, considerando que los debates multilaterales de UNCITRAL corren el riesgo de producir soluciones intermedias, que no abordarían las fallas fundamentales sino solo institucionalizarían y relegitimarían aún más el sistema. VERBEEK, B.J. The Limitations of the UNCITRAL Process on ISDS Reform [en línea]. *SOMO*, 30 octubre 2018. https://cutt.ly/vSnsas1 ARCURI, A., VIOLI, F. Human Rights and Investor-State Dispute Setllement. Changing (Almost) Everything so that Everything Stays the Same? *Diritti Umani e Diritto Internazionale.* 2019, Nro.3, pp.579-596.

128 Sobre esta actitud tan prudente de los Estados, el presidente del Grupo III tuvo un rol destacable, impulsando las negociaciones hacia el siguiente paso permanentemente a través de una diplomacia funcionalista equilibrada. PEARSALL, P. The Role of the State and the ISDS Trinity. *AJIL Unbound*, 2018, 112, pp.249-254. El autor argumenta que los Estados se replantean en una trinidad (como legisladores, como protectores de una inversión y como demandados), que los obliga a analizar prudentemente cada opción de reforma. GRILL, A.K. Mind the Label: Loyalists and Reformists and ISDS [en línea], *Kluwer Arbitration Blog*, 29 diciembre 2017. https://cutt.ly/RSnLtUo.

conjuntamente cuál de las alternativas debería prosperar, en la práctica es posible categorizar los Estados según sus tendencias reformistas.[129] A partir de una clasificación diseñada por Anthea Roberts, se desarrolla en el presente trabajo una categorización de los Estados en virtud de la tendencia de reforma que acogen. Al efecto, los Estados pueden categorizarse en reformistas: incrementalistas, sistémicos y paradigmáticos.[130]

- Incrementalistas: más allá de las críticas al sistema ISDS, estos Estados consideran que el ISDS continúa siendo la mejor opción disponible para la solución de disputas entre inversionistas y Estados, y que se podrían instituir reformas moderadas al sistema vigente para abordar inquietudes específicas.[131]
- Sistémicos: estos Estados contemplan el acceso de los inversionistas al sistema internacional como un modelo asertivo, pero consideran que el arbitraje internacional entre inversionistas y Estados es un mecanismo seriamente defectuoso para hacer frente a las reclamaciones.

---

129 Cabe considerar a este respecto que el 38° período de sesiones del Grupo III de UNCITRAL marcó una transición clave hacia una discusión detallada de las opciones de reforma. ARATO, J. ISDS Reform: Designing Permanent Institutions at Working Group III [en línea]. *International Economic Law and Policy Blog*, 26 enero 2020. https://cutt.ly/2SnuXJf.

130 ROBERTS, A. Incremental, Systemic and Paradigmatic Reform of Investor-State Arbitration, 112 *American Journal of International Law*, 2018, pp.410-433, en particular p.410. La clasificación literal de A. Roberts se compone de "Incrementalistas, reformistas sistémicos y cambiadores de paradigma", las modificaciones realizadas en el presente trabajo son escasas y refieren a una mayor coherencia lingüística y gramatical, pero se apartan de la clasificación estricta por la autora establecida.

131 Bajo este enfoque podría categorizarse el análisis de la reforma realizado por GRENNES, E. Let's Have a Souffle Instead: Selective Reform of the Investor-State Dispute Settlement Regime. *University of Baltimore Journal of International Law*. 2018, 6 (1), pp.138-169. Disponible en https://bit.ly/3zvEqIT.

Abogan por unas reformas más significativas y sistémicas, como reemplazar el sistema de arbitraje ISDS por un tribunal multilateral de inversiones y un mecanismo de apelación.[132]

- Paradigmáticos: consideran que el arbitraje ISDS es irrevocablemente defectuoso y requiere un reemplazo total. Rechazan la utilidad de permitir que los inversionistas puedan anteponer reclamaciones internacionales directas contra los Estados receptores de la inversión, tanto sea en arbitrajes como en cortes internacionales. Adhieren a otro tipo de alternativas como, por ejemplo: cortes domésticas, *Ombudsmen* y arbitraje interestatal.[133]

Esta clasificación, siguiendo la enseñanza de A. Roberts, también puede aplicarse sobre tres dimensiones: procedimiento, sustancia y forma. A pesar de que no permite capturar todas las sutilezas de los posicionamientos individuales, la presente matriz crea un marco sobre el cual es posible comprender algunos de los debates principales sobre la reforma, ubicando y comparando los enfoques de determinados actores claves en la escena internacional.[134]

---

132 Bajo este enfoque podría categorizarse el análisis de la reforma realizado por BROWN, C. GAARTHUIS, E. Judicialization of ISDS. The European Union´s Approach to Multilateral Reform of Investment Dispute Settlement. En YU-WEN Li, TONG Qi, CHENG Bian. *China, the EU and International Investment Law.* Routledge, 2019. pp.71-86.

133 Bajo este enfoque podría categorizarse el análisis de la reforma realizado por los autores DE RIDDER, M. *et alt.* Authority, Legitimacy and the Rule of Law in EU..., *op. cit.*, p.33 y ss.

134 ROBERTS, A. Investment Treaties: The Reform Matrix. *AJIL Unbound*, 2018, 112, pp.191-196, en particular p.191.

Figura 10. Estados y Organizaciones en la Matriz de Reforma

STATES AND ORGANIZATIONS ON THE REFORM MATRIX

	INCREMENTAL	SYSTEMIC	PARADIGMATIC
Procedure	U.S, Japan, China	EU, Canada, Mauritius	Brazil, South Africa
Substance	U.S, EU, Japan, Canada, China	Brazil, South Africa	SADC, Model BIT
Form	U.S, EU, Japan, Brazil, China	South Africa	

Fuente: Roberts, A. *The reform matrix*, 2018.

En modo resumido, los reformistas incrementalistas serían aquellos que adoptan pequeñas a moderadas reformas en el sistema existente. Los reformistas sistémicos, por el contrario, procuran mejoras a gran escala, procurando particularmente alcanzar reformas estructurales. Los paradigmáticos, proyectan cambios extensivos pero que ocurren por fuera del sistema, normalmente creando algo nuevo.

La clasificación refleja una tendencia, no en base a los méritos sino simplemente en virtud de la escala de los cambios propuestos. Tampoco revela una secuencia entre cada tendencia, sino solamente desviaciones progresivamente más o menos significativas del *statu quo.*[135] Debido a esto, ninguna de las tres tendencias reformistas debe ser vistas como tres puntos dentro de un mismo espectro. Existen lógicamente otras tendencias, e incluso podrían encontrarse soluciones intermedias entre las

135 Por ejemplo, lo que para un Estado es una desviación de gran escala, para otro puede no representar ninguna desviación. Lo que aparenta ser transformacional desde un paradigma puede no representar ningún cambio en otro Estado. Por ejemplo, Brasil – que nunca ha ratificado ningún TBI con cláusula ISDS- podría comenzar a utilizar arbitraje ISDS con el modelo actual internacional.

categorías señaladas.[136] Esta situación revela el variopinto escenario que compone el Grupo de Trabajo III y el desafío que su labor conlleva.

Durante las negociaciones del Grupo de Trabajo III, algunos Estados han dado muestra de un posicionamiento que puede ser analizado bajo la óptica de esta clasificación. Sin embargo, las posturas pueden variar a lo largo del tiempo —y de hecho así ha ocurrido—, ya que el debate actual continúa impactando en la conformación de las posturas y las negociaciones que aún se encuentran en fase de desarrollo.

Entre los reformistas incrementalistas pueden considerarse, por ejemplo, Chile, Israel y Japón, en cuyo escrito conjunto han revelado posiciones consistentes con esta tendencia. Estos países proponen reformar inicialmente sólo aquellas características que de manera consensuada presentan mayores inquietudes, y en una segunda fase, llevar a cabo las reformas específicas sobre la base de las existentes, "dando cabida a la innovación en la medida de lo posible".[137] El gobierno de Chi-

---

136 ROBERTS, A. Incremental, Systemic and Paradigmatic ..., *op. cit.*, pp.412-414. Sería posible aún que los Estados adopten una combinación de enfoques en virtud de su interlocutor. Por ejemplo, sosteniendo reformas incrementales en un tratado con un interlocutor "X", y promoviendo reformas de mayor alcance en sus negociaciones con un interlocutor "Y".

137 CNUDMI, Grupo III, Reforma del Sistema de Solución de Controversias entre inversionistas y Estados, Observaciones de los Gobiernos de Chile, Israel y el Japón, A/CN.9/WG.III/WP.163, p.9 https://undocs.org/es/A/CN.9/WG.III/WP.163 FUKUNAGA, Y. International Arbitration and Japan: Stagnant, but Signs of Change? *Proceedings of the ASIL Annual Meeting*, 2018, 112, pp.100-102. El apoyo de Japón al ISDS actualmente es firme. Sin embargo, su posición puede cambiar en el futuro a medida que adquiera más experiencia con el arbitraje entre inversionistas y Estados. Algunos autores sostienen que el propósito de las reformas incrementales es sostener el sistema existente, ver SACHS, L. et al. The UNCITRAL Working Group III Work Plan: Locking in a Broken System? [en línea], Columbia Center on Sustainable Investment,

le, además, señaló la importancia de separar las preocupaciones reales del sistema de aquellas basadas en la percepción.[138] EEUU y México también revelaron una inclinación más incrementalista que sistémica, aunque dicha postura solo podía vislumbrarse con mayor detalles en las primeras sesiones de UNCITRAL.[139]

EEUU parecería esforzarse por intentar un "*speedcubing*",[140] para encontrar un algoritmo en su política de inversiones internacionales que le permita moverse y conseguir una posición implacable en consideración a su interlocutor. El posicionamiento de este Estado con respecto al ISDS varía considerablemente según la negociación se lleve a cabo con un país desarrollado o en vías de desarrollo. Esto podría influir en su posicionamiento incrementalista, ya que le otorgaría mayor flexibilidad para gestionar este tipo de política de inver-

---

4 mayo 2021. https://mailchi.mp/law/the-uncitral-working-group-iii-work-plan-locking-in-a-broken-system?e=52229118f4.

138 ROBERTS, A. Incremental, Systemic and Paradigmatic..., *op. cit.*, p.415. HOWSE, R. Courting the Critics of Investor-State Dispute Settlement: the EU proposal for a judicial system for investment disputes (unpublished manuscript), 2015. El autor argumenta que, si bien el sistema ISDS posee algunos fallos, muchas de las críticas están relacionadas con percepciones genéricas.

139 ROBERTS, A. Incremental, Systemic and Paradigmatic ..., *op. cit.*, p.415. Luego, ciertos factores revelaron una moderación en la tendencia estructural de ambos países: México acordó el establecimiento de un tribunal bilateral de inversiones en su acuerdo con la UE, y EEUU- luego del cambio de gobierno operado en 2020- matizó sus posturas. EEUU no ha enviado ninguna observación escrita a la Secretaría de UNCITRAL (hasta la fecha), aunque en sus intervenciones orales ha mencionado formas de solucionar puntuales inquietudes.

140 Movimientos veloces relacionados al famoso cubo de Rubik. Denota cambios repentinos en la búsqueda de una solución adaptable al conjunto en virtud del movimiento.

siones.[141] Rusia también acoge esta tendencia, ya que "considera que deben modificarse aspectos concretos del sistema" y rechaza enfáticamente la clasificación, dado que reformar las características del sistema que presentan mayor preocupación también puede considerarse —en su opinión— una reforma sistémica. [142]

---

141 La Administración Trump impactó en la política estadounidense de inversiones internacionales, no solamente por sus acciones sino también (y quizás más profundamente) por sus decisivas omisiones. MANDELL, L. The Trump Administration´s Impact on US Investment Policy. *ICSID Review- Foreign Investment Law Journal*, 2020, 35 (1), pp.345-368. Es claramente visible la relevancia que ha adoptado la protección de las inversiones internacionales ya no solo como opción de política internacional sino incluso en su dimensión social, generando una expresa mención respecto al posicionamiento hacia el ISDS en la candidatura misma del Presidente Biden. Ver https://www.uswvoices.org/endorsed-candidates/biden/BidenUSWQuestionnaire.pdf Si bien el Presidente Biden ha dado muestra concluyente de su oposición a incluir cláusulas ISDS en los futuros acuerdos de EEUU durante su candidatura, no es menos cierto que la Administración Biden no ha sido capaz de dar pasos concluyentes en tal sentido. Tanto en foros internos como multilaterales las manifestaciones estadounidenses resultan de extrema cautela. MERRIL, E., DIETRICCH BRAUCH, M. U.S. Climate Leadership must reject ISDS: As the United States faces another $15 billion suit from the fossil fuel industry, it´s time for President Biden to take a decisive stance [en línea] CCSI News, 13 julio 2021. https://cutt.ly/5SngzRX.

142 CNUDMI, Grupo III (Reforma del Sistema de Solución de Controversias entre inversionistas y Estados), Comunicación del Gobierno de la Federación de Rusia, A/CN.9/WG.III/WP.188, p.1. https://undocs.org/es/A/CN.9/WG.III/WP.188 LABIN, D. K. The Elephant in a Dark Room? Russia and the ISDS Reform ". *China and WTO Review*, 2020, 6 (2), pp.241-268. Un análisis interesante sobre la compatibilización de los diferentes posicionamientos de Rusia y la UE en TRUNK FEDOROVA, M. Challenges to the EU Policy on Foreign Investment: a Third Country Perspective. En K.FACH (Ed) *La política de la Unión Europea en materia de derecho de las inversiones internacionales/ EU Policy on International Investment Law.* Barcelona: J.M. Bosch Editor, 2017, pp.375-389.

Los incrementalistas mencionan que cambiar el sistema vigente podría desmoronar las principales ventajas del mismo: como las designaciones por las partes de la controversia, la ejecución directa de laudos, o la despolitización de disputas.[143] Otros Estados, aunque reconocen la ventaja de los cambios incrementales, se mantienen escépticos a esta tendencia señalando que dichos cambios pueden no satisfacer la intensidad de la reforma socialmente reclamada. La "licencia social" sobre el sistema ISDS resulta sumamente importante para Estados como Australia, Sudáfrica o Mauricio.[144]

Entre los reformistas sistémicos se encuentran la Unión Europea, Canadá, y Mauricio, quienes respaldan el acceso de los inversionistas en la instancia internacional, pero consideran que muchos de los problemas del actual sistema radican en su naturaleza *Ad hoc*. La Unión Europea es un reformista sistémico en procedimiento, porque acepta la premisa básica de

---

143 ROBERTS, A. Incremental, Systemic and Paradigmatic ..., *op. cit.*, p.416. DIAS SIMOES, F. Can Investment Dispute Settlement Ever Be Depoliticized? Cardozo International and Comparative Law Review. 2020, 4 (2), pp.507-536. BROWER, C., AHMAD, J. From the two-headed nightingale to the fifteen-headed Hydra: the many follies of the proposed International Investment Court. *Fordham Int'l LJ*, 2017, Nro. 41, pp.791-820. BROWER, C., AHMAD, J. Why the Demolition Derby That Seeks to Destroy Investor-State Arbitration. *Southern California Law Review.* 2017, vol. 91, pp.1139-1195. Estos autores consideran que las críticas al arbitraje internacional de inversiones han sido sobredimensionadas por diversos movimientos sociales (comúnmente denominados movimientos anti-globalización).

144 Todos estos Estados revelan una preocupación respecto a las percepciones del sistema ISDS. Resaltan en la importancia de que el sistema no solo debe ser justo sino también parecerlo. Ver ROBERTS, A., BOURAOUI Z., UNCITRAL and ISDS Reforms: Concerns about Consistency, Predictability and Correctness, *EJIL TALK!*, 5 junio 2018. TRAKMAN, L. Investor-State arbitration: evaluating Australia's evolving position. *The journal of world investment & trade*, 2014, vol. 15, no 1-2, pp.152-192. FERNANDEZ MASIÁ, E., SALAVADORI, M. Lo que se está discutiendo en la CNUDMI..., *op. cit.*, pp.20-25.

permitir a los inversores acudir a una instancia internacional para su reclamación, pero cambia la naturaleza del mecanismo (de especial a permanente). Sin embargo, en lo que refiere a la forma, la UE se acerca más a una categoría incrementalista, dado que acepta mantener las tradicionales cláusulas de protección al inversor extranjero, pero con ciertas especificidades y limitaciones. Con respecto a la forma, la UE es incrementalista pues mantiene la estructura generalizada de protección de inversiones a través de los tratados internacionales.[145]

Otro ejemplo de reformista sistémico es Marruecos, que defiende la constitución de una instancia multilateral permanente, aunque justificada solamente para la apelación.[146] Un tribu-

---

145 En referencia a la forma, los reformistas sistémicos cambian al menos una de las herramientas básicas del origen de la protección de inversiones. Por ej., Sudáfrica decidió enfocar la protección de inversiones a través de la legislación doméstica. Los reforistas paradigmáticos cambian la herramienta base de protección de las inversiones de manera más impactante, por ej. a través de un acto soberano en ejercicio de la capacidad privada estatal, como podría ser mediante contratos de inversión. Ecuador adopta una postura en referencia a esta modalidad. OLIVET, Cecilia. Why did Ecuador terminate all its bilateral investment treaties. *Transnational Institute*, 2017, vol. 25. Para una mejor comprensión de la postura de Ecuador, TITI, C. Control constitucional y derecho internacional de inversiones a través de cuatro sentencias constitucionales en Colombia, Ecuador, y la Unión Europea (Constitutional Review and International Investment Law in Light of Four Constitutional Decisions in Colombia, Ecuador and the European Union). En G. Bottini, A. Chehtman (eds), *Revista Latinoamericana de Derecho Internacional*, Número especial (*Forthcoming*).

146 Marruecos resaltó inicialmente la necesidad de llevar a cabo una reforma gradual del sistema, aunque pocos años después desarrolló un modelo de tribunal arbitral de apelación en la reforma de su modelo de TBI. En su participación activa en UNCITRAL, dos documentos reflejan este cambio. CNUDMI, Grupo III, Reforma del Sistema de Solución de Controversias entre inversionistas y Estados, Comunicación presentada por el Gobierno de Marruecos, A/CN.9/WG.III/WP.161 https://undocs.org/es/A/CN.9/WG.III/WP.161 y CNUDMI, Grupo III, Reforma del Sistema de Solución de

nal multilateral de inversiones o un mecanismo de apelación multilateral podrían direccionar de modo sistémico muchos de los fallos del actual sistema: la falta de predictibilidad, la inconsistencia de laudos, la imposibilidad de corregir laudos erróneos, las problemáticas en la designación de árbitros, la ética de árbitros, etc. Las soluciones de carácter "sistémico" fueron mencionadas en algunas exposiciones, pero a pesar de ello los Estados se han resguardado para que dicha mención no constituya un posicionamiento concreto hacia esta tendencia. Por ejemplo, países como Argentina, Kenia o Algeria han hecho declaraciones en tal sentido.[147]

Entre los reformistas paradigmáticos, Brasil y Sudáfrica cuestionan y rechazan la legitimidad de que los inversionistas acudan directamente ante tribunales internacionales para interponer demandas contra los Estados receptores de la inversión. Brasil nunca ha ratificado un tratado de inversión con cláusula ISDS. Desde su perspectiva, la utilidad del sistema radica en las instancias previas al conflicto y su recientemente desarrollado modelo, denominado Acuerdo de Cooperación y Facilitación de Inversiones (ACFI), ofrece un sistema alternativo que incluye un mecanismo de prevención de disputas.[148]

Controversias entre inversionistas y Estados, Comunicación presentada por el Gobierno de Marruecos, A/CN.9/WG.III/WP.195 https://undocs.org/es/A/CN.9/WG.III/WP.195.

147 ROBERTS, A. Incremental, Systemic and Paradigmatic..., *op. cit.*, p.417.

148 La prevención consiste en un diálogo bilateral que se lleva a cabo por conducto de un Ombudsman y un comité (el Comité Conjunto), encargados del examen preliminar de cuestiones específicas planteadas por la otra parte del acuerdo o los inversionistas de la otra parte. Este mecanismo es el núcleo institucional del modelo ACFI. CNUDMI, Grupo III, Reforma del Sistema de Solución de Controversias entre inversionistas y Estados, Comunicación presentada por el Gobierno de Brasil, A/CN.9/WG.III/WP.171, p.2, https://undocs.org/es/A/CN.9/WG.III/WP.171 VIDIGAL G., STEVENS, B. Brazil's New Model of Dispute Settlement for Investment: Return to the Past or Alternative for

Sudáfrica apunta a un cambio radical del sistema, considerando que la finalidad con la cual fue creado (teniendo como principal objetivo la protección de los inversionistas extranjeros y más recientemente, la facilitación de las operaciones de esos inversionistas, para fomentar consecuentemente la intensificación de los flujos IED), ya no es suficiente y debe ser ampliada. Sudáfrica considera que el sistema discrimina a los inversores locales (carentes de acceso a la instancia internacional), así como a personas y comunidades perjudicadas por inversiones extranjeras.[149]

Aunque todos los reformistas paradigmáticos abogan por reemplazar completamente el sistema por mecanismos alternativos, los mecanismos barajados son muy diferentes. Los cuestionamientos se encuentran en la misma base del sistema de solución de controversias sobre inversiones, pero los argumentos son muy variados y del mismo modo, las soluciones.[150]

---

the Future? *Journal of World Investment & Trade,* 2018, 19(3), pp.475-512 PUIG, S., SHAFFER, G. Imperfect alternatives: institutional choice and the reform of investment law. *American Journal of International Law,* 2018, *112*(3), pp.361-409, en particular p.367. CHOER MORAES, H., HESS, F. Breaking the BIT Mold: Brazil´s Pioneering Approach to Investment Agreements. *AJIL Unbound,* 2018, 112, pp.197-201.

149 Bajo su perspectiva, las opciones de reforma se orientan a políticas de prevención, solución de controversias por vías alternativas, procedimientos nacionales, Tribunales Nacionales, Defensoría y Cooperación interestatal. CNUDMI, Grupo III, Reforma del Sistema de Solución de Controversias entre inversionistas y Estados, Comunicación del Gobierno de Sudáfrica, A/CN.9/WG.III/WP.176, pp.8-12 https://undocs.org/es/A/CN.9/WG.III/WP.176 MBENGUE, M., SCHACHERER, S. The 'Africanization' of international investment law: the Pan-African investment code and the reform of the international investment regime. *Journal of World Investment and Trade,* 2017, 18(3), pp.414–448.

150 LESTER, S. Liberalization or Litigation? Time to Rethink the International Investment Regime. *Cato Institute Policy Analysis,* 2013, 730, pp.1-15.

Curiosamente, ciertos grupos que en otras ocasiones pueden aliarse para generar fuerzas centrípetas, resultan en este caso muy divididos y por tanto impedidos de actuar en conjunto. Un ejemplo de la heterogeneidad reinante en las tendencias reformistas lo constituyen los Gobiernos del "BRICS" (Brasil, Rusia, India, China y Sudáfrica). El grupo BRICS muestra claramente el variado abanico de tendencias reformistas existentes. Brasil aboga por un cambio paradigmático de prevención de conflicto y en su caso, arbitraje interestatal; Rusia aboga por mantener el sistema actual con algunas modificaciones estructurales, India considera evitar al máximo el ISDS y otorgar a las cortes domésticas un rol preponderante, China (cuya postura no es completamente clara) aboga por mantener el sistema actual aunque con posibilidad de un mecanismo multilateral de apelación, y Sudáfrica, cuestiona los fundamentos del sistema de solución de controversias ISDS y apela a un cambio de concepto holístico.[151]

A diferencia de antiguos escenarios internacionales, en que las negociaciones podrían ser más previsibles, las difuminadas líneas actuales entre países exportadores e importadores de capital, junto a la radical vorágine en que los flujos de inversión se mueven, obligan a los Estados a analizarse a sí mismos desde diferentes ópticas antes de tomar cualquier posiciona-

---

151 CHOER MORAES, H., HESS, F. Breaking the BIT Mold..., *op. cit.*, p.199. LABIN, D. K. The Elephant in a Dark..., *op. cit.* LI, Y., BIAN, C. China's stance on investor-state dispute settlement: Evolution, challenges, and reform options. *Netherlands International Law Review*, 2020, 67(3), pp.503-551. CAI, C. Balanced Investment Treaties and the BRICS, AJIL Unbound, 2018, 112, pp.217-222. SORNARAJAH, M. The Unworkability of "Balanced Treaties" and the Importance of Diversity of Approach Among the BRICS. *AJIL Unbound*, 2018, 112, pp.223-227. RANJAN, P., ANAND, P. The 2016 Model Indian Bilateral Investment Treaty: a critical deconstruction. *Northwestern Journal of International Law and Business*, 2017, 38(1), pp.1-53. ROBERTS, A. Investment Treaties: The Reform Matrix..., op. cit., p.194.

miento o aliarse con una determinada tendencia.[152] Estados como China, asumen una actitud pragmática observando detalladamente el proceso de la reforma, resaltando la importancia de la deliberación multilateral pero evitando cualquier tipo de definición en torno al acogimiento de una u otra tendencia reformista.[153]

Si bien algunas de las fórmulas planteadas, como por ejemplo la creación de un TMI, presentan soluciones técnico-jurídicas que abordan en gran medida las inquietudes planteadas al inicio del debate del Grupo de Trabajo III, el efecto político que dicha solución desencadena (en su caso, la delegación de soberanía en una instancia internacional) neutralizan la efectividad de la propuesta. Por muy correcta que la solución técnica se presente, no puede nunca desestimar el poder de su efecto político dada la singular orientación política (*government-led*) presente en el Grupo de Trabajo III.

A pesar de que aún es pronto para saber cuál de las tendencias acabará teniendo mayor peso en el diagrama final de reforma, en opinión personal de la autora es posible entrever cuáles opciones no tendrían fácilmente ese destino. Los refor-

152 PEARSALL, P. The Role of the State and the ISDS..., *op. cit.*, p.249.

153 Al anunciar China que "*La propuesta de reforma no solo debería salvaguardar la legítima facultad reguladora del país anfitrión, sino también proteger los derechos e intereses de los inversionistas y lograr que las partes en las controversias tengan mayor confianza en el mecanismo de SCIE*" (solución de controversias entre inversionistas y Estados), marca su auto-análisis tanto como país importador y exportador de capital, procurando encontrar un equilibrio en la solución que evite una distorsión en cualquiera de sus dos facetas. CNUDMI, Grupo de Trabajo III, Reforma del Sistema de Solución de Controversias entre Inversionistas y Estados, Comunicación del Gobierno de China, A/CN.9/WG.III/WP.177, p.4. LI, Y., BIAN, C. China's stance on investor-state dispute..., *op. cit.*. XIAO, J. Concrete issues in instituting an international investment court. En YUWEN LI, CHENG BIAN (eds.), *China, the EU and International Investment Law.* London, NY: Routledge, 2019, pp.87-99.

mistas paradigmáticos tendrían que aunar mucho sus fuerzas para conseguir una inclinación global hacia esta tendencia, debido a que, por un lado, es muy difícil que el sistema deje a los inversionistas extranjeros sin la histórica posibilidad de reclamar antes instancias internacionales al Estado receptor de la inversión (existe una cierta sensación de derecho adquirido, sumado a que los cuestionamientos sobre la garantía de ciertos sistemas nacionales de justicia aún permanecen muy arraigados en la comunidad internacional).[154] Por otro lado, las opciones diseñadas en esta categoría pueden incluirse —con un poco de ingenio— tanto si triunfa una tendencia reformista incremental como si lo hace una sistémica. Entre éstas dos últimas tendencias es que oscilaría el péndulo de las negociaciones.[155]

A pesar de que clasificar permite crear categorías conceptuales que son útiles para identificar los cambios propuestos y las tendencias de reforma, la clasificación analizada (aún utilizada genéricamente en los inicios de las negociaciones de UNCITRAL) ha debido de ser descartada. Ciertamente, clasificar conlleva de algún modo inclinaciones que resaltan cier-

---

154 KAUFMANN-KOHLER G., POTESTÀ M. Why Investment Arbitration and Not Domestic Courts? The Origins of the Modern Investment Dispute Resolution System, Criticism, and Future Outlook. En: *European Yearbook of International Economic Law: Investor-State Dispute Settlement and National Courts.* Cham: Springer, 2020. pp.7-22.

155 Si bien durante las negociaciones multilaterales iniciales resultaba más sencillo identificar algunos posicionamientos más destacados con respecto a la reforma (ver LANGFORD, M. ROBERTS, A. UNCITRAL and ISDS Reforms: Hastening slowly [en línea], *EJIL:TALK!*, 29 abril 2019 https://www.ejiltalk.org/uncitral-and-isds-reforms-hastening-slowly/), con el transcurso de las deliberaciones, los intereses de los Estados han ido cambiando. Desde que la persuasión es un proceso que puede modificar los intereses, las perspectivas han dejado de ser tan binarias y nuevas posibilidades han fluido en el debate más reciente. ROBERTS, A., ST JOHN, T. UNCITRAL and ISDS Reform (Hybrid): Islands of Persuasion [en línea], *EJIL: TALK!*, 18 marzo 2022. https://www.ejiltalk.org/uncitral-and-isds-reform-hybrid-islands-of-persuasion/.

tos aspectos a la vez que oscurecen otros, por este motivo la cuestión se tornó problemática en las negociaciones del Grupo de Trabajo III. En el 37° periodo de sesiones, el Gobierno de Mauricio tomó la palabra y describió el panorama de la sala limitándose a considerar binariamente Estados incrementalistas y sistémicos, estableciendo además un encuadre bastante negativo para los primeros (quienes estarían ralentizando el avance hacia negociaciones para reformas de mayor alcance).[156] Más aún, a tal fecha existía un consenso extendido dentro del Grupo de Trabajo III sobre el carácter sistémico de las inquietudes del ISDS, por lo que el binarismo aumentaba la desventaja sobre los reformistas incrementalistas (cuya aceptación de la interrelación entre las inquietudes generaba una incongruencia en las soluciones propuestas). Por consiguiente, se produjo un caluroso debate y diversos Estados se manifestaron en contra de las etiquetas o la categorización.[157] La efervescencia de las discusiones en torno a una cuestión tan singular, reveló una vez más el alto grado de sensibilidad política que el grupo enfrenta. Como resultado, el Grupo de Trabajo III convino en evitar trazar una categorización, aunque reconoció las diferencias fundamentales entre algunas de las soluciones de reforma que se estaban proponiendo: algunas de ellas eran de carácter más estructural, otras implicaban realizar reformas dentro del sistema actual y otras eran una combinación de ambos tipos.[158]

---

156 ROBERTS, A., ST JOHN, T. UNCITRAL and ISDS Reforms: Battles over Naming and Framing [en línea], *EJIL TALK!*, 30 April 2019.

157 UNCITRAL, Audiorecording (Investor-State Dispute Settlement Reform), 37th session–02/04/2019, https://conferences.unite.un.org/carbonweb/public/uncitral/speakerslog/e42dad95-4453-4a23-aba2-9db8efecc690.

158 CNUDMI, Informe del Grupo de Trabajo III, Reforma del Sistema de Solución de Controversias entre Inversionistas y Estados, sobre la labor realizada en su 37° período de sesiones (Nueva York, 1 a 5 de abril de 2019), A/CN.9/970, par. 80, https://undocs.org/es/A/CN.9/970 TITI, C. Who's Afraid of Reform? Beware the Risk of Fragmentation. *AJIL Unbound*, 2018, 112, pp.232-236.

Descartadas las polarizaciones y validados todos los arquetipos de reforma, el Grupo de Trabajo III encara una multiplicidad de soluciones utilizando un análisis simultáneo, adelantando así la posibilidad de obtener finalmente un sistema flexible o "a la Carta" para la solución de controversias entre inversionistas y Estados.[159]

El desafío de las negociaciones consiste en evitar un resultado que fragmente y volatilice las opciones de reforma. Durante el debate multilateral, los Estados han hecho hincapié en que —sea cual fuere el resultado de la reforma— debe tener la posibilidad de incluir las diferentes alternativas e integrarlas en un marco multilateral.[160] Un acuerdo marco que produzca el punto de partida inicial, como un sistema "paraguas", constituiría un vehículo mediante el cual se propondría a los Estados aplicar diversas opciones de reforma.[161] Dicho acuerdo, si bien no conseguiría una convergencia total, podría canalizar los desacuerdos respecto al diseño institucional y prever mecanismos para que los Estados cooperen multilateralmente en el arreglo de controversias sobre inversiones. En tal sentido, puede contribuir como una herramienta a largo plazo para que los Estados vayan construyendo un régimen comprensivo de inversiones internacionales.[162]

---

159 SCHILL, S., VIDIGAL, G. Investment dispute settlement à la carte within a multilateral institution: A path forward for the UNCITRAL process? *Columbia FDI Perspectives*, No. 248, 25 March 2019. ROBERTS, A., ST JOHN, T. UNCITRAL and ISDS Reform: Visualising a Flexible Framework, 2019, pp.1-11

160 CNUDMI, Grupo III, Reforma del Sistema de Solución de Controversias entre inversionistas y Estados (SCIE), Instrumento multilateral relativo a la reforma del sistema de SCIE, A/CN.9/WG.III/WP.194. https://undocs.org/es/A/CN.9/WG.III/WP.194.

161 Ver capítulo IV (*apartado 4.4*).

162 La flexibilidad está especialmente recogida en A/CN.9/WG.III/WP.194, p.3. SCHILL, S., VIDIGAL, G. Designing investment dispute settlement à la carte: insights from comparative institutional design analysis. *The Law & Practice*

Capítulo 4.

UNA NUEVA ESTRUCTURA JURISDICCIONAL INTERNACIONAL PARA LA SOLUCIÓN DE CONTROVERSIAS ENTRE INVERSORES Y ESTADOS

En el presente capítulo se presentan las principales características de la judicialización multilateral como mecanismo de solución de controversias entre inversor y Estado (apartado 4.1). El análisis presentado pretende exponer los principales debates suscitados en el foro multilateral UNCITRAL con respecto a esta potencial nueva estructura jurisdiccional. De ninguna manera las exposiciones aquí realizadas son conclusivas, dado que las negociaciones se encuentran aún en curso. En primer lugar, se propone una reflexión sobre la contribución por parte de la UE a un nuevo desarrollo en la institucionalización de la solución de controversias entre inversor y Estado (apartado 4.1.1). A continuación, el análisis se centra en la descripción de las dos opciones fundamentales de la reforma de la estructura del mecanismo ISDS: (i) el establecimiento de

---

of International Courts and Tribunals, 2020, 18 (3), pp.314-344. GÁSPÁR-SZILAGYI, G. Quo Vadis EU Investment Law and Policy? The Shaky Path…, op. cit., p.179 SCHILL, S., VIDIGAL, G. Cutting the Gordian Knot: Investment Dispute Settlement à la Carte, I-ADB, ICTSD, RTA exchange, 2018, pp.1-24. ROBERTS, A., ST JOHN, T., Complex Designers and Emergent Design: Reforming the Investment Treaty System. *American Society of International Law.* 2021, 116 (1), p.100.

un mecanismo de examen independiente o Apelación (apartado 4.2.1) y (ii) el establecimiento de un tribunal multilateral permanente de inversiones (apartado 4.2.2). En el siguiente apartado (4.3) se analizan algunos de los elementos más relevantes de la propuesta de reforma estructural; en particular, los referidos a los "decisores", su selección y nombramiento (4.3.1). Por otro lado, se consideran las prerrogativas sobre sus conductas (4.3.2). Ambas cuestiones presentan características novedosas, en tanto se apartan radicalmente del sistema tradicional y agregan elementos para modernizarlo —incluso permitiendo una posible aplicación previa a la conformación de una nueva estructura institucional—. Finalmente, se lleva a cabo una reflexión en torno al horizonte de un potencial convenio multilateral para la solución de controversias sobre inversiones internacionales y los desafíos que ello conlleva en el contexto de la UE (apartado 4.4).

4.1. LA JUDICIALIZACIÓN MULTILATERAL DEL MECANISMO DE SOLUCIÓN DE CONTROVERSIAS ENTRE INVERSORES Y ESTADOS.

Una vez considerado el recorrido histórico del mecanismo ISDS, reconociendo el proceso mediante el cual el sistema derivó en una crisis de legitimidad y la correspondiente apertura de una nueva fase de reforma, resulta oportuno abordar cómo se vería el sistema de solución de controversias entre inversor-Estado en un potencial escenario de reconstrucción multilateral. Para ello, y sin desestimar las mejoras que puedan llegar a introducirse en relación con ciertas características del sistema, el presente estudio basa su análisis en la consideración de aquellas reformas, debatidas actualmente en UNCITRAL, que comportan un viraje institucional de carácter sistémico con respecto al mecanismo tradicional de ISDS.

La emergente mutación del sistema ISDS tiene lugar a partir de la propuesta de judicialización, inicialmente lanzada por la UE. La judicialización como fenómeno reciente pero recurrente en el Derecho Internacional, ha impactado también en el Derecho Internacional de las inversiones.[1] La judicializa-

---

1 ESCOBAR HERNANDEZ, C. Procedimientos de aplicación de las normas internacionales..., *op. cit.*, p.965 y ss. Siguiendo las enseñanzas de la Prof. Escobar Hernández, el arreglo judicial- como medio de solución de controversias naturaleza jurídica, con características particulares y como figura autónoma diferenciada del arbitraje- es un fenómeno en expansión en las últimas décadas. Sin embargo, en referencia a la estructura de la propia jurisdicción internacional, dicho proceso se produce en un momento de auténtica ausencia de centralización del sistema internacional. La autonomía de los tribunales internacionales y la ausencia de un sistema único y jerarquizado, impide el establecimiento de una relación formalizada entre los mismos. Estos factores han dado lugar a aproximaciones más enfocadas en los riesgos derivados de la falta de coordinación y la fragmentación característicos de esta etapa de judicialización. REINISCH, A. The Proliferation of International Dispute Settlement Mechanisms: the Threat of Fragmentation vs. The Promise of a More Effective System? Some Reflections from the Perspective of Investment Arbitration. En I. Buffard *et al. International Law between Universalism and Fragmentation.* Brill Nijhoff, 2008. pp.107-126. LAVRANOS, N. On the Need to Regulate Competing Jurisdictions between International Courts and Tribunals, *EUI MWP,* 2009/14. VANN AAKEN, A. Fragmentation of International Law: The Case of International Investment Protection. *Finnish Yearbook of International Law.* 2008, Vol XVII, pp.91-130 Por el contrario, otros enfoques resaltan facetas más positivas, reflexionando sobre el reforzamiento de la estructura jurisdiccional en el ordenamiento internacional, favorecida por el proceso de judicialización. SWEET, A.S., GRISEL, F. *The evolution of international arbitration: judicialization, governance, legitimacy.* Oxford University Press, 2017. DUPUY, P., VIÑUALES, J. The Challenge of 'Proliferation': An Anatomy of the Debate. In C. ROMANO, K. ALTER, Y. SHANY (eds.) *The Oxford Handbook of International Adjudication,* 2014, pp.135-157. Lo que resulta innegable, es la necesidad de definir el propio concepto de jurisdicción internacional, su estructura y reglas de funcionamiento. ROMANO, C. The proliferation of international judicial... , *op. cit.*, p. 709. BOISSON DE CHAZOURNES, L. The Proliferation of Courts and Tribunals: Navigating Multiple Proceedings–5th EFILA Annual Lecture 2019. *European Investment*

ción constituye la fórmula más vanguardista entre las opciones de reforma del mecanismo de solución de controversias entre inversor y Estado. Actualmente, en el seno de UNCITRAL, dos variantes de judicialización se encuentran en debate: una judicialización "pura" o plena, que comportaría la creación de un tribunal multilateral de inversiones permanente y de doble instancia, y una judicialización más limitada, que comportaría la creación de un mecanismo de apelación independiente, que actuaría como segunda instancia, manteniendo el *statu quo* del actual sistema de arbitraje internacional de inversiones.[2]

En el abordaje de la judicialización de la solución de las controversias sobre inversiones resulta imprescindible analizar, en primer lugar, la influencia de la UE en la elaboración de la propuesta de judicialización multilateral.[3] La propuesta de la UE es realmente el punto de partida del debate multilateral, pero dicha propuesta fue iniciada bilateralmente y posteriormente, elevada al nivel multilateral. Una vez comprendida esta primera fase, será posible analizar en profundidad las dos

---

Law and Arbitration Review Online, 2020, 5(1), pp.447-468. BOISSON DE CHAZOURNES, L. Plurality in the fabric of international courts..., op. cit. Según F. Pascual, "*la propuesta de creación de un MIC no introduce una revolución en el sistema de arreglo de controversias relativas a inversiones extranjeras, sino más bien es un síntoma de la evolución y especialización que está experimentando el DI de las inversiones en la práctica internacional contemporánea.*" PASCUAL VIVES, F. ¿Hay alternativas al arbitraje de inversión?: Redefiniendo la solución de las controversias relativas a inversiones extranjeras. En K. FACH GÓMEZ (ed.). *La Política de la Unión Europea en materia de Derecho de las Inversiones Internacionales: EU Policy on International Investment Law.* Barcelona: J.M. Bosch Editor, 2017, pp.175-200, en particular p.192. Para complementar el análisis ver *Introducción*.

2 BUNGENBERG, M., REINISCH, A. *European Yearbook of International Economic Law: From bilateral arbitral tribunals and investment courts to a multilateral investment court: Options regarding the institutionalization of investor-state dispute settlement.* Berlin: Springer, 2020, p.3.

3 En este sentido cabe la reflexión realizada en el *Capitulo III* (apartado 3.1.1).

fórmulas de judicialización (plena o limitada) que se debaten actualmente en el seno de UNCITRAL.

4.1.1. La contribución de la UE al desarrollo institucional de la judicialización multilateral.

La UE se ha erigido como una influyente promotora de los debates sobre el mecanismo tradicional ISDS. Tanto dentro como fuera del contexto europeo, y aún antes de la constitución del Grupo de Trabajo III de UNCITRAL, la UE incentivó, en múltiples ocasiones, las discusiones para la creación de un mecanismo permanente para la solución de controversias entre inversor-Estado.[4]

Como ya hemos observado, en la construcción de su modelo de reconfiguración del mecanismo ISDS, la UE otorgó una importante participación a la opinión pública. Además de la consulta pública efectuada en 2014 (en el contexto del acuerdo TTIP)[5], la Comisión Europea lanzó una Evaluación de Impacto Inicial, realizada a finales de 2016 y principios de 2017.[6] A través de las consultas se detectó una falta de con-

---

4 Ver *Capitulo III* (apartado 3.1).

5 Online public consultation on investment protection and investor-to-state dispute settlement (ISDS) in the Transatlantic Trade and Investment Partnership Agreement (TTIP): http://trade.ec.europa.eu/consultations/index.cfm?consul_id=179.

6 Entre el 21 de diciembre de 2016 y el 15 de marzo de 2017, la Comisión llevó a cabo una consulta pública en línea, iniciada en el sitio web de la Dirección General de Comercio (DG Trade) y difundida en «EU Survey» (la herramienta en línea de la Comisión para realizar consultas públicas). El denominado "Impact Inception Assesment" (IIA) de la Comisión Europea, es una herramienta utilizada para sondear la opinión de partes interesadas en temáticas específicas. En el presente caso, la evaluación consistió en un cuestionario de 63 preguntas orientadas a recoger comentarios para trazar la trayectoria hacia la creación de un tribunal multilateral de inversiones. La

fianza esencial y generalizada en el viejo sistema de ISDS, por lo que la UE se vio obligada a considerar seriamente la sustitución del sistema más que su modificación.[7] El rechazo hacia el ISDS impulsó la consecuente elaboración de un nuevo sistema más institucionalizado, que derivó en la propuesta de judicialización. Esta propuesta fue respaldada por la opinión pública en la Evaluación de Impacto Inicial, ya que las presentaciones recibidas por la Comisión (provenientes de diversos actores de la sociedad civil interesados en la temática), tendieron a acoger la iniciativa de un tribunal multilateral de inversiones e incluso, a un enfoque más técnico, a profundizar en ciertas características de ese sistema multilateral.[8]

Las novedades institucionales logradas en los acuerdos de comercio e inversión de la UE con Vietnam y Canadá, en espe-

---

consulta reveló un respaldo general a la propuesta multilateral para la solución de diferencias en materia de inversiones. Las 193 respuestas recogidas en la consulta fueron publicadas el 11 de abril de 2017 http://trade.ec.europa.eu/doclib/docs/2017/april/tradoc_155496.pdf Al ATTAR, A., CLOUTHIER, M. Sharing Power: The Case for Public Consultations on Trade. *Canadian Journal of Law and Society*, 2015, 30(3), pp.465-485.

7 Por aquel entonces, la Comisaria de Comercio Cecilia Mälstrom detalló que existía una auténtica falta de confianza en el Sistema ISDS ("*There is a fundamental and widespread lack of trust by the public in the old ISDS model*") y detalló que la UE debería tomar la *responsabilidad* de reformar y modernizar el sistema. European Commission, "Commission proposes new Investment Court System for TTIP and other EU trade and investment negotiations",16 September 2015, *News Archive*, http://trade.ec.europa.eu/doclib/press/index.cfm?id=1364. MARQUIS, L. The evolution of the EU investment policy..., *op. cit.*, p.231.

8 European Commission , Consultation Strategy, Impact Assessment on the Establishment of a Multilateral Investment Court for investment dispute resolution, 30 September 2016 http://trade.ec.europa.eu/doclib/docs/2016/october/tradoc_154997.pdf European Commission, Staff Working Document, SWD(2017) 302 final, 13 September 2017 https://eur-lex.europa.eu/legal-content/EN/TXT/PDF/?uri=CELEX:52017SC0302&from=LV SQUATRITTO, T. The Democratizing effects of transnational actors´access..., *op. cit.*, p.606.

cial el Sistema de Cortes de Inversión, fueron el puntapié inicial para abordar a nivel multilateral la propuesta de creación de un nuevo sistema para la solución de controversias inversor-Estado.[9] De este modo, se cumplía con la estrategia bifásica trazada en el documento de reflexión de la Comisión (de mayo de 2015)[10] según la cual, en una primera fase se incluiría un sistema jurisdiccional institucionalizado para la solución de diferencias sobre inversiones en los futuros acuerdos comerciales y de inversión de la UE, y en una segunda fase, la UE trabajaría por establecer un tribunal multilateral de inversiones que sustituiría a todos los tribunales bilaterales incluidos en sus acuerdos comerciales y de inversión.[11]

A tal efecto, en Septiembre de 2017 la Comisión presentó un borrador sobre una "Recomendación de Decisión del Consejo por la que se autoriza la apertura de negociaciones sobre un Convenio relativo al establecimiento de un tribunal multilateral para la solución de diferencias en materia de inversiones".[12] Dicha recomendación establece que las nego-

---

9 SINGH, S. Analysing Features of Investment Court System Under CETA and EUVIPA: Discussing Improvement in the System and Clarity to Clauses, 8th February 2019, *Kluwer Arbitration Blog* VAN HARTEN, G. The European Union's Emerging Approach to ISDS: A Review of the Canada-Europe CETA, Europe-Singapore FTA, and European-Vietnam FTA. *U. Bologna L. Rev.*, 2016, vol. 1, pp.138-165.

10 European Commission, Concept Paper Investment in TTIP and beyond – the path for reform. Enhancing the right to regulate and moving from current *Ad hoc* arbitration towards an Investment Court. https://trade.ec.europa.eu/doclib/docs/2015/may/tradoc_153408.PDF.

11 *Ibid*, p.11 Una postura crítica con este sistema propuesto, en tanto y en cuanto internacionaliza el control judicial y afectaría la protección judicial puede encontrarse en DELILE, J.F. The internationalization of the judicial control of EU free trade agreements..., *op. cit.*, p.245 y ss.

12 Comisión Europea, Recomendación de DECISIÓN DEL CONSEJO por la que se autoriza la apertura de negociaciones sobre un Convenio relativo al establecimiento de un tribunal multilateral para la solución de diferencias en

ciaciones se llevarán a cabo bajo los auspicios de UNCITRAL y junto con las indicaciones para el proceso de las negociaciones se incluyen disposiciones referidas al contenido del potencial convenio para la solución de controversias en materia de inversión.[13] En este sentido, el Consejo adoptó una Directiva de Negociación (12981/17) a través de la cual el Consejo otorgó a la Comisión los poderes necesarios para negociar en el seno de UNCITRAL la creación de un tribunal multilateral de inversiones.[14] Del análisis de los documentos mencionados, puede derivarse que la UE acude a la instancia multilateral con una propuesta específica para un potencial convenio, detalladamente

---

materia de inversiones, COM(2017)493 final, 13 septiembre 2017, file:///C:/Users/Lina/Downloads/COM(2017)493_0%20(1).pdf Comisión Europea, ANEXO de la Recomendación de Decisión del Consejo por la que se autoriza la apertura de negociaciones sobre un Convenio relativo al establecimiento de un tribunal multilateral para la solución de diferencias en materia de inversiones, COM(2017)493 final, 13 septiembre 2017 https://bit.ly/3egSv4H.

13 Por ejemplo, el punto 8 del Anexo establece: "*El tribunal multilateral constará de un órgano de primera instancia y de uno de apelación. El órgano de apelación estará facultado para revisar las resoluciones dictadas por el de primera instancia en caso de errores de Derecho y de errores manifiestos en la apreciación de los hechos. Estará facultado para devolver asuntos al órgano de primera instancia para que finalice el procedimiento a la luz de las conclusiones del de apelación* («devolución de la causa»). Comisión Europea, ANEXO de la Recomendación de Decisión del Consejo por la que se autoriza la apertura de negociaciones sobre un Convenio relativo al establecimiento de un tribunal multilateral para la solución de diferencias en materia de inversiones, COM(2017)493 final, 13 septiembre 2017 https://bit.ly/3egSv4H.

14 Consejo de la Unión Europea, Directrices de negociación para un Convenio relativo al establecimiento de un tribunal multilateral para la solución de diferencias en materia de inversiones 12981/17 ADD 1 DCL 1https://data.consilium.europa.eu/doc/document/ST-12981-2017-ADD-1-DCL-1/es/pdf SINGH, S. Report on negotiating directives for a convention establishing a multilateral court for the settlement of investment disputes, *JGU Digital Archives*, (Institutional repository of O.P. Jindal Global University), 13 abril 2019.

diseñada y con unas características precisas para dar respuesta a las problemáticas consideradas relevantes —por la opinión pública *europea*—.[15]

A pesar de la aceptación de la introducción de una serie de elementos jurisdiccionales en la estructura institucional bilateral de solución de controversias en materia de inversiones, en la elevación de la propuesta europea al nivel multilateral surgieron nuevas connotaciones. Es evidente —e irreprochable— la osadía con que la UE potenció la reforma, ya que el sistema de cortes de inversión de la UE en el marco de sus acuerdos bilaterales de inversión, presupone un intento formal de modernizar el aspecto institucional del régimen internacional de inversiones y ha contribuido significativamente al replanteamiento del *statu quo* del sistema ISDS.[16] Sin embargo, el triunfo de la judicialización bilateral del ISDS no tuvo las repercusiones esperadas a nivel multilateral.[17]

En el seno de los debates de UNCITRAL para la reforma del sistema ISDS, la UE se enfrentó con dos retos importantes: por un lado, los socios de la UE que habían aceptado bilateralmente el reemplazo del sistema tradicional de ISDS por un sistema de cortes de inversión (Canadá, Vietnam, Singapur y México), no se posicionaron como férreos defensores de la creación de un tribunal multilateral de inversiones. Esta situación dificultó

---

15 La Directiva de Negociación 12981/17, de 1 de marzo de 2018, otorga poderes a la Comisión para negociar cuestiones que comportan la realización del tercer paso del mandato otorgado por la Comisión de UNCITRAL al Grupo III, en una época en que dicho Grupo III se encontraba desarrollando aún el primer paso. Ver *Capitulo III* (apartado 3.1) .

16 HOFFMEISTER, F. The EU contribution to the progressive development of institutional aspects in international investment law. *Revue Belge de Droit International*, 2017, vol. 50, pp.573 y ss.

17 SVOBODA, O. UNCITRAL Working Group III and Multilateral Investment Court..., *op. cit.*, p.109. HOWSE, R. Designing a Multilateral Investment Court..., *op. cit.*, p.215.

la consecución de una estratégica "masa crítica inicial" de Estados adheridos a la propuesta de judicialización del sistema de solución de controversias y obligó a la UE a repensar su estrategia de negociación multilateral.[18] Por otro lado, en virtud de los resultados de las consultas públicas, la UE focalizó sus esfuerzos en reemplazar el sistema ISDS (que derivó en la propuesta de una judicialización pura) y desestimó la fortaleza de una alternativa complementaria al sistema ISDS —como podría ser el mecanismo de apelación independiente (judicialización parcial y complementaria que no sustituye al sistema de arbitraje tradicional ISDS).[19]

La habitual dualidad que durante décadas ha influido en las dinámicas de configuración del régimen internacional de inversiones, se hizo presente en la instancia multilateral, en la que muchos actores esperaban que la propuesta de la UE diese lugar a un posicionamiento y posterior resultado (positivo o negativo) en cuanto a la creación de un tribunal multilateral de inversiones. Por el contrario, lo que surgió en el foro multilateral fue un abanico de posibilidades, con una gama amplia de alternativas y opciones de reforma, propia de unos Estados que tienen la obligación de repensarse a sí mismos desde diferentes perspectivas debido al carácter multidireccional y cambiante que caracteriza al actual flujo de inversiones internacionales.

En este contexto, la UE desarrolló su propuesta multilateral específica con una singular característica: la llamada "arquitec-

---

18 SVOBODA, O. UNCITRAL Working Group III and Multilateral Investment Court ..., *op. cit.*, p.108

19 Los autores Puig y Shaffer realizan un interesante análisis sobre varios diseños institucionales alternativos en la búsqueda de una reforma justa y eficiente. PUIG, S., SHAFFER, G. Imperfect alternatives: institutional choice and the reform of investment law. *American Journal of International Law*, 2018, 112(3), pp.361-409.

tura abierta".[20] En ella, la UE flexibiliza su modelo original de TMI para dar espacio a "aquellos países que quisieran utilizar el mecanismo permanente para la solución de controversias entre Estados, pero que no utilizasen la solución de controversias entre inversionistas o Estados en sus acuerdos."[21] O también para "algunos países (que) prefiriesen mantener la flexibilidad para utilizar únicamente un mecanismo de apelación (…)".[22]

La adaptación institucional de la propuesta de la UE a través de su "arquitectura abierta" revela, por un lado, el delicado equilibrio de fuerzas negociadoras en el seno de UNCITRAL.[23] Por otro lado, también deja entrever que, a pesar de

---

[20] CNUDMI, Grupo de Trabajo III, Posible Reforma del Sistema de Solución de Controversias entre Inversionistas y Estados, Documento presentado por la Unión Europea, A/CN.9/WG.III/WP.159/Add.1, para.39. SCHILL, S., VIDIGAL, G. Investment dispute settlement à la carte within a multilateral institution… op. cit.p.318.

[21] *Ibid.* PEREZ DE LAS HERAS, B. The European Union in international investment governance…, *op. cit.*, p.85 y ss.

[22] CNUDMI, Grupo de Trabajo III, Posible Reforma del Sistema de Solución de Controversias entre Inversionistas y Estados, Documento presentado por la Unión Europea, A/CN.9/WG.III/WP.159/Add.1, para.39.

[23] Si bien la propuesta no menciona, lógicamente, ningún Estado en particular, el posicionamiento del Gobierno Chino a favor de la creación de un sistema complementario al ISDS (la creación de un Mecanismo Independiente de Apelación), ha tenido una influencia relevante en la flexibilización de la propuesta Europea. ROBERTS, A. ST JOHN, T. Uncitral and ISDS Reforms: China´s Proposal, 5 August 2019, *EJIL TALK!* CHI, M. The China-EU BIT as a stepping stone towards a China-EU FTA: a policy analysis. En M. BUNGENBERG, *et alt.* European Yearbook of International Economic Law. Cham: Springer, pp.475-490. LI, Y., BIAN, C. China's stance on investor-state dispute settlement: Evolution, challenges, and reform options. *Netherlands International Law Review*, 2020, 67(3), pp.503-551. XIAO, J. Concrete issues in instituting an international investment court. En YUWEN LI, CHENG BIAN (eds.), China, the EU and International Investment Law. London, NY: Routledge, 2019, pp.87-99. SVOBODA, O. UNCITRAL Working Group III and Multilateral Investment Court …, *op. cit.*, p.122.

importantes diferencias en el diseño y magnitud de la reforma, existe una significativa tendencia a buscar una combinación de diferentes opciones de solución de controversias bajo una estructura institucional común. En este sentido, puede encontrarse un ejemplo de arquitectura flexible en el complejo sistema de arreglo de controversias de la Convención de las Naciones Unidas sobre el Derecho del Mar (CNUDM)[24].

Finalmente cabe destacar que, en virtud de la significativa relevancia de la UE como actor en el ámbito del Derecho Internacional de las inversiones, su agenda de reforma institucional sobre arreglo de controversias en materia de inversiones ha conmocionado el régimen jurídico internacional de las inversiones, contribuyendo significativamente al debate para su reformulación.[25] Esta situación consolida el creciente posicionamiento internacional asumido por la UE en materia de inversiones ya que, a pesar de que la judicialización bilateral no tiene las dimensiones de una judicialización multilateral —ni en relación con las diferencias propias en cuanto al proceso de negociación ni en cuanto a los eventuales resultados—, la UE emerge como referente en el escenario de reforma y su

---

24 SCHILL, S., VIDIGAL, G. Cutting the Gordian Knot: Investment Dispute Settlement à la Carte, I-ADB, ICTSD, RTA exchange, 2018, pp.1-24; ROBERTS, A. ST JOHN, T. UNCITRAL and ISDS Reform: Visualising a Flexible Framework, 2019, pp.1-11; OJINAGA RUIZ, R., LEIVA, M.L. EU as a Driver in the Judicialization…, *op. cit.*, p. 28.

25 TITI, C. The European Union´s Proposal for an International Investment Court: Significance, Innovations and Challenges Ahead. Transnational Dispute Management, 2017, n.°14, pp.1-35. SCHILL, S. Editorial: US versus EU Leadership in Global Investment Governance. *The Journal of World Investment & Trade*, 2016, 17(1), pp.1-6. DIAS SIMÕES, F. A Guardian and a Friend? The European Commission's Participation in Investment Arbitration. *Michigan State International Law Review*, 2017, 25, pp.233-303. FACH GÓMEZ, K. Unión Europea e inversiones internacionales: el futuro de los mecanismos de solución de inversor-Estado. *Revista Española de Derecho Internacional*, 2017, 69 (1), pp.295-302, en particular pp.296-297.

propuesta resulta rigurosamente valorada por el resto de Estados. A pesar de las turbulencias que se suscitan en el contexto multilateral, de alguna manera, el poder normativo de la UE germina a través de la propuesta de creación de un TMI.

4.2. LA PROPUESTA DE REFORMA INSTITUCIONAL EN UNCITRAL RELATIVA A LA ESTRUCTURA DEL MECANISMO DE SOLUCIÓN DE CONTROVERSIAS ENTRE INVERSOR Y ESTADO.

La efervescencia del *backlash* social, político y jurídico frente al sistema ISDS fue uno de los factores más relevantes en la consecución de una reforma.[26] Sin embargo, la regulación de las inversiones internacionales no ha alcanzado el grado de institucionalización característico de un régimen internacional estable y comprehensivo. Entre los principales motivos para ello se encuentra una falta de acuerdo sobre el conjunto de las normas sustantivas para la protección de inversiones (cláusulas de expropiación, trato nacional, nación más favorecida, etc.), cuya uniformidad resulta prácticamente inalcanzable. Sin embargo, y a pesar del carácter descentralizado del régimen de inversiones, la existencia de un mecanismo ISDS generalizado en los TBIs, ha generado conexiones, similitudes e incluso superposiciones, que pueden utilizarse como herramientas en la búsqueda de un sistema más universal.[27]

---

[26] Ver *Capítulo I* (apartado 1.3.2).

[27] BOISSON DE CHAZOURNES, L. International economic law and the quest for universality. *Leiden Journal of International Law*, 2019, 32(3), pp.401-414. McGARRY, B., OSTRANSKY, J. Is the Law of Treaties an Obstacle or a Conduit for the Reform Of Investor-State Dispute Settlement? *Emory International Law Review Recent Developments*, 2017, 32, pp.1001-1013.

Ante el aumento dramático de los casos y en virtud de la crisis de legitimidad del sistema, los Estados han encontrado un punto de conexión para la reforma, dado que la modificación de la *estructura* del sistema de solución de controversias inversor- Estado genera un mayor consenso y, sobre estas bases, han emprendido los Estados la reforma multilateral.[28]

Desde el inicio de las deliberaciones en el seno del Grupo de Trabajo III quedó claro que la reforma estaría focalizada en cuestiones de naturaleza procesal y no sustantiva.[29] Innumerables críticas surgieron de la decisión de escindir ambas dimensiones, considerando la imposibilidad de conseguir una reforma sistémica real partiendo solamente de la estructura del mecanismo de solución de controversias.[30] No obstante,

---

28 PUIG, S., SHAFFER, G. Imperfect alternatives: institutional choice..., *op. cit.*, p.383 y ss. DOTHAN, S., LAM, J. A Paradigm Shift? Arbitration and Court-Like Mechanisms in..., *op. cit.*

29 Durante las deliberaciones, se subrayó que se entendía que *el mandato* del Grupo de Trabajo se centraba en los aspectos procesales del mecanismo ISDS, y no en las normas de protección de las inversiones en que estos se basaban, lo que hacía viable y factible cualquier propuesta de reforma. CNUDMI, 51er período de sesiones, Informe del Grupo de Trabajo III (Reforma del Sistema de Solución de Controversias entre Inversionistas y Estados) sobre la labor realizada en su 35° período de sesiones (Nueva York, 23 a 27 de abril de 2018), A/CN.9/935 p.5. https://undocs.org/es/A/CN.9/935.

30 Existen críticas, tanto en el seno de las negociaciones como en la doctrina, sobre la imposibilidad de escindir completamente el fondo y la forma de una nueva estructura. CNUDMI, 51er período de sesiones, Informe del Grupo de Trabajo III (Reforma del Sistema de Solución de Controversias entre Inversionistas y Estados) sobre la labor realizada en su 34° período de sesiones (Viena, 27 de noviembre a 1 de diciembre de 2017), A/CN.9/930/Rev.1, p.5 https://undocs.org/es/A/CN.9/930/Rev.1, KELSEY, J., SCHNEIDERMAN, D. & VAN HARTEN, G. Phase 2 of the UNCITRAL ISDS Review: Why 'Other Matters' Really Matter. *Osgoode Legal Studies Research Paper*, 2019, pp.1-15, en particular p.2. WEBER, J., & TITI, C. UNCTAD's Roadmap for IIA Reform of Investment Dispute Settlement. *New Zealand Business Law Quarterly*, 2015, *21*(4), pp.319-327. TITI, C. Opinion 1/17 and the future of investment

las modificaciones realizadas en ciertas cuestiones de forma pueden conseguir verdaderas metamorfosis en el sistema. Por ejemplo, la eliminación de la autonomía de la voluntad del inversor a la hora de elegir a quienes decidirán la controversia supone dinamitar una de las bases mismas del sistema ISDS tradicional; en consecuencia, generar un cambio sistémico de mayor envergadura.[31]

La introducción de elementos de Derecho Público y la reformulación de la estructura institucional —con un vigoroso énfasis en la relevancia del Derecho Internacional Público en la protección de las inversiones internacionales— están orientados a reestablecer una legitimidad democrática deficiente en el sistema tradicional de arreglo de controversias entre inversor y Estado.[32] La transformación hacia un modelo más similar a una "corte" o de connotaciones "judiciales", se relaciona con la necesidad de solventar una imagen de justicia e imparcialidad deteriorada en el tradicional sistema ISDS. En diversas ocasiones, la articulación de los componentes del sistema ISDS —atendiendo a su objetivo de despolitización histórico— supuso un desbordamiento de las reglas de juego del Derecho In-

---

dispute settlement: implications for the design of a multilateral investment court. En L. SACHS, L. JOHNSON, J. COLEMAN. *Yearbook on International Investment Law & Policy.* Oxford: Oxford University Press, 2020, pp.514-542, en particular p.531. La cuestión toma relevancia en la consideración por parte del TJUE de las disposiciones *sustantivas* del CETA que garantizan el derecho a regular.

31 FACH GÓMEZ, K. Unión Europea e inversiones internacionales: el futuro de los mecanismos de solución de inversor-Estado. *Revista Española de Derecho Internacional,* 2017, 69 (1), pp.295-302, en particular p.301.

32 DIETZ, T., DOTZAUER, M. & COHEN, E. The legitimacy crisis of investor-state arbitration and the new EU investment court system. *Review of International Political Economy,* 2019, no. 26(4), pp.749-772. SQUATRITTO, T. The Democratizing Effects of Transnational Actors´Access..., *op. cit.,* p.602. DELILE, J.F. The internationalization of the judicial control of EU free trade agreements..., *op. cit.,* p.241.

ternacional, con las consiguientes debilidades para el sistema en su conjunto.[33] A partir de ello, la elaboración de políticas orientadas a una reforma sistémica del régimen internacional de inversiones fue promovida desde organismos intergubernamentales como UNCTAD, que incluyó la reforma estructural de la solución de controversias en materia de inversiones internacionales como una de las opciones para hacer frente a la crisis de legitimidad.[34]

El desarrollo efectivo de una nueva estructura institucional entraña la emergencia de un régimen internacional de inversiones más complejo, heterogéneo y ambiguo, e incluso supone un cambio de paradigma a largo plazo.[35] Por este motivo, las propuestas de cambio estructural debatidas en el seno de UNCITRAL, generaron polémicas y continúan siendo objeto de poderosas críticas.[36]

---

33 HOWSE, R. Courting the Critics of Investor-State Dispute Settlement: the EU proposal for a judicial system for investment disputes (unpublished manuscript), 201. FACH GÓMEZ, K. Unión Europea e inversiones internacionales ..., *op. cit.,*,p.300. PUIG, S., STREZHNEV, A. The David Effect and ISDS, European Journal of International Law, 2017, 28(3), pp.731-761.

34 UNCTAD, *World Investment Report 2015*. https://unctad.org/system/files/official-document/wir2015_en.pdf UNCTAD, "Informe de la UNCTAD propone maneras de reformar el sistema de acuerdos internacionales de inversión", 24 junio 2015, *UNCTAD PRESS*, UNCTAD/PRESS/PR/2015/011, https://unctad.org/es/press-material/informe-de-la-unctad-propone-maneras-de-reformar-el-sistema-de-acuerdos.

35 HINDELANG, S., KRAJEWSKI, M. (eds.) *Shifting Paradigms in International Investment Law: More balanced, less isolated, increasingly diversified.* Oxford: Oxford University Press, 2014.

36 Claramente, no existe un consenso unánime, ni en la doctrina ni en el seno de las negociaciones de UNCITRAL sobre el modo en que la estructura institucional del ISDS debe ser reformada. FACH GÓMEZ, K. Unión Europea e inversiones internacionales ..., *op. cit.*, p.299. Algunos ("ISDS- haters") niegan que el modelo de Corte propuesto por la UE pueda traer consigo mejoras en aspectos relevantes del sistema. Otros autores defienden que la reforma

A partir de las deliberaciones desarrolladas en UNCITRAL respecto a la reforma de la estructura institucional del sistema de solución de controversias entre inversor y Estado, puede considerarse que las alternativas estructurales supondrían establecer un órgano multilateral permanente de apelación, que podría o bien complementar el régimen de arbitraje actual (constituyendo un mecanismo de examen independiente o de apelación) o bien constituir el órgano de segunda instancia de un mecanismo permanente de doble instancia, formando así parte de la configuración de un Tribunal Multilateral de Inversiones.[37] Estas dos propuestas serán examinadas a continuación, realizando un examen preliminar de los principales elementos, con el fin de aclarar, definir y desarrollar el contenido que estas propuestas presentan hasta la fecha en el Grupo de Trabajo III de UNCITRAL.[38]

---

estructural es la única capaz de restablecer la legitimidad perdida: Van Harten, G. (2008). A case for an international investment court. In Society of International Economic Law (SIEL) Inaugural Conference, Working Paper N.22/08, pp.1-32 Otras perspectivas resultan críticas, en tanto y en cuanto el nuevo sistema de corte pueda configurarse de modo tal que no conlleve nuevos y más complejos problemas que los existentes en ISDS: ALVAREZ, J. To Court or Not to Court? *IILJ* MegaReg Forum Paper, 2016, 2016/2, pp.1-5.

37 BURGENBERG, M., REINISCH, A. *European Yearbook Of International Economic Law: From Bilateral Arbitral Tribunals And Investment Courts To A Multilateral Investment Court: Options Regarding The Institutionalization Of Investor-State Dispute Settlement.* Berlin: Springer, 2020, p.3.

38 El orden bajo el que se desarrollan las propuestas mantiene el enfoque del Grupo de Trabajo, que dejó aclarado que dicha consideración es solo a efectos prácticos y no significa ninguna prioridad para las propuestas. CNUDMI, 53° período de sesiones, Informe del Grupo de Trabajo III (Reforma del Sistema de Solución de Controversias entre Inversionistas y Estados) sobre la labor realizada en su 38° período de sesiones (Viena, 14 a 18 de octubre de 2019), A/CN.9/1004*, https://undocs.org/es/A/CN.9/1004 En las deliberaciones de su 38° periodo de sesiones, el Grupo estableció un calendario de temas. En él se acordó analizar en un mismo período de sesiones ambas propuestas de reforma estructural, junto con el análisis de la selección y nombramiento

4.2.1. El establecimiento de un mecanismo de examen independiente o de apelación.

La propuesta de establecer un mecanismo de examen independiente o de apelación, significa la posibilidad —y el desafío— de diseñar una instancia permanente para la revisión de una decisión final de primera instancia (que podría ser un "laudo" o una "sentencia" en virtud del régimen constituido en dicha instancia), que contribuya a otorgar una mayor coherencia y consistencia del régimen internacional de inversiones.[39] No obstante, es necesario recordar que, al mantenerse inamovible la parte sustancial del mecanismo actual de solución de controversias ISDS y afectar solamente la estructura del mismo, el sistema podría mejorar el grado de cohesión y consistencia de la jurisprudencia, si bien resulta idílico pensar que esta propuesta pueda llegar a asegurar una uniformidad plena. La existencia de miles de Acuerdos Internacionales de Inversión implica, desde luego, que la aplicación de un mecanismo de revisión permitiría aumentar la consistencia dentro del mismo AII pero no, lógicamente, fuera de él. Sin embargo, por su función y naturaleza (permanente o semi-permanente), cabe esperar que dicho órgano de apelación se esfuerce naturalmente por conseguir una cohesión transversal entre los diferentes acuerdos (o en el marco de diferentes acuerdos).[40]

---

de decisores. El análisis del tribunal de apelación se realiza en primer lugar porque, a efectos prácticos, evita la repetición de cuestiones que surgen en el análisis de un tribunal multilateral de doble instancia.

39 LEE, S.W. ISDS Reform: Analysis on Establishing a Multilateral Investment Court System. Arbitration: *The International Journal of Arbitration, Mediation and Dispute Management,* 2021, 87 (4), pp.484-506. BURGENBERG, M., REINISCH, A. *European Yearbook Of International Economic Law: From Bilateral Arbitral Tribunals..., op. cit.,* p.197.

40 KAUFFMANN-KOHLER, G & POTESTÀ, M. Can the Mauritius Convention Serve as a Model for the Reform of Investor–State Arbitration in Connection with the Introduction of a Permanent Investment Tribunal or an Appeal

La propuesta de establecer un mecanismo de apelación no es completamente novedosa en el sistema ISDS[41] y fue mencionada en varios de los documentos enviados por los gobiernos de diferentes Estados a la Secretaría del Grupo de Trabajo III de UNCITRAL.[42] Las alternativas de apelación podrían

---

Mechanism? Analysis and Roadmap. Geneva: Center for International Dispute Settlement, 2016, pp.1-115, en particular p.69. SCHILL, S., VIDIGAL, G. Investment dispute settlement à la carte within a multilateral institution... *op. cit.*p.232 Otros autores dudan de esta posibilidad de lograr una mayor uniformidad, justificando su excepticismo en la cantidad de AII existentes y, en especial, en las diferencias en cuanto al Derecho aplicable en cada uno de ellos. DE RIDDER, M. *et alt.* Authority, Legitimacy and the Rule of Law in EU..., *op. cit.*, p.29.

41 LAIRD, I., ASKEW, R. Finality versus Consistency. Does Investor-State Arbitration Need an Appellate System? The Journal of Appellate Practice and Process. 2005, Vol. 7, pp.285-302. TAMS, J. Is There A Need for an ICSID Appellate Structure? En R. HOFFMAN, C. TAMS (eds.) *The International Convention For The Settlement Of Investment Disputes: Taking Stock After 40 Years.* Baden Baden: Nomos, 2007, pp. 223-250. TAMS, C. An Appealing Option? The debate about an ICSID appellate structure. The Debate About an ICSID Appellate Structure [en línea]. Essays in Transnational Economic Law Working Paper, Nro.57, 3 junio 2006. LEE, S.W. ISDS Reform: Analysis on Establishing a Multilateral Investment Court..., *op. cit.*, p.484.

42 Específicamente en los documentos presentados por: Unión Europea y sus Estados Miembros (A/CN.9/WG.III/WP.159/Add.1), el Gobierno de Marruecos (A/CN.9/WG.III/WP.163), Chile, Israel y Japón (A/CN.9/WG.III/WP.175), China (A/CN.9/WG.III/WP.177), Sudáfrica (A/CN.9/WG.III/WP.176) y Bahrein (A/CN.9/WG.III/WP.180). La alternativa de apelación no es una cuestión completamente nueva sino que ha sido mencionada anteriormente, tanto en doctrina como en las acciones de algunos Estados, pero hasta ahora nunca había sido multilateralmente abordada. BOTTINI, G. Reform of the Investor-State Arbitration Regime: The Appeal Proposal. En J. KALICKI, A. JOUBIN-BRET (eds.). *Reshaping the Investor-State Dispute Settlement System. Journeys for the 21st Century.* Leiden, The Netherlands: Brill | Nijhoff, 2015, pp.455-473, en particular p.456. KNULL, W. III & RUBINS, N.D. Betting the Farm on International Arbitration: Is It Time to Offer an Appeal Option? *American Review of International Arbitration*, 2000, 11(4), pp.531-576.

adoptar la forma de un mecanismo de apelación *Ad hoc*, un órgano de apelación permanente e independiente o un mecanismo de apelación que constituyera el segundo nivel de examen de un tribunal judicial permanente. La primera alternativa no presenta características atractivas dada su imposibilidad de generar transformaciones profundas sobre las inquietudes identificadas por el Grupo de Trabajo III en la primera fase del mandato otorgado por la Comisión. Además, existen algunos obstáculos procesales en los regímenes existentes para la creación del mecanismo *Ad hoc.*[43] Las dos alternativas restantes, significan la consecución de un órgano judicial o cuasi-judicial de apelación y han sido objeto de un análisis pormenorizado en el Grupo de Trabajo III. Esta última característica (judicial o cuasi-judicial) comporta una estructura organizacional dotada de un panel de decisores designados por las partes por un período de tiempo (similar a la que tradicionalmente comporta

---

43 Por ejemplo, el Convenio CIADI impide la interposición de un recurso de apelación. Esta problemática también aparece en cualquiera de las formas de la apelación, aunque sería posible una modificación a través de una enmienda al Convenio CIADI con la necesidad de una votación favorable unánime. Pero la cuestión se torna aún más compleja si se reconoce que el CIADI estableció como objetivo conseguir la consecución de laudos de ejecución inmediata, sin mayor revisión del contenido del veredicto. BURGENBERG, M., REINISCH, A. *European Yearbook Of International Economic Law: From Bilateral Arbitral Tribunals ..., op. cit.*, p.200. Existe una posibilidad de sortear esta cuestión, pero los efectos serían puramente bilaterales (si tanto el Estado reclamado como el Estado del inversor modificaran bilateralmente sus disposiciones a través de nuevos acuerdos, cumpliendo las condiciones del artículo 41 de la Convención de Viena). Sobre las complejidades de la UE para actuar en el marco del CIADI ver BAETENS, F. The European Union´s Proposed Investment Court System: Addressing criticisms of Investor-State Arbitration While Raising New Challenges. L*egal Issues of Economic Integration*, 2016, 43, pp.367-384, en particular pp.370-371.

la condición de "juez") y representa un viraje relevante frente a otras propuestas anteriores de apelación.[44]

La naturaleza especial (*Ad hoc*), semi-permanente o permanente vendrá determinada por el diseño institucional, que se torna algo difusa en ciertos entornos institucionales. En el caso de la reforma de la solución de controversias sobre inversiones, se han desarrollado propuestas (por ejemplo, la conformación de una lista preestablecida de adjudicadores entre los que las partes en disputa puedan elegir para la resolución de una controversia) que, dependiendo de su diseño, podrían calificarse como un sistema "cuasi-permanente".[45]

El objetivo de esta opción de reforma es lograr que se dicten decisiones correctas desde el punto de vista procesal y sustantivo, y se rectifiquen los errores que puedan haberse cometido en las decisiones de los tribunales ISDS.[46] Además, algunos Es-

---

44 Por ejemplo, una propuesta de apelación estudiada en el seno del CIADI en 2004. Ver ICSID, Possible Improvements of the Framework for ICSID Arbitration ICSID. Secretariat Discussion Paper October 22, 2004, pp.1-26, en particular p.14 y ss. https://bit.ly/3z0sK0B O la propuesta desarrollada en algunos tratados bilaterales de inversión recientes, que han incorporado disposiciones para la consecución de un mecanismo de apelación. Por ejemplo, en el artículo 9.23 del capítulo 9 del Acuerdo de Libre Comercio entre el Gobierno de la República Popular China y el Gobierno de Australia (firmado en junio de 2015) se establece un plazo para negociar un mecanismo de apelación. JAIME, M.L. Reshaping Investor-State Dispute Settlement Through an Appellate Review Mechanism. En M.ANDERSON, B. BEAUMONT (eds). *The Investor-State Dispute Settlement System: Reform, Replace or Status Quo?* Kluwer Law International 2020. pp.137-156. BURGENBERG, M., REINISCH, A. *European Yearbook Of International Economic Law: From Bilateral Arbitral Tribunals..., op. cit.*, pp.197-215.

45 KAUFFMANN-KOHLER, G & POTESTÀ, M. The Composition of Multilateral Investment Court and of an Appeal Mechanism for Investment Awards", *CIDS Supplemental Report*, 2017, 15, pp.1-127.

46 CNUDMI, Posible reforma del sistema de solución de controversias entre inversionistas y Estados (SCIE). Mecanismo de apelación y tribunal multilate-

tados han señalado que dicho mecanismo puede constituir un medio para aumentar la legitimidad del sistema ISDS (asemejando al sistema a los mecanismos jurisdiccionales que prevén la revisión judicial de las sentencias de primera instancia con el fin de rectificar los errores y asegurar una interpretación uniforme).[47]

A continuación, se exponen los debates suscitados en el seno multilateral que reflejan las preocupaciones más importantes con respecto a las diferentes alternativas sobre las características de la apelación.[48]

A) Naturaleza y alcance de la apelación

En primer lugar, cabe analizar el alcance de la apelación, incluyendo en este sentido tanto los motivos en los que puede fundarse la apelación como los criterios de examen. El objetivo de la revisión implicaría conseguir un equilibrio que permita tener un robusto sistema de apelación que asegure la consistencia en la aplicación del Derecho por tribunales ISDS pero minimizando los riesgos de abuso del mecanismo para evitar la

---

ral, A/CN.9/WG.III/WP.185, p.3 https://undocs.org/es/A/CN.9/WG.III/WP.185 . XIAO, J. Concrete issues in instituting an international investment..., *op. cit.*, p.91.

47 CNUDMI, Posible reforma del sistema de solución de controversias entre inversionistas y Estados (SCIE), Comunicación del Gobierno de China, Nota de la Secretaría, A/CN.9/WG.III/WP.177 p.4 https://uncitral.un.org/sites/uncitral.un.org/files/wp177s.pdf DIETZ, T., DOTZAUER, M. & COHEN, E. The legitimacy crisis of investor-state, *op. cit.*, p.764.

48 El análisis del presente apartado ha sido centrado en los debates mantenidos hasta el 42º período de sesiones del Grupo III. Recientemente, fue elaborado un borrador provisional, que es sometido a comentarios de los participantes hasta el 15 de mayo de 2022. Se encuentra disponible (solamente en inglés) en el siguiente enlace: https://uncitral.un.org/sites/uncitral.un.org/files/media-documents/uncitral/en/uncitral_wp_-_appeal_14_december_for_the_website.pdf.

innecesaria ralentización y un aumento de costo de los procedimientos.[49]

Los motivos en los que podría fundarse la apelación son:

a) errores en la interpretación y aplicación del Derecho, con posibilidad de limitaciones específicas a determinados tipos de errores o ciertos tipos de normas. Por ejemplo, limitado a cláusulas de nación más favorecida, trato justo y equitativo, expropiación, etc.

b) errores en la constatación de los hechos, incluyendo la determinación de los daños.

Algunos Estados abogan por extender la base de la apelación, incluyendo ambas categorías de motivos, con el fin de lograr mejor los objetivos de la reforma. En este sentido, consideran que no deberían limitarse los errores de Derecho a determinadas disposiciones, ya que con dicha limitación se corre el riesgo de abrir la puerta a debates innecesarios sobre el alcance de la apelación.[50] Otros Estados, incluso han mencionado la posibilidad de incluir "el acaecimiento de ciertos hechos nuevos o previamente desconocidos por el tribunal (al momento de su consideración)", ampliando aún más las bases de la apelación.[51]

---

49 Draft Working Paper on the Appellate Mechanism and Enforcement issues: Comments by the United Kingdom on the proposed investor state dispute settlement reforms, p.1 https://bit.ly/3kg85RX KAUFFMANN-KOHLER, G & POTESTÀ, M. Can the Mauritius Convention..., *op. cit.*, p.46.

50 Comentarios del Gobierno de Canada sobre el Proyecto de Mecanismo de Apelacion y cuestiones de ejecución. CNUDMI, Possible reform of investor-State dispute settlement (ISDS) Appellate mechanism and enforcement issues Communication by Canada, p.1 https://uncitral.un.org/sites/uncitral.un.org/files/media-documents/uncitral/en/appellate_mechanism_and_enforcement_issues_canada.pdf.

51 Comments of the Russian Federation on the drafts of the Working Papers on appellate mechanism and on selection and appointment of the tribunal

Por el contrario, otros Estados como la Unión Europea —en consonancia con su modelo de judicialización bilateral— consideran que el alcance de la apelación debería incluir los errores en la interpretación y aplicación del Derecho, así como en "errores manifiestos en la constatación de los hechos", dado que estos errores pueden ser autónomos en la apelación sin necesidad de ser calificados como errores de Derecho. En particular, la UE considera que el cometido del mecanismo de apelación debería ser analizar si, además de errores de derecho, se habrían cometido errores manifiestos en la apreciación de los hechos, pero no se debería realizar un nuevo examen de los hechos.[52] La UE aclara, además, que "desde el punto de vista del Derecho Internacional Público, la interpretación o aplicación del derecho interno entraría en la categoría de errores de hecho".[53] Esta aproximación es consonante con el tratamiento que recibe el Derecho interno de los Estados y el Derecho de la UE en el CETA así como en el resto ANG con sistemas de cortes de inversiones[54].

---

members in investor-state dispute settlement developed by the UNCITRAL Secretariat, p.1 https://bit.ly/3i76POv BAETENS, F. The European Union´s Proposed ..., *op. cit.,* p.384. BURGENBERG, M., REINISCH, A. *European Yearbook Of International Economic Law: From Bilateral Arbitral Tribunals..., op. cit.,* p.202.

52 Possible Reform Of Investor-State Dispute Settlement (ISDS), Appellate Mechanism And Enforcement Issues Annotated comments from the European Union and its Member States to the UNCITRAL Secretariat 19 October 2020, p.5 https://bit.ly/3kgmXQ9 BUTLER, N., SUBEDI, S. The future of international investment..., *op. cit.,* p.64.

53 Possible Reform Of Investor-State Dispute Settlement (ISDS), Appellate Mechanism And Enforcement Issues Annotated comments from the European Union and its Member States to the UNCITRAL Secretariat 19 October 2020, p.5 Dicha categorización tiene especial relevancia en consideración al Dictamen 1/17 TJUE. Ver *Capítulo II* (apartado 2.2.2.1).

54 BURGENBERG, M., REINISCH, A. European Yearbook Of International Economic Law: From Bilateral Arbitral Tribunals..., *op. cit.,* p.121 y ss. LENK, H. The EU Investment Court System. A viable reform..., op. cit., pp.185-187.

En el texto del Proyecto de disposición sobre el mecanismo de apelación y cuestiones relacionadas con la ejecución discutido en UNCITRAL se establece lo siguiente:

> *Artículo X–[Mecanismo][Reglamento][Tribunal] de apelación*
> *[Alcance y criterios del examen]*
> *"1. Una parte litigante podrá apelar una decisión en razón de que esa decisión dictada por el tribunal [arbitral][de SCIE] de primera instancia se basa en lo siguiente:*
> *a) Opción 1: [Un error sustancial de derecho que resulta perjudicial] – Opción 2:*
> *[Errores en la aplicación o interpretación del [derecho aplicable] [los siguientes criterios: (se enumerarán a continuación – por ejemplo: expropiación, tratamiento justo y equitativo y no discriminación–)]];*
> *[b) Opción 1: [Determinación de cuestiones de hecho que son manifiestamente erróneas] – Opción 2: [Errores manifiestos en la apreciación de los hechos[, incluida la apreciación del interno aplicable y la evaluación de daños,]]; y*
> *[c) Un error en la aplicación del derecho a los hechos del caso].*
> *2. Opción 1: [Una parte litigante podrá también apelar por cualquiera de las cinco causas de anulación de laudos expuestas en el artículo 52 del Convenio del CIADI y los motivos establecidos en el artículo V[1)] de la Convención de Nueva York en la medida que no se encuentren incluidos en el párrafo 1) a) y b) supra].*
> *Opción 2: [En aras de la claridad, enumerar todas las causas en vez de hacer referencia a las disposiciones correspondientes].*
> *3. El [[órgano][órgano judicial][tribunal arbitral]] también podría llevar a cabo un examen de los errores de derecho o hecho en circunstancias excepcionales, en la medida en que no se encuentren incluidos en el párrafo 1) a) y b) supra.* [55]

Una cuestión relevante en el debate multilateral es la articulación de la propuesta de un mecanismo de apelación con

---

[55] CNUDMI, Posible reforma del sistema de solución de controversias entre inversionistas y Estados (SCIE) Mecanismo de apelación y cuestiones relacionadas con la ejecución, A/CN.9/WG.III/WP.202, p. 16 https://undocs.org/es/A/CN.9/WG.III/WP.202.

los mecanismos de anulación existentes.[56] Las características del procedimiento de anulación difieren considerablemente de la apelación. En la anulación una corte puede confirmar o invalidar un laudo pero no modificarlo. Asimismo, las causas de anulación son exhaustivas y están limitadas a consideraciones de legitimidad procesal e integridad en la constitución del tribunal. La revisión en la anulación no comporta la revisión de la corrección técnica del laudo sino más bien su adecuación a las normas del "debido proceso". De algún modo, dado que las bases del mecanismo de apelación suelen ser más extensas, se podría admitir que la apelación reemplazara o absorbiera a cualquier sistema de anulación vigente[57]. La problemática no se encuentra en las soluciones sino más bien en el hecho de que la carencia de normas claras que articulen apropiadamente ambos mecanismos podría generar una disputa de tres niveles, en contra de los objetivos de eficiencia, reducción de costos y duración de los procedimientos.[58]

---

56 El artículo 52 del Convenio CIADI establece el procedimiento de anulación. La anulación solo puede ser solicitada sobre la base de alguna de las causas del artículo 50, 3) b). BAETENS, F. The European Union´s Proposed ..., *op. cit.* p.370. FERNÁNDEZ-ARMESTO, J. Different Systems for the Annulment of Investment Awards, *ICSID Review–Foreign Investment Law Journal*, 2011, 26(1), pp.128–146. La articulación compleja del sistema vigente con la propuesta de reforma de la apelación es abordada críticamente en CALAMITA, J. The (In)Compatiblity of Appellate Mechanisms with Existing Instruments of the Investment Treaty Regime. Journal of World Investment and Trade. 2017, Nro. 585, pp.605-613.

57 Comments submitted by Switzerland on two UNCITRAL Draft Working Papers, 19 November 2020, pp.1-2 https://bit.ly/3ejsMZp.

58 Esta cuestión debe ser enfáticamente abordada tanto para los procedimientos de anulación del Convenio CIADI como para aquellos fuera del Convenio CIADI. El Gobierno de la Rep. de Corea y UE y sus Estados Miembros, han mencionado la relevancia de esta cuestión. Comments from the Government of the Republic of Korea on appellate mechanism and selection and appointment of arbitrators, p.2-3 https://bit.ly/3rfRjDZ Possible Reform Of Investor-State Dispute Settlement (ISDS), Appellate Mechanism And Enforcement Issues

B) Decisiones apelables

Con respecto a las decisiones apelables, sería necesario convenir si deberían limitarse a las decisiones sobre cuestiones de fondo dictadas por el órgano de primera instancia, o si por el contrario también serían apelables decisiones procedimentales, tales como las impugnaciones o medidas provisionales. En las discusiones del Grupo de Trabajo III se ha argumentado, en general, que la posibilidad de excluir determinadas decisiones procesales de la apelación tendría un impacto beneficioso en el costo y la duración del procedimiento. Como ejemplo, se podrían excluir: las decisiones sobre la recusación de miembros del tribunal ISDS y/o decisiones relativas a medidas provisionales, dada su temporalidad. [59] Por el contrario, las cuestiones de competencia suscitaron más debates en el Grupo de Trabajo III, ya que algunos Estados prefieren que el tribunal de apelación tenga ante sí el expediente completo del caso antes de pronunciarse y, para ello, sería necesario que hubiera una decisión definitiva sobre la cuestión de fondo. Otros Estados, por el contrario, consideran que la posibilidad de apelar sobre cuestiones de competencia en una etapa anterior del procedimiento permitiría ahorrar tiempo y dinero.

En el texto del Proyecto de disposición sobre el mecanismo de apelación y cuestiones relacionadas con la ejecución se establece lo siguiente:

Annotated comments from the European Union and its Member States to the UNCITRAL Secretariat 19 October 2020, p.4 CNUDMI, Posible reforma del sistema de solución de controversias entre inversionistas y Estados (SCIE), Mecanismo de apelación y cuestiones relacionadas con la ejecución, A/CN.9/WG.III/WP.202, pp.4-5. BURGENBERG, M., REINISCH, A. *European Yearbook Of International Economic Law: From Bilateral Arbitral Tribunals..., op. cit.*, pp.199-202.

59 CNUDMI, Grupo de Trabajo III, Posible Reforma del Sistema de Solución de Controversias entre Inversionistas y Estados, Documento presentado por la Unión Europea y sus Estados miembros A/CN.9/WG.III/WP.159/Add.1, p.8.

> *[Decisiones apelables]*
> *Las decisiones del tribunal de primera instancia que resuelvan una controversia entre un inversionista y un Estado o una entidad de propiedad del Estado [que se plantee en el marco de un tratado de inversión] (*) pueden apelarse de conformidad con las [normas sobre apelación] [del órgano][del órgano judicial] [del tribunal] de apelación].*
> *5. [Las decisiones de los tribunales de primera instancia sobre su propia competencia también pueden apelarse. Si el tribunal de primera instancia determinara, como cuestión preliminar, que es competente, cualquiera de las partes podrá solicitar que el [órgano][órgano judicial][tribunal] de apelación decida la cuestión; mientras esa solicitud esté pendiente, el tribunal de primera instancia podrá seguir adelante con el procedimiento y emitir [un laudo][una decisión]].*[60]
> ** El Grupo de Trabajo podría decidir analizar en este sentido cómo podría funcionar el mecanismo de apelación fuera del contexto del ISDS que se basara en un tratado, por ejemplo, cuando la competencia del tribunal se fundara en el derecho extranjero de inversiones o en un contrato de inversión*

Si bien el Grupo de Trabajo III ha mencionado las posibilidades de interrelación del mecanismo de apelación con las decisiones de diversos órganos (como tribunales arbitrales, tribunales permanentes bilaterales de inversiones, tribunales regionales de inversión, tribunales comerciales internacionales e incluso decisiones dictadas por tribunales nacionales en relación con cuestiones de Derecho de Inversiones extranjero)[61], la cuestión no ha sido exhaustivamente analizada y podría re-

---

60 CNUDMI, Posible reforma del sistema de solución de controversias entre inversionistas y Estados (SCIE) Mecanismo de apelación y cuestiones relacionadas con la ejecución, A/CN.9/WG.III/WP.202, p. 17 https://undocs.org/es/A/CN.9/WG.III/WP.202.

61 Algunas de estas cuestiones han sido mayormente descartadas (por ejemplo, las decisiones de tribunales nacionales en aplicación de derecho de las inversiones extranjero, tribunales comerciales internacionales), pero el resto carece de un desarrollo exhaustivo. CNUDMI, 53er período de sesiones, Informe del Grupo de Trabajo III (Reforma del Sistema de Solución de Controversias

tomarse incorporando fórmulas características del diálogo judicial internacional,[62] una vez establecido un marco de mayor consenso multilateral para la apelación; es decir, en una fase posterior del actual proceso.[63]

C) Efectos de la apelación

En relación con los efectos de la apelación, el Grupo de Trabajo III ha abordado las cuestiones de interrelación entre la primera y la segunda instancia, y los efectos para las partes en la controversia y las partes en el tratado de inversión. En el primero de los casos, los Estados se manifestaron, en general, a favor de otorgar facultades al órgano de apelación para confirmar, revocar o modificar la decisión tomada por el tribunal de primera instancia.[64]

Sin embargo, diversas opiniones surgieron respecto a la posibilidad otorgada al tribunal de segunda instancia de devolver las actuaciones al tribunal de primera instancia. Por un lado, la naturaleza *Ad hoc* de los tribunales que entienden actualmente de los casos ISDS genera preocupaciones en tanto y en cuanto a la posibilidad de volver a constituir el tribunal de primera instancia traería aparejado un considerable aumento de los

---

entre Inversionistas y Estados) sobre la labor realizada en su 38° período de sesiones (Viena, 14 a 18 de octubre de 2019), A/CN.9/1004*, p.8.

62 BOISSON DE CHAZOURNES, L.B., Plurality in the Fabric of International Courts and Tribunals: The Threads of a Managerial approach, *European journal of international law,* 2017, Vol.28(1), pp.13-72.

63 Un mayor desarrollo de diálogo judicial, genérico (no específico para el área de inversiones), puede encontrarse en CONTARTESE, C. The procedures of prior involvement and referral to the CJEU as a means for judicial dialogue between the CJEU and international jurisdictions, Geneva Jean Monnet Working Papers, 2016, núm. 27, pp.1-29.

64 Esta cuestión plantea un delicado equilibrio entre la garantía de la resolución justa del caso – con el debido respeto a las garantías procesales- y la necesidad de evitar el incremento del tiempo y los costos del proceso.

costos.[65] Por otro lado, cabe considerar que en determinados casos podría ocurrir que el tribunal de segunda instancia no pueda concluir el análisis jurídico en ausencia de información suficiente sobre los hechos, y por tanto, estaría imposibilitado de dictar un laudo definitivo. En tal caso, si careciera además de las facultades para devolver las actuaciones al tribunal de primera instancia, esta descoordinación podría generar un conflicto de envergadura en el sistema.[66]

Ante tales reflexiones, Grupo de Trabajo III estableció las facultades de confirmación, revocación, modificación o anulación de las decisiones de primera instancia por parte del órgano de apelación, pero considerando que aquellos casos en que no fuera posible que el órgano de apelación aplique sus propias constataciones y conclusiones jurídicas a los hechos, remita el asunto al tribunal de primera instancia. Habida cuenta, se establecen así limitaciones en las circunstancias bajo las que se puede realizar la devolución de las actuaciones.[67]

---

65 En virtud de características actuales del ISDS, habría que analizar los procedimientos necesarios para volver a conformar un tribunal *ad hoc* ya que, en principio, estaría disuelto.

66 CNUDMI, 53er período de sesiones, Informe del Grupo de Trabajo III (Reforma del Sistema de Solución de Controversias entre Inversionistas y Estados) sobre la labor realizada en su 38° período de sesiones (Viena, 14 a 18 de octubre de 2019), A/CN.9/1004/Add.1, p.9 Sobre este aspecto, el Grupo III analizó ejemplos tomados de mecanismos de apelación existentes. CNUDMI, Posible reforma del sistema de solución de controversias entre inversionistas y Estados (SCIE) Mecanismo de apelación y cuestiones relacionadas con la ejecución, A/CN.9/WG.III/WP.202, pp.9-10. KAUFFMANN-KOHLER, G., POTESTÀ, M. Can the Mauritius Convention..., *op. cit.*, p.47.

67 Aun cuando existe consenso sobre dicha selección, quedarían por resolver cuestiones prácticas, tales como las siguientes: la forma en que se volvería a constituir el tribunal; si la decisión de primera instancia –revisada- sería definitiva o apelable; si la devolución de las actuaciones debería ser solicitada por una o todas las partes de la controversia; la forma en que debería resolverse el caso si el tribunal de segunda instancia encontrara irregularidades que

Otras dos cuestiones resultan relevantes con respecto a los efectos de la apelación: el efecto suspensivo de las decisiones de primera instancia y los efectos para las partes en la controversia y para las partes en el tratado de inversión.

El efecto suspensivo de las decisiones del tribunal de primera instancia, al momento de interponer el recurso de apelación, es una condición mayoritariamente aceptada por los Estados del Grupo de Trabajo III. Sin embargo, este efecto presenta dificultades prácticas que necesariamente deberán resolverse. Por ejemplo, para tribunales nacionales de Estados que no fueran parte en un convenio de creación de un Órgano de Apelación, estas decisiones serían definitivas y seguirían el proceso ordinario de reconocimiento y ejecución de laudos. Algunos Estados señalaron la posibilidad de interponer la suspensión *ipso iure* de las decisiones de primera instancia, limitando de este modo la posibilidad de procesos paralelos de anulación o ejecución en alguna otra jurisdicción. Si bien la sugerencia fue acogida por el Grupo de Trabajo III, se expresaron inquietudes respecto al mayor riesgo de una constante interposición de apelaciones en beneficio de este efecto.[68] Frente a estas

---

hicieran inapropiado devolver las actuaciones a la primera instancia (por ej. por falta de imparcialidad). Estas cuestiones prácticas deben ser aclaradas y resueltas en un debate multilateral. CNUDMI, 53er período de sesiones, Informe del Grupo de Trabajo III (Reforma del Sistema de Solución de Controversias entre Inversionistas y Estados) sobre la labor realizada en su 38° período de sesiones (Viena, 14 a 18 de octubre de 2019), A/CN.9/1004/Add.1, p.9 Sobre este aspecto, el Grupo III analizó ejemplos tomados de mecanismos de apelación existentes. CNUDMI, Posible reforma del sistema de solución de controversias entre inversionistas y Estados (SCIE) Mecanismo de apelación y cuestiones relacionadas con la ejecución, A/CN.9/WG.III/WP.202, p.9.

68 CNUDMI, 54° período de sesiones, Informe del Grupo de Trabajo III (Reforma del Sistema de Solución de Controversias entre Inversionistas y Estados) sobre la labor realizada en su 40° período de sesiones, A/CN.9/1050, pp.18-19 https://undocs.org/es/A/CN.9/1050.

cuestiones, el Grupo de Trabajo III destacó la necesidad de que el órgano de apelación filtrara y desestimara eficientemente apelaciones que no se fundaran *prima facie* en los motivos de la apelación, procurando también evitar el excesivo volumen de trabajo. A este respecto, se destacaron sugerentes soluciones como las propuestas de caución.[69]

La decisión de segunda instancia tiene efectos vinculantes para las partes en la controversia y, en su caso, para el tribunal de primera instancia.[70] Con respecto a las partes en el tratado de inversión, algunas declaraciones mencionaron la posibilidad de que dichas partes fueran oídas con respecto a la interpretación del tratado, aunque posteriormente la cuestión no aparezca incluida en el debate.[71] Posiblemente, estas cuestiones se consideren ya solventadas dado que en la mayoría de los acuerdos de nueva generación existe un órgano (Comité) encargado de otorgar interpretaciones conjuntas esclarecedoras de las cláusulas del tratado[72]. La vinculación de estas interpre-

---

69 *Ibíd.* En este sentido, la garantía del pago de las costas, contemplada en el proyecto de disposiciones sobre Mecanismo de apelación y ejecución (A/CN.9/WG.III/WP.202, para. 12), podría desalentar apelaciones desestimadas y filtrar las apelaciones para reducir su volumen. Sin embargo, esta solución podría generar un discutible filtro en cuanto al acceso a la justicia para inversores Pyme.

70 Cabe también la posibilidad de otros efectos (expansivos) si el órgano se constituye como una estructura permanente, dado que existen similitudes entre los diferentes AII y podrían darse casos en que las cuestiones planteadas fueran idénticas o similares. Sin embargo, ningún otro efecto específico fue convenido grupalmente en el debate multilateral. CNUDMI, Posible reforma del sistema de solución de controversias entre inversionistas y Estados (SCIE), Mecanismo de apelación y tribunal multilateral, A/CN.9/WG.III/WP.185, p.8 https://undocs.org/es/A/CN.9/WG.III/WP.185.

71 *Ibíd.*

72 GAZZINI, T. Authentic (or Authoritative) Interpretation of Investment Treaties by the Treaty Parties [en línea], *EJIL:TALK!*, 17 agosto 2020.

taciones con el órgano de apelación es una cuestión escurridiza que posiblemente genere reflexiones en un futuro.[73]

En el texto del Proyecto de disposición sobre el mecanismo de apelación y cuestiones relacionadas con la ejecución se establece lo siguiente:

> *[Efectos de la apelación]*
> *6. Una parte litigante podrá [notificar formalmente su decisión de][solicitar que se le permita]apelar una resolución dentro de los ** días contados a partir de la emisión del laudo. La apelación que se formule durante ese período suspenderá los efectos de la decisión que dicte el tribunal de primera instancia.*
> *7. El [órgano][órgano judicial][tribunal] podrá confirmar, modificar o revocar las decisiones del tribunal de primera instancia. En su decisión precisará en qué sentido se han modificado o revocado las constataciones y conclusiones pertinentes del tribunal de primera instancia. La confirmación de la decisión hará que el laudo dictado por el tribunal de primera instancia sea definitivo y vinculante para las partes.*
> *8. El [órgano][órgano judicial][tribunal] también podrá anular en todo o en parte las decisiones del tribunal de primera instancia fundándose en [cualquiera de las causas de anulación de un laudo establecidas en el artículo 52 del Convenio del CIADI y el artículo V[1)] de la Convención de Nueva York][las siguientes causas: (enumerarlas)].*
> *9. Cuando los hechos establecidos por el tribunal de primera instancia así lo permitan, el [órgano][órgano judicial][tribunal] aplicará sus propias constataciones y conclusiones jurídicas a tales hechos y dictará una decisión definitiva. En caso de no ser posible, remitirá el asunto al tribunal de primera instancia.*

---

[73] HOFFMEISTER, F. The EU contribution to the progressive development..., *op. cit.*, p.578. Ver *Capítulo II* (2.2.2 La judicialización bilateral del ISDS (Acuerdo UE- Singapur, UE- Vietnam, Acuerdo Económico Comercial y Global y Acuerdo de Asociación UE- México). GAZZINI, T. Interpretation Of (Allegedly) Self-Judging Clauses In Bilateral Investment Treaties. En M. FITZMAURICE, O. ELIAS, P. MERKOURIS (eds.), *Treaty Interpretation and the Vienna Convention on the Law of Treaties: 30 Years on.* Brill|Nihoff, 2010, pp.239-254.

> *10. El [órgano][órgano judicial][tribunal] podrá corregir de oficio cualquier error de cálculo, de copia o tipográfico o cualquier otro error de naturaleza similar dentro de los [treinta] días contados a partir de la fecha de la decisión que dicte.* [74]

D) Ejecución

Actualmente, los laudos emanados del mecanismo ISDS tienen un régimen sólido de ejecución.[75] En la potencial creación de un órgano independiente de apelación, la ejecución de una decisión emanada de éste, presenta diferentes escenarios dependiendo de la estructura y naturaleza que adopte. Diferentes consideraciones surgen en virtud de si las decisiones pueden categorizarse como "laudo arbitral" o "sentencia judicial". En el primero de los casos, existe un régimen unificado de ejecución, que aumenta las posibilidades de lograr un mayor avenimiento de un sistema ejecutivo eficaz. Por el contrario, no existe un régimen uniforme internacional para la ejecución de sentencias de cortes internacionales;[76] en tal caso, la obligatoriedad de ejecución debería emanar del propio instrumento creador del órgano jurisdiccional de apelación (un convenio, o estatuto fundacional).[77]

---

[74] CNUDMI, Posible reforma del sistema de solución de controversias entre inversionistas y Estados (SCIE) Mecanismo de apelación y cuestiones relacionadas con la ejecución, A/CN.9/WG.III/WP.202, p.17

[75] SCHILL, S. Private Enforcement of International Investment Law: Why We Need Investor Standing in BIT Dispute Settlement, in Waibel, M. *et alt* (eds). *The Backlash Against Investment Arbitration. Perceptions and Reality*. Alphen aan den Rijn: Kluwer, 2010, pp.29-50. MISTELIS, A. Award as an Investment: The Value of an Arbitral Award or the Cost of Non-Enforcement. *ICSID Review*, 2013, 28 (1), pp.1-24. HOFFMEISTER, F. The EU contribution to the progressive development..., *op. cit.*, p.580 y ss.

[76] THIRLWAY, H., Judgments of International Courts and Tribunals, Max Planck Encyclopedia of Public International Law, April 2007.

[77] KAUFFMANN-KOHLER, G., POTESTÀ, M. Can the Mauritius Convention..., *op. cit.*, p.52 y ss. El análisis de una "sentencia arbitral" es realizado en el

Los Estados podrían optar por crear un mecanismo específico para la ejecución de los laudos arbitrales objeto de apelación, pero resulta más factible la posibilidad de acudir a dos vías actualmente vigentes: la Convención de Nueva York sobre el Reconocimiento y la Ejecución de las Sentencias Arbitrales Extranjeras de 1958 ("Convención de Nueva York"),[78] y el Convenio CIADI.[79]

La Convención de Nueva York establece normas jurídicas comunes para el reconocimiento de los acuerdos o pactos de arbitraje y el reconocimiento y la ejecución de laudos arbitrales extranjeros. Dicha Convención obliga a los Estados partes a velar por que los laudos arbitrales sean reconocidos en su jurisdicción y puedan ejecutarse en ella, en general, de la misma manera que las sentencias o laudos arbitrales nacionales. Asimismo, se impone una obligación fundamental a los Estados partes, de reconocer el carácter vinculante de todas las sentencias arbitrales contempladas en la Convención y ejecutarlas, si se les pide que lo hagan, conforme a la *lex fori*.[80] Para posibilitar la aplicación de la Convención de Nueva York a las decisiones emanadas de un órgano de apelación independiente en materia de inversiones, el laudo arbitral deberá contener los requisitos necesarios para ser considerado como tal; esto es, tener la consideración de un laudo de carácter arbitral según el artículo I de la Convención de Nueva York.

---

apartado siguiente. BURGENBERG, M., REINISCH, A. *European Yearbook Of International Economic Law: From Bilateral Arbitral Tribunals..., op. cit.*, p.206.

78 Convención sobre el Reconocimiento y la Ejecución de las Sentencias Arbitrales Extranjeras, Nueva York, 1958 https://uncitral.un.org/sites/uncitral.un.org/files/media-documents/uncitral/es/new-york-convention-s.pdf.

79 Convenio CIADI, Reglamento y Reglas, Abril 2006, pp.7-33.

80 Artículo III de la Convención sobre el Reconocimiento y la Ejecución de las Sentencias Arbitrales Extranjeras (Nueva York, 1958).

En caso de que el órgano de apelación se establezca como una segunda instancia para el actual sistema de ISDS (judicialización limitada o complementaria), lo más probable es que no haya modificaciones en la naturaleza del proceso en su conjunto y, por tanto, la Convención de Nueva York sea aplicable.[81] El artículo I de esta Convención considera como laudo arbitral las "sentencias dictadas por los órganos arbitrales permanentes", de lo que se deriva la posibilidad de utilizar este sistema de ejecución sin mayores inconvenientes.[82]

El Convenio CIADI establece un mecanismo de ejecución simplificado (artículos 53 a 55 del Convenio CIADI) que permite a la parte que desee obtener la ejecución de las obligaciones pecuniarias derivadas de un laudo dictado con arreglo a ese Convenio, que el laudo se reconozca y ejecute en cualquier Estado miembro mediante la presentación de una copia certificada del laudo ante el/los órgano/s judicial/es competentes. Según el artículo 53, un laudo dictado por el CIADI "no podrá

---

81 Existen ejemplos de regímenes de arbitraje establecidos en reglamentos de arbitrajes institucionales (Arbitration Appeal Rules del Arbitrors´ and Mediators´ Institute of New Zealand -2009-, Optional Appellate Arbitration Rules de la American Arbitration Association -2013-, Arbitration Appeal Procedure del International Institute for Conflict Prevention & Resolution -2015-) y de leyes nacionales (Ley de Arbitraje de los Paises Bajos de 1986 con las modificaciones de 2015 artículo 1061 en que se prevén normas de aplicación voluntaria sobre apelación de laudos arbitrales), en los que se admite la segunda instancia y que mantienen la naturaleza de arbitraje. CNUDMI, Posible reforma del sistema de solución de controversias entre inversionistas y Estados (SCIE), Mecanismo de apelación y tribunal multilateral, A/CN.9/WG.III/WP.185, p.9. CNUDMI, Posible reforma del sistema de solución de controversias entre inversionistas y Estados (SCIE) Mecanismo de apelación y cuestiones relacionadas con la ejecución, A/CN.9/WG.III/WP.202, p.12.

82 KAUFFMANN-KOHLER, G., POTESTÀ, M. Can the Mauritius Convention…, *op. cit.*, p.53.

ser objeto de apelación ni de cualquier otro recurso, excepto en los casos previstos por este Convenio".[83]

De este modo, la incorporación de una apelación en el sistema del CIADI sólo sería posible en virtud de una reforma del artículo 53. En este sentido, cabe la posibilidad de que algunas de las partes decidieran modificar el Convenio en sus relaciones mutuas a través de la aplicación del artículo 41 de la Convención de Viena sobre el Derecho de los Tratados. En el primer caso, una enmienda al Convenio CIADI debería ser ratificada, aceptada o aprobada por todos los miembros contratantes.[84] A pesar de que una enmienda podría complementar o modificar los recursos previstos por el CIADI, la necesidad de ratificación unánime obstaculizaría probablemente el proceso.[85] En el segundo caso, la aplicación del artículo 41 de la Convención de Viena sobre el Derecho de los Tratados admite una modificación entre partes cuando dicha modificación no está prohibida por el tratado y: i) no afecta al disfrute de los derechos

---

83 Articulo 53 Convenio CIADI. Los casos previstos por el Convenio son rectificación del laudo (artículo 49), interpretación (artículo 51), revisión (artículo 51) y anulación (artículo 52).

84 Las enmiendas al Convenio CIADI se realizan de conformidad con el artículo 66 del Convenio. Hasta la fecha ningun Estado Miembro ha propuesto enmiendas al Convenio CIADI. CNUDMI, Posible reforma del sistema de solución de controversias entre inversionistas y Estados (SCIE) Mecanismo de apelación y cuestiones relacionadas con la ejecución, A/CN.9/WG.III/WP.202, p.14.

85 A/CN.9/WG.III/WP.202, p.15 El CIADI ha sugerido también la posibilidad de formular una enmienda que permita a cada Estado elegir qué causas de apelación desearía aplicar. Por ejemplo, algunos Estados podrían elegir sólo la anulación (manteniendo el sistema actual), otros podrían Establecer motivos de apelación que incluyan solo el examen de los tratados de inversión y excluyan los contratos de inversión. Sin embargo, la logística necesaria conlleva un proceso que podría ralentizar agudamente la actividad del Grupo III de UNCITRAL. BURGENBERG, M., REINISCH, A. *European Yearbook Of International Economic Law: From Bilateral Arbitral Tribunals..., op. cit.,* p.200.

que a las demás partes corresponden en virtud del tratado ni al cumplimiento de sus obligaciones; y ii) no se refiere a ninguna disposición cuya modificación sea incompatible con la consecución efectiva del objeto y el fin del tratado en su conjunto. En consecuencia, el Convenio CIADI no excluye la posibilidad de modificaciones, que serían una opción viable si se cumplen los requisitos establecidos en el mencionado artículo 41.[86]

Habida cuenta del impacto que el establecimiento de un órgano de apelación tendría en los mecanismos de ejecución —tanto en la Convención de Nueva York como en el Convenio CIADI— el Grupo de Trabajo III deberá realizar un análisis exhaustivo de la temática y coordinar sus esfuerzos con el CIADI. En esta línea, la Secretaría del CIADI ha mostrado una gran disponibilidad llevando adelante el análisis de asuntos sobre ejecución y otros análisis, procurando una interesante complementariedad con el Grupo de Trabajo III. El CIADI posee un gran interés en compaginar los diversos sistemas propuestos con su actividad y ha revelado una asombrosa flexibilidad en la búsqueda de soluciones para una integración complementaria de los sistemas. Empero, la modernización de la arquitectura jurídica de este sistema es una reclamación de larga data.[87]

En el texto del Proyecto de disposiciones sobre el mecanismo de apelación y ejecución se establece que el artículo 54 del Convenio CIADI, utilizado recientemente en tratados bilaterales y multilaterales de inversión, podría constituir un modelo

---

86 *Ibid.* DÖRR, O. & SCHMALENBACH, K., Article 41. Agreements to modify multilateral treaties between certain of the parties only, *Vienna convention on the law of treaties: A commentary,* 2012, pp.719-727.

87 VAN HARTEN, G. Private authority and transnational governance: the contours of the international system of investor protection. *Review of International Political Economy,* 2005, vol. 12, no 4, p. 600-623. VAN HARTEN, G. (2008). A case for an international investment court. In Society of International Economic Law (SIEL) Inaugural Conference. Working Paper N.22/08, pp.1-32.

útil para elaborar las disposiciones de un mecanismo de ejecución.[88] Asimismo, se referencian algunas disposiciones que figuran en tratados de inversión celebrados recientemente que podrían ser útiles en la búsqueda de un mecanismo de ejecución.

> *"Artículo xx – Ejecución de los laudos:*
> *1. Los laudos dictados conforme a la presente sección no serán ejecutables hasta que queden firmes con arreglo al artículo xx [el artículo que trate de los laudos que han quedado firmes tras la apelación]. Los laudos definitivos dictados de conformidad con la presente sección serán vinculantes entre las partes en la controversia y no serán objeto de apelación, revisión, anulación o cualquier otro recurso.*
> *2. Las partes reconocerán al laudo dictado de conformidad con la presente sección carácter obligatorio y harán ejecutar dentro de sus territorios las obligaciones pecuniarias como si se tratara de una sentencia firme dictada por un órgano judicial en dicha parte.*
> *3. El laudo se ejecutará de acuerdo con las normas sobre ejecución de sentencias que estuvieren en vigor donde se pretenda dicha ejecución.*
> *4. A los fines del artículo 1 de la Convención de Nueva York, los laudos firmes dictados de conformidad con la presente sección son laudos arbitrales relativos a reclamaciones que se considera surgen de una relación o transacción comercial.*
> *5. En aras de lograr una mayor certidumbre y con sujeción a lo dispuesto en el párrafo 1, si una reclamación se ha presentado ante un mecanismo de solución de controversias de conformidad con el artículo 6, párr. 2 a) (Presentación de una reclamación), el laudo definitivo que se dicte en virtud de la presente sección se considerará laudo en el sentido de la sección 6 del Convenio del CIADI".*
> *Artículo xx [consentimiento]: "El consentimiento, de acuerdo con los párrafos 1 y 3, requiere que las partes en la controversia se abstengan de: a) ejecutar un laudo dictado conforme a la presente sección antes de que dicho laudo quede firme de conformidad con el artículo 30 (firmeza del laudo); y b) soli-*

---

[88] CNUDMI, Posible reforma del sistema de solución de controversias entre inversionistas y Estados (SCIE) Mecanismo de apelación y cuestiones relacionadas con la ejecución, A/CN.9/WG.III/WP.202, p.18.

> *citar la apelación, la revisión, la anulación, o interponer cualquier otro procedimiento similar ante un órgano jurisdiccional o tribunal nacional o internacional respecto a un laudo con arreglo a la presente sección"*[89]

Es necesario destacar que, sobre este especial aspecto, el Grupo de Trabajo III mantiene pendientes las deliberaciones ya que, en razón del escaso tiempo de las sesiones, ha debido postergar la discusión de los temas relacionados con la ejecución.

E) Consideraciones finales.

Debido a que la labor preparatoria sobre todas las cuestiones relacionadas con el establecimiento de un órgano de apelación se encuentra en curso, es necesario mencionar que todos los debates aquí planteados son producto de la actividad desarrollada en el Grupo de Trabajo III y, en ningún caso, constituyen un análisis conclusivo. Si bien es cierto que sobre diversas cuestiones ha sido posible acercar posiciones, quedan muchos otros aspectos por examinar.

Ciertas cuestiones prácticas (como, por ejemplo, los plazos) poseen un considerable grado de consenso. Por ejemplo, que deben ser plazos breves y que el tribunal de apelación debe adherirse estrictamente a ellos. Pero resulta inútil realizar un examen en tanto no se consiga una estructura de mayor consolidación.

Otras cuestiones más complejas —como, por ejemplo, las alternativas complementarias a un mecanismo de apelación, el examen de las decisiones de los tribunales de ISDS o el mecanismo de pronunciamiento preliminar o el procedimiento de

---

89 CNUDMI, Posible reforma del sistema de solución de controversias entre inversionistas y Estados (SCIE) Mecanismo de apelación y cuestiones relacionadas con la ejecución, A/CN.9/WG.III/WP.202, p.19.

consulta previa— no han sido exhaustivamente tratadas, por lo que no parece apropiado desarrollarlas en este trabajo.[90]

Finalmente, algunas cuestiones pendientes requieren un análisis exhaustivo. Por ejemplo, la forma de resolver la cuestión de la ejecución si el mecanismo de apelación que se estableciera fuera *Ad hoc* y no permanente; los efectos que tendría la suspensión de la ejecución; los efectos que tendría en la ejecución el Derecho aplicable en el lugar de sede del órgano permanente; si los Estados participantes estarían autorizados a renunciar al derecho de examen previsto en el artículo V de la Convención de Nueva York y las consecuencias de esa renuncia para Estados no participantes, etc.[91]. Necesariamente, han quedarán pendientes hasta tanto el Grupo de Trabajo III avance en la consecución de un proyecto de disposiciones final.[92]

---

90 Estos mecanismos propuestos desarrollan alternativas que, sin ser estrictamente apelación, generan revisiones del laudo. Dicho procedimiento puede incluir diversas etapas de control antes de la emisión del laudo como, por ejemplo, el aumento de etapas de control antes de la emisión del laudo a través de comisiones que lo revisen; un procedimiento que permita la remisión de alguna cuestión preliminar a otro órgano jurisdiccional para aclarar una cuestión concreta planteada en trámite; o, incluso, un procedimiento por el cual las partes litigantes puedan examinar el laudo y formular observaciones sobre él antes que sea definitivo (contemplado por el Modelo de Tratado de Inversión de Estados Unidos de 2004).

91 CNUDMI, 53er período de sesiones, Informe del Grupo de Trabajo III (Reforma del Sistema de Solución de Controversias entre Inversionistas y Estados) sobre la labor realizada en su 38° período de sesiones (Viena, 14 a 18 de octubre de 2019), A/CN.9/1004/Add.1, p.15.

92 JOUBIN-BRET, A. Why we need a global appellate mechanism for international investment law. *Columbia FDI Perspectives*, No. 146, 27 abril 2015.

4.2.2. El establecimiento de un Tribunal internacional permanente de inversiones.

Posiblemente, la propuesta más moderna para la reforma del sistema ISDS consiste en la creación de un tribunal internacional de inversiones. La UE ha asumido el liderazgo en la iniciativa global de creación de dicho tribunal desde el comienzo de las deliberaciones del Grupo de Trabajo III de UNCITRAL. La estructura final y las características del TMI dependerán del resultado de las negociaciones multilaterales. Sin embargo, la propuesta europea constituye su indudable punto de partida.[93]

---

93 Dado que la propuesta de la UE constituye la base sobre la cual se han realizado las consideraciones y los debates, hasta tanto fuera redactado el texto multilateral, ha servido como punto de partida para el análisis del presente apartado. Esto explica la preeminencia de la propuesta de la UE en la descripción. En diciembre de 2021 el Grupo de Trabajo III elaboró un primer documento que agrupa cuestiones relacionadas con un mecanismo multilateral permanente (aunque principalmente aborda las cuestiones de selección y nombramiento de decisores). CNUDMI, Grupo de Trabajo III, Posible Reforma del Sistema de Solución de Controversias entre Inversionistas y Estados (SCIE), Mecanismo multilateral permanente: selección y nombramiento de los miembros de los tribunales que entienden en casos de SCIE y asuntos conexos, A/CN.9/WG.III/WP.213. Los debates fueron postergados y solo recientemente fueron elaborados nuevos documentos, pero debido a que el Grupo de Trabajo III de UNCITRAL aún tiene que determinar si se establecerá un mecanismo permanente, y en ese caso, cómo funcionará, así como la forma en que se habría de proceder, el presente trabajo toma de referencia el punto de partida o la propuesta UE para representar los lineamientos básicos sobre los que se ha disparado el debate. Los últimos documentos elaborados hasta la fecha continúan en carácter de "proyectos", véase: El proyecto de estatuto de un mecanismo permanente para la solución de controversias internacionales relativas a inversiones A/CN.9/WG.III/WP.239 y el documento que recoge las anotaciones sobre el proyecto de estatuto de un mecanismo permanente para la solución de controversias internacionales relativas a inversiones A/CN.9/WG.III/WP.240. Ambos documentos señalan cuestiones que aún se mantienen a debate.

La propuesta multilateral de la UE para la creación de un TMI, junto a las sucintas consideraciones que sobre ella se han realizado en el Grupo de Trabajo III, constituye el objeto de análisis del presente apartado. Sin embargo, es obligatorio mencionar que, a pesar de haberse iniciado el debate sobre algunas cuestiones preliminares, todavía están pendientes importantes cuestiones sobre la propuesta de creación de un TMI en el calendario establecido por el Grupo de Trabajo III.[94] De este modo, la propuesta multilateral de la UE se mantiene con un lineamiento básico, aunque flexible, ya que la mayor sofisticación y especificidad de las características se produce en el contexto de la judicialización bilateral.[95] La propuesta de la creación de un TMI por parte de la UE ha servido de análisis

---

94 En virtud del esquema de trabajo preparado por el Grupo III en A/CN.9/WG.III/WP.206.

95 En el 38° período de sesiones se estableció el tratamiento conjunto del Mecanismo de Apelación y del Tribunal Multilateral. Sin embargo, por cuestiones de tiempo, los debates sobre un TMI quedaron más retrasados. En 2021 y 2022 se esperaba abordar cuestiones correspondientes al TMI (ver calendario previsto en el documento A/CN.9/1054), sin embargo los debates respecto a esta temática fueron postergados y los documentos en carácter de proyecto no aparecieron sino hasta entrado el 2024 (A/CN.9/WG.III/WP.239 y A/CN.9/WG.III/WP.40). El presente estudio basa sus consideraciones en la propuesta presentada por la UE al Grupo III de 18 de enero de 2019, publicado por la Secretaría de UNCITRAL el 24 de enero del mismo año. CNUDMI, Grupo de Trabajo III, Posible Reforma del Sistema de Solución de Controversias entre Inversionistas y Estados, Documento presentado por la Unión Europea, A/CN.9/WG.III/WP.159/Add.1. Sobre la relevancia de la propuesta bilateral elevada a consideración multilateral ver ZELAZNA, E. The EU's Reform of the Investor-State Dispute Resolution System: A Bilateral Path towards a Multilateral Solution. Geneva Jean Monnet Working Papers, 2019, Nro. 06/2019, pp.1-30. PANTALEO, L. *The Participation of the EU in International Dispute Settlement. Lessons from EU Investment Agreements.* The Hague: Springer, 2019, p.96. HALLAK, I. Multilateral Investment Court: framework options. EPRS, European Parliament, junio 2021.

y de puntapié inicial para el debate de las negociaciones de UNCITRAL.

a) Naturaleza

La UE ha resaltado desde el inicio el carácter sistémico de las inquietudes identificadas por el Grupo de Trabajo III respecto al actual mecanismo ISDS. La falta de consistencia, predictibilidad, transparencia, corrección de decisiones, y otras inquietudes, derivan de la interrelación de múltiples elementos, pero sobre todo de la naturaleza *Ad hoc* del sistema y de la posibilidad de apelación. En una comparación con situaciones similares, la UE ha hallado que la comunidad internacional y los Estados individualmente, han elegido crear o desarrollar organismos permanentes para la adjudicación de disputas. A partir de esta lógica, la UE elaboró la propuesta para la creación de un TMI.[96]

La naturaleza del sistema, caracterizada como "corte" o como "arbitraje", que sea finalmente elegida en el contexto multilateral, tendrá un fuerte impacto en sus características esenciales (en especial, las normas que rigen el procedimiento, el mecanismo de reconocimiento y ejecución de laudos o sentencias, y las relaciones del TMI con otros organismos de solución de disputas).[97] La tensión existente entre los dos mo-

---

96 European Commission Concept Paper to Uncitral meeting, "The identification and consideration of concerns as regards investor to state dispute settlement", 20 November 2017. POLLACK, M. The New, New Sovereigntism, or How the European Union Became Disenchanted with International Law and Defiantly Protective of Its Domestic Legal Order. En Ch. GIORGETTI, G. VERDIRAME, *Whither the West?: International Law in Europe ..., op. cit.*, pp.78 LAM, J., ÜNÜVAR, G. Transparency and participatory aspects of investor-state dispute settlement in the EU 'new wave' trade agreements. Leiden Journal of International Law, 2019, 32(4), pp.781-800.

97 BROWN, C. A Multilateral Mechanism for the Settlement of Investment Disputes: Some Preliminary Remarks. ICSID Review. 2017, 32 (3), pp.673-690.

delos queda reflejada en la evolución del modelo asumido por la UE. Inicialmente, la UE construyó un sistema de tribunales en sus acuerdos con Canadá y Vietnam con elementos propios del arbitraje (por ejemplo, una lista —permanente— de árbitros, la aplicación de procedimientos arbitrales derivados de las normas de arbitraje de UNCITRAL o del Convenio CIADI, etc.). Posteriormente, su fórmula se fue decantando hacia un sistema de características judiciales o cuasi-judiciales (la falta de intervención de partes en la controversia en la designación del tribunal, la designación del tribunal por un período de tiempo —y no para un caso en particular—, la remuneración de los miembros del tribunal, etc.).[98] Finalmente, en la propuesta multilateral de la UE permanecen elementos de ambos sistemas (arbitraje y arreglo judicial internacional), que revelan una naturaleza de carácter "híbrido".[99]

Si bien es cierto que no existe una definición global y uniforme del arbitraje, hay ciertas características implicadas que no pueden obviarse. Entre ellas, el hecho de tratarse de un proceso basado en la "voluntad de las partes", implica ciertas características indefectibles de voluntariedad, consensualidad y no obligatoriedad del mecanismo. En gran medida, en el arbitraje, las partes controlan ciertos aspectos del procedimiento. Además, frente a los procesos judiciales domésticos, el inversor

---

98 PEREZ DE LAS HERAS, B. The European Union in international investment governance..., *op. cit.*, p.85 ARAFA, A. DEXIANG, G. Evaluating an international investment court for international investment disputes under European Union's proposal. Journal of Politics and Law. 2021, 14 (2), pp.74-83.

99 KAUFFMANN-KOHLER, G., POTESTÀ, M. Can the Mauritius Convention..., *op. cit.*, pp.34-36. JEMIELNIAK, J. How much of a court? The EU Investment Court System as a hybrid mechanism. En CHAISSE (ed.) *China-European Union Investment Relationships.* Edward Elgar Publishing, 2018, pp.226-246. CAPLAN, L. ISDS Reform and the Proposal for a Multilateral Investment..., *op. cit.*, p.58. HALLAK, I. Multilateral Investment Court: overview of the reform proposals and prospects. EPRS, European Parliament, enero 2020.

elige ser demandante ante el tribunal arbitral internacional, no está obligado a ello, sino que constituye una alternativa. Tomando como referencia estas características, el TMI podría ser calificado como arbitraje sin mayores inconvenientes.[100]

Algunos autores optan por caracterizar al sistema arbitral en función de la posibilidad de las partes de participar en la elección de los miembros del tribunal, considerando que la voluntad de partes en el proceso de designación o composición del tribunal constituye la piedra angular del sistema arbitral.[101] No obstante, existen ejemplos en que otros métodos particulares de designación o composición de árbitros no han sido obstáculo para considerar el carácter arbitral de un tribunal. Por ejemplo, el Tribunal de Reclamaciones Irán- EEUU (que tiene amplias similitudes con la propuesta de un TMI). Este tribunal, creado a través de un tratado internacional, con jurisdicción para disputas entre particulares (personas físicas o jurídicas) y Estados, se rige por normas de arbitraje y todos sus documentos constitutivos se refieren a tal categorización. Singularmente, los miembros del tribunal son elegidos por los dos Estados (Irán y EEUU), sin la intervención de las partes en la controversia.[102]

---

100 KAUFFMANN-KOHLER, G., POTESTÀ, M. Can the Mauritius Convention..., *op. cit.*, p.34 y ss.

101 BROWER, C.H. Politics, Reason, and the Trajectory of the Investor-State Dispute Settlement. *Loyola University of Chicago Law Review,* 2017, vol. 49, pp.271-320. EFILA. A Response to Criticism Against ISDS, 17 mayo de 2015. https://efila.org/wp-content/uploads/2015/05/EFILA_in_response_to_the-criticism_of_ISDS_final_draft.pdf .

102 KAUFFMANN-KOHLER, G., POTESTÀ, M. Can the Mauritius Convention..., *op. cit.*, pp.38-39. MAFI, H. A Review of the Iran-United States Claims Tribunal. Revista Misión Jurídica, 2020, 13(19), pp. 98 -119.Vale mencionar que este tribunal ha sido objeto de críticas, pero los cuestionamientos se realizan en razón de otros de sus elementos y no en razón de la composición del tribunal.

Kauffman y Potestá, quienes han realizado un análisis exhaustivo de la naturaleza del potencial TMI, concluyen que para caracterizar al TMI como un sistema arbitral, el elemento más relevante lo constituye el requisito de que el recurso al TMI esté basado en un acuerdo entre el Estado y el inversor. Este consentimiento comporta la aceptación del sistema de selección y designación del tribunal establecido por el convenio.[103]

b) Estructura y Financiación

Aunque es previsible que surjan algunas variaciones estructurales y procedimentales a lo largo de las discusiones multilaterales, la propuesta inicial de la UE establece una configuración institucional permanente con dos niveles de resolución, sugiriendo en tal sentido un modelo de "judicialización plena". Un tribunal de primera instancia *"vería la causa. Investigaría el caso, como lo hacen los tribunales arbitrales en la actualidad, y posteriormente aplicaría la legislación aplicable a los hechos."*[104] La propuesta es genérica, pero deja claramente establecido el reemplazo de los tribunales arbitrales actuales por este sistema judicial.[105]

---

103 KAUFFMANN KOHLER, G., POTESTÀ, M. Can the Mauritius Convention..., *op. cit.*,p. 41.

104 CNUDMI, Grupo de Trabajo III, Posible Reforma del Sistema de Solución de Controversias entre Inversionistas y Estados, Documento presentado por la Unión Europea, A/CN.9/WG.III/WP.159/Add.1, p.4.

105 El diseño experimental de la UE pasó de características más relacionadas con el arbitraje al inicio, y posteriormente fue evolucionando hacia un sistema de corte con elementos de carácter judicial. Esta evolución es desarrollada con detalle en PUCCIO, L., HARTE, R. From arbitration to the Investment Court System (ICS): The evolution of CETA rules. European Parliament Research Services, 2017. PE607.251. PANTALEO, L. *The Participation of the EU in International...*, op. cit., pp.69-77. BURGENBERG, M., REINISCH, A. European Yearbook Of International Economic Law: From Bilateral Arbitral Tribunals..., *op. cit.*,p.29 y ss.

La propuesta adelanta también algunos efectos de la apelación, estableciendo que el tribunal de primera instancia "trataría los casos devueltos por el tribunal de apelación cuando éste no pudiera resolverlos."[106] De esta afirmación se deduce que el tribunal de apelación poseería facultades de confirmación, revocación, modificación o anulación de las decisiones de primera instancia como regla general, exceptuado en circunstancias específicas (a determinar) en que operaría una devolución de las actuaciones.

La propuesta menciona la composición del tribunal por "árbitros" (aunque en los documentos multilaterales se menciona la integración por "jueces"[107] y recientemente la terminología utilizada es "decisores"[108]). Si bien no se establece la cantidad específica en la propuesta, se menciona que "el número de árbitros debería basarse en las previsiones de trabajo del órgano permanente".[109] El número de miembros de los tribunales difiere en la judicialización bilateral desarrollada por la UE (CETA establece 15 miembros para la primera instancia y deja en manos del Comité conjunto la determinación de la cantidad de miembros del tribunal de apelación; el acuerdo con Vietnam establece 9 miembros en el tribunal de primera instancia, así como también el acuerdo con México; pero

106 A/CN.9/WG.III/WP.159/Add.1, p.4.

107 CNUDMI, 36° período de sesiones Posible reforma del sistema de solución de controversias entre inversionistas y Estados (SCIE), A/CN.9/WG.III/WP.149, p.11.

108 CNUDMI, Posible reforma del sistema de solución de controversias entre inversionistas y Estados (SCIE), Mecanismo de apelación y tribunal multilateral, A/CN.9/WG.III/WP.185, p.16.

109 CNUDMI, Grupo de Trabajo III, Posible Reforma del Sistema de Solución de Controversias entre Inversionistas y Estados, Documento presentado por la Unión Europea y sus Estados miembros, A/CN.9/WG.III/WP.159/Add.1, p.5. BURGENBERG, M., REINISCH, A. *European Yearbook Of International Economic Law: From Bilateral Arbitral Tribunals…, op. cit.*, pp 44-57.

el acuerdo con Singapur establece 6 miembros en el tribunal de primera instancia. Tanto el acuerdo con Vietnam, Singapur y México establecen 6 miembros para el tribunal de apelación[110]). Esta modificación de árbitros a jueces representa un cambio significativo, no solo por la modificación que opera en la adjudicación de la disputa sino también por el cambio de enfoque que ello presupone.[111]

En referencia al tribunal de apelación, la propuesta establece que dicho tribunal conozca los recursos interpuestos contra las decisiones del tribunal de primera instancia. La UE sugiere que los motivos de la apelación podrían ser errores de derecho o errores manifiestos en la apreciación de los hechos, considerando como relevante que en ningún caso debería el tribunal de apelación revisar los hechos "*de novo*". La UE expresó en su comunicación que debería trabajarse también sobre algún mecanismo para limitar la posibilidad de recurrir y evitar la interposición sistemática y abusiva de los recursos.[112]

La propuesta de la UE incorpora un salto vanguardista al mencionar que debería establecerse la participación de terce-

---

110 Ver *Capitulo II* (apartado 2.2.2.2).

111 TITI, C. The European Union´s Proposal for an International Investment Court..., *op. cit* p.7. El cambio de enfoque también impacta vigorosamente en los valores que una estructura de este tipo comporta. XIAO, J. Concrete issues in instituting an international investment..., *op. cit.*, p.91 HANNES, L. An Investment Court System for the New Generation of EU Trade and..., op. cit., p. 667, LENK, H. The EU Investment Court System. A viable reform ..., *op. cit.*, p. 84.

112 CNUDMI, Posible reforma del sistema de solución de controversias entre inversionistas y Estados (SCIE), Mecanismo de apelación y tribunal multilateral, A/CN.9/WG.III/WP.185, p.14. BAETENS, F. The European Union´s Proposed ..., *op. cit.*, p.384. BURGENBERG, M., REINISCH, A. European Yearbook Of International Economic Law: From Bilateral Arbitral Tribunals..., *op. cit.*, p.61 y ss.

ros, por ejemplo, representantes de comunidades afectadas, en las controversias en materia de inversiones.[113]

Una última cuestión relevante relacionada a la estructura, que no ha sido establecida en la propuesta de la UE pero que requerirá indudablemente un debate multilateral, es la posibilidad de que el establecimiento de un TMI se realice bajo los auspicios de una organización internacional existente (como las Naciones Unidas) o como una organización separada e independiente.[114] En el primero de los casos, si fuera creada como órgano (principal o subsidiario) de las Naciones Unidas, serían necesarias para su constitución una serie de resoluciones de los órganos principales de la ONU. Por el contrario, si fuera creado como una organización internacional nueva, independiente, con personalidad jurídica internacional, la técnica contemplada sería posiblemente la adopción de un tratado

---

113 CNUDMI, Grupo de Trabajo III, Posible Reforma del Sistema de Solución de Controversias entre Inversionistas y Estados, Documento presentado por la Unión Europea y sus Estados miembros, A/CN.9/WG.III/WP.159/Add.1, p.7. Ver intervención de Sra. Lise JOHNSON (Columbia Center on Sustainable Investment) en CNUDMI, Resumen de la Reunión celebrada entre período de sesiones sobre la Reforma del Sistema de Solución de Controversias entre Inversionistas y Estados (SCIE) presentado por el Gobierno de la República de Corea, A/CN.9/WG.III/WP.214, p.11. BAETENS, F. The European Union´s Proposed ..., *op. cit.*, p.377. PANTALEO, L. Lights and Shadows of the TTIP Investment Court System. En L.PANTALEO, W. DOUMA, T. TAKÁCS, (eds.). Tiptoeing to TTIP: What Kind of Agreement for What Kind of Partnership. CLEER Paper, 2016, 1/2016, T.M.C. Asser Institute, pp.77-92. Un desarrollo breve de las problemáticas que la cuestión encierra en COTULA, L. SHRÖDER, M. Community perspectives in investor-state arbitration. IIE Land, Investment and Right Series, julio 2017. https://pubs.iied.org/sites/default/files/pdfs/migrate/12603IIED.pdf ARCURI,A., VIOLI, F. Human Rights and Investor-State Dispute Setllement. Changing (Almost) Everything..., *op. cit.*, p.579.

114 BURGENBERG, M., REINISCH, A. *European Yearbook Of International Economic Law: From Bilateral Arbitral Tribunals..., op. cit.*, pp.177-179.

internacional autónomo. La opción está condicionada por la propia concepción de la nueva jurisdicción internacional —y por tanto, el resultado de las negociaciones—, así como por las consecuencias que dicha opción tendría sobre la puesta en funcionamiento de un TMI y su futura eficacia, tal y como ha ocurrido con el modelo de la Corte Penal Internacional (en adelante CPI).[115] Este modelo resulta interesante para el análisis, ya que como ha puesto de manifiesto la profesora ESCOBAR, la CPI es configurada como la primera organización internacional a la que se atribuyen competencias exclusivamente judiciales.[116] La función judicial posee en esta organización un carácter axial y, por lo tanto, los órganos jurisdiccionales ocupan también un lugar central en la estructura de gobernanza.[117] La CPI posee, además, una estructura política cuyo órgano central es la Asamblea de los Estados Partes, que se encarga de la representación y participación universal de todos los Estados miembros. La Asamblea de los Estados Partes está integrada por todos los Estados que hayan ratificado o se hayan adherido al Estatuto de Roma. Un dato interesante en el análisis de esta estructura, es la posibilidad otorgada a algunos Estados (que hayan firmado el Estatuto de Roma o el Acta Final de la Conferencia de Roma) de formar parte de la Asamblea de Estados Parte, permitiendo una participación en los trabajos de este órgano a todos aquellos Estados que hayan manifestado interés en la nueva jurisdicción (a través de la firma del Estatuto de Roma), con independencia de que efectivamente contribuyan a su creación y reconozcan su jurisdicción.[118]

---

115 ESCOBAR HERNANDEZ, C. Algunas Reflexiones sobre la Corte Penal Internacional como Institución Internacional. Revista Española de Derecho Militar, 2000, 75, p.174.

116 *Ibid.*, p.175.

117 *Ibid.*, p.191.

118 *Ibidem.*

Esta cuestión podría resultar útil en las negociaciones actuales de un TMI, en la que varios Estados pudieran presentar una posición similar (interesados en la nueva jurisdicción, pero aún expectantes respecto a su creación y funcionamiento efectivos). Aunque el tema aún se encuentra en una etapa incipiente, el Grupo de Trabajo III ha considerado, como parte de la estructura de gobernanza de un potencial mecanismo permanente, la posibilidad de establecer un Comité de las Partes(denominado así en un primer momento) o Conferencia de las Partes, un foro compuesto por representantes de todas las partes en el acuerdo y en el que se tomarían las decisiones respecto al funcionamiento de un posible tribunal.[119] Asimismo, se ha comentado la posibilidad de que, para cuestiones operativas de funcionamiento del tribunal, exista un subcomité que estaría también compuesto por miembros del Comité de las Partes.[120]

La financiación de un mecanismo multilateral como el desarrollado implica una elaboración minuciosa. La UE, por el contrario, solamente menciona en su propuesta que "el mecanismo se financiaría con las contribuciones de las partes contratantes", ponderadas en virtud de su nivel de desarrollo, para establecer una carga menor a países menos desarrollados. Además, se establece la posibilidad de exigir que los usuarios del mecanismo (inversores demandantes) paguen una tasa, lo que contribuiría a financiar el sistema y a desalentar las demandas infundadas.[121] El Grupo de Trabajo III deberá debatir en este

---

119 A/CN.9/WG.III/WP.239, artículo 4 del Proyecto de estatuto contempla la creación de la Conferencia de las Partes. Los primeros párrafos del artículo se centran en las principales funciones de la Conferencia de las Partes, que dependerán en gran medida de la estructura final.

120 A/CN.9/WG.III/WP.213. En la elaboración de dicho órgano político, podría resultar útil la comparativa con el órgano político de la CPI.

121 CNUDMI, Posible reforma del sistema de solución de controversias entre inversionistas y Estados (SCIE), Mecanismo de apelación y tribunal multila-

sentido, la conformación de otras partidas presupuestarias en el caso de que el establecimiento de un TMI sea la opción elegida para la reforma del ISDS.

En tal sentido, cabe considerar que dentro de la estructura y financiación deberá contemplarse el establecimiento de una Secretaría (órgano que no ha sido mencionado en la propuesta de la UE).[122] En tal sentido, la onerosidad del nuevo sistema es un elemento que ha suscitado críticas entre algunos Estados.[123] Indudablemente, y más allá de la búsqueda de un criterio ajustado a todas la necesidades, la financiación condiciona la viabilidad de la propuesta y por tanto constituye un desafío a tener en cuenta en el diseño final.

A efectos del financiamiento, cabe mencionar el impredecible volumen de trabajo como una dificultad a la hora de establecer una remuneración para los decisores, afectando ello también de alguna manera a la estructura financiera. La propuesta de la UE es muy laxa en la consideración de este aspecto, estableciendo que los decisores "[r]ecibirán salarios comparables a los árbitros de otros tribunales internacionales".[124] La posibilidad de conseguir los candidatos mejor cualificados

---

teral, A/CN.9/WG.III/WP.185, p.14.

122 HOWSE, R. Designing a Multilateral Investment Court: Issues and Options. *Yearbook of European Law,* 2017, 36, p.231.

123 CHARRIS, J. The proposed Investment Court System: does it really solve the problems. *Revista Derecho del Estado,* 2019, Nro. 42, pp.83-115. LENK, H. The EU Investment Court System. A viable reform ..., op. cit., p.252. BURGENBERG, M., REINISCH, A. *European Yearbook Of International Economic Law: From Bilateral Arbitral Tribunals..., op. cit.,* p.193.

124 CNUDMI, Grupo de Trabajo III, Posible Reforma del Sistema de Solución de Controversias entre Inversionistas y Estados, Documento presentado por la Unión Europea y sus Estados miembros, A/CN.9/WG.III/WP.159/Add.1, p.5. GAUKRODGER, D. Adjudicator Compensation Systems and Investor-State Dispute Settlement". OECD Working Papers on International Investment, 2017, No. 2017/05, OECD Publishing, Paris.

para la labor del tribunal, implica entre otras cuestiones ofrecer salarios a la altura de las circunstancias. Sin embargo, el impredecible volumen de trabajo juega un rol importante al respecto y obliga a equilibrar la onerosidad de ésta potencial estructura jurisdiccional. En las propuestas de judicialización bilateral de la UE, las remuneraciones varían según el árbitro sea miembro del tribunal de primera instancia o de la apelación, así como también dependiendo de si ejerce funciones como presidente o vicepresidente, entre otras cuestiones.[125] La UE propone una remuneración mensual, que garantice la disponibilidad laboral de dicho árbitro, que sería complementada con una tarifa diaria en virtud del trabajo efectivo (esto es, de haber sido asignado para un caso en particular). Algunas propuestas sugieren que los candidatos podrían ser asignados en trabajo a tiempo parcial y, en virtud de la evolución de la actividad del tribunal, ser asignados a tiempo completo, regularizando su tarifa en un salario.[126] Todas estas cuestiones permanecen abiertas y dependerán del diseño final.[127]

---

125 BURGENBERG, M., REINISCH, A. *European Yearbook Of International Economic Law: From Bilateral Arbitral Tribunals..., op. cit.*, p.51.

126 CNUDMI, 36° período de sesiones, Posible reforma del sistema de solución de controversias entre inversionistas y Estados (SCIE), A/CN.9/WG.III/WP.149, p.14. GAUKRODGER, D. Adjudicator Compensation Systems..., *op. cit.*, p.20 y ss.

127 La financiación de un mecanismo permanente es abordada en el artículo 37 del proyecto de estatuto de un mecanismo permanente para la solución de controversias internacionales relativas a inversiones. A/CN.9/WG.III/WP.239. En él se establece que el funcionamiento del Mecanismo Permanente se financiará con contribuciones de las Partes Contratantes (aportes iniciales y cuotas anuales), los honorarios que se paguen por los servicios prestados y las contribuciones voluntarias. El delineamiento del esquema final de financiamiento, que aún se encuentra en un controvertido debate, dependerá en gran medida de la estructura y funciones que sean establecidas para la Conferencia de las Partes. Ver tambien https://uncitral.un.org/sites/uncitral.un.org/files/media-documents/uncitral/en/financing_of_a_stan-

c) Cuestiones de Competencia

En caso de establecimiento de un TMI, el Grupo de Trabajo III deberá analizar y dejar claramente establecido si la competencia del mecanismo permanente para entender de las controversias relacionadas con un determinado tratado de inversión se definiría en ese mismo tratado. Las bases del establecimiento de la competencia difieren sustancialmente en los tratados de inversión. Algunos tratados establecen la competencia respecto de "todas" las controversias relacionadas con inversiones, o "cualquiera" de esas controversias. Otros tratados, limitan la competencia a incumplimientos de determinadas disposiciones sustantivas del tratado. En una pluralidad de casos, la competencia solo se establece para la autorización de una inversión, un tratado de inversión o el incumplimiento del tratado. En algunos casos (más antiguos), la competencia se establecía en virtud de la cuantía de una expropiación. En cualquier situación, el Grupo de Trabajo III deberá establecer claramente las bases para el establecimiento de la competencia de un tribunal multilateral y considerar, llegado el caso, si corresponde una limitación de la competencia a las controversias entre inversor y Estado derivadas de un tratado de inversión o si, por el contrario, debería también extenderse a otros instrumentos (como por ej. un contrato de inversión).[128]

---

ding_mechanism_sept.2023.pdf . El mismo debate establece que resulta prudente que el presupuesto para el funcionamiento de los tribunales y, en particular, para la remuneración de sus miembros, se base únicamente en las contribuciones que hagan las Partes Contratantes y no en los honorarios que cobre el mecanismo permanente, en miras a garantizar la independencia e integridad de los tribunales.A/CN.9/WG.III/WP.240, p.17.

128 *Ibid*, p.17. Una extensa competencia y una concesión de jurisdicción en los términos más amplios (para todos los inversores, extranjeros y locales) es planteado en HOWSE, R. Designing a Multilateral Investment Court..., *op. cit.*, p.220 y ss. En el proyecto de estatuto de un mecanismo permanente para la solución de controversias internacionales relativas a inversiones, la

Resulta relevante indicar que, en el reciente documento elaborado por la Secretaría de UNCITRAL para iniciar el debate sobre algunas disposiciones relacionadas con el establecimiento de un mecanismo permanente, se establecen dos opciones relativas a la competencia de un potencial tribunal. Una de las opciones dispone que la competencia se extendería a las controversias que surjan de una inversión, mientras que la segunda opción no hace referencia al concepto de "inversión", para no introducir un doble criterio (uno de conformidad con el tratado aplicable y otro de conformidad con el estatuto de creación del tribunal), en la determinación de lo que debería entenderse por "inversión".[129] La cuestión permanece abierta y necesitará un mayor desarrollo a partir de las preferencias establecidas por los diferentes Estados.[130]

d) Ejecución

La ejecución de las decisiones comporta una característica fundamental en todo el sistema de justicia y resulta esencial

---

cuestión de la competencia es abordada en el artículo 14. A/CN.9/WG.III/WP.239. Los debates suscitados respecto a la cuestión se recogen en A/CN.9/WG.III/WP.240, p.8.

129 CNUDMI, Grupo de Trabajo III, Posible Reforma del Sistema de Solución de Controversias entre Inversionistas y Estados (SCIE), Mecanismo multilateral permanente: selección y nombramiento de los miembros de los tribunales que entienden en casos de SCIE y asuntos conexos, A/CN.9/WG.III/WP.213.

130 En el artículo 14 del Proyecto de Estatuto de un mecanismo permanente para la solución de controversias internacionales relativas a inversiones, se aborda la cuestión de la competencia. Dos cuestiones claves deberá abordar el Grupo de Trabajo III en relación a la competencia: por un lado, la redacción del texto final de un modo tal que evite la denominada "doble cerradura", es decir, la necesidad de realizar una doble constatación. Por otro lado, también deberá debatirse si Partes no contratantes o nacionales de Partes no contratantes del instrumento final que se adopte, podrían prestar su consentimiento a la competencia del TMI sin hacerse parte en el potencial estatuto. Véase A/CN.9/WG.III/WP.239, p.8.

para garantizar su eficacia. En caso de otorgar al sistema permanente una naturaleza arbitral, la ejecución resulta facilitada debido a la existencia de un régimen uniforme globalmente aceptado para reconocimiento y ejecución de laudos (Convención de Nueva York y Convenio CIADI). Sin embargo, la caracterización como "corte internacional" no significaría un obstáculo, sino que debería comportar la creación de un régimen de ejecución propio, a ser posible en el mismo instrumento constitutivo.[131]

En la propuesta de la UE, el hecho de constituirse un sistema permanente de doble instancia excluiría la revisión de los laudos a escala nacional. Habida cuenta de las funciones encomendadas al tribunal de apelación, su revisión general reemplazaría la labor que actualmente llevan a cabo los órganos jurisdiccionales nacionales y comités de anulación del CIADI.[132]

---

131 TITI, C. The European Union´s Proposal for an International..., *op. cit.*, pp.32-34. BURGENBERG, M., HOLZER, A. Potential Enforcement Mechanisms for Decisions of a Multilateral Investment Court. En G. UNUVAR, J. LAN, S. DOTHAN (eds.) *European Yearbook of International Economic Law: Permanent Investment Courts: The European Experiment.* Cham: Springer, 2020, p. 75-117. BURGENBERG, M., REINISCH, A. *European Yearbook of International..., op. cit.*, p.155 y ss. McGARRY, B. Enforcement of Investment Court Decisions under the New York Convention: A Search for Defining Elements. En M.ANDERSON, B. BEAUMONT (eds). The Investor-State Dispute Settlement System: Reform, Replace or Status Quo? Kluwer Law International 2020. pp.451-470.

132 CNUDMI, Grupo de Trabajo III, Posible Reforma del Sistema de Solución de Controversias entre Inversionistas y Estados, Documento presentado por la Unión Europea y sus Estados miembros, A/CN.9/WG.III/WP.159/Add.1, p.7. Las fricciones de este reemplazo, con críticas en las posibilidades fácticas de ejecución de la propuesta (inicial) de la UE, son abordadas en REINISCH, A. Will the EU's Proposal Concerning an Investment Court System for CETA and TTIP Lead to Enforceable Awards? – The Limits of Modifying the ICSID Convention and the Nature of Investment Arbitration. *Journal of International Economic Law*, 2016, Nro.19, pp.761-786. LENK, Hannes. An Investment Court System for the New Generation of EU Trade and Investment Agreements..., *op. cit.*, p.670.

La propuesta señala, además, que los laudos de un TMI también deberían poder ejecutarse siguiendo las disposiciones de la Convención de Nueva York, pues se considera que los laudos de un TMI podrían integrarse en la caracterización de laudos emanados de "órganos arbitrales permanentes" (un requisito establecido por el artículo I, párrafo 2 de la Convención de Nueva York para permitir la ejecución de los laudos).[133]

En el seno del debate multilateral se admitió que podría establecerse un régimen propio de ejecución en el instrumento constitutivo o estatuto del potencial TMI.[134] En este caso, para la ejecución de las decisiones del TMI en el territorio de un Estado adherido al estatuto, se podría prever (a través del régimen especial) una obligación para todos los Estados contratantes de reconocer el carácter vinculante de las decisiones del TMI y de hacer cumplir las obligaciones que emanen de esas decisiones como si fueran sentencias definitivas de sus propios órganos judiciales. Otra opción sería, en su caso, disponer que las decisiones del TMI sean ejecutables al amparo de la Convención de Nueva York. En este caso los Estados conservarían un cierto grado de control debido a la posibilidad de invocar las reservas del artículo V para denegar el reconocimiento y la ejecución de sentencias en casos determinados.[135]

---

133 CNUDMI, Posible reforma del sistema de solución de controversias entre inversionistas y Estados (SCIE), Mecanismo de apelación y tribunal multilateral, A/CN.9/WG.III/WP.185, pp.14-15.

134 Véase artículo 26 del Proyecto de estatuto de un mecanismo permanente para la solución de controversias internacionales relativas a inversiones. A/CN.9/WG.III/WP.239, p.12.

135 *Ibid*, p.17 KAUFFMANN-KOHLER, G & POTESTÀ, M. Can the Mauritius Convention..., *op. cit.*, p.53 CNUDMI, 53er período de sesiones, Informe del Grupo de Trabajo III (Reforma del Sistema de Solución de Controversias entre Inversionistas y Estados) sobre la labor realizada en su 38° período de sesiones (Viena, 14 a 18 de octubre de 2019), A/CN.9/1004/Add.1, p.13. En este informe, se señala la preferencia de algunos Estados de preservar el

La problemática de la ejecución se torna más exigente a la hora de examinar la ejecución de las decisiones de un TMI en los Estados que no fuesen parte de su convenio fundacional. Debido a que actualmente no existe un régimen uniforme aplicable a la ejecución de las sentencias de los tribunales internacionales, los Estados no adheridos no tendrían ninguna obligación en virtud del régimen de ejecución que pudiera establecerse en el estatuto de un TMI. La posibilidad de ejecutar las decisiones de un TMI dependería, en gran medida, de que dichas decisiones puedan ser integradas en el ámbito de aplicación de la Convención de Nueva York, y en última instancia, quedaría de algún modo a merced de la interpretación que en tal sentido realicen los tribunales domésticos.[136]

Finalmente, cabe mencionar que el análisis de un correcto sistema de ejecución para un potencial TMI requiere de una

---

papel de los tribunales nacionales en el proceso de ejecución. Un análisis exhaustivo de las cortes nacionales y el mecanismo ISDS, con consideraciones específicas sobre el rol de las cortes domésticas en la reforma del ISDS, en KAUFMANN-KOHLER G., POTESTÀ M. *European Yearbook of International Economic Law: Investor-State Dispute Settlement and National Courts.* Cham: Springer, 2020, pp.87 y ss. BUNGENBERG, M., HOLZER, A. Potential Enforcement Mechanisms for Decisions of a Multilateral Investment Court. En G. UNUVAR, J. LAN, S. DOTHAN (eds.) European Yearbook of International Economic Law: Permanent Investment Courts: The European Experiment. Cham: Springer, 2020, pp.75-117.

136 CNUDMI, Posible reforma del sistema de solución de controversias entre inversionistas y Estados (SCIE), Mecanismo de apelación y tribunal multilateral, A/CN.9/WG.III/WP.185, p.17 Se propuso sin embargo buscar un medio para dar mayor certeza a la aplicación de la Convención de Nueva York, ya que a pesar de ser aplicada por tribunales domésticos su interpretación y aplicación es una cuestión de derecho internacional (no interno). CNUDMI, 53er período de sesiones, Informe del Grupo de Trabajo III (Reforma del Sistema de Solución de Controversias entre Inversionistas y Estados) sobre la labor realizada en su 38° período de sesiones (Viena, 14 a 18 de octubre de 2019), A/CN.9/1004/Add.1, p.13. TITI, C. The European Union´s Proposal for an International..., *op. cit.*, p.34.

estrecha labor de coordinación con organismos como el CIADI, ya que la articulación con los regímenes jurídicos vigentes debe ser necesariamente contemplada.[137]

4.3. ELEMENTOS PARA UNA REFORMA INSTITUCIONAL DEL MECANISMO DE SOLUCIÓN DE CONTROVERSIAS ENTRE INVERSOR Y ESTADO RELATIVA A "DECISORES": PROPUESTA DE UNCITRAL.

En el 36° período de sesiones del Grupo de Trabajo III, se llegó a la conclusión de la necesidad de elaborar propuestas de reformas que atendieran a las inquietudes planteadas con respecto a la falta real o aparente de independencia e imparcialidad de los decisores en el ámbito del ISDS, así como a la cuestión de la idoneidad, eficacia y transparencia de los mecanismos de comunicación de información y recusación previstos en numerosos tratados; la falta de diversidad suficiente de los decisores en el sistema ISDS, y los mecanismos de constitución de tribunales que conocen de controversias entre inversores y Estados.[138] Una cierta celeridad en las deliberaciones y formulaciones de propuestas relativas a estas cuestiones, revelaría un mayor grado de consenso entre los Estados del Grupo de Trabajo III. La necesidad de una reforma en este sentido

---

137 REINISCH, A. Will the EU's Proposal Concerning an Investment Court..., *op. cit.*, p.785.

138 CNUDMI, Grupo de Trabajo III, Posible reforma del sistema de solución de controversias entre inversionistas y Estados (SCIE), Selección y nombramiento de los miembros de los tribunales que entienden en casos de SCIE, A/CN.9/WG.III/WP.203, p.2. CNUDMI, 52° período de sesiones, Informe del Grupo de Trabajo III (Reforma del Sistema de Solución de Controversias entre Inversionistas y Estados) sobre la labor realizada en su 36° período de sesiones, A/CN.9/964, pp.15-18.

fue propiciada por todos los Estados, aunque divergiendo de algún modo en la forma más apropiada para llevar adelante dicha reforma.

En cierto modo, la reestructuración del sistema institucional relativo a los decisores implica abordar dos cuestiones fundamentales. Por un lado, el establecimiento de sistemas que aseguren una selección de las personas más cualificadas para el cargo (considerando una serie de cualificaciones y requisitos), al mismo tiempo que se garantice una representación amplia y diversa.[139] Por otro lado, la reestructuración del sistema obliga a reformular el enfoque sobre los requisitos éticos que deben cumplir los decisores, establecerlos de manera clara a través de un Código de conducta y asegurar su aplicación efectiva.

4.3.1. Selección y nombramiento

En el 38° periodo de sesiones (20 a 24 de enero de 2020) y en el 40° periodo de sesiones (8 a 12 de febrero de 2021), el Grupo de Trabajo III realizó las consideraciones preliminares sobre selección y nombramiento de decisores. La temática fue abordada en principio de manera genérica; esto es, tanto para un sistema especial como para un sistema permanente. Posteriormente, durante el 42° período de sesiones (14-18 de febrero 2022) fueron examinadas de manera preliminar y sucintamente, algunas cues-

---

139 El Grupo III hizo hincapié en la diversidad apropiada, tanto geográfica como lingüística y de género. Asimismo, la representación equitativa de los distintos sistemas jurídicos y culturas, aparece como un factor fundamental en la cuestión del nombramiento de los decisores, ya que garantiza diferentes perspectivas y con ello, decisiones más equilibradas. A/CN.9/WG.III/WP.203 p.4. KAUFFMANN-KOHLER, G & POTESTÀ, M. Can the Mauritius Convention..., *op. cit.*, pp.26-37. HOWSE, R. Designing a Multilateral Investment Court..., *op. cit.*,p.224. POLONSKAYA, K. Diversity in the investor-state arbitration: Intersectionality must be a part of the conversation. *Melbourne Journal of International Law,* 2018, 19 (1), pp.259-298.

tiones referidas a la selección y nombramiento de los decisores de un potencial mecanismo permanente.[140]

Durante el 38° período de sesiones se realizó un examen preliminar de las características sobre las cualificaciones y los requisitos que los miembros de potenciales tribunales de solución de controversias entre inversores y Estados deberían tener. Asimismo, se examinaron diversos modelos de selección y nombramiento, tanto para mecanismos permanentes como *Ad hoc.*[141] Algunos de los protagonistas más activos en la formulación de sugerencias para la reforma de los procesos de selección y nombramiento de los miembros de tribunales ISDS fueron: la UE y sus Estados miembros,[142] Tailandia,[143] Costa Rica,[144] Turquía,[145] Ecuador,[146] China,[147] Marruecos,[148] Chile, Israel y Japón.[149] En todas las sugerencias se propusieron opciones encaminadas al debate, y no un sistema completo y acabado de selección y nombramiento.

En la actualidad, la selección y nombramiento de los miembros de tribunales que entienden controversias entre inverso-

---

140 Debido a que las deliberaciones de esta sesión son muy recientes, se posee información limitada en referencia al resultado de los debates en torno a estas cuestiones.

141 A/CN.9/WG.III/WP.213 p.2.

142 A/CN.9/WG.III/WP.159/Add.1 Comunicación de la Unión Europea y sus Estados Miembros.

143 A/CN.9/WG.III/WP.162 Comunicación del Gobierno de Tailandia.

144 A/CN.9/WG.III/WP.164 y A/CN.9/WG.III/WP.178 Comunicaciones del Gobiernos de Costa Rica.

145 A/CN.9/WG.III/WP.174 Comunicación del Gobierno de Turquía.

146 A/CN.9/WG.III/WP.175 Comunicación del Gobierno de Ecuador.

147 A/CN.9/WG.III/WP.177 Comunicación del Gobierno de China.

148 A/CN.9/WG.III/WP.195 Comunicación del Gobierno de Marruecos.

149 A/CN.9/WG.III/WP.163 Comunicación de los Gobiernos de Chile, Israel y el Japón.

res y Estados, responden principalmente a dos modelos: uno en que las partes litigantes designan el órgano encargado de dirimir una controversia concreta una vez que ésta haya surgido; y otro modelo, en que el órgano encargado de dirimir la controversia ya existe antes de que ésta surja. El primero de los modelos es el que generalmente se utiliza en los casos de arbitraje internacional ISDS. El segundo es un modelo que se correspondería con una de las sugerencias más innovadoras de reforma: la creación de un mecanismo permanente para la resolución de controversias entre inversores y Estados.[150]

En el debate del Grupo de Trabajo III se examinaron las opciones de reforma en relación con la selección y nombramiento, entre las que se incluía la elaboración de una lista de candidatos cualificados y la creación de un mecanismo permanente.[151] Dado que la elaboración de listas es una alternativa ya existente en el ámbito del arbitraje internacional de inversiones, dicha opción resultaría plausible. Incluso sería posible, en esta alternativa, que las partes litigantes puedan o no intervenir directamente en el nombramiento de los miembros del tribunal (por ejemplo, existen métodos en que las nominaciones las realiza una autoridad nominadora). Sin embargo, esta elección conlleva necesariamente un consenso multilateral sobre ciertas cuestiones conexas: la gestión de las listas, las formas de composición de las listas (el grado de transparencia), y las formas de utilizar dichas listas al momento de seleccionar y nombrar a los miembros del tribunal (la obligatoriedad o el carácter meramente indicativo u orientativo de las mismas).

---

150 LANGFORD, M., BEHN, D., MALAGUTI, M. The Quadrilemma: Appointing Adjudicators in Future Investor-State Dispute Settlement. Academic Forum on ISDS Concept Paper, 2019, 2019/12, pp.1-38.

151 CNUDMI, Posible reforma del sistema de solución de controversias entre inversionistas y Estados (SCIE), Selección y nombramiento de los miembros de los tribunales que entiendan en casos de SCIE, A/CN.9/WG.III/WP.169, p.4.

Estas cuestiones fueron debatidas multilateralmente[152] y se destacó la posibilidad de que las listas compaginaran diversos mecanismos (mecanismos *Ad hoc* y mecanismos permanentes), que podrían coexistir en un mismo marco ya que nada impide el establecimiento de una lista única de candidatos de la que puedan servirse ya sean las partes litigantes, una autoridad nominadora o incluso los miembros de un mecanismo permanente.[153] No obstante, en general, la determinación de todas las características del sistema de listas es una cuestión que depende del diseño final (*Ad hoc* o permanente) que adopte la reforma. Algunos Estados resaltan el punto de equilibrio entre los diferentes intereses en juego que comporta el actual sistema, al permitir que las partes litigantes elijan a los árbitros del mecanismo ISDS.[154] En este sentido, teniendo en cuenta que la selección y nombramiento de los decisores en un marco permanente pasaría de las partes litigantes a los Estados contratantes, se destacó en el debate multilateral la importancia de que la independencia de los decisores quedara asegurada en primer lugar (aunque no únicamente) por las partes contratantes del estatuto del órgano permanente y respecto a ellas.[155]

---

152 A/CN.9/WG.III/WP.169, pp.7-15.

153 CNUDMI, Grupo de Trabajo III, Posible reforma del sistema de solución de controversias entre inversionistas y Estados (SCIE), Selección y nombramiento de los miembros de los tribunales que entienden en casos de SCIE, A/CN.9/WG.III/WP.203, p.8. LANGFORD, M., BEHN, D., MALAGUTI, M. The Quadrilemma: Appointing Adjudicators..., *op. cit.*, p.5 y ss.

154 CNUDMI, Posible reforma del sistema de solución de controversias entre inversionistas y Estados (SCIE), Comunicación del Gobierno de China, A/CN.9/WG.III/WP.17. China resalta que la autonomía de la voluntad en la elección de los árbitros constituye un importante atractivo del sistema y que le aporta una cierta flexibilidad.

155 CNUDMI, 54° período de sesiones, Informe del Grupo de Trabajo III (Reforma del Sistema de Solución de Controversias entre Inversionistas y Estados) sobre la labor realizada en su 40° período de sesiones, A/CN.9/1050, p.6 GIORGETTI, C. *et alt.* Independence and Impartiality in Investment Dispute

En un mecanismo permanente, las partes litigantes tendrían poca o ninguna influencia en la selección y el nombramiento de los decisores, debido a que el órgano existiría con anterioridad a la controversia. Por este motivo sería tan necesario establecer consensuadamente con antelación las características del mismo. A raíz de este punto, surgió el debate respecto a la composición de un potencial órgano permanente. El Grupo de Trabajo III debatió si convendría crear un órgano de "representación plena" (cada Estado contratante nombra a un decisor de manera permanente) o de "representación restringida" (no todos los Estados contratantes están representados en el reservorio de decisores). Esta última opción se presentó como la más conveniente.[156]

La preferencia por el criterio de representación selectiva fue consolidada posteriormente, habida cuenta de que podría resultar oneroso y complejo gestionar un TMI con un elevado número de miembros.[157]

No obstante, ha sido reiteradamente mencionada la necesidad de que exista una amplia representación geográfica, niveles de desarrollo y sistemas jurídicos, así como una representación equilibrada de género. El principio de la distribución geográfica equitativa, la representación adecuada de los prin-

---

Settlement: Assessing Challenges and Reform Options, Academic Forum on ISDS Concept Paper, 2020, 2020/1, pp.1-36. BJORKLUND, A., BUNGENBERG, M., MANJIAO CHI, TITI, C. Selection and Appointment of International Adjudicators: Structural Options for ISDS Reform. Academic Forum on ISDS Concept Paper, 2019, 2019/11, pp.1-21.

156 Las características de ambas formas de presentación, con ejemplos ilustrativos y con un acertado análisis comparativo de las ventajas y desventajas que proporciona cada sistema puede encontrarse en LARSSON, O., SQUATRITO, T., STIANSEN, Ø., ST JOHN, T. Selection and Appointment in International Adjudication: Insights from Political Science. Academic Forum on ISDS Concept Paper, 2019/10.

157 A/CN.9/WG.III/WP.213, p.6.

cipales sistemas jurídicos del mundo y la representación equilibrada entre hombre y mujeres, constituyen en la actualidad un componente vigorosamente relevante en los instrumentos constitutivos de los órganos jurisdiccionales internacionales.[158] En el mismo sentido, ha sido destacada la necesidad de garantizar que el acuerdo por el que se cree un órgano permanente permita que el número de miembros de dicho órgano se modifique con el tiempo, considerando cualquier variación en el número de Estados participantes y en el volumen de trabajo.[159] Esta última cuestión deberá analizarse con detenimiento a la hora de elaborar el instrumento correspondiente.[160]

Para alcanzar una distribución geográfica equitativa, es necesario tener en cuenta el rol de la nacionalidad en el proceso

158 En referencia a la representación equilibrada de género, resulta interesante el modelo (citado anteriormente en este trabajo) de la CPI, que resulta más específica respecto a la necesidad de representación justa de ambos sexos en el artículo 36 (8) del Estatuto de Roma. GROSSMAN, N. Sex Representation on the Bench and the Legitimacy of International Criminal Courts. *International Criminal Law Review*, 2011, Nro. 11, pp.643-653. STERIO, M. Women as Judges at International Criminal Tribunals. *Transnational Law and Contemporary Problems*, 2020, 29 (2), pp.219-247.

159 *Ibid.*

160 Todas estas cuestiones han podido ser debatidas en un documento reciente que, aunque provisorio, ha podido unificar algunos criterios al respecto. El proyecto de estatuto de un mecanismo permanente para la solución de controversias internacionales relativas a inversiones, de febrero de 2024, recoge en su sección B (artículos 7 a 13) las cuestiones sobre Selección y nombramiento de los Tribunales. A/CN.9/WG.III/WP.239, p.6 y ss, A/CN.9/WG.III/WP.240 p.5 y ss. Habida cuenta de que el Grupo III de UNCITRAL aún tiene que determinar si se establece el mecanismo permanente, y en su caso, su funcionamiento, los textos son referenciados meramente como un lineamiento o modelo posible y, de ninguna manera, ofrecen una opción definitiva.

de selección y nombramiento de decisores.[161] La nacionalidad detenta un rol significativo, por lo que la presencia de dos decisores de una misma nacionalidad sería inadmisible en la composición de un potencial TMI.[162] Sin embargo, la nacionalidad también tiene un papel relevante en la representatividad en la medida en que, en ausencia de jueces nacionales, algunas cortes y tribunales internacionales autorizan la designación de jueces *Ad hoc.*[163] La posibilidad de que decisores *Ad hoc* integren el tribunal a los fines de conocer de un caso particular o integrar alguna de sus salas, ha sido una cuestión planteada en una posible estructura permanente.[164] En efecto, la nacionalidad implica en cierto sentido la posibilidad de aumentar la legitimidad , ya que la representación equilibrada apela a la

---

161 En lo que respecta a la distribución geográfica equitativa, una de las consideraciones a tener en cuenta por el Grupo III de UNCITRAL podría ser, tomar como punto de partida los grupos regionales de las Naciones Unidas, esto es: Asia y el Pacífico, América Latina y el Caribe, Europa Occidental y otros Estados, y Europa Oriental). A/CN.9/WG.III/WP.240, p.6.

162 El proyecto de estatuto de un mecanismo permanente, establece esta limitación en su artículo 8, párrafo segundo, que establece: "El tribunal no podrá tener dos miembros que sean nacionales del mismo Estado". A/CN.9/WG.III/WP.239, p.7.

163 TITI, C. Nationality and representation in the composition of the international bench: lessons from the practice of international courts and tribunals and policy options for the multilateral investment court. CERSA Working Papers on Law and Political Science, 2020, 1/2020, p.19. En general, sobre esta cuestión en la doctrina española MILLÁN MORO, L., El juez "ad hoc" en la Corte Internacional de Justicia, Cursos de Derecho Internacional de Vitoria-Gasteiz, N° 1, 1991, pp.209-258.

164 A/CN.9/1050, pp.6-7. A/CN.9/WG.III/WP.213, p.8. El proyecto de estatuto de un mecanismo permanente para la solución de controversias internacionales relativas a inversiones, contempla en su artículo 16 (salas y asignación de controversias), párrafo sexto, la posibilidad de nombrar un miembro adicional de la sala para entender en la controversia en cuestión, si bien las circunstancias y el procedimiento deberán ser definidas oportunamente por la Conferencia de las Partes. A/CN.9/WG.III/WP.239, p.9.

posibilidad de incluir diferentes nacionalidades en el espectro de jueces que la componen.[165] La inclusión de miembros *Ad hoc* presenta matices en la propuesta de un TMI, con argumentos favorables y en contra, que serán posiblemente debatidos con mayor detalle una vez que exista una definición más clara sobre la selección y nombramiento de los decisores de un mecanismo permanente.

El Grupo de Trabajo III examinó las posibilidades de establecer una etapa de presentación de candidatos previa a la selección y nombramiento de los mismos en un mecanismo permanente. En tal caso, dicha presentación podría correr a cargo de: i) los Estados participantes, ii) una entidad independiente que formara parte del órgano permanente; o iii) aquellos interesados que se postularan a sí mismos.[166] El Grupo de Trabajo III destacó la importancia de que el procedimiento de candidaturas fuera abierto y transparente, basado en el mérito, y que reflejara diversidad y una representación equilibrada.[167]

En cuanto al proceso de selección y nombramiento, las opciones debatidas fueron: i) que el nombramiento fuera realizado directamente por cada Estado, ii) que el nombramiento fuera realizado por votación de los Estados contratantes; o iii) que el nombramiento fuera realizado por una comisión inde-

---

165 Un estudio minucioso de la cuestión, con un análisis de los pro y contras de esta figura, puede encontrarse en TITI, C. Nationality and Representation in the Composition of the International Bench..., *op. cit.*

166 CNUDMI, 54° período de sesiones, Informe del Grupo de Trabajo III (Reforma del Sistema de Solución de Controversias entre Inversionistas y Estados) sobre la labor realizada en su 40° período de sesiones, A/CN.9/1050, p.7.

167 *Ibíd,* p.12. En el proyecto de estatuto de un mecanismo permanente para la solución de controversias relativa a inversiones, en el artículo 9 se establece un procedimiento para proponer candidatos en que participan las Partes Contratantes, así como también un proceso abierto, que será iniciado a discreción de la Conferencia de las Partes. A/CN.9/WG.III/WP.239 y A/CN.9/WG.III/WP.240, p.6.

pendiente. En los debates multilaterales, se observó el interés de que las partes litigantes continuaran participando de alguna manera en el proceso de nombramiento, y que, en caso de que una autoridad separada o una autoridad nominadora fuera la encargada del nombramiento, sería necesario que tuviera en cuenta las opiniones de los litigantes. Esta cuestión generó un debate controvertido. Sin embargo, de ello surgió la idea de que el proceso podría realizarse en múltiples etapas, y el Grupo de Trabajo III indicó a la Secretaría que explorara alternativas para abordar la cuestión.[168]

La Secretaría de UNCITRAL elaboró, en consecuencia, un primer borrador preliminar sobre selección y nombramiento de decisores que fue enviado para consideración a los participantes del Grupo de Trabajo III en diciembre de 2021. [169] Este documento provisional resulta un relevante borrador inicial para entrar en el debate puntual de las cuestiones relacionadas con un potencial TMI.[170] El documento fue presentado a debate en el 42° período de sesiones (14-18 de febrero de 2022),

---

168 *Ibid.* Un análisis detallado sobre las opciones que conectan nacionalidad y representación en TITI, C. Nationality and representation in the composition of the international bench: lessons from the practice of international courts and tribunals and policy options for the multilateral investment court. CERSA Working Papers on Law and Political Science, 2020, 1/2020, pp.1-78.

169 En el 40° período de sesiones (Viena, 8 a 12 de febrero de 2021) se indicó la preparación de un potencial texto para ser debatido en futuras sesiones (A/CN.9/1054). El documento final elaborado data de 8 de diciembre de 2021, CNUDMI, Grupo de Trabajo III, Reforma del Sistema de Solución de Controversias entre Inversionistas y Estados (SCIE), Mecanismo multilateral permanente: selección y nombramiento de los miembros de los tribunales que entienden en casos de SCIE y asuntos conexos, A/CN.9/WG.III/WP.213, https://cutt.ly/OAL6q8u.

170 Es relevante destacar que aparecen ya ciertas cláusulas borrador que abordan cuestiones marco de un TMI, como: establecimiento, competencia y gobernanza. Asimismo, es posible encontrar primeros esbozos sobre representación, selección y nombramiento de candidatos y duración de mandatos, todas ellas

dejando constancia de este modo que el avance de las negociaciones en esta temática comenzaba a adquirir, lenta pero sólidamente, características concretas.[171]

En el documento elaborado por la Secretaría de UNCITRAL, se abordan algunas cuestiones debatidas sobre la presentación, selección y nombramiento de candidatos relacionadas con el establecimiento de un tribunal de carácter permanente. Dado que los debates sobre este aspecto se encontraban en una fase muy incipiente, la primera de las cuestiones a ser tratadas resultó ser la presentación de las candidaturas para ocupar el puesto de decisor de un potencial TMI. El modelo debatido presentó dos alternativas: en una de ellas las Partes en el acuerdo por el que se crearía un tribunal son las encargadas de presentar las candidaturas (tal y como se realiza frecuentemente en la elección de los miembros de determinados órganos jurisdiccionales). Este sistema ha sido criticado invocándose la disparidad y falta de uniformidad de los procesos en el ámbito nacional, así como la falta de transparencia en las formas de determinar y presentar a los candidatos y, en efecto, en la politización de las candidaturas.[172] Por este motivo, como alternativa novedosa, se desarrolló la posibilidad de que los candidatos

---

cuestiones que comienzan a delinear la configuración más concreta de un potencial mecanismo permanente.

171 El primer borrador para comentarios de las delegaciones tuvo una fecha tope (30 de junio de 2022), estaba disponible solamente en inglés y fue titulado "Possible reform of investor-State dispute settlement (ISDS) Pertinent elements of selected permanent international courts and tribunals", accesible en https://uncitral.un.org/sites/uncitral.un.org/files/media-documents/uncitral/en/030222_pertinent_elements_of_selected_international_courts_final.pdf.

172 CNUDMI, Grupo de Trabajo III, Posible Reforma del Sistema de Solución de Controversias entre Inversionistas y Estados (SCIE), Mecanismo multilateral permanente: selección y nombramiento de los miembros de los tribunales que entienden en casos de SCIE y asuntos conexos, A/CN.9/WG.III/WP.213, p.12.

que posean los requisitos cualificados pudieran presentar voluntariamente su candidatura, garantizándose así un sistema con mayor apertura y transparencia en el procedimiento de presentación de candidatos.[173] La evaluación de los candidatos estaría a cargo de un "Panel de Selección", encargado de verificar si los candidatos cumplen con los criterios de admisibilidad previstos en el potencial instrumento de creación del TMI.[174] De este modo, el Panel de Selección realizaría un primer filtro, evitando que el órgano de nominación realice esta labor. Se generó, asimismo, el debate respecto a la posibilidad de que en el Panel de Selección participen personas que representen las opiniones de otras partes interesadas que no fueran Estados; por ejemplo, la comunidad de inversionistas, procurando con ello dar mayor legitimidad al órgano y aumentar la percepción de legitimidad entre todos sus usuarios.[175] Las cuestiones contempladas aún se encuentran abiertas al debate.[176]

---

173 A/CN.9/WG.III/WP.213, p.15.

174 Este órgano fue denominado Comité de Selección en el proyecto de estatuto de un mecanismo permanente para la solución de controversias internacionales relativas a inversiones. El artículo 10 del proyecto de estatuto prevé la creación del Comité de Selección para determinar la idoneidad de los candidatos. Vale mencionar, sin embargo, que este procedimiento es meramente una propuesta y podría ser decidido otro alternativo, por ejemplo: que la designación de la idoneidad de los candidatos —siempre basado en criterios objetivos— fuera realizada por otro órgano diferente (por ejemplo, por un Director ejecutivo). Ver A/CN.9/WG.III/WP.239, p.7 y A/CN.9/WG.III/WP.240, p.6.

175 *Ibid.*

176 Las cuestiones son recogidas en el artículo 9 y 10 del proyecto de estatuto de un mecanismo permanente para la solución de controversias internacionales relativas a inversiones. A/CN.9/WG.III/WP.239. Teniendo en cuenta que el Grupo de Trabajo III de UNCITRAL deberá determinar aún si se establecerá un mecanismo permanente, en el presente trabajo queda simplemente documentada la propuesta realizada hasta la fecha, y de ninguna manera, el texto definitivo.

Con respecto al mandato de los decisores, el Grupo de Trabajo III propició el debate con alternativas respecto a la duración del mandato (sugiriendo mandatos de entre seis y nueve años, con reemplazos escalonados para permitir la estabilidad en el funcionamiento y jurisprudencia del órgano permanente). Si bien existe un consenso en asegurar la estabilidad de los tribunales y la consistencia de sus miembros, de modo que no se sustituya todos a la vez y se permita la reelección de miembros que hubieran sido elegidos para un mandato más breve, no se ha dejado concluida la cuestión de la duración adecuada del mandato, ni tampoco, si ese mandato sería o no renovable.[177] También han sido considerados en el debate algunos procedimientos de remoción (previendo las causas más comunes como remoción por conducta indebida y la imposibilidad de continuar en el cargo por causa de enfermedad, y estableciendo disposiciones para el Código de conducta);[178] y formas de asignación de un caso a los miembros del órgano permanente (debatiendo distintos modelos, observando la distribución de casos al azar como alternativa viable y observando la posibilidad de asignar los casos en virtud de ciertos conocimientos especializados para una controversia concreta).[179]

---

177 Ver artículo 12 del proyecto de estatuto de un mecanismo permanente para la solución de controversias internacionales relativas a inversiones. A/CN.9/WG.III/WP.239, p.7.

178 HOWSE, R. Designing a Multilateral Investment Court..., *op. cit.*, p.228 y ss. Artículo 13 del proyecto de estatuto de un mecanismo permanente para la solución de controversias internacionales relativas a inversiones. A/CN.9/WG.III/WP.239, p.7.

179 CNUDMI, 54° período de sesiones, Informe del Grupo de Trabajo III (Reforma del Sistema de Solución de Controversias entre Inversionistas y Estados) sobre la labor realizada en su 40° período de sesiones, A/CN.9/1050, pp. 9-10. Ver artículo 13 (Destitución, renuncia, sustitución y vacantes) y artículo 16 (salas y asignación de controversias) del proyecto de estatuto de un mecanismo permanente para la solución de controversias internacionales relativas a inversiones. A/CN.9/WG.III/WP.239.

Debido a que la selección y nombramiento es un aspecto que canaliza particularmente algunas de las preocupaciones destacadas como relevantes en el sistema tradicional de solución de controversias (independencia e imparcialidad de los decisores, multiplicidad de funciones, etc.),[180] los debates sobre este aspecto pueden revelar una cierta actitud de los Estados con respecto al proceso de reforma. Algunos Estados parecerían estar más centrados en apartarse (en su mayor medida o en la medida de lo posible) del anterior sistema, o del último modelo de solución de controversias sobre inversiones; mientras que otros Estados estarían manifestando quizás un mayor interés en avanzar hacia el diseño de un nuevo modelo futuro.

4.3.2. Código de conducta

Una de las cuestiones con mayor asertividad en el debate multilateral del Grupo de Trabajo III de UNCITRAL fue la necesidad de crear un Código de conducta aplicable en el actual régimen de ISDS y en el contexto de posibles mecanismos multilaterales, independientemente de la forma que adoptaran en una estructura final. El Grupo de Trabajo III expresó su apoyo general a la elaboración de un Código para decisores, garantizando a través de la utilización de dicha terminología que se aplicara tanto a árbitros, miembros de una comisión de anulación de laudos, miembros de un mecanismo de apelación o jueces de un mecanismo bilateral o multilateral permanente.[181]

---

180 *Ver Capítulo III (apartado 3.2.2).*

181 CNUDMI, Posible reforma del sistema de solución de controversias entre inversionistas y Estados (SCIE), Proyecto de Código de conducta, A/CN.9/WG.III/WP.201. GIORGETTI, C., WAHAB, M. A Code of Conduct for Arbitrators and Judges, Academic Forum on ISDS Concept Paper, 2019, 2019/12, pp.1-13. SUCIU GAVRILOAIE, D. *El marco jurídico de las inversiones en la nueva generación de acuerdos…*, *op. cit.*, p.210.

Los debates referidos al Código de conducta se llevaron a cabo durante el 38° período de sesiones (14 a 18 de octubre 2020), en base a un minucioso documento preparado por la Secretaría de UNCITRAL conjuntamente con el CIADI.[182] El Código de conducta debía ser vinculante, contener normas concretas, así como principios aplicables y disposiciones detalladas que prevean una flexibilidad suficiente para hacer frente a circunstancias imprevistas.[183] Una de las cuestiones más destacadas por el Grupo de Trabajo III fue la necesidad de garantizar su cumplimiento a través de mecanismos específicos que establecieran con claridad las consecuencias del no acatamiento de sus disposiciones (a través de la imposición de sanciones).[184]

---

182 CNUDMI, Posible reforma del sistema de solución de controversias entre inversionistas y Estados (SCIE), Información de antecedentes sobre un Código de conducta, A/CN.9/WG.III/WP.167. Como complemento de estos antecedentes resultan interesantes las disposiciones en referencia a la conducta ética de los miembros de los tribunales recogidas en los ANG de la UE y las reflexiones elaboradas en: ÜNUVAR, G. KREFT, T. Impossible Ethics? A Critical Analysis of the Rules on Qualifications and Conduct of Adjudicators in the New EU Investment Treaties. En G. UNUVAR, J. LAN, S. DOTHAN (eds.), *European Yearbook of International Economic Law. Permanent Investment Courts*. Cham: Springer, 2020, pp.119-150. LENK, H. The EU Investment Court System. A viable reform..., *op. cit.*, p.87.

183 FACH GÓMEZ, K. Drafting a Twenty-First Century Code of Conduct for International Investment Adjudicators. *Handbook of International Investment Law and Policy*, 2021, pp.1-26.

184 CNUDMI, 53er período de sesiones, Informe del Grupo de Trabajo III (Reforma del Sistema de Solución de Controversias entre Inversionistas y Estados) sobre la labor realizada en su 38° período de sesiones (Viena, 14 a 18 de octubre de 2019), A/CN.9/1004*, p.14. Para profundizar en el fenómeno global de "explosión ética", el modo en que emerge en el campo de las inversiones internacionales y el rol de la UE en este proceso ver FACH GÓMEZ, K. Drafting a Twenty-First Century Code of Conduct for International Investment Adjudicators. En J. CHAISSE, L. CHOUKROUNE, S. JUSOH. *Handbook of International Investment Law and Policy*, 2021, Springer. pp.1-26.

A partir de estas indicaciones se elaboró la primera versión del Código de conducta, con disposiciones tan variadas como cuestiones de obligaciones y responsabilidades, y disposiciones sobre honorarios y gastos.[185] A partir de los comentarios recibidos y las discusiones en el seno multilateral, se conformó una segunda versión del proyecto de Código, que realizó una reorganización de algunas disposiciones persiguiendo la simplificación de la redacción del documento.[186]

En el 41° período de sesiones (15-19 noviembre 2021, Viena), el Grupo de Trabajo III avanzó en la elaboración del Código de conducta y debatió respecto a los potenciales medios de aplicación y cumplimiento.[187] También se celebraron reunio-

---

185 La primera versión del Código de Conducta se encuentra recogida en el documento CNUDMI, Posible reforma del sistema de solución de controversias entre inversionistas y Estados (SCIE), Proyecto de Código de conducta, A/CN.9/WG.III/WP.201, https://undocs.org/es/A/CN.9/WG.III/WP.201 Algunos efectos anexos al Código de conducta son analizados en SUCHARITKUL, V. ICSID and UNCITRAL draft code of conduct: potential ban on multiple roles could negatively impact gender and regional diversity, as well as generational renewal [en línea]. Kluwer arbitration blog, 20 junio 2020. https://cutt.ly/eSbpiSO.

186 La segunda versión del Código de Conducta de UNCITRAL fue publicada el 19 de abril de 2021. https://bit.ly/2VFECXj Resulta interesante que la evolución de las discusiones sobre Código de Conducta de UNCITRAL se producen paralelamente al desarrollo, por parte de la UE, del Código de Conducta aplicable a las diferencias surgidas del Acuerdo CETA, DECISIÓN N.O 1/2021 del Comité De Servicios e Inversión de 29 de enero de 2021 por la que se adopta un Código de conducta de los miembros del Tribunal, de los miembros del Tribunal de Apelación y de los mediadores [2021/263] https://eur-lex.europa.eu/legal-content/ES/TXT/PDF/?uri=OJ:L:2021:059:FULL&from=EN.

187 CNUDMI, Grupo de Trabajo III, Reforma del Sistema de Solución de Controversias entre Inversionistas y Estados (SCIE), Proyecto de Código de Conducta: medios de aplicación y cumplimiento, A/CN.9/WG.III/WP.208, https://cutt.ly/IALIyI7 CNUDMI, Grupo de Trabajo III, Reforma del Sistema de Solución de Controversias entre Inversionistas y Estados (SCIE), Proyecto

nes entre sesiones, que contribuyeron al avance de las negociaciones.[188] En general, uno de los objetivos relevantes de los debates resultó ser, desde el comienzo, dar un contenido más concreto a las normas éticas para los decisores.[189]

Ya que el producto final de la reforma resulta aún incierto, se mencionó la posibilidad de realizar dos Códigos de conducta según los destinatarios fueran árbitros o jueces de un mecanismo permanente.[190] Sin embargo, en la discusión se matizó que las obligaciones fundamentales de los decisores deberían ser las mismas y que habría que hacer diferencia solamente en aquello que fuera estrictamente necesario. Además, en caso de existir un mecanismo permanente, en su estatuto sería posible establecer las especificidades del cargo en cuestión. En definitiva, la elaboración de un Código de conducta procura servir como una norma única y multilateral que permita tener un enfoque armonizado sobre los requisitos éticos que deben cumplir los decisores en las controversias sobre inversiones.[191]

---

de Código de Conducta, A/CN.9/WG.III/WP.209, https://cutt.ly/WALICxc Un análisis actualizado sobre un potencial borrador del Código de conducta puede encontrarse en GIORGETTI, C. The Draft Code of Conduct for Adjudicators in Investor–State Dispute Settlement: A Low-hanging Fruit in the ISDS Reform Process. *Journal of International Dispute Settlement*, 2021.

188 Reuniones celebradas el 2 y 3 de septiembre de 2021 en Seúl, Corea. Ver CNUDMI, Grupo de Trabajo III, Reforma del Sistema de Solución de Controversias entre Inversionistas y Estados (SCIE), Resumen de la reunión entre períodos de sesiones sobre la reforma del sistema de solución de controversias entre inversionistas y Estados (SCIE) presentado por el Gobierno de la República de Corea, A/CN.9/WG.III/WP.214, https://cutt.ly/zALO6Kn.

189 CNUDMI, Grupo de Trabajo III, Informe sobre el Grupo de Trabajo III (Reforma del Sistema de Solución de Controversias entre Inversionistas y Estados, sobre la labor realizada en su 41er periodo de sesiones (Viena, 15 a 19 de noviembre de 2021), A/CN.9/1086, https://cutt.ly/FALD7cT.

190 A/CN.9/1086, p.6.

191 A/CN.9/WG.III/WP.208, p.3.

También fueron debatidos diferentes medios para la aplicación de un Código de conducta, dejándose en claro que dichos medios de ningún modo serían excluyentes, y que podrían utilizarse de manera simultánea. La incorporación del Código podría realizarse a través de un instrumento multilateral, o bien tratado por tratado. Asimismo, podría incorporarse por acuerdo entre las partes litigantes en un caso concreto (preferiblemente antes de que se nombraran los decisores) o incorporarse a los reglamentos de instituciones existentes (como CIADI, UNCITRAL, etc.).[192] En caso de existir un mecanismo multilateral permanente, el Código de conducta podría ser parte de los instrumentos fundacionales del mismo —sin perder de vista, por ello, la necesidad de flexibilidad y adaptación del Código en el transcurso del tiempo—.

En virtud de todo lo expuesto, y atendiendo al plan de trabajo,[193] en el 42° período de sesiones del Grupo de Trabajo III (14-18 de febrero 2022) se sometieron a debate los documentos pertinentes para elaborar una versión del Código de conducta. Dicha versión sería (una vez debatida y modificada) sometida a la aprobación de la Comisión de UNCITRAL en su siguiente reunión, en el verano de 2022.[194] Infelizmente, y dado el volumen de trabajo en los debates multilaterales, el

---

192 A/CN.9/1086, p.6

193 UNCITRAL, Report of Working Group III (Investor-State Dispute Settlement Reform) on the work of its resumed fortieth session (Vienna, 4 and 5 May 2021), A/CN.9/1054, https://uncitral.un.org/sites/uncitral.un.org/files/wg_iii_resumed_40th_session_final_003.pdf.

194 CNUDMI, Posible reforma del sistema de solución de controversias entre inversionistas y Estados (SCIE), versión revisada del proyecto de Código de conducta, A/CN.9/WG.III/XLII/CRP.2, https://uncitral.un.org/sites/uncitral.un.org/files/crp_2_s.pdf. En principio, la intención inicial ha sido acabar con las deliberaciones para poder enviarlo a la sesión de la Comisión del verano 2022, aunque debido a la falta de tiempo para concluir los debates completos, es probable que este objetivo no sea finalmente alcanzado.

tiempo no fue suficiente y la presentación del texto del Código a la Comisión de UNCITRAL tuvo que postergarse.

En el 43° período de sesiones (celebrado en septiembre de 2022) el Grupo de Trabajo III examinó el proyecto de Código de conducta para decisores, y solicitó a la Secretaría que elaborara dos textos separados: un documento con el Código de conducta para árbitros, y otro documento con las disposiciones para un Código de conducta para jueces, que irían acompañados de un comentario.[195] Si bien ambos textos serían tratados de manera conjunta durante las deliberaciones (dada la similitud de normas) serían presentados a la Comisión en dos textos separados a efectos de obtener mayor flexibilidad para revisar las cuestiones pendientes que pudiera haber, e introducir los cambios que fueran necesarios una vez que hubieran avanzado las deliberaciones (en especial respecto a la potencial creación de un mecanismo permanente).

En sus 44° y 45° períodos de sesiones, celebrados en enero y marzo de 2023, el Grupo de Trabajo III aprobó el proyecto de Código de conducta para árbitros en la solución de controversias internacionales relativas a inversiones, con el comentario que lo acompañaba, y el proyecto de Código de conducta para jueces en la solución de controversias internacionales relativas a inversiones, y solicitó a la Secretaría que los presentara a la Comisión en su 56° período de sesiones, en 2023.[196] Esta cuestión supuso un hito en el avance de las negociaciones, ya que

---

ROBERTS, A., ST JOHN, T. UNCITRAL and ISDS Reform (Hybrid): Islands of Persuasion [en línea], *EJIL:TALK!*, 18 marzo 2022.

195 CNUDMI, Posible reforma del sistema de solución de controversias entre inversionistas y Estados (SCIE) Informe del Grupo de Trabajo III (Reforma del Sistema de Solución de Controversias entre Inversionistas y Estados) sobre la labor realizada en su 43er período de sesiones (Viena, 5 a 16 de septiembre de 2022), A/CN.9/1124 p.34 y ss.

196 CNUDMI, 56° período de sesiones, Viena, 3 a 21 de julio de 2023, Proyecto de código de conducta para árbitros en la solución controversias de internacionales relativas a inversiones y

la adopción de estos textos demuestra un progreso positivo en la reforma del sistema de solución de controversias sobre inversiones y revela el grado de consenso que existe, en ciertas cuestiones sensibles, en dicho proceso. De manera aún más interesante, es posible afirmar que los debates ya comienzan progresivamente a tener un impacto en los diferentes acuerdos relativos a inversiones, dado que influyen en las negociaciones reales de los tratados de inversión.[197]

Si bien el desarrollo minucioso de las disposiciones de los Códigos no puede ser abordado en el presente trabajo (pues excede el objetivo del mismo) merecen especial atención algunas características novedosas recogidas en los debates y plasmadas en los textos de los Códigos.[198]

Por una parte, la aplicación de las normas de los códigos incluye la figura de los "candidatos" tanto para árbitros como para jueces. El "candidato a árbitro" es una persona física que haya contactado una parte litigante, una autoridad nominadora, o una institución arbitral en relación con su posible nombramiento como árbitro, para dirimir una controversia inter-

---

Comentario, A/CN.9/1148 y CNUDMI, 56° período de sesiones, Viena, 3 a 21 de julio de 2023, Proyecto de código de conducta para jueces en la solución controversias de internacionales relativas a inversiones y Comentario, A/CN.9/1149.

197 Los Códigos de conducta están siendo considerados en los acuerdos sobre inversiones actuales. Además del progreso formal de las negociaciones en el marco del grupo de trabajo, los debates en ese contexto están influyendo en las negociaciones reales de los tratados de inversión. Entrevista a Catharine Titi, CIAR Global, 13 de junio de 2024. Disponible en https://ciarglobal.com/catharine-titi-el-grupo-iii-ya-influye-en-la-negociacion-de-los-tbis/.

198 Para un análisis minucioso y actualizado de los debates por parte de miembros del Grupo de Trabajo III ver MORRIS-SHARMA, N., NG, K. Reaping the first fruits of Uncitral ISDS reform: the Codes of Conduct for Adjudicators. En Giorgetti, C., TITI, C. *Ethics and Investor-State Dispute Settlement.* Brill (*en proceso de publicación).*

nacional de inversiones en particular. El candidato empieza a estar obligado por las normas del Código a partir del momento en que se lo contacte y deja de estarlo cuando rechaza el nombramiento, o posteriormente al no ser nombrado.[199] En la misma línea, un candidato a juez estará obligado por las normas del Código, aunque a diferencia de lo anterior, el momento de aplicación quedará determinado en virtud del proceso de selección establecido en el mecanismo permanente.

Como elemento vanguardista, la aplicación de los Códigos se extiende en el tiempo más allá del del sistema tradicional. De este modo, los Códigos pueden aplicarse a *ex-árbitros* y *ex-jueces*, en atención a una característica singular. Según las normas establecidas, el (los) Código/s se aplica/n a las personas físicas (decisores) que intervienen en un proceso que se entable en virtud de una controversia internacional de inversiones, y no al proceso en sí. De este modo, podría aplicarse antes de que se entable el proceso y probablemente a lo largo de todo el proceso. Incluso, una vez concluido el proceso, algunas obligaciones del Código seguirán subsistiendo.[200] Como ejemplo, una obligación que extiende su subsistencia más allá del mandato de un árbitro resulta ser la cláusula denominada "período de espera".

El período de espera es una cláusula que atiende a una relevante preocupación manifestada por una gran cantidad de participantes en los debates (incluso iniciales) del Grupo de Trabajo III.[201] En efecto, la cláusula atiende a la preocupación manifestada sobre la limitación respecto a la multiplicidad de

---

199 Artículo 2 del Proyecto de Código de conducta para árbitros en la solución de controversias internacionales relativas a inversiones y comentario. A/CN.9/1148 p.4.

200 Artículo 2 del Proyecto de Código de conducta para jueces en la solución de controversias internacionales relativas a inversiones y comentario. A/CN.9/1149 p.3.

201 Ver Capitulo III, apartado 3.2.2.

funciones. Teniendo en cuenta que el cumplimiento de múltiples funciones en los procesos entablados con respecto a una controversia internacional relativa a inversiones podría dar lugar a conflictos de intereses, o a la apariencia de existencia de esos conflictos, en ambos proyectos de Código de conducta se ha establecido una limitación para los decisores.[202]

El período de espera constituye un plazo durante el cual un árbitro o juez no puede desempeñar funciones como representante legal o perito. En el caso del juez, además, incluye la imposibilidad de ejercer ninguna función política ni administrativa. La necesidad de esta cláusula y la duración apropiada de ese plazo han constituido un foco de múltiples desencuentros en los debates del Grupo de Trabajo III, pero revelan sin embargo la astucia con la cual ciertas cuestiones han podido ser reconducidas en el marco de las negociaciones para obtener resultados multilaterales.[203]

---

202 Proyecto del Código de conducta para árbitros en la solución de controversias internacionales relativas a inversiones, artículo 4 y proyecto de Código de conducta para jueces en la solución de controversias relativas a inversiones, artículo 4. A/CN.9/WG.III/WP.1148 p.3 y A/CN.9/WG.III/WP.1149 p.3.

203 Con respecto a esta cláusula surgió un debate trascendental en el seno del Grupo III de UNCITRAL. Un importante número de países (en su mayoría países desarrollados) se posicionaron en contra del establecimiento de esta cláusula, o expresaron al menos la carencia de necesidad en determinar un plazo en tal sentido. Por el contrario, otros países (en su mayoría países en desarrollo), presionaron fuertemente durante los debates para establecer un período de espera que consideraron esencial en el cumplimiento de las normas éticas del Código. La cuestión a determinar era cuánto tiempo era necesario que pase antes de que un árbitro pueda actuar como representante legal o experto en otro proceso concerniente a la misma medida (a), las mismas partes o partes relativas (b), o las mismas cláusulas (c) del mismo instrumento. Algunos países abogaron por la fórmula 3,2,1 (lo que significa: 3 años de período de espera para la misma medida, 2 años para las mismas partes o partes vinculadas en la controversia, y 1 año para la misma cláusula referente al mismo instrumento). Otros países en cambio, defendieron la

En referencia a los debates sobre las normas de conducta, vale mencionar que un amplio grupo de países en vías de desarrollo —que normalmente gozan de poco margen de maniobra para la negociación a nivel bilateral—han podido conseguir en conjunto, una masa crítica, capaz de presionar para obtener resultados que les permitan establecer ciertas normas para redimir algunas experiencias negativas en las prácticas del pasado.[204] Es posible identificar que ciertos Estados adoptan una perspectiva "redimista", observando el pasado para reconsiderar cuestiones que, en la práctica, han originado vacíos legales sobre los que se socavaron los cimientos del sistema de solución de controversias sobre inversiones. Por consiguiente, la estrategia estatal en tal caso sería modificar el sistema en base a la experiencia. Por el contrario, otra perspectiva o estrategia de tipo "vanguardista", procura construir un sistema de solución de controversias original, apostando por la creatividad y avanzando hacia el futuro.

4.4. EL HORIZONTE DE UN CONVENIO MULTILATERAL PARA LA SOLUCIÓN DE CONTROVERSIAS SOBRE INVERSIONES. DESAFÍOS DE LA UE.

Las deliberaciones sectorizadas en temáticas específicas, que debaten simultáneamente diversas opciones de reforma del sistema ISDS, son el resultado de un método elegido por

---

fórmula 3,2,2. Finalmente el acuerdo fue establecido en la fórmula 3,1,1 que conlleva un período de espera de 3 años para la misma medida, 1 año para las mismas partes o partes vinculadas y 1 año para la misma cláusula. ROBERTS, A. JOHN, T. UNCITRAL and ISDS Reform: moving to the delivery phase. *EJILTALK!* 22 noviembre 2023.

[204] En los textos de ambos proyectos de Código de conducta (tanto para árbitros, como para jueces) se recoge en el artículo 4 la limitación respecto a la multiplicidad de funciones. A/CN.9/1149 y A/CN.9/1148.

el propio Grupo de Trabajo III en los inicios del debate multilateral.[205] Sin embargo, el objetivo final de las deliberaciones es la consecución de un "Instrumento Multilateral para aplicar las Reformas" (en adelante "Convenio Multilateral" o "Convenio") que recoja las alternativas multilateralmente examinadas, deliberadas y consensuadas para reformar el ISDS.[206] El Grupo de Trabajo III suele recordar reiteradamente que cada opción de reforma no debería ser un objetivo en sí mismo, sino más bien uno de los muchos instrumentos que servirían para alcanzar la finalidad de reformar integralmente el sistema.[207] En efecto, la Secretaría del Grupo de Trabajo III ha elaborado un documento preliminar para debatir algunas cuestiones fundamentales sobre la elaboración de un instrumento multilateral relativo a la reforma del sistema de solución de controversias entre inversores y Estados.[208]

---

205 A/CN.9/1004.

206 En el plan de trabajo elaborado por el Grupo III se propone 2025 como fecha de finalización, concluyendo las mismas con un "Instrumento Multilateral Para Aplicar las Reformas". El plan de trabajo es hipotético y se ajustará en la medida que avancen las actividades del Grupo III. CNUDMI, Grupo III Reforma del Sistema de Solución de Controversias entre Inversionistas y Estados, Plan de trabajo para aplicar la reforma del sistema de solución de controversias entre inversionistas y Estados (SCIE) y necesidades de recursos, A/CN.9/WG.III/WP.206, pp.3-5 https://undocs.org/es/A/CN.9/WG.III/WP.206 El documento que recoge el debate sobre un potencial Convenio Multilateral de Reforma fue elaborado en enero de 2022. CNUDMI, Grupo III, Reforma del Sistema de Solución de Controversias entre inversionistas y Estados (SCIE), Instrumento multilateral relativo a la reforma del sistema de SCIE, A/CN.9/WG.III/WP.194 https://undocs.org/es/A/CN.9/WG.III/WP.194 HOWSE, R. Designing a Multilateral Investment Court..., *op. cit.*, p.219.

207 CNUDMI, Informe del Grupo de Trabajo III sobre la labor realizada en su 40° período de sesiones, A/CN.9/1050, p.5.

208 A/CN.9/WG.III/WP.194 complementado posteriormente por el documento A/CN.9/WG.III/WP.221.

El documento expone algunas de las cuestiones fundamentales que se plantean en relación con la elaboración de un instrumento multilateral. En primer lugar, se recogen los debates referidos al marco para la aplicación de diversas opciones de reforma. En este aspecto, algunos Estados han sugerido la posibilidad de separar el instrumento en varios elementos, como si se tratara de "bloques", y convergir en un núcleo de estándares mínimos (elementos centrales) y otras partes que resulten facultativas u opcionales (elementos opcionales).[209] Asimismo, resulta indispensable evaluar la posible estructura del instrumento, ya sea que incluya todas las opciones de reforma definidas por el Grupo de Trabajo III o solo algunas de ellas, reconociendo que la mayoría de las propuestas pueden necesitar la elaboración de disposiciones o anexos específicos.[210]

Uno de los elementos esenciales es la relación que tendría el instrumento multilateral con los tratados de inversión actuales y futuros. En este aspecto, la Unión Europea sugirió que el instrumento multilateral crease el Tribunal Multilateral de Inversiones, y que a través de una notificación específica (declaración o participación voluntaria) se establezca que un determinado tratado (actual o futuro) quede sujeto a la competencia del mecanismo creado. La UE también sugiere adoptar un enfoque abierto para que el sistema contemple un mecanismo en el que los Estados puedan optar por aplicarlo de modo íntegro o bien acotar su aplicación a determinadas opciones de reforma.[211] Asimismo, ha sido mencionada la posibilidad de crear una institución para la solución de controversias sobre

---

209 A/CN.9/WG.III/WP.194, p.3.

210 A/CN.9/WG.III/WP.194, p.4.

211 A/CN.9/WG.III/WP.159/ Add.1. BROWN, C. A Multilateral Mechanism for the Settlement of Investment Disputes: Some Preliminary Remarks. *ICSID Review*. 2017, 32 (3), pp.673-690.

inversiones y que, posteriormente, los Estados acudan a ella y elijan entre las diferentes modalidades.[212]

Teniendo en cuenta que el análisis de las posibles opciones de reforma aún está en una etapa preliminar, cabe reflexionar sobre la coherencia y la flexibilidad posibles para la UE en un proceso de tal complejidad como el que se aborda en este apartado. Si bien el rol de la UE como impulsor de las negociaciones multilaterales para el establecimiento de una reforma integral del sistema ISDS es indiscutible, así como también su rol de catalizador durante el desarrollo de las deliberaciones multilaterales —generando una modernización temprana a través de la judicialización bilateral en sus acuerdos comerciales y de inversión—, no es posible identificar nítidamente el papel que asumiría en la etapa final de las labores del Grupo de Trabajo III de UNCITRAL.

Muy probablemente, sería en la fase final de las deliberaciones del Grupo de Trabajo III, cuando los negociadores se encuentren enfrentados a los principales retos técnicos que presentaría la articulación de la participación de la UE en una nueva estructura jurisdiccional internacional para la solución de controversias sobre inversiones desde el punto de vista de su compatibilidad con el ordenamiento jurídico de la Unión y el principio de autonomía (externa) del Derecho de la Unión. Ante todo, un Convenio Multilateral deberá necesariamente contener una cláusula adecuada que permita a la UE ser Parte en dicho instrumento. El lenguaje estandarizado referido a "Organizaciones Regionales de Integración Económica" (incluido en otros convenios, recientemente en la Convención Mauricio)[213] sería una forma relativamente sencilla de solven-

---

212 A/CN.9/WG.III/WP.194, p.4

213 El artículo 8 de la Convención Mauricio establece las condiciones para la "Participación de organizaciones regionales de integración económica". Convención de las Naciones Unidas sobre la Transparencia en los Arbitrajes

tar esta cuestión.[214] Sin embargo, tal y como ha sido planteada la estructura jurisdiccional en la propuesta de la UE, otras cuestiones que podrían suscitarse en este horizonte merecen algunas consideraciones particulares.

En primer lugar, un Convenio Multilateral por el cual se estableciera un potencial TMI constituye un acuerdo mixto que conllevaría la participación conjunta de la UE y sus Estados Miembros en su celebración. El principio de la unidad en la representación exterior de la UE en UNCITRAL sirve a la posición negociadora de la UE pero no implica que un Convenio Multilateral para el establecimiento del TMI pueda ser concluido por ella sola.[215] Si bien la unidad de representación exterior de la Unión implica, en virtud del deber de cooperación leal, una estrecha cooperación durante las negociaciones y la expresión de posiciones comunes, en la conclusión del acuerdo deberán participar tanto la UE como sus Estados Miembros. Más aún, teniendo en cuenta el contenido del Dictamen 2/15, en que el TJUE estableció la competencia mixta para concluir acuerdos comerciales o de inversión que contengan un capítulo referido a la solución de controversias sobre inversiones.[216] Si bien algunos autores pusieron en tela de juicio la obligatoriedad o el carácter facultativo del recurso a un acuerdo mixto, en último caso sería una opción política (viable pero poco

---

entre Inversionistas y Estados en el Marco de un Tratado, artículo 8. https://uncitral.un.org/sites/uncitral.un.org/files/media-documents/uncitral/es/transparency-convention-s.pdf.

214 HOFFMEISTER, F. The EU contribution to the progressive development..., *op. cit.*, p.586. TITI, C. Procedural Multilateralism and Multilateral Investment Court. En E. FAHEY (ed.) *Institutionalisation beyond the Nation State: Transatlantic Relations – Data Privacy and Trade Law.* Cham: Springer, 2018, pp.149-164.

215 NEFRAMI, E. Permanent Investment Courts..., *op. cit.*, p.34.

216 Dictamen 2/15, de 16 de mayo de 2017, C-2/15, EU:C:2017:376.

probable) de los Estados Miembros permitir a la UE concluir dicho acuerdo o utilizar la vía de un acuerdo mixto.[217]

Si bien existe una inercia hacia la universalidad que expresa todo su potencial en el actual debate sobre la multilateralizacion del arreglo de controversias ISDS (y en la consecución de un potencial convenio fundacional de un TMI), lo cierto es que, por regla general, los Estados son reticentes a delegar soberanía en instituciones internacionales. En esto, de nuevo puede ser ilustrativo el caso de la CPI.[218] Cualquier universalismo presente en el Derecho económico internacional, es el resultado de una opción política y económica realizada por los Estados.[219] En el caso de la UE, el equilibrio es aún más delicado, ya que cualquier decisión antidemocrática tomada por un tribunal ISDS (en cualquiera de sus formas de constitución), dañaría la legitimidad interna de la UE más que la legitimidad de un Estado (ya que la integración económica es mayor que la integración política).[220]

El panorama resulta aún más complejo, dado que teniendo en cuenta la combinación entre el Dictamen 2/15 y la naturaleza institucional de un Convenio Multilateral, ciertos elementos de la práctica de los acuerdos mixtos no podrían ser aplicados. Por ejemplo, la aplicación provisional en caso de retrasos en las ratificaciones no podría concebirse. Además, dado que el Convenio se aplicaría a ambas situaciones de competencia de la UE

---

217 HOFFMEISTER, F. The EU contribution to the progressive development..., *op. cit.*, p.587. Ver Capítulo II (*apartado 2.1.2*).

218 QUESADA, C. *La Corte Penal Internacional y la soberanía estatal*, Tirant lo Blanch, 2005.

219 BOISSON DE CHAZOURNES, L. International economic law and..., *op. cit.*, p.413.

220 ECKES, C. International Ruling and the EU Legal Order: Autonomy as Legitimacy. Center for the Law of EU External Relations Paper, 2016, 2, T.M.C. Asser Institute, The Hague, pp.1-31.

y de los EEMM, no sería posible establecer una delimitación de la competencia de la Unión o dichos Estados. En principio, esta cuestión no posee consecuencias prácticas dado el carácter institucional del Convenio, pero es usual en los acuerdos de carácter mixto de la UE. Sin embargo, en caso de participación conjunta de los EEMM y la UE, el acuerdo sería siempre caracterizado como un "acuerdo de la UE". Desde un punto de vista jurídico, ello permitiría a la UE adquirir un rol preponderante durante las negociaciones internacionales y, lo que es más relevante, explicaría la desconexión expresamente establecida en la Directiva de Negociación para el establecimiento de un TMI (12981/17)[221], ya que la jurisdicción de un TMI no podría aplicarse en acuerdos de inversión *intra-UE,* sino en el marco de las relaciones de la UE con terceros Estados.[222]

En segundo lugar, considerando no solo las particulares características de un Convenio Multilateral, sino también la sofisticación que han ido adquiriendo las alternativas de reforma debatidas en el seno multilateral, es factible prever la necesidad de una nueva Directiva de Negociación por parte del Consejo de la Unión Europea. Esta cuestión podría allanar el camino a la Comisión Europea en la consecución de un modelo multilateral que pueda compaginarse con la propuesta de la UE, o bien podría complicarlo. La tensión entre el tipo de actor global que la UE quiere ser y el tipo de actor global que los EEMM le permiten que sea, es el resultante de un juego de interdependencias propio de la gobernabilidad multinivel, que

---

221 Consejo de la Unión Europea, 12981/17 Directrices de negociación para un Convenio relativo al establecimiento de un tribunal multilateral para la solución de diferencias en materia de inversiones, 1 de marzo de 2018, par. 7(nota 1).

222 NEFRAMI, E. Permanent Investment Courts..., *op. cit.,* p.34.

no debería menoscabar el liderazgo detentado por la Unión en las etapas iniciales de la reforma.[223]

En tercer lugar, el Dictamen 1/17 bendijo uno de los acuerdos comerciales más controvertidos tras la atribución de competencias en materia de inversiones internacionales a la UE.[224] Sin embargo, el TJUE aplicó *in casu* un enfoque más flexible o "indulgente" con respecto al principio de autonomía externa y el eventual impacto que pudiera tener en el ordenamiento jurídico de la Unión la jurisdicción reconocida por ésta a cortes o tribunales internacionales para la interpretación de acuerdos internacionales concluidos por la Unión con terceros en materia de inversiones internacionales. De un lado, el TJUE desarrolló una interpretación menos rígida del mencionado principio de autonomía, en comparación con sus Dictámenes previos y más criticados; en particular, el Dictamen 2/13, de 18 de diciembre de 2014,[225] sobre el proyecto de acuerdo de adhesión de la UE al Convenio Europeo de Derechos Humanos.[226] Por otro lado, al condicionar la conformidad del CETA con el ordenamiento jurídico de la UE a la existencia de un régimen específico de salvaguardias, tanto materiales como procedimentales, para la autonomía del Derecho de la Unión, también ha anticipado estándares para futuros acuerdos que

---

223 GIEGERICH, T. What Kind of Global Actor Will the Member States Permit the EU to Be?. *ZEuS Zeitschrift für Europarechtliche Studien*, 2017, 20(4), pp.397-420.

224 Dictamen 1/17, 30 de abril 2019, ECLI:EU:C:2019:341, paras 113–114.

225 Dictamen 2/13, 18 de diciembre 2014, ECLI:EU:C:2014:2454.

226 HINDELANG, S. Repellent Forces: the CJUE and Investor-State Dispute Settlement. *Archiv des Völkerrechts*, 2015, 53. Bd., n.º. 1, pp.68-89. KOUTRAKOS, P. "More on Autonomy—Opinion 1/17 (CETA)". *European law review*, 2019, N.º 3, pp.293-294. ODERMATT, J. When a fence becomes a cage: the principle of autonomy in EU external relations law. EUI Working Papers, 2016, MPW 2016/07, pp.1-19. Ver *Capítulo II* (2.2.2.1 *Compatibilidad de la judicialización bilateral...*).

podrían complicar, específicamente, la conclusión del Convenio Multilateral.[227]

La participación de la UE en mecanismos de solución de controversias internacionales, conlleva unos requisitos (una serie de *checklist*), según la jurisprudencia del TJUE, que estrechan considerablemente el margen de maniobra de la Comisión en su empeño por establecer un Convenio Multilateral para el establecimiento de un TMI. En caso de que la UE no pudiera introducir (varias) de las cláusulas de salvaguardia de la autonomía (similares a las previstas en el CETA) en el Convenio Multilateral, el TJUE podría tal vez (en un posible dictamen futuro sobre el Convenio Multilateral) considerarlo compatible con el Derecho de la Unión si las cláusulas de salvaguardia que no han podido incluirse en el Convenio Multilateral estuvieran presentes en los acuerdos de inversión subyacentes celebrados por la UE (o sus Estados Miembros). Esta situación se complicaría mucho, dado que el método previsto en el seno de los debates multilaterales (e incluso en la propuesta inicial de la UE)[228] para la adhesión y para dotar de jurisdicción a un TMI es el normalmente conocido como "*Opt-in*" adoptado en la Convención Mauricio y en el Convenio Multilateral contra la erosión de la base imponible y el traslado de beneficios ("Convenio BEPS"). En tal procedimiento, el contenido literal de los acuerdos consolidados no presenta alteraciones.[229]

---

227 VAN DER LOO, G. Opinion 1/17: Legitimising the EU's Investment Court System but Raising the Bar for Compliance with EU Law. En M. HAHN, G. VAN DER LOO, *Law and Practice of the Common Commercial Policy*. Leiden, The Netherlands: Brill | Nijhoff, 2020, pp.98-127. TITI, C. Procedural Multilateralism and Multilateral..., *op. cit.*, p.153 y ss.

228 A/CN.9/WG.III/WP.159/Add.1 Comunicación de la Unión Europea y sus Estados Miembros, p.8.

229 VAN DER LOO, G. Opinion 1/17: Legitimising the EU's Investment Court..., *op. cit.*, p.124.

Con una posición pragmática, el TJUE asumió en el Dictamen 1/17 ciertas consideraciones formalistas (por ejemplo, al considerar que el "Derecho de la UE" sería, en último caso, interpretado como una "cuestión de hecho" resultando en consecuencia inmune a cualquier interferencia en el ejercicio de su competencia exclusiva para pronunciarse sobre la interpretación definitiva del Derecho de la UE;[230] o al considerar que el Tribunal CETA no podrá poner en cuestionamiento el nivel del interés público protegido por una medida de la UE); o depositó una inusual confianza en elementos establecidos en los acuerdos pero no consolidados (por ejemplo, al considerar que la accesibilidad para particulares y Pymes estaba garantizada en el Tribunal CETA por los mecanismos que "establecerá" el Comité Conjunto del CETA, y la Declaración 36[231] realizada por la Comisión y el Consejo). Muy al contrario, hasta hace algún tiempo, una hipotética injerencia en la interpretación de las normas del Derecho de la UE, era suficiente para rechazar la compatibilidad del ordenamiento jurídico de la UE con cualquier mecanismo jurisdiccional de solución de diferencias externo.[232] Lo que definitivamente ha dejado claro el TJUE es que cualquier acuerdo que implique la participación de la UE en un mecanismo de solución de controversias internacional, deberá incluir garantías sobre la aplicación y competencia exclusiva el TJUE para pronunciarse sobre el sistema de competencias y las normas especiales sobre atribución de

---

230 TJUE, Dictamen 1/17, 30 de abril 2019, ECLI:EU:C:2019:341, para. 131.

231 Council of the European Union, General Secretariat of the Council, 13463/1/16, Comprehensive Economic and Trade Agreement (CETA) between Canada, of the one part, and the European Union and its Member States, of the other part – Statements to the Council minutes, p.25.

232 HINDELANG, S. The Price for a Seat at the ISDS Reform Table – CJEU's Clearance of the EU's Investment Protection Policy in Opinion 1/17 and ..., *op. cit.*

responsabilidad.[233] A través del modelo de internalización —y procedimentalización en el caso del CETA[234]— se produce una desactivación de las normas generales en favor de un sistema que otorga a la UE el poder unilateral para designar la parte que actuará como demandada en una disputa contra la UE.[235] Esta es, probablemente, una de las cuestiones que mayor presión generan, dado el inevitable *link* existente entre responsabilidad (internacional) y competencia (interna).[236]

En cuarto lugar, la idea rectora de la UE con respecto a la consecución de un Convenio Multilateral que establezca un TMI, es que dicho TMI centralice las disputas bilaterales que puedan surgir en el marco de acuerdos bilaterales o multilaterales, siempre que las partes de dichos acuerdos hayan otorgado su consentimiento para someter las disputas a dicho Tribunal. Al efecto, la proliferación de sistemas de cortes de inversiones en los acuerdos bilaterales de la UE llegaría a su fin y sería sustituido por un Tribunal Multilateral.[237] Sin embargo, el marco flexible que reiterativamente ha sido reclamado por parte de los Estados en las deliberaciones del Grupo de

---

233 TJUE, Dictamen 1/17 de 30 de abril 2019, ECLI:EU:C:2019:341, paras 77 and 132; Dictamen 2/13, de 18 de diciembre 2014, EU:C:2014:2454, paras 224–231.

234 Artículo 8.21 del CETA.

235 OJINAGA RUIZ, R., LEIVA, L., *EU as a driver…., cit.*, pp.35-37; CONTARTESE C, PANTALEO L., Division of competences, EU autonomy and the determination of the respondent party: proceduralisation as a possible way-out? NEFRAMI E, GATTI M (eds) *Constitutional issues of EU external relations law*, 2018, Nomos, Baden-Baden, pp.409–446.

236 PANTALEO, L. *The Participation of the EU in International Dispute…, op. cit.*, p.162 y ss.

237 DE RIDDER, M. *et alt.* Authority, Legitimacy and the Rule of Law in EU…, *op. cit.*, p.58 Los autores realizan un análisis crítico afirmando que la consecución de convenio multilateral no es alcanzable en el mediano plazo, y por tanto consideran urgente el perfeccionamiento de las diferentes cortes bilaterales creadas en los acuerdos UE.

Trabajo III, implica altas posibilidades de que en un mismo Convenio Multilateral se acojan diversas alternativas de solución de controversias entre inversores y Estados.[238] En tal caso, si diversos Estados adoptan diversos mecanismos, un sistema uniforme de judicialización para la solución de controversias entre inversor y Estado por parte de la UE con todos sus socios bilaterales resulta difícilmente alcanzable. Lo más probable en este contexto, es que la UE cuente con un abanico de mecanismos aplicables según las elecciones realizadas por los terceros Estados, generando una red altamente compleja que deberá gestionar.

Para concluir, es interesante destacar que todos los elementos utilizados por el TJUE para consolidar la desconexión de su sistema jurisdiccional con los mecanismos de solución de controversias externos, son asequibles (no sin una cuidadosa estrategia) en las negociaciones bilaterales, pero adoptan una dimensión muy diferente en el marco de una negociación multilateral. Ante el avance de los debates en UNCITRAL hacia un Convenio Multilateral de reforma del actual sistema ISDS, los esfuerzos de la UE deberían orientarse también hacia la consideración de técnicas de desfragmentación; en particular, del diálogo judicial internacional en sus diversas modalidades. La obsesión por garantizar formalmente una desconexión entre el sistema jurídico (y judicial de la UE) y la función jurisdiccional para la solución de las controversias que corresponde a las cortes y tribunales internacionales es, en la práctica, difícilmente viable y en cierto modo contraria a la creciente necesidad del diálogo judicial internacional. En cierto modo, se trata de una

238 SCHILL, S., VIDIGAL, G. Cutting the Gordian Knot: Investment Dispute Settlement à la Carte, I-ADB, ICTSD, RTA exchange, 2018, pp.1-24. SCHILL, S., VIDIGAL, G. Investment dispute settlement à la carte within a multilateral institution: A path forward for the UNCITRAL process?. *Columbia FDI Perspectives,* No. 248, 25 marzo 2019.

exigencia sistémica inherente al estado actual de desarrollo de la función judicial internacional.[239]

---

239 OJINAGA RUIZ, R., LEIVA, L., EU as a driver … cit.; CONTARTESE C, The procedures of prior involvement and referral to the CJEU as a means for judicial dialogue between the CJEU and international jurisdictions, https://www.ceje.ch/files/3914/8094/2575/contartese-27-final.pdf, pp.8–11.

Conclusiones

1.- Históricamente, la protección de las inversiones extranjeras ha pasado por diversas etapas, que fueron estructurando gradualmente un particular sistema de solución de controversias. Llegado el s. XX, los nuevos Tratados Bilaterales de Inversión, además de establecer estándares internacionales para la promoción y protección de las inversiones entre los Estados, facultaron al inversor para acudir directamente ante tribunales arbitrales internacionales a fin de dirimir las controversias con el Estado anfitrión derivadas de una inversión. La consolidación del arbitraje internacional entre inversor y Estado (derivado de la cláusula ISDS) —mediante el denominado *arbitration boom* y la creación del CIADI— constituyó una primera etapa en la institucionalización de la solución de controversias sobre inversiones internacionales.

2.- No obstante, nuevas dinámicas económicas y los cambios en los flujos de inversiones internacionales propios del s. XXI, revelaron las carencias del sistema para dar respuestas a las nuevas exigencias globales. Más allá de las insuficiencias inherentes a este modelo de arbitraje internacional, las principales preocupaciones se derivan de los problemas de legitimidad jurídica, política y social del ISDS en su confrontación con los principios del Estado de Derecho. El socavamiento del sistema ISDS, y la tormenta de objeciones críticas a la que éste se vio sometido, eclosionó principalmente en la esfera social. El principal desencadenante de la reforma lo constituyó la protección del espacio regulatorio de los Estados; esto es, el denominado derecho a regular.

3.- La crisis del ISDS a comienzos del s .XXI coincide con el desarrollo de una nueva política de inversión de la UE tras la entrada en vigor del Tratado de Lisboa. La carencia de unidad interna impediría a la UE, durante un tiempo, emprender una hoja de ruta estable y coherente en materia de inversiones en sus relaciones con terceros Estados. No obstante, aunque fueron necesarias una serie de tácticas para neutralizar las fuerzas centrífugas, la Unión se enfrentó rápidamente a la necesidad de elaborar una estrategia de transmutación sistémica del modelo tradicional de ISDS, sometido a un escrutinio público sin precedentes en el marco europeo.

En la actualidad, el equilibrio de intereses en la protección internacional de las inversiones es medido socialmente por percepciones que distan mucho del interés por el crecimiento económico aislado que se esperaba de las inversiones hace algunas décadas. La sociedad del s. XXI exige inversiones más justas y sostenibles, entendiendo por tales aquellas que además de su impacto en el crecimiento económico, promueven los derechos humanos, protegen (o al menos respetan) el medio ambiente, vinculan a las comunidades locales, fomentan la igualdad de género, etc. De este modo, el "comportamiento del inversor" aparece como un ingrediente significativo para la sociedad receptora de inversiones; algo realmente impensable medio siglo atrás.

4.-En este contexto, la UE ha adoptado una estrategia global en materia de inversiones acorde con los valores y los principios constitucionales que inspiran su acción exterior. En la matriz actual de la reforma del ISDS, la UE lidera de hecho las propuestas de una reforma procesal sistémica; en particular, promoviendo la transición del modelo tradicional de arbitraje a un sistema ISDS más institucionalizado y judicializado. Sus iniciativas se han desarrollado tanto en un marco bilateral —generando una modernización temprana mediante la incorporación de sistemas de cortes de inversiones en sus acuerdos comerciales y de inversión de última generación (UE-Singapur, UE- Vietnam, CETA y Acuerdo global UE-México)— como multilateral; en este último caso, a través de la propuesta de creación de un tribunal multilateral de inversiones lanzada por la Comisión en 2015 y posteriormente trasladada al proceso de reforma del ISDS en UNCITRAL.

5.- Actualmente la reforma del ISDS hacia un sistema más predecible, coherente y transparente es el escenario oficialmente deseable, tanto a nivel europeo como global.

Solo cuando los Estados en su conjunto (desarrollados y en vías de desarrollo) se vieron directamente afectados por las disfunciones derivadas del ISDS, emprendieron acciones para superar aquella primera etapa de institucionalización de la solución de controversias sobre inversiones. Sobre esta base, inicialmente unilateral, los Estados pudieron, posteriormente, emprender un proceso de acción conjunta para reconfigurar el sistema, resultando en ello trascendental el liderazgo de la reforma sistémica asumida por la Unión. Ello nos sitúa ya en el marco del actual proceso de reforma del ISDS emprendido conforme a las deliberaciones del Grupo de Trabajo III de UNCITRAL.

6.- Sin embargo, no es este el primer intento multilateral de remodelación del régimen de las inversiones internacionales. ¿Constituye este proceso una nueva retórica o hay razones para un mayor optimismo? La heterogeneidad de intereses y la asimetría de posiciones que concurren en el Grupo de Trabajo III de UNCITRAL parecería evocar antiguos escenarios. No obstante, dado que la reforma resulta estructural y no recae —al menos de forma directa— en las normas sustantivas sobre el tratamiento de las inversiones internacionales (manteniendo a este respecto los Estados el "control" de su política), la evolución de las negociaciones parecería indicar una cierta convergencia en la reforma de la solución de las controversias y una tendencia a identificar a este respecto ciertos puntos en común o de conexión.

La difuminación de los roles activo y pasivo en los flujos de inversión en el actual escenario económico mundial ha contribuido a ello, promoviendo posicionamientos más equilibrados o menos extremistas por parte de los Estados y contribuyendo, de este modo, a generar un potencial consenso de mínimos. La experiencia revela que, sobre ciertos puntos de conexión, el avance se produce a un ritmo espeluznante. Basta con observar cómo se han resuelto las problemáticas sobre transparencia, o sobre la elaboración de un Código de conducta para decisores —cuestiones que interesan por igual a Estados, inversores, sociedad civil, etc.— para concluir que existen una serie de valores compartidos sobre los que podría sustentarse la negociación de una nueva estructura institucional permanente de carácter jurisdiccional para la solución de controversias sobre inversiones, en la que quedaría integrado un nuevo modelo judicializado de ISDS.

7.- La reforma del ISDS solo puede ser conseguida a través de diálogo, evitando las tentaciones de retorno hacia las posiciones dicotómicas. Asumir la pluralidad y procurar esquemas creativos e inclusivos que permitan coordinar la solución de controversias sobre inversiones de manera flexible es indispensable para construir una nueva estructura jurisdiccional eficaz, independientemente de la complejidad y los desafíos que este objetivo entraña. Esta es la filosofía subyacente en la denominada fórmula de la "arquitectura abierta".

En ella, la UE flexibiliza su modelo original de TMI para dar espacio a aquellos países que quisieran utilizar el mecanismo permanente para la solución de controversias entre Estados pero que no utilizasen la solución de controversias entre inversionistas y Estados en sus acuerdos. O también para algunos países que prefirieran mantener el modelo inicial para utilizar únicamente un mecanismo de apelación.

Todo ello permite entrever que, pese a que las diferencias son importantes en cuanto al diseño y magnitud de la reforma, existe una significativa tendencia a buscar una combinación de diferentes opciones en materia de solución de controversias bajo una misma estructura institucional común pero abierta y flexible que pudiera acoger diferentes opciones de reforma. En este sentido, el complejo sistema de arreglo de controversias de la Convención de las Naciones Unidas sobre el Derecho del Mar (CNUDM), parecería ofrecer un cierto modelo de referencia para un sistema de solución de controversias, en alguna medida, "a la carta".

8.- El liderazgo ejercido por la UE en la reforma sistémica del ISDS; con su propuesta de creación de un tribunal multilateral de inversiones, constituye un paso decisivo en la configuración progresiva de su poder estratégico global y su tendencia tradicional a actuar como una potencia normativa.

Por consiguiente, el resultado de las negociaciones de UNCITRAL podría reforzar en el futuro su capacidad de influir en la elaboración internacional de normas, incluidas nuevas normas sustantivas sobre la protección de las inversiones como parte de un proceso más amplio de reforma del Derecho Internacional de las inversiones más holístico o integral.

9.- Muy probablemente, sería en la fase final de las deliberaciones del Grupo de Trabajo III, cuando los negociadores se enfrenten con los principales retos técnicos que presentaría la articulación de la participación de la UE en una nueva estructura jurisdiccional internacional para la solución de controversias sobre inversiones desde el punto de vista de su compatibilidad con el ordenamiento jurídico de la Unión y el principio de autonomía (externa) del Derecho de la Unión.

El sistema de límites y de garantías para la autonomía (externa) del ordenamiento jurídico de la UE, elaborado de forma casuística en su jurisprudencia por el TJUE, quedará puesto a prueba una vez más ante la eventual conclusión de una convención multilateral para el establecimiento de un tribunal multilateral de inversiones, hipotéticamente como parte de un sistema de arreglo jurisdiccional de controversias "a la carta" mucho más complejo que los actuales modelos vigentes de sistemas de cortes de inversión.

Dado que una negociación multilateral tiene connotaciones muy diferentes a las de una relación bilateral —tanto en lo relativo al proceso de negociación como a los eventuales resultados—, es predecible que el test de compatibilidad realizado por el TJUE en su Opinión 1/17 a partir del modelo de garantías para la autonomía del Derecho de la UE organizado en el CETA, deba ser adaptado en su momento a las especificidades propias de un eventual convenio multilateral.

Políticamente, un convenio multilateral para la instauración de un TMI, que adopte la forma de un acuerdo mixto exigiría, a su vez, la conformidad de todos los EEMM de la UE, lo cual podría desencadenar el riesgo de nuevas tensiones internas.

10.- Finalmente, un futuro convenio multilateral que contemple un esquema flexible, incluyendo simultáneamente múltiples opciones de reforma y otorgando la posibilidad a los diferentes Estados de escoger libremente cuál de ellas desea incorporar en virtud de sus necesidades e intereses específicos, puede identificarse como un resultado satisfactorio en virtud de los objetivos planteados en las negociaciones del Grupo de Trabajo III de UNCITRAL. Sin embargo, el resultado final alcanzaría un alto grado de sofisticación y dificultades para la Unión Europea.

Más allá de la voluntad de la UE de erigirse en un actor flexible y abierto, un eventual sistema adaptativo o "a la carta" para la solución de controversias sobre inversiones, la idea rectora de la UE con respecto a la consecución de un Convenio Multilateral que establezca un TMI, es que dicho TMI centralice las disputas bilaterales que puedan surgir en el marco de acuerdos bilaterales o multilaterales, siempre que las partes de dichos acuerdos hayan otorgado su consentimiento para someter las disputas a dicho Tribunal. Sin embargo, un marco flexible como el reclamado por la mayor parte de los Estados en las deliberaciones del Grupo de Trabajo III, implica altas posibilidades de que en un mismo Convenio Multilateral se acojan diversas alternativas de solución de controversias entre inversores y Estados. En tal caso, si diversos Estados adoptan diversos mecanismos, un sistema uniforme de judicialización para la solución de controversias entre inversor y Estado practicable por parte de la UE con todos sus socios bilaterales resulta difícilmente alcanzable. Lo más probable es que, en este contexto, la UE deba moverse en el marco de las relaciones bilaterales con sus diferentes socios entre una gama de opciones de ISDS; ello conllevaría un cierto riesgo de fragmentación de la solución de controversias sobre inversiones en las relaciones bilaterales de la UE con sus socios comerciales. Asumiendo una posición realista, atenta a los desafíos transnacionales y a la descentralización que opera en el régimen de inversiones internacionales, este tipo de resultado de las negociaciones no desbloquearía la capacidad de influencia relativa que posee la UE a escala bilateral y, tal vez, disiparía su impulso para conseguir una reforma de mayor alcance.

Bibliografía

ABBEY, P. Treaty Ports and Extraterritoriality in China, 18 October 2012, *The way back machine.*

ABI- SAAB, G. Fragmentation or Unification: Some Concluding Remarks' in 'The Proliferation of International Courts and Tribunals: Piecing Together the Puzzle' *New York University Journal of International Law and Politics,* 1998. 31 (4), pp.919-933.

ABI-SAAB, G. The Normalization of International Adjudication: Convergence and Emergencies. *New York University Journal of International Law and Politics,* 2010. 43 (1), pp.1-14

ABI-SAAB, G. Whither the International Community? European Journal of International Law, 1998. Nro. 9, pp.248-265.

ADAM, S. The legal basis of international agreements of the European Union in the post-Lisbon era. *The European Union in the World.* Brill Nijhoff, 2014. p. 65-86.

ALDECOA LUZÁRRAGA, F. *Tratado por el que se establece una Constitución para Europa.* Madrid: Biblioteca Nueva Real Instituto Elcano, 2004, pp.19-84

ALISHER, U. The Case for an Advisory Center on International Investment Law. *Columbia FDI Perspectives,* Nro. 175, 6 junio 2016.

ALONSO GARCÍA, R. El Tratado de Lisboa. *Asamblea: revista parlamentaria de la Asamblea de Madrid,* 2008, no 18, pp.1-32.

ALSCHNER, W. Americanization of the BIT universe: the influence of friendship, commerce and navigation (FCN) treaties on modern investment treaty law. *Goettingen J. Int'l L.,* 2013, 5(2), pp.455-486.

ALTER, K. *The New Terrain of International Law.* Princeton University Press, 2014

ALVAREZ, J. To Court or Not to Court? MegaReg Forum Paper, 2016, 2016/2. IILJ MegaReg Forum Paper, pp.1-5 Disponible en https://iilj.org/wp-content/uploads/2016/08/Alvarez_IILJ-MegaRegForumPaper_2016-2.pdf

ALVAREZ, J., KHAMSI, K. The Argentine crisis and foreign investors: a glimpse into the heart of the investment regime. *The yearbook on international investment Law and Policy,* 2008, vol. 2009.

ANDENAS, M., CONTARTESE, C. EU autonomy and investor-state dispute settlement under inter-se agreements between EU Member States: Achmea. *Common Market Law Review,* 2019, 56(1), pp.157-191.

ANDERSEN, T., HINDELANG, S. The Day After: Alternatives to Intra-EU BITs. *The Journal of World Investment & Trade*, 2016, 17(6), pp.984-1014.

ANKERSMIT, L. The Compatibility of Investment Arbitration in EU Trade Agreements with the EU Judicial System. *Journal for European Environmental & Planning Law*, 2016, 13(1), pp.46-63

ARATO, J. ISDS Reform: From the Forest to the Trees of an Appellate Mechanism, 15 Febrero 2021, *International Economic Law and Policy Blog*.

ARATO, J. ISDS Reform: Designing Permanent Institutions at Working Group III [en línea]. International Economic Law and Policy Blog, 26 enero 2020. https://cutt.ly/2SnuXJf

ARCURI, A., VIOLI, F. Human Rights and Investor-State Dispute Setllement. Changing (Almost) Everything so that Everything Stays the Same? *Diritti Umani e Diritto Internazionale.* 2019, Nro.3, pp.579-596.

ASHUTOSH RAY. White Industries Australia Ltd. v. Republic of India: A New Lesson for India. *Journal of International Arbitration*, 2012, 29(5), pp.623-635.

ATTAR, A., CLOUTHIER, M. Sharing Power: The Case for Public Consultations on Trade. *Canadian Journal of Law and Society*, 2015, 30(3), pp.465-485.

BAETENS, F. The European Union´s Proposed Investment Court System: Addressing criticisms of Investor-State Arbitration While Raising New Challenges. *Legal Issues of Economic Integration*, 2016, 43, pp.367-384

BAETENS, F.(ed.) *Investment law within international law: Integrationist perspectives.* Cambridge: Cambridge University Press, 2013

BARONCINI, E. *et al.* Global Public Goods, Global Commons, Fundamental Values and International Investment Law: the Responses of the New Generation of International Economic Law Agreements and Investment Arbitration Proceedings. *Brill Open Law*, 2018, 1(1).

BASEDOW, R. A Legal History of the EU's International Investment Policy. *The Journal of World Investment & Trade*, 2016, 17(5), pp.743-772.

BASEDOW, R. EU Law in International Arbitration: Referrals to the European Court of Justice. *Journal of International Arbitration*, 2015, 32(4), pp.367-386.

BASEDOW, R. Why de-judicialize? Explaining state preferences on judicialization in World Trade Organization Dispute Settlement Body and Investor-to-State Dispute Settlement reforms. *Regulation & Governance*, 2021, pp.1-23

BASSETS, M. El nuevo Trudeau impulsa el cambio en Canadá, *El País,* 20 octubre 2015, https://elpais.com/internacional/2015/10/20/america/1445370249_628024.html

BEATTIE, A. Relief for EU over investment protection tangle, *Financial Times,* 2 May 2019.

BEHN, D., LANGFORD, M., LÉTOURNEAU-TREMBLAY, L. Empirical Perspectives on Investment Arbitration: What Do We Know? Does It Matter? *The Journal of World Investment & Trade,* 202, 21 (2–3), pp.180–250.

BERNASCONI-OSTERWALDER, N. European parliament hearing on foreign direct investment. *International Institute for Sustainable Development,* 2010.

BERNASCONI-OSTERWALDER, N. Rethinking Investment-Related Dispute Settlement. *Views and Experiences from Developing Countries,* 2015, pp.89-104.

BERNASCONI-OSTERWALDER, N., BRAUCH, M. D. (2015). *Brazil's Innovative approach to international investment law,* 15 September 2015, *IISD.*

BILDER, R., KURTZ, J. "The Shifting Landscape of International Investment Law and Its Commentary." *The American Journal of International Law,* 2012, 106 (3), pp.686–94.

BJORKLUND, A., BUNGENBERG, M., MANJIAO CHI, TITI, C. Selection and Appointment of International Adjudicators: Structural Options for ISDS Reform. Academic Forum on ISDS Concept Paper, 2019, 2019/11, pp.1-21

BLENKINSON, P. Protesters march in Brussels against transatlantic free trade deals, 20 September 2016, *Reuters*

BOHOSLAVSKY, J. P. Tratados de protección de las inversiones e implicaciones para la formulación de políticas públicas (especial referencia a los servicios de agua potable y saneamiento). CEPAL Colección Documentos de Proyectos, 2010, pp.1-79

BOISSON DE CHAZOURNES, L. International Economic Law and the quest for universality. *Leiden Journal of International Law,* 2019, 32(3), pp.401-414.

BOTTINI, G. *et al.* Excessive Costs and Recoverability of Cost Awards in Investment Arbitration. Academic Forum on ISDS, 2019, Concept Paper 2019/9, pp.1-40.

BOTTINI, G. Reform of the Investor-State Arbitration Regime: The Appeal Proposal. En J. KALICKI, A.JOUBIN-BRET (eds.). *Reshaping the Investor-State Dispute Settlement System. Journeys for the 21st Century.* Leiden, The Netherlands: Brill | Nijhoff, 2015, pp.455-473.

BREKOULAKIS, S., ROGERS, C. Third-Party Financing in ISDS: A Framework for Understanding Practice and Policy. Academic Forum on ISDS Concept Paper, 2019, 2019/11, pp.1-32

BRINER, R. Role of International Tribunals in the contexto f the Rule of Law. International Business Lawyer, 1995, 23(8), pp.354-359

BROADMAN, H. Time to modernise investor dispute arbitration, , 7th march 2020, *Financial Times* https://www.ft.com/content/fca34d7f-0080-4b80-87ec-c47432887b2e

BROWER, C. BLANCHARD, S. 'From "Dealing in Virtue" to "Profiting from Injustice:" The Case against "Re-Statification" of Investment Dispute Settlement', 55(1) *Harvard International Law Journal Online,* 2014, No. 45.

BROWER, C. N., & AHMAD, J. From the two-headed nightingale to the fifteen-headed Hydra: the many follies of the proposed International Investment Court. *Fordham Int'l LJ*, 2017, 41, pp.791-820.

BROWER, C., AHMAD, J. Why the Demolition Derby That Seeks to Destroy Investor-State Arbitration. *Southern California Law Review.* 2017, vol. 91, pp.1139-1195.

BROWER, C., BRUESCHKE, J. *The Iran-United States Claims Tribunal.* The Hague, Boston, London: Martinus Nijhoff Publishers, 1998.

BROWER, C.H. Politics, Reason, and the Trajectory of the Investor-State Dispute Settlement. *Loyola University of Chicago Law Review,* 2017, vol. 49, pp.271-320.

BROWN, C. A Multilateral Mechanism for the Settlement of Investment Disputes: Some Preliminary Remarks. *ICSID Review.* 2017, 32 (3), pp.673-690

BROWN, C. ALCOVER-LLUBIA, M. The external investment policy of the European Union in the light of the entrey into force of the Treaty of Lisbon. En K. SAUVANT (ed) Yearbook of International Investment Law & Policy. Oxford University Press, 2012, pp.145-164.

BROWN, C. GAARTHUIS, E. Judicialization of ISDS. The European Union´s Approach to Multilateral Reform of Investment Dispute Settlement. En YUWEN Li, TONG Qi, CHENG Bian. *China, the EU and International Investment Law.* Routledge, 2019. pp.71-86.

BROWN, C. NAGLIS, I. Dispute Settlement in Future EU Investment Agreements. En M. BURGENBERG, A. REINISCH, C. TIETJE. *EU and Investment Agreements.* Baden-Baden: Nomos Verlagsgesellschaft, 2013, pp.17-35

BROWN, C. The First 10 Years of the European Union's Policy on Investment Dispute Settlement: From Initial Reforms to the Multilateral Investment Court. En M. HAHN, G. VAN DER LOO, *Law and Practice of the Common Commercial Policy*. Leiden, The Netherlands: Brill | Nijhoff, 2020, pp.73-97.

BROWN, C., MILES, K. (eds.) *Evolution in Investment Treaty Law and Arbitration*. Cambridge: Cambridge University Press, 2011

BURGENBERG M., TITI, C. CETA Opinion – Setting Conditions for the Future of ISDS, June 5 2019, *EJIL:Talk!*

BURGENBERG, M., HOLZER, A. Potential Enforcement Mechanisms for Decisions of a Multilateral Investment Court. En G. UNUVAR, J. LAN, S. DOTHAN (eds.) *European Yearbook of International Economic Law: Permanent Investment Courts: The European Experiment*. Cham: Springer, 2020, p. 75-117

BURGENBERG, M., REINISCH, A. *European Yearbook of International Economic Law: From bilateral arbitral tribunals and investment courts to a multilateral investment court: Options regarding the institutionalization of investor-state dispute settlement*. Berlin: Springer, 2020

BURGENBERG, M., REINISCH, A., TIETJE, C. (eds.). *EU and Investment Agreements: Open Questions and Remaining Challenges*. Baden Baden: Nomos/Hart, 2013.

BURGSTALLER, M. Dispute Settlement in EU International Investment Agreements with Third States: Three Salient Problems. *The Journal of World Investment & Trade*, 2014, 15, pp.551-569

BURGSTALLER, M. Investor-State Arbitration in EU International Investment Agreements with Third States. *Legal Issues of Economic Integration*, 2012, 39(2), pp. 207-221. https://kluwerlawonline.com/journalarticle/Legal+Issues+of+Economic+Integration/39.2/LEIE2012013

BURKE-WHITE ,W., VON STADEN, A. Investment Protection in Extraordinary Times: The interpretation and Application of Non-Precluded Measures Provisions in Bilateral Investment Treaties, *Virginia Journal of International Law*, 2008, 48 (2), pp.307-410.

BURKE-WHITE, W. The Argentine Financial Crisis: State Liability under BITs and the Legitimacy of the ICSID System. *Asian Journal of WTO and International Health Law and Policy*, 2008, 3(1), pp.199-234

BURKE-WHITE, W. The Argentine financial crisis: state liability under BITs and the legitimacy of the ICSID system. En: En M. WAIBEL *et al.* (eds). *The Backlash Against Investment Arbitration. Perceptions and Reality*. Alphen aan den Rijn: Kluwer, 2010, pp. 407-432.

BUTLER, N., SUBEDI, S. The future of international investment regulation: Towards a world investment organisation? *Netherlands International Law Review,* 2017, 64(1), pp. 43-72.

CAI, C. Balanced Investment Treaties and the BRICS, *AJIL Unbound,* 2018, 112, pp. 217-222

CALAMITA N. J. The Challenge of Establishing a Multilateral Investment Tribunal at ICSID. *ICSID Review,* 2017, 32(3), pp.611–624

CALAMITA, J. The (In)Compatiblity of Appellate Mechanisms with Existing Instruments of the Investment Treaty Regime. *Journal of World Investment and Trade.* 2017, Nro. 585, pp.605-613

CALVO, C. *Derecho Internacional Teórico y Práctico de Europa y América.* Paris: D'Amyot, 1868

CANÇADO TRINDADE, A. La persona humana como sujeto del derecho internacional: avances de su capacidad jurídica internacional en la primera década del siglo XXI. *Revista IIDH,* 2007, 46, pp.273-328.

CANÇADO TRINDADE, A. The Emancipation of The Individual From His Own State: The Historical Recovery Of The Human Person As Subject Of The Law Of Nations. *Revista Do Instituto Brasileiro De Direitos Humanos, 2006, n.°*7, 11-36. Recuperado de http://milas.x10host.com/ojs/index.php/ibdh/article/view/92

CASTILLO DE LA TORRE, F. El Tribunal de Justicia y las relaciones exteriores tras el Tratado de Lisboa. *Revista de Derecho Comunitario Europeo,* 2018, Nro.60, pp.491-512.

CEYSSENS, J. Towards a Common Foreign Investment Policy-Foreign Investment in the European Constitution. *Legal Issues of Economic Integration,* 2005, 32(3), pp.259-291.

CHAISSE, J., SAUVANT, K. and ORTINO, F. Improving the International Investment Law and Policy Regime: Options for the Future. *European Yearbook of International Economic Law 2016,* 2016, p. 819-822.

CHI, M. The China-EU BIT as a stepping stone towards a China-EU FTA: a policy analysis. En M. BUNGENBERG, *et al. European Yearbook of International Economic Law.* Cham: Springer, pp.475-490

CHOER MORAES, H., HESS, F. Breaking the BIT Mold: Brazil´s Pioneering Approach to Investment Agreements. *AJIL Unbound,* 2018, 112, pp.197-201

COHEN-TANUGI, L. L´influence normative de l´Union Européene: une ambition entavée. Les Notes del´IFRI, Nro.40, 2002

COHEN-TANUGI, L. Europe as an international normative power: State ofplay and perspectives [en línea], Grupe d´estudes geopolitiques, diciembre 2021.

Commission proposes new Investment Court System for TTIP and other EU trade and investment negotiations. *European Commission News Archive* . 16 September 2015. Disponible en: http://trade.ec.europa.eu/doclib/press/index.cfm?id=1364

CONTARTESE, C. The procedures of prior involvement and referral to the CJEU as a means for judicial dialogue between the CJEU and international jurisdictions, Geneva Jean Monnet Working Papers, 2016, n.º 27, pp.1-29 https://www.ceje.ch/files/3914/8094/2575/contartese-27-final.pdf

CONTARTESE, C., PANTALEO L. Division of Competences, EU Autonomy and the Determination of the Respondent Party: Proceduralisation as a Possible Way-Out?. In: E. NEFRAMI, M. GATTI, (eds.) *Constitutional Issues of EU External Relations Law.* Baden-Baden: Nomos. 2018, pp.409-446

Controversial CETA deal signed as protesters storm European Council in Brussels, *RT*, 30 October 2016.

COTULA, L. *et al.* UNCITRAL Working Group III on ISDS Reform: How Cross-Cutting Issues Reshape Reform Options. 2019, pp.1-8. Recuperado de: https://scholarship.law.columbia.edu/sustainable_investment_staffpubs/148

CREMONA M. The European Union and Regional Trade Agreements. In: C. HERRMANN, J.P. TERHECHTE (eds). *European Yearbook of International Economic Law.* Berlin: Springer, pp.245-268.

CREMONA, M. A Quiet Revolution: The Common Commercial Policy Six Years after the Treaty of Lisbon. Swedish Institute for European Policy Studies, 2017, n.º 2, p.1-66 Recuperado de https://www.sieps.se/en/publications/2017/a-quiet-revolution-the-common-commercial-policy-six-years-after-the-treaty-of-lisbon-20172/sieps2017_2

CREMONA, M. Shaping EU trade policy post-Lisbon: opinion 2/15 of 16 may 2017: ECJ, 16 may 2017, opinion 2/15 free trade agreement with Singapore. *European Constitutional Law Review,* 2018, 14(1), pp.231-259.

CREMONA, M. Structural Principles and their Role in EU External Relations Law. *Current Legal Problems.* 2016, 69 (1), pp.35-66.

CREMONA, M. The external dimension of the internal market. En C. BARNARD, J. SCOTT (eds.). *The Law of the Single European Market.* Oxford: Hart Publishing, 2002, pp.351-394.

CUTLER, J.W. The Treatment of Foreigners: In Relation to the Draft Convention and Conference of 1929. The American Journal of International Law. 1933, 27 (2), pp.225-246.

DE LOS REYES, I. El juicio que puede cambiar la lucha antitabaco, *BBC NEWS*, 30 May 2014.

DE NANTEUIL, A. *International Investment Law.* Edward Elgar Publishing, 2020, p.398-416

DE NANTEUIL, A. Settlement of disputes in new EU free trade agreements: democratizing international adjudication? In I. Bosse-Platière, C. Rapoport (eds.) The conclusion and implementation of EU free trade agreements, Cheltenham: Edward Elgar Publishing Limited, 2019. pp.255-270

DE RIDDER, M. et alt. Authority, Legitimacy and the Rule of Law in EU Trade Policy A Case Study of the International Investment Regime. RECONNECT EU, 2020. pp.1-59. https://reconnect-europe.eu/wp-content/uploads/2020/11/D12.2.pdf

DELGADO CASTELEIRO A. EU Declarations of Competence to Multilateral agreements: A useful reference base? European Foreign Affairs Review, 17(4), 491-509

DELGADO CASTELEIRO A. The International Responsibility of the European Union – The EU Perspective: Between Pragmatism and Proceduralisation. *Cambridge Yearbook of European Legal Studies,* 2013, 15, pp.563-586

DELGADO CASTELEIRO, A., LARIK, J.. The 'odd couple' : the responsibility of the EU at the WTO. En M.D. EVANS and P. KOUTRAKOS (eds). *The international responsibility of the European Union : European and international perspectives,* Oxford : Hart Publishing, 2013, pp.233-255

DELILE, J.F. The internationalization of the judicial control of EU free trade agreements: when better is enemy of good. In I. BOSSE-PLATIÈRE, C. RAPOPORT (eds.)_ *The conclusion and implementation of EU free trade agreements,* Cheltenham: Edward Elgar Publishing Limited, 2019. pp.240-254

DIAS SIMÕES, F. A Guardian and a Friend? The European Commission's Participation in Investment Arbitration. *Michigan State International Law Review,* 2017, 25, pp.233-303.

DIAS SIMOES, F. Can Investment Dispute Settlement Ever Be Depoliticized? *Cardozo International and Comparative Law Review.* 2020, 4 (2), pp.507-536.

DIETZ, T., DOTZAUER, M. & COHEN, E. The legitimacy crisis of investor-state arbitration and the new EU investment court system. *Review of International Political Economy*, 2019, no. 26(4), pp.749-772.

DIEZ DE VELASCO, M. *Instituciones de Derecho Internacional Público* (18ª ed.). Madrid: Tecnos, 2018.

DIEZ DE VELASCO, M. La protección diplomática de las sociedades de capitales en el Derecho Internacional: reflexiones sobre la jurisprudencia de los Tribunales Internacionales. En A. BERCOVITZ (ed.) *Derecho de Sociedades: libro Homenaje a Fernando Sáchez Calero*, Vol. I, Madrid: McGraw-Hill Interamericana de España. 2002

DIEZ DE VELASCO, M. Reflexiones sobre la protección diplomática. En M. MEDINA, R. MESA, P. MARIÑO (coord.). Pensamiento jurídico y sociedad internacional. Estudios en honor del Profesor D. Antonio Truyol Serra, Vol.1, 1986

DÍEZ-HOCHLEITNER, J. La nueva política comercial de la Unión Europea desborda el marco de sus competencias. Comentarios preliminares al Dictamen 2/15 del TJUE. *Revista de Derecho Comunitario Europeo*, 2017. No. 57, pp.403-429.

DIMOPOULOS, A. Foreign Investment Insurance and EU Law. En M. BURGENBERG, A. REINISCH, C. TIETJE. *EU and Investment Agreements.* Baden-Baden: Nomos Verlagsgesellschaft, 2013, pp.171-200.

DIMOPOULOS, A. The Common Commercial Policy after Lisbon: Establishing Parallelism between Internal and External Economic Relations. *Croatian Yearbook of European Law & Policy*, 2008, 4(1), pp.101-129.

DIMOPOULOS, A. The compatibility of future EU investment agreements with EU law. *Legal Issues of Economic Integration*. 2012, 39(4), pp.447-471.

DIMOPOULOS, A. The involvement of the EU in investor-state dispute settlement: a question of responsibilities. Common Market Law Review. 2014, Nro. 51, pp.1671-1720.

DIMOPOULOS, A. The validity and applicability of international investment agreements between EU Member States under EU and international law. *Common Market Law Review*, 2011, 48(1), pp.63-93.

DODGE, W. S., Investor-State Dispute Settlement between Developed Countries: Reflections on the Australia-United States Free Trade Agreement, 2006, *Vanderbilt Journal of Transnational Law,* 39 (1), pp.1-37. Recuperado de https://bit.ly/3hTozOp

DOLZER, R. SCHREUER, C. *Principles of International Investment Law.* Oxford: Oxford University Press, 2012

DOTHAN, S., LAM, J. A Paradigm Shift? Arbitration and Court-Like Mechanisms in Investor´s Dispute. En G. UNUVAR, J. LAN, S. DOTHAN (eds.) *European Yearbook of International Economic Law: Permanent Investment Courts: The European Experiment.* Cham: Springer, 2020, pp.1-23

DOUMA, W. Th. CETA: Gold Standard or Greenwashing?. En W. Th. Douma *et al. The Evolving Nature of EU External Relations Law.* The Hague: TMC Asser Press Springer, 2021. p. 61-99.

Draft convention on the international responsibility of States for injuries to aliens, prepared by the Harvard Law School, 1961. https://www.jstor.org/stable/pdf/2195879.pdf

EBERHARDT, P. & OLIVET, C. Profiting from injustice How law firms, arbitrators and financiers are fuelling an investment arbitration boom. *Corporate Europe Observatory and the Transnational Institute,* 2012. Recuperado de https://www.tni.org/files/download/profitingfrominjustice.pdf

ECKES, C Some reflections on Achmea's broader consequences for investment arbitration. *European Papers,* 2019, 4(19), pp.79-97

ECKES, C. *EU Powers under External Pressure. How the EU's External Actions Alter its Internal Structures.* Oxford: Oxford University Press, 2019.

ECKES, C. International Ruling and the EU Legal Order: Autonomy as Legitimacy. Center for the Law of EU External Relations Paper, 2016, 2, T.M.C. Asser Institute, The Hague, pp.1-31.

EECKHOUT, P. *External relations of the European Union: legal and constitutional foundations.* Oxford University Press, 2011.

EFILA. A Response to Criticism Against ISDS, 17 mayo de 2015. https://efila.org/wp-content/uploads/2015/05/EFILA_in_response_to_the-criticism_of_ISDS_final_draft.pdf

EILMANSBERGER, T. Bilateral Investment Treaties and EU Law. *Common Market Law Review,* 2009, 46 (2), pp.383-424

ESCOBAR HERNANDEZ, C. Procedimientos de aplicación de las normas internacionales (III): medios de arreglo de carácter jurisdiccional (I): cuestiones generales y tribunales especializados. En M. DIEZ DE VELASCO, *Instituciones de Derecho Internacional Público* (18ª ed.), Madrid: Tecnos, 2018. pp.965-997

FACH GÓMEZ, K. (ed.). *La Política de la Unión Europea en materia de Derecho de las Inversiones Internacionales: EU Policy on International Investment Law.* Barcelona: J.M. Bosch Editor, 2017.

FACH GÓMEZ, K. Diversidad Y Género En El Arbitraje Internacional: Entre Los Hechos Y Los Anhelos (Diversity and Gender in International Arbitration). En *K. Fach Gómez (ed.), La política de la Unión Europea en materia de derecho de las inversiones internacionales/EU Policy on International Investment Law, JM Bosch Editor*, 2017.

FACH GÓMEZ, K. Drafting a Twenty-First Century Code of Conduct for International Investment Adjudicators. En J. CHAISSE, L. CHOUKROUNE, S. JUSOH. *Handbook of International Investment Law and Policy*, Springer, 2021, pp. 1-26.

FACH GOMEZ, K. La Política de la Unión Europea en materia de inversiones internacionales y sus efectos sobre los mecanismos de resolución de controversias inversor-Estado. *Revista Española de Derecho Internacional.* 2017, Nro. 69, pp.295-302.

FACH GÓMEZ, K. Unión Europea e inversiones internacionales: el futuro de los mecanismos de solución de inversor-Estado. *Revista Española de Derecho Internacional,* 2017, 69 (1), pp.295-302.

FACH GÓMEZ, K., TITI, C. International Investment Law and ISDS: Mapping Contemporary Latin America. *Journal of World Investment & Trade,* 2017, 17(4), pp. 515-535

FARNSWORTH, E. Allan. UNCITRAL-Why? What? How? When? *The American Journal of Comparative Law,* 1972, pp. 314-322

FAUCHALD, O. K. The Legal Reasoning of ICSID Tribunals–An Empirical Analysis. *European Journal of International Law,* 2008, vol. 19, no 2, p. 301-364.

FAUNCE, T. Australia's embrace of investor-state dispute settlement: a challenge to the social contract ideal? *Australian Journal of International Affairs,*2015, 69 (5), pp.595-609. DOI: 10.1080/10357718.2015.1048781

FERNÁNDEZ MASIÁ, E. *Arbitraje en inversiones extranjeras: el procedimiento arbitral en el CIADI,* Valencia: Tirant lo Blanch, 2004.

FERNANDEZ MASIÁ, E. Arbitraje inversor-estado: De bella durmiente a león en la jungla. *Revista electrónica de estudios internacionales (REEI),* 2013, no 26, pp. 5-27.

FERNÁNDEZ MASIÁ, E. Los mecanismos de solución de diferencias inversor-Estado en una encrucijada: del arbitraje a la creación de un Tribunal Multilateral, ¿pasando por un sistema de Tribunales internacionales de Inversiones?, en K. FACH GÓMEZ. (ed.) (2017). *La Política de la Unión Europea en materia de Derecho de las Inversiones Internacionales: EU*

Policy on International Investment Law. Barcelona: J.M. Bosch Editor, 2017, pp.155-173.

FERNANDEZ MASIÁ, E., SALAVADORI, M. Lo que se está discutiendo en la CNUDMI: evolución o revolución en el sistema de solución de controversias inversor-Estado. *Cuadernos de Derecho Transnacional*, 2020, 12(1), pp.203-218.

FERNÁNDEZ-ARMESTO, J. Different Systems for the Annulment of Investment Awards, *ICSID Review–Foreign Investment Law Journal*, 2011, 26(1), pp.128–146.

FERRARI, S. Philip Morris VS Uruguay: "que prevalezca la salud pública", Swissinfo.ch , 27 Febrero 2013. https://www.swissinfo.ch/spa/politica/lucha-antitabaco_philip-morris-vs-uruguay---que-prevalezca-la-salud-p%C3%BAblica-/35094554

FLORY, T. Remarques à propos des avis 1/94 et 2/92 de la Cour de justice des Communautés européennes au regard de lévolution de la notion de politique commerciale commune. *Cahiers de droit europeen*, 1996, 32 (3), pp. 379-400.

FRANCK,S. et al. The diversity Challenge: Exploring the "Invisible College" of International Arbitration, *Columbia Journal Of Transnational Law*, 2015, 53, pp.429-506.

FUKUNAGA, Y. International Arbitration and Japan: Stagnant, but Signs of Change? *Proceedings of the ASIL Annual Meeting*, 2018, 112, 100-102. doi:10.1017/amp.2019.61

GAGNÉ, G. The Canadian Policy on the Protection of Foreign Investment and the Canada-China Bilateral Investment Treaty. *Beijing Law Rev.*, 2019, vol. 10, pp.361-377.

GALLUS, N. The Influence of the Host State's Level of Development on International Investment Treaty Standards of Protection, *The Journal of World Investment & Trade*, 2005, 711(6), pp.711-725.

GÁSPÁR SZILÁGYI, S. It is not Just about Investor-State Arbitration. A Look at Case-284/16, Slovak Republic v Achmea BV. European Papers, 2018, 3(1), pp.357-373.

GÁSPAR-SZILÁGYI, S. A Standing Investment Court under TTIP from the Perspective of the CJEU. *The Journal of World Investment & Trade*, 2016, 17(5), pp.701-742

GÁSPÁR-SZILÁGYI, S., USYNIN, M. The uneasy relationship between intra-EU investment tribunals and the Court of Justice's Achmea judgment. *European Investment Law and Arbitration Review Online,* 2019, 4(1), pp.29-65.

GAUKRODGER, D. Adjudicator Compensation Systems and Investor-State Dispute Settlement". OECD Working Papers on International Investment, 2017, No. 2017/05, OECD Publishing, Paris. https://uncitral.un.org/sites/uncitral.un.org/files/media-documents/uncitral/en/adjudicator_compensation_systems.pdf

GAUKRODGER, D., GORDON, K. Investor-State Dispute Settlement: A Scoping Paper for the Investment Policy Community, OECD Working Papers on International Investment, 2012/03, OECD Publishing. http://dx.doi.org/10.1787/5k46b1r85j6f-en

GAZZINI, T. Rethinking the Promotion and Protection of Foreign Investments: The 2015 South Africa's Protection Investment Act. SSRN, 1 May 2017, pp.1-19 https://papers.ssrn.com/sol3/papers.cfm?abstract_id=2960567

GIEGERICH, T. What Kind of Global Actor Will the Member States Permit the EU to Be?. *ZEuS Zeitschrift für Europarechtliche Studien,* 2017, 20(4), pp.397-420.

GILMAN, N. The new international economic order: A reintroduction. *Humanity: An International Journal of Human Rights, Humanitarianism, and Development,* 2015, 6(1), pp. 1-16.

GINSBURG, T. International Substitutes for Domestic Institutions: Bilateral Investment Treaties and Governance. *International Review of Law and Economics,* 2005, 25 (1), pp.107-123

GIORGETTI, C. *et al.* Independence and Impartiality in Investment Dispute Settlement: Assessing Challenges and Reform Options, Academic Forum on ISDS Concept Paper, 2020, 2020/1, pp.1-36

GIORGETTI, C., WAHAB, M. A Code of Conduct for Arbitrators and Judges, Academic Forum on ISDS Concept Paper, 2019, 2019/12, pp.1-13

GOURGOURINIS, A. (ed). *European Yearbook of International Economic Law, Special Issue: Transnational Actors in International Investment Law.* Cham: Springer, 2021

GOVAERE, I. Beware of the Trojan horse: Dispute settlement in (mixed) Agreements and the Autonomy of the EU Legal Order. En C. HILLION, P, KOUTRAKOS, (eds.). *Mixed Agreements Revisited. The EU and its Member States in the World.* Oxford: Hart Publishing, 2010, pp.187-207

GRILL, A.K. Mind the Label: Loyalists and Reformists and ISDS [en línea], *Kluwer Arbitration Blog,* 29 diciembre 2017. https://cutt.ly/RSnLtUo

GSTÖHL, S., HANF, D. The EU's Post-Lisbon Free Trade Agreements: Commercial Interests in a Changing Constitutional Context. *European Law Journal*, 2014, 20(6) pp. 733-748.

HAFTEL, Y., LEVI, H. Argentina's curious response to the global investment regime: external constraints, identity, or both? *Journal of International Relations and Development*, 2019, pp. 1-26.

HAFTEL, Y., LEVI, H. Argentina's curious response to the global investment regime: external constraints, identity, or both? *Journal of International Relations and Development*, 2020, No.23, pp.755-780

HALLAK, I. Multilateral Investment Court: framework options. EPRS, European Parliament, junio 2021.

HALLAK, I. Multilateral Investment Court: overview of the reform proposals and prospects. EPRS, European Parliament, enero 2020.

HAMBLY, C. "Secrets of a Global Super Court" (four-part series), *Buzfeed*, August 28, 2016.

HANESSIAN, G., DUGGAL, K. The final 2015 Indian model BIT: Is this the change the world wishes to see? *ICSID Review-Foreign Investment Law Journal*, 2017, 32(1), pp. 216-226.

HEGDE, V. The Judicialisation of International Investment Law: The European Union's Efforts in Addressing the Legitimacy Crisis [en línea]. Reconnect Europe, 3 diciembre 2020. https://reconnect-europe.eu/blog/the-judicialisation-of-international-investment-law-the-european-unions-efforts-in-addressing-the-legitimacy-crisis/

HERDEGEN, M. El Estado de derecho y los desafíos de una economía globalizada. En *Anuario de Derecho Constitucional Latinoamericano*, 2013, año XIX, Bogotá, pp.279-294.

HERDEGEN, M., FACH GOMEZ, K. (trad.) *Derecho Económico Internacional*. Bogotá: Editorial Universidad del Rosario, Fundación Konrad Adenauer, 2012.

HERNÁNDEZ, G. The Judicialization of international law: Reflections on the empirical turn. *The European Journal of International Law*, 2014, 25(3), pp.919-934.

HERRANZ-SURRALLÉS, A. 'Authority Shifts' in Global Governance: Intersecting Politicizations and the Reform of Investor–State Arbitration. *Politics and Governance*, 2020, 8(1), pp.336-347.

HERRMANN, C. The Role of the Court of Justice of the European Union in the Emerging EU Investment Policy. *Journal of World Investment & Trade*, 2014, 15, pp.570-584.

HILF, M. The ECJ's Opinion 1/94 on the WTO-No Surprise, but Wise. *European Journal of International Law*, 1995, vol. 6, pp.245-259

HILLION, C., WESSEL, R. The European Union and international dispute settlement: mapping principles and conditions. En in M. Cremona, A. Thies and R.A. WESSEL (eds.). *The European Union and International Dispute Settlement.* Oxford/Portland: Hart Publishing, 2017, pp. 7-30.

HINDELANG, S. Circumventing primacy of EU law and the CJEU's judicial monopoly by resorting to dispute resolution mechanisms provided for in inter-se treaties? The case of intra-EU investment arbitration. *Legal Issues of Economic Integration,* 2012, 39(2), pp.179-206.

HINDELANG, S. Repellent Forces: the CJUE and Investor-State Dispute Settlement. *Archiv des Völkerrechts,* 2015, 53. Bd., n.°. 1, pp.68-89

HINDELANG, S. Study on investor-state dispute settlement (ISDS) and alternatives to dispute resolution in international investment law. *Transnational Dispute Management (TDM),* 2016, 13(1).

HINDELANG, S. The Autonomy of the European Legal Order. EU Constitutional Limits to Investor-State Arbitration on the Basis of Future EU Investment-Related Agreements. En M. BUNGENBERG, C. HERRMANN. *European Yearbook of International Economic Law, special issue: Common Commercial Policy after Lisbon.* Cham: Springer, 2013, pp.187-198

HINDELANG, S. The Price for a Seat at the ISDS Reform Table – CJEU's Clearance of the EU's Investment Protection Policy in Opinion 1/17 and Its Impact on the EU Constitutional Order. En A. Biondi, G. Sangiuolo (eds), Judicial Protection and EU Free Trade Agreements, LAwTTIP Book Series, Edward Elgar Publishing,2021, pp.127-153.

HINDELANG, S. *The free movement of capital and foreign direct investment: the scope of protection in EU law.* Oxford: Oxford University Press, 2009.

HINDELANG, S., HAGEMEYER, T. In Pursuit of an International Investment Court: Recently negotiated investment chapters in EU Comprehensive FTA in comparative perspective, Brussels: European Parliament, Directorate General for External Policies, EP/EXPO/B/INTA/2017/02, 4 July 2017. Recuperado de : http://www.europarl.europa.eu/RegData/etudes/STUD/2017/603844/EXPO_STU(2017)603844_EN.pdf

HINDELANG, S., KRAJEWSKI, M. (eds.) *Shifting Paradigms in International Investment Law: More balanced, less isolated, increasingly diversified.* Oxford: Oxford University Press, 2014.

HINDELANG, S., MAYDELL, N. The EU's Common Investment Policy – Connecting the Dots. En M. BUNGENBERG, J. GRIEBEL, S.

HINDELANG. *European Yearbook of International Economic Law. Special Issue: International Investment Law and EU Law.* Berlin, Heidelberg: Springer, 2011, pp.1-27.

HINDELANG, S., SASSENRATH, C. The investment chapters of the EU's international trade and investment agreements in a comparative perspective, 1-173. Brussels: European Parliament, Directorate General for External Policies, EP/EXPO/B/INTA/2015/01, 29 September 2015. Recuperado de: http://www.europarl.eu-ropa.eu/RegData/etudes/STUD/2015/534998/EXPO_STU(2015)534998_EN.pdf

HINOJOSA MARTÍNEZ, L. El alcance de la competencia exterior europea en materia de inversiones. *Revista de Derecho Comunitario Europeo,* 2015, n.º 52(19), pp.871-907.

HINOJOSA MARTÍNEZ, L. Las relaciones financieras de la Unión Europea con el exterior. En A. REMIRO BROTONS *et al. El futuro de la acción exterior de la Unión Europea.* Madrid: Tirant lo Blanch, 2006. p. 337-387.

Histórico fallo a favor de Uruguay en el juicio contra la tabacalera Philip Morris, *BBC NEWS* , 8 julio 2016 https://www.bbc.com/mundo/noticias-america-latina-36752509

HOFFMEISTER F., ALEXANDRU, G. A First Glimpse of Light on the Emerging Invisible EU Model BIT. *The Journal of World Investment & Trade,* 2014, 15, pp.379-401

HOFFMEISTER, F. The Contribution of EU Trade Agreements to the Development of International Investment Law, en S.HINDELANG, M. KRAJEWSKI,(eds.). *Shifting Paradigms in International Investment Law: More balanced, less isolated, increasingly diversified.* Oxford: Oxford University Press, 2014.

HOFFMEISTER, F. The EU contribution to the progressive development of institutional aspects in international investment law. *Revue Belge de Droit International,* 2017, vol. 50, pp.566-590

HOFFMEISTER, F., ALEXANDRU, G. A first glimpse of light on the emerging invisible EU model BIT. *The journal of world investment & trade,* 2014, 15(3), pp.379-401.

HOFFMEISTER, F., KUIJPER, J. The status of the European Union at the United Nations: institutional ambiguities and political realities. En J. WOUTERS, *et. al.* (eds.). *The United Nations and the European Union: an ever-stronger partnership.* The Hague: T.M.C. Asser Press, 2006, pp.9-34

HOFFMEISTER, F., ÜNÜVAR, G. From BITS and pieces towards European investment agreements. En M. BURGENBERG, A. REINISCH, C. TIETJE.

EU and Investment Agreements. Baden-Baden: Nomos Verlagsgesellschaft, 2013, pp.57-85

HOWSE, R. Courting the Critics of Investor-State Dispute Settlement: the EU Proposal for a Judicial System for Investment Disputes. 2015, disponible en https://cdn-media.web-view.net/i/fjj3t288ah/Courting_the_Criticsdraft1.pdf (EL VALOR DE LA APELACIÓN)

HOWSE, R. Designing a Multilateral Investment Court: Issues and Options. *Yearbook of European Law*, 2017, 36, pp.209-236.

HOWSE, R. International Investment Law and Arbitration: A Conceptual Framework. En H. RUIZ-FABRI, E. STOPPIONI (eds.) *International Law and Litigation.* Nomos Verlagsgesellschaft, 2019. pp.363-446.

ICSID, Possible Improvements of the Framework For ICSID Arbitration ICSID. Secretariat Discussion Paper October 22, 2004. https://icsid.worldbank.org/sites/default/files/Possible%20Improvements%20of%20the%20Framework%20of%20ICSID%20Arbitration.pdf

International Law Commission, Draft articles on Responsibility of States for Internationally Wrongful Acts, with commentaries 2001, 53rd session, A/56/10, https://legal.un.org/ilc/texts/instruments/english/commentaries/9_6_2001.pdf

IRURETAGOIENA AGIRREZABALAGA, I. Mecanismos de arreglo de diferencias entre inversores y estados (ISDS) y la autonomía del ordenamiento jurídico de la Unión Europea: ¿una ecuación (im) posible?. *Revista de Derecho Comunitario Europeo*, 2018, 59, pp.219-262.

JAIME, M.L. Reshaping Investor-State Dispute Settlement Through an Appellate Review Mechanism. . En M.ANDERSON, B. BEAUMONT (eds). *The Investor-State Dispute Settlement System: Reform, Replace or Status Quo?* Kluwer Law International 2020. pp.137-156.

JEMIELNIAK, J. How much of a court? The EU Investment Court System as a hybrid mechanism. En CHAISSE (ed.) *China-European Union Investment Relationships.* Edward Elgar Publishing, 2018, pp.226-246.

JOHNSON, L. COTULA, L. Guest Post: Pragmatism and flexibility in UNCITRAL Working Group III: Too much of a good thing? [en línea]. *International Economic Law and Policy Blog*, 5 febrero 2020, https://cutt.ly/3SnrKcb

JOHNSON, L. The 2012 US Model BIT and What the Changes (or Lack Thereof) Suggest about Future Investment Treaties". *Political Risk Insurance Newsletter*, Vol. VIII Issue 2, 2012. Recuperado de: http://ccsi.columbia.edu/files/2014/01/johnson_2012usmodelBIT.pdf

JOHNSON, L. The 2012 US model bit and what the changes (or lack thereof) suggest about future investment treaties. *Political Insurance Risk Newsletter.* 2012, 8 (2), pp.1-5. https://cutt.ly/OSOt0GS

JOHNSON, L., BERNASCONI-OSTERWALDER, N. New UNCITRAL Arbitration Rules on Transparency: Application, content and next steps. 2013.

JOHNSON, O. T., GIMBLETT, J. From gunboats to BITs: the evolution of modern international investment law. *Yearbook on International Investment Law & Policy*, 2011, pp.649-692.

JOUBIN-BRET, A. Why we need a global appellate mechanism for international investment law. *Columbia FDI Perspectives*, No. 146, 27 April 2015.

KARAYIGIT, M. *The implications of the delimitation of competences between the Community and the member states in external trade with regard to the WTO.* The University of Manchester (United Kingdom). ProQuest Dissertations Publishing, 2004. 10729611.

KARL, J. The "spaghetti bowl" of IIA. The End of History? *Columbia FDI Perspectives*, Nro.115, 17 febrero 2014.

KASSOTI, E., ODERMATT, J. The Principle of Autonomy and International Investment Arbitration: Reflections on Opinion 1/17. Questions of International Law, 2020, N.°73, pp.5-20.

KAUFFMANN-KOHLER, G & POTESTÀ, M. Can the Mauritius Convention Serve as a Model for the Reform of Investor–State Arbitration in Connection with the Introduction of a Permanent Investment Tribunal or an Appeal Mechanism? Analysis and Roadmap. Geneva: Center for International Dispute Settlement, 2016, pp.1-115. Recuperado de https://archive-ouverte.unige.ch/unige:147562

KAUFFMANN-KOHLER, G & POTESTÀ, M. The Composition of Multilateral Investment Court and of an Appeal Mechanism for Investment Awards", *CIDS Supplemental Report*, 2017, 15, pp.1-127.

KAUFMANN-KOHLER G., POTESTÀ M. *European Yearbook of International Economic Law: Investor-State Dispute Settlement and National Courts.* Cham: Springer, 2020.

KAUFMANN-KOHLER G., POTESTÀ M. Why Investment Arbitration and Not Domestic Courts? The Origins of the Modern Investment Dispute Resolution System, Criticism, and Future Outlook. En: *European Yearbook of International Economic Law: Investor-State Dispute Settlement and National Courts.* Cham: Springer, 2020. pp.7-22

KELSEY, J., SCHNEIDERMAN, D. & VAN HARTEN, G. Phase 2 of the UNCITRAL ISDS Review: Why 'Other Matters' Really Matter. *Osgoode Legal Studies Research Paper*, 2019, pp.1-15. Recuperado de: https://ssrn.com/abstract=3329332

KINGSBURY, B. International courts: Uneven judicialisation in global order. En J. CRAWFORD, M. KOSKENNIEMI (eds.), *The Cambridge Companion to International Law*. Cambridge: Cambridge University Press, 2015. pp.203-227.

KISSACK R. *Pursuing Effective Multilateralism: The European Union, International Organizations And The Politics Of Decision Making*. New York: Palgrave Macmillan, 2010.

KLEIMANN, D. *Reading opinion 2/15: standards of analysis, the Court's discretion, and the legal view of the Advocate General*. [en línea] *EUI Working Papers*, RSCAS 2017/23, pp.1-38

KLEIMANN, D., KUBEK, G. The Singapore Opinion or the End of Mixity as We Know It, *Verfassungsblog on matters constitutional*, 23 May 2017.

KLEINHEISTERKAMP, J. Financial Responsibility in European Investment Policy. *International and Comparative Law Quarterly*, 2014, 6(2), pp.449-476.

KNULL, W. III & RUBINS, N.D. Betting the Farm on International Arbitration: Is It Time to Offer an Appeal Option? *American Review of International Arbitration*, 2000, 11(4), pp.531-576. Recuperado de https://www.mayerbrown.com/-/media/files/perspectives-events/publications/2002/01/betting-the-farm-on-international-arbitration-is-i/files/art_intarb_00_betthefarm/fileattachment/art_intarb_00_betthefarm.pdf

KOPRIVICA, A. Online Public Consultation on Investment Protection and ISDS Dispute Settlement in the TTIP, *MPG PURE* (publication repository of the Max Planck Society), 9th April 2014

KOUTRAKOS, P. "More on Autonomy—Opinion 1/17 (CETA)". *European law review*, 2019, Nro.3, pp.293-294.

KUIJPER P., PERNICE I., HINDELANG S. KINNEAR M., SCHWARZ M., REULING M. *Investor-State Dispute Settlement (ISDS) Provisions in the EU's International Investment Agreements, Volume 1, Workshop*. Brussels: European Parliament, Directorate General for External Policies. EXPO/B/INTA/2014/08-09-10. September 2014. Recuperado de: https://op.europa.eu/es/publication-detail/-/publication/e6fcc836-3652-45f9-b0b0-f99c2fa880f8/language-en

KURTZ, J. Australia's rejection of investor–state arbitration: causation, omission and implication. *ICSID Review*, 2012, 27(1), pp.65-86.

LABIN, D. K. The Elephant in a Dark Room? Russia and the ISDS Reform". *China and WTO Review*, 2020, 6 (2), pp.241-268

LAIRD, I., ASKEW, R. Finality versus Consistency. Does Investor-State Arbitration Need an Appellate System? The Journal of Appellate Practice and Process. 2005, Vol. 7, pp.285-302

LANGFORD, M. BEHN, D., LIE, R. The revolving door in international investment arbitration. *Journal of International Economic Law*, 2017, vol. 20, No. 2, pp.301-332.

LANGFORD, M. ROBERTS, A. UNCITRAL and ISDS Reforms: Hastening slowly [en línea], *EJIL:TALK!*, 29 abril 2019 https://www.ejiltalk.org/uncitral-and-isds-reforms-hastening-slowly/

LANGFORD, M., BEHN, D. Managing Backlash: The Evolving Investment Treaty Arbitrator?. *European Journal of International Law*, 2018, vol. 29, no 2, pp. 551-580.

LANGFORD, M., BEHN, D., LIE, R. The Ethics and Empirics of Double Hatting. *ESIL Reflection*, 2017, 6(7), pp.1-12

LANGFORD, M., BEHN, D., MALAGUTI, M. CH., The Quadrilemma: Appointing Adjudicators in Future Investor-State Dispute Settlement. Academic Forum on ISDS Concept Paper, 2019, 2019/12, pp.1-38.

LANGFORD, M., *et al.* UNCITRAL and Investment Arbitration Reform: Matching Concerns and Solutions, *The Journal of World Investment & Trade*, 2020, 21(2-3), pp.167-187.

LARSSON, O., SQUATRITO, T., STIANSEN, Ø., ST JOHN, T. Selection and Appointment in International Adjudication: Insights from Political Science. Academic Forum on ISDS Concept Paper, 2019/10

LAVRANOS, N. CJEU opinion 1/17: keeping international investment law and EU law strictly apart. *European Investment Law and Arbitration Review Online*, 2019, 4(1), pp. 240-259.

LAVRANOS, N. In Defence of Member States' BITs Gold Standard: The Regulation 1219/2012 Establishing a Transitional Regime for Existing Extra-EU BITs-A Member State's Perspective. *Transnational Dispute Management*, 2013, 10(2), pp.1-14

LAVRANOS, N. The Remaining Decisive Role of Member States in Negotiating and Concluding EU Investment Agreements. En M. BURGENBERG, A. REINISCH, C. TIETJE. *EU and Investment Agreements.* Baden-Baden: Nomos Verlagsgesellschaft, 2013, pp.165-168.

LAVRANOS, N. The World after the Termination of Intra-EU BIT S. *European Investment Law and Arbitration Review Online*, 2020, 5(1), pp.196-211.

LENK H. Bilateral Committees in EU Trade and Investment Agreements: Platforms for the Reassertion of State control over Investor-State Adjudication? En F. BAETENS (ed.) *Legitimity of Unaseen Actors in International Adjudication*. Cambridge University Press, 2019, pp.591-610

LENK, H. Investment arbitration under EU investment agreements: is there a role for an autonomous EU legal order? *European Business Law Review*, 2017, 28(2), pp.135-162.

LENK, H. Challenging the notion of coherence in EU foreign investment policy. *European Journal of Legal Studies*. 2015, 8(6), pp.6-20.

LENK, H. Prior Judicial Involvement in Investor-State Dispute Settlement: Lessons from the Court's Rhetoric in Opinion 2/15. *Global Trade and Customs Journal*, 2018, 13(1), pp.19-26.

LENK, H. The EU investment court system. A viable reform initiative?. 2019. Juridiska institutionens skriftserie, Doctoral Theses from University of Gothenburg / Doktorsavhandlingar från Göteborgs universitet. 346 p.

LENK, Hannes. An Investment Court System for the New Generation of EU Trade and Investment Agreements: A Discussion of the Free Trade Agreement with Vietnam and the Comprehensive Economic and Trade Agreement with Canada. *European Papers-A Journal on Law and Integration*, 2016, Nro.2, pp.665-677.

LENTNER, G. A uniform European investment policy?: The unwritten EU model BIT. *Journal of Economics, Finance and Administrative Science*, 2014, vol. 2, pp.156-165

LESTER, S. *Guest post: Pragmatism and flexibility in UNCITRAL working group III: Too much of a good thing? International Economic Law and Policy Blog*, 5 February 2020

LESTER, S. Liberalization or Litigation? Time to Rethink the International Investment Regime. *Cato Institute Policy Analysis*, 2013, 730, pp.1-15. Recuperado de: https://ssrn.com/abstract=2358001

LÉVESQUE, C. The Challenges of "Marrying" Investment Liberalisation and Protection in the Canada-EU CETA. En M. BURGENBERG, A. REINISCH, C. TIETJE. *EU and Investment Agreements*. Baden-Baden: Nomos Verlagsgesellschaft, 2013, pp.121-144

LEYS, David. EU Competence in Foreign Direct Investment: Will the EU Court of Justice End the Controversy?. *Global Trade and Customs Journal*, 2015, vol. 10, no 7/8.

LÓPEZ ESCUDERO, M., Contrôle externe et confiance mutuelle : deux éléments clés du raisonnement de la Cour de justice dans l'avis 2/13, *Revue des affaires europeennes*, Nº 1, 2015, pp.93-107.

LÓPEZ ESCUDERO, M., Arbitrajes de inversiones contra España por los recortes en los incentivos a la generación eléctrica mediante energías renovables. En J. MARTÍN Y PÉREZ DE NANCLARES (Coord.), España y la práctica del Derecho internacional: LXXV Aniversario de la Asesoría Jurídica Internacional del MAEC, 2014, pp.223-265.

LI, Y., BIAN, C. China's stance on investor-state dispute settlement: Evolution, challenges, and reform options. *Netherlands International Law Review*, 2020, 67(3), pp.503-551.

MALLO, T. SANAHUJA, J.A. (coords.) *Las Relaciones de la Unión Europea con America Latina y el Caribe.* Madrid: Fundación Carolina/ Siglo XXI. 2011

MAFI, H. A Review of the Iran-United States Claims Tribunal. *Revista Misión Jurídica*, 2020, 13(19), pp.98 -119.

MANNERS, I. Normative Power Europe: A Contradiction in Terms? *Journal of Common Market Studies.* 2002, 40(2), 235-58. DOI: https://doi.org/10.1111/1468-5965.00353

MARÍN DURÁN,G. Untangling the International Responsibility of the European Union and Its Member States in the World Trade Organization Post-Lisbon: A Competence/Remedy Model. *European Journal of International Law*, 2017, 28(3), pp. 697–729.

MARKERT, L. The crucial question of future investment treaties: balancing investors' rights and regulatory interests of host states. En M. BUNGENBERG, J. GRIEBEL, S. HINDELANG. *European Yearbook of International Economic Law. Special Issue: International Investment Law and EU Law.* Berlin, Heidelberg: Springer, 2011. pp. 145-171.

MARQUIS, L. The evolution of the EU investment policy since the Lisbon Treaty: From a conservative to an innovative policy? En M. TELÓ, A. WEYEMBERGH (eds.) *Supranational Governance at Stake.* Routledge, 2020. p. 224-237.

MARTÍN PÉREZ DE NANCLARES, J. Sin Tratado de Lisboa y en un escenario de crisis financiera global: sobre la necesidad de buscar el tercer impulso al proceso de integración. *Revista General de Derecho Europeo*, 2008, no 17, p. 1.

MARTÍN Y PÉREZ DE NANCLARES, J., URREA CORRES, M. *Tratado de Lisboa.* Madrid: Real Instituto Elcano de Estudios Internacionales y Estratégicos, Marcial Pons, 2008., p.22

MAYDELL, N. The European Community´s Minimum Platform on Investment or the Trojan Horse of Investment Competence". En A. REINISCH, C. KNAHR, (eds.). *International Investment Law in context.* 2008, Eleven, pp.73-92.

MBENGUE, M., SCHACHERER, S. The 'Africanization' of international investment law: the Pan-African investment code and the reform of the international investment regime. *Journal of World Investment and Trade,* 2017, 18(3), pp.414–448.

MERRIL, E., DIETRICCH BRAUCH, M. U.S. Climate Leadership must reject ISDS: As the United States faces another $15 billion suit from the fossil fuel industry, it´s time for President Biden to take a decisive stance [en línea] *CCSI News,* 13 julio 2021. https://cutt.ly/5SngzRX

MEUNIER, S. Integration by stealth: How the European Union gained competence over foreign direct investment. *Journal of Common Market Studies,* 2017, 55(3), pp.593-610.

MEUNIER, S., MORIN, J.F. The European Union and the space-time continuum of investment agreements. *Journal of European Integration,* 2017, 39(7), pp.891-907.

MILES, K. *The origins of international investment law.* New York: Cambridge University Press, 2013

MINEUR, A. Compatibility with EU law is not real issue with ISDS, *EU Observer,* 30 April 2019.

MISTELIS, A. Award as an Investment: The Value of an Arbitral Award or the Cost of Non-Enforcement. *ICSID Review,* 2013, 28 (1), pp.1-24.

MOHAMADIEH, K. The Future of Investor-State Dispute Settlement Deliberated at UNCITRAL: Unveiling a Dichotomy between Reforming and Consolidating the Current Regime. *Investment Policy Brief,* 2019, South Centre 16, 2019, pp.1-14.

MOHAMADIED, K. Alternatives to Arbitration in Reforming Investor-State Dispute Settlement. En M.ANDERSON, B. BEAUMONT (eds). *The Investor-State Dispute Settlement System: Reform, Replace or Status Quo?* Kluwer Law International, 2020. pp.319-337.

MORENO, L., PEREZ IBAÑES, C. La nueva política de la Unión Europea de protección de inversiones. *Arbitraje: revista de arbitraje comercial y de inversiones.* 2014, 7(1), pp.35-60.

MORRIS-SHARMA, N., NG, K. Reaping the first fruits of Uncitral ISDS reform: the Codes of Conduct for Adjudicators. En Giorgetti, C., TITI,

C.(eds.). *Ethics and Investor-State Dispute Settlement.* Brill (*en proceso de publicación*).

NAGY, C. Free trade, public interest and reality: new generation free trade agreements and national regulatory sovereignty. Public Interest and Reality: New Generation Free Trade Agreements and National Regulatory Sovereignty. *Czech Yearbook of International Law*, 2018, vol. 9, p. 197-216.

NAGY, C. Intra-EU Bilateral Investment Treaties and EU Law After Achmea: "Know Well What Leads You Forward and What Holds You Back". *German Law Journal.* 2018, 19(4), pp.981-1016.

NARDELL, Q.C., REES-EVANS, L. The agreement terminating intra-EU BITs: are its provisions on 'New' and 'Pending' Arbitration Proceedings compatible with investors' fundamental rights? Arbitration International, 2021, 37(1), pp.197–237.

NEFRAMI, E. Permanent Investment Courts and the EU Legal Order. En G. UNUVAR, J. LAN, S. DOTHAN (eds.), *European Yearbook of International Economic Law. Permanent Investment Courts.* Cham: Springer, 2020, p. 27-51.

NEFRAMI, E. The competence to conclude the EU's new generation of free trade agreements: lessons from Opinion 2/15. En J. Chaisse (ed.). *China-European Union Investment Relationships.* London: Edward Elgar Publishing, 2018, pp.32-58.

NEWCOMBE, A., PARADELL, L. *Law and practice of investment treaties: standards of treatment.* Kluwer Law International BV, 2009.

NOLAN, M. Challenges to the Credibility of the Investor-State Arbitration System." *American University Business Law Review*, 2016, 5(3), pp.429-445.

NOTTAGE, L. The Rise and Possible Fall of Investor-State Arbitration in Asia: A Skeptic's View of Australia's 'Gillard Government Trade Policy Statement'. *Sydney Law School Research Paper*, 2011, No. 11/32, pp.1-26. Recuperado de: https://ssrn.com/abstract=1860505

ODERMAT, J. The Court of Justice of the European Union: International or Domestic Court? *Cambridge Journal of International and Comparative Law*, 2014, 3(3), pp.696–718.

ODERMAT, J. The Principle of Autonomy: An Adolescent Dissease of EU External Relations Law. En M. CREMONA, *Structural Principles in EU External Relations Law.* Oxford, Portland: Hart Publishing, 2018, pp.291-316.

ODERMATT, J. When a fence becomes a cage: the principle of autonomy in EU external relations law. *EUI Working Papers*, 2016, MPW 2016/07, pp.1-19.

OJINAGA RUIZ, R., LEIVA, M.L. EU as a Driver in the Judicialization Process of International Investment Disputes: ISDS Reform and EU Judicial System. En A. GOURGOURINIS (ed.). *European Yearbook of International Economic Law: Transnational Actors in International Investment Law*. Cham: Springer, 2021. pp. 19-44.

OJINAGA, R., "La Unión Europea y los Estados miembros en los procedimientos de arreglo jurisdiccional de controversias de la CNUDM", *Revista de Derecho Comunitario Europeo*, 2016, 55, pp.977-1018.

OLIVET, C. Why did Ecuador terminate all its bilateral investment treaties. *Transnational Institute*, 2017, vol. 25.

OLMOS GIUPPONI, B. Nature and Powers of Arbitrators in the New Generation of International Investment Agreements: An Exploratory Research Agenda. En K. fach (ed.) *La política de la Unión Europea en materia de derecho de las inversiones/ EU Policy on International Investment Law*. Barcelona, JMB Bosch, 2017, pp.255-278.

ORREGO VICUÑA, F. Individuals and non-State entities before international courts and tribunals. Max Planck Yearbook of United Nations Law, 2001. 5 (1), pp.53-66

PANTALEO, L. Investment Disputes under CETA: From Gold Standars to Best Practices?. *European Business Law Review*, 2017, 28(2), pp.163-184.

PANTALEO, L. Lights and Shadows of the TTIP Investment Court System. En L.PANTALEO, W. DOUMA, T. TAKÁCS, (eds.). Tiptoeing to TTIP: What Kind of Agreement for What Kind of Partnership. *CLEER Paper*, 2016, 1/2016, T.M.C. Asser Institute, pp.77-92.

PANTALEO, L. Respondent status and allocation of international responsibility under EU investment agreements. *European Papers-A Journal on Law and Integration*, 2016, 1(3), pp.847-860.

PANTALEO, L. *The Participation of the EU in International Dispute Settlement. Lessons from EU Investment Agreements*. The Hague: Springer, 2019.

PANTALEO, L. *The Participation of the EU in International Dispute Settlement: Lessons from EU Investment Agreements*. Berlin: TMC Asser Press Springer, 2019.

PAPARINSKIS, M. *The international minimum standard and fair and equitable treatment*. Oxford: Oxford University Press, 2013

PARRA, A. Establishing ICSID: an idea that was "in the air", *OUP blog*, 8 September 2015

PARRA, A. *The history of ICSID*. Oxford: Oxford University Press, 2012.

PASCHALIDIS, P. Arbitral tribunals and preliminary references to the EU Court of Justice. *Arbitration International*, 2017, 33 (4), pp.663-685.

PASCUAL VIVES, F. La responsabilidad financiera y la participación en el arbitraje de inversiones de la Unión Europea y sus Estados miembros a la luz del Reglamento (UE) núm. 912/2014. *Revista Española de Derecho Internacional*, 2015, 67(1), pp.294-298

PASCUAL VIVES, F. ¿Hay alternativas al arbitraje de inversión?: Redefiniendo la solución de las controversias relativas a inversiones extranjeras. En K. FACH GÓMEZ (ed.). *La Política de la Unión Europea en materia de Derecho de las Inversiones Internacionales: EU Policy on International Investment Law.* Barcelona: J.M. Bosch Editor, 2017, pp.175-200.

PASCUAL VIVES, F. El subsistema regional comunitario ante el régimen internacional de protección de las inversiones extranjeras. *Revista de Derecho Comunitario Europeo*, 2010, 36 (14), pp. 467-495.

PASCUAL VIVES, F. La Unión Europea y el Arbitraje de Inversión en CETA y TTIP. *Revista Española de Derecho Internacional*, 2017, 69 (1), pp.287-294.

PASCUAL VIVES, F. *La legitimación activa del individuo en el arbitraje de inversión.* Navarra: Thompson Reuters Aranzadi, 2019.

PASTOR RIDRUEJO, A. *Curso de Derecho Internacional Público y Organizaciones Internacionales.* (23ª ed.). Madrid: Tecnos, 2019

PASTOR RIDRUEJO, J.A. *Curso de Derecho Internacional Público* (2ª ed.). Madrid: Tecnos, 1987.

PEARSALL, P. The Role of the State and the ISDS Trinity. *AJIL Unbound*, 2018, 112, pp.249-254.

PEREZ BERNARDEZ, M. Las relaciones de la Unión Europea con organizaciones internacionales: análisis jurídico de la práctica institucional. (Tesis doctoral). Universidad Complutense de Madrid, 2015. Recuperado de https://eprints.ucm.es/id/eprint/53797/1/5317379998.pdf p.347

PEREZ DE LAS HERAS, B. The European Union in international investment governance: A hybrid approach to dispute settlement. *Romanian Journal of European Affaires*, 2018, vol. 18, pp.77-93

PERRY, S. Is Argentina about to leave ICSID? *Global Arbitration Review*, 25 January 2013

PETERS, A. *Beyond Human Rights.The Legal Status of the Individual in International Law.* Cambridge University Press, 2016

PETERSON, E. Analysis: what did governments agree (and disagree) on at recent UNCITRAL meetings on investor-State dispute settlement reform? [en línea]. *IAReporter*, 4 enero 2018.

PETERSON, E. UNCITRAL Meetings on ISDS Reform Get Off to Bumpy Start, as Delegates Can't Come to Consensus on Who Should Chair Sensitive Process – Entailing a Rare Vote [en línea]. *IAReporter*, 9 diciembre 2017. https://www.iareporter.com/articles/uncitral-meetings-on-isds-reform-gets-off-to-bumpy-start-as-delegations-cant-come-to-consensus-on-who-should-chair-sensitive-process-entailing-a-rare-vote/

POHL, J., MASHIGO, K., NOHEN, D. Dispute Settlement Provisions in International Investment Agreements: A Large Sample Survey. *OECD Working Papers on International Investment*, 2012, No. 2012/02, OECD Publishing, Paris.

POLANCO, R. *The return of the home state to investor-state disputes: bringing back diplomatic protection?* Cambridge: Cambridge University Press, 2019

POLANCO, R. Is there a life for Latin American countries after denouncing the ICSID convention?. *Transnational Dispute Management*, 2014, *11*(1).

POLETTI, A. *The European Union and multilateral trade governance: the politics of the Doha round.* London: Routledge, 2012.

POLLACK, M. The New, New Sovereigntism, or How the European Union Became Disenchanted with International Law and Defiantly Protective of Its Domestic Legal Order. En Ch. GIORGETTI, G. VERDIRAME, *Whither the West? International Law in Europe and the United States.* Cambridge: Cambridge University Press, 2021, pp.73-112

PRIETO MUÑOZ, J.G. Evolución del derecho internacional de inversiones: hacia un régimen global estable. *Foro: revista de derecho*, 2012, N.° 17, pp.5-30.

PUCCIO, L., HARTE, R. From arbitration to the Investment Court System (ICS): The evolution of CETA rules. European Parliament Research Services, 2017. PE607.251

PUIG, S. Emergence & dynamism in international organizations: ICSID, investor-state arbitration & international investment law. *Geo. J. Int'l L.*, 2012, *44*, pp.531-592. Recuperado de https://jeanmonnetprogram.org/wp-content/uploads/2014/12/Puig.pdf

PUIG, S., SHAFFER, G. Imperfect alternatives: institutional choice and the reform of investment law. *American Journal of International Law*, 2018, *112*(3), pp.361-409.

PUIG, S., STREZHNEV, A. The David Effect and ISDS, European Journal of International Law, 2017, 28(3), pp.731-761

QUES, J. T. Desequilibrios externos globales y cooperación internacional ¿Dónde estamos? *Estudios de Economía Aplicada,* 2014, 32(3), pp.911-934.

QUES, J. T. *Economía internacional: globalización e integración regional* (6ª ed.). Madrid: McGraw-Hill Interamericana, 2006.

QUES, J. T. La economía internacional en el S.XX. *Revista Asturiana de Economía,* Nro. 16, pp.113-128.

RALSTON, J. H. *Venezuelan Arbitrations of 1903.* Washington: Government Printing

RANJAN, P., ANAND, P. The 2016 Model Indian Bilateral Investment Treaty: a critical deconstruction. *Northwestern Journal of International Law and Business,* 2017, 38(1), pp.1-53

RECIO SAN EMETERIO, S. El Arbitraje De Inversiones Entre La Unión Europea Y Singapur: ¿Del Arbitraje De Diferencias Estado-Inversor a Un Sistema De Tribunales De Inversiones? *Estudios de Deusto,* 2019, 67(1), pp.353-83.

REINISCH, A. The EU on the Investment Path, Quo Vadis Europe-The Future of EU BITs and Other Investment Agreements. *Santa Clara J. Int'l L.,* 2013, vol. 12, pp.111-157

REINISCH, A. The European Union and Investor-State Dispute Settlement: From Investor-State Arbitration to a Permanent Investment Court. Investor-State Arbitration. Series, 2016, Paper No. 2, Centre for International Governance Innovation, pp.1-29. Recuperado de: https://www.cigionline.org/sites/default/files/isa_paper_series_no.2.pdf

REINISCH, A. The scope of investor-state dispute settlement in international investment agreements. *Asia Pacific Law Review,*2013, *21*(1), pp.3-26.

REINISCH, A. Will the EU's Proposal Concerning an Investment Court System for CETA and TTIP Lead to Enforceable Awards? – The Limits of Modifying the ICSID Convention and the Nature of Investment Arbitration. *Journal of International Economic Law,* 2016, Nro.19, pp.761-786.

REINISCH, A. The proliferation of international dispute settlement mechanisms: the threat of fragmentation vs. the promise of a more effective system? Some reflections from the perspective of investment arbitration. En I. BUFFARD, *et al.* (eds.) *International Law between Universalism and Fragmentation.* Brill Nijhoff, 2008, pp.107-126.

REISMAN, W. International Investment Arbitration and ADR: Married but Best Living Apart. *ICSID Review*. 2009, 24 (1), pp.185-192.

REMIRO BRÓTONS, A. *Derecho Internacional Público. Principios Fundamentales.* Madrid: Tecnos. 1982

Republic of South Africa, Government Gazzete, No. 39514, 15 December 2015. http://www.thedtic.gov.za/wp-content/uploads/Investment_Act_22of2015.pdf

ROBERTS, A. Clash of paradigms: actors and analogies shaping the investment treaty system. *American journal of international law(AJIL),* 2013, vol. 107, no 1, pp. 45-94.

ROBERTS, A. Incremental, Systemic and Paradigmatic Reform of Investor-State Arbitration, 112 *American Journal of International Law,* 2018, pp.410-433

ROBERTS, A. Investment Treaties: The Reform Matrix. *AJIL Unbound,* 2018, 112, pp.191-196.

ROBERTS, A. State-to-state investment treaty arbitration: a hybrid theory of interdependent rights and shared interpretive authority. *Harvard International Law Journal,* 2014, 55(1), pp. 1-70

ROBERTS, A., BOURAOUI Z., UNCITRAL and ISDS Reforms: Concerns about Consistency, Predictability and Correctness, *EJIL TALK!* 5 June 2018

ROBERTS, A., BOURAOUI, Z. UNCITRAL and ISDS Reforms: What are States' Concerns?, *EJITALK!* 5 June 2018

ROBERTS, A., ST JOHN, T. Complex Designers and Emergent Design: Reforming the Investment Treaty System. *American Society of International Law.* 2021, 116 (1), pp.96-149.

ROBERTS, A., ST JOHN, T. UNCITRAL and ISDS Reform (Hybrid): Islands of Persuasion [en línea], *EJIL: TALK!,* 18 marzo 2022. https://www.ejiltalk.org/uncitral-and-isds-reform-hybrid-islands-of-persuasion/

ROBERTS, A., ST JOHN, T. UNCITRAL and ISDS Reform (Hybrid): Season 5- Watching the Grass Grow, *EJIL TALK!,* 24 November 2021.

ROBERTS, A., ST JOHN, T. UNCITRAL and ISDS Reform (Online): Can You Hear Me Now? *EJIL TALK!* 13 October 2020.

ROBERTS, A., ST JOHN, T. UNCITRAL and ISDS Reform (Online): Crossing the Chasm, *EJIL TALK!* 17 February 2021.

ROBERTS,A. ST JOHN,T. UNCITRAL and ISDS Reform: Lifelong learning, *EJILTALK!* 23 november 2023.

ROBERTS, A., ST JOHN, T. UNCITRAL and ISDS Reform: Not Business as Usual, *EJIL TALK!* 11 December 2017.

ROBERTS, A., ST JOHN, T. UNCITRAL and ISDS Reform: Visualising a Flexible Framework, 2019, pp.1-11 Recuperado de: https://ssrn.com/abstract=3474284

ROBERTS, A., ST JOHN, T. UNCITRAL and ISDS Reforms: Battles over Naming and Framing, *EJIL TALK!* 30 April 2019.

ROBERTS, A., ST JOHN, T. Uncitral and ISDS Reforms: China´s Proposal, , *EJIL TALK!* 5 August 2019

ROSAS A. The European Court of Justice in context: forms and patterns of judicial dialogue. *European Journal of Legal Studies,* 2007, 1(2), pp.1-16. Recuperado de Cadmus, European University Institute Research Repository http://hdl.handle.net/1814/7706

ROSAS, A. Mixity and the Common Commercial Policy after Opinion 2/15. En M. HAHN, G. VAN DER LOO, *Law and Practice of the Common Commercial Policy.* Leiden, The Netherlands: Brill | Nijhoff, 2020, pp.27-46

ROSAS, A. The EU and international dispute settlement. *Europe and the World,* 2017, 1(1), pp.1-29.

SACHS, L. *et al.* The UNCITRAL Working Group III Work Plan: Locking in a Broken System? [en línea], *Columbia Center on Sustainable Investment,* 4 mayo 2021. https://mailchi.mp/law/the-uncitral-working-group-iii-work-plan-locking-in-a-broken-system?e=52229118f4

SACHS, L.E., SAUVANT, K.P. BITs, DTTs, and FDI flows: An Overview. En, L. SACHS., P. SAUVANT. *The Effect of Treaties on Foreign Direct Investment: Bilateral Investment Treaties, Double Taxation Treaties and Investment Flows.* New York: Oxford University Press.2009, pp.1-27.

SALACUSE, J. BIT by BIT: The Growth of Bilateral Investment Treaties and Their Impact on Foreign Investment in Developing Countries. *The International Lawyer,* 1990, *24*(3), pp.655-675. Recuperado de: http://www.jstor.org/stable/40706447

SALACUSE, J. *The Law of Investment Treaties.* Oxford: Oxford University Press, 2021.

SALACUSE, J. The Treatification of International Investment Law and Business Review of the Americas, 2007. 13(1), pp.155-166.

SAMPLES, T. Wining and Losing in Investor-State Dispute Settlement. American Business Law Review. 2019, 56 (1), pp.115-175.

SANGIUOLO, G. An international court system for a transformative Europe?. In I. BOSSE-PLATIÈRE, C. RAPOPORT (eds.). *The conclusion and implementation of EU free trade agreements*, Cheltenham: Edward Elgar Publishing Limited, 2019. pp.271-287

SARDINHA, E. The New EU-Led Approach to Investor-State Arbitration: The Investment Tribunal System in the Comprehensive Economic Trade Agreement (CETA) and the EU–Vietnam Free Trade Agreement. *ICSID Review-Foreign Investment Law Journal*, 2017, 32(3), pp.625-672.

SAUVANT, K. An Advisory Centre on International Investment Law: Key Features. Academic Forum on ISDS, 2019, Concept Paper 2019/14, pp.1-17.

SAUVANT, K. The Evolving International Investment Law and Policy Regime: Ways Forward. E15 Task Force on Investment Policy – Policy Options Paper. E15Initiative. Geneva: International Centre for Trade and Sustainable Development (ICTSD) and World Economic Forum, 2016, p.4

SAUVANT, K., ORTINO, F. The need for an international investment consensus-building process. *Columbia FDI Perspectives*, Nro.101, 23 September 2013.

SCHACHERER, S. Can EU member states still negotiate bits with third countries? *Investment Treaty News* 10 August 2016.

SCHILL, S. Editorial: The Mauritius Convention on Transparency. *Journal of World Investment & Trade*, 2015, 16, pp.201-204.

SCHILL, S. Editorial: Five Times Transparency in International Investment Law. Special Issue: The Anatomy of the (Invisible) EU Model BIT; EU Commission's Public Consultation on TTIP; UNCITRAL Rules on Transparency; Freedom of Information Acts; Off to New Shores... *Journal of World Investment & Trade*, 2014, 15(3), pp.363-374.

SCHILL, S. Editorial: US versus EU Leadership in Global Investment Governance. *The Journal of World Investment & Trade*, 2016, 17(1), pp.1-6.

SCHILL, S. Investor-State Dispute Settlement Reform at UNCITRAL: A Looming Constitutional Moment?: 2017 Roll of Honors–Changes to the Masthead. *The Journal of World Investment & Trade*, 2018, 19(1), pp.1-5.

SCHILL, S. Luxembourg Limits: Conditions for Investor-State Dispute Settlement under Future EU Investment Agreements. En M. BURGENBERG, A. REINISCH, A., C. TIETJE (eds). *EU and Investment Agreements: Open Questions and Remaining Challenges*, Baden Baden: Nomos/Hart, 2013, pp.37-54

SCHILL, S. Private Enforcement of International Investment Law: Why We Need Investor Standing in BIT Dispute Settlement. En M. WAIBEL *et alt* (eds). *The Backlash Against Investment Arbitration. Perceptions and Reality*. Alphen aan den Rijn: Kluwer, 2010, pp.29-50.

SCHILL, S. The Sixth Path: Reforming Investment Law from Within, Society of International Economic Law. Fourth Biennial Global Conference of the Society of International Economic Law (SIEL), 2014, Working Paper No. 2014/02, Recuperado de: SSRN: https://ssrn.com/abstract=2446918

SCHILL, S. W. Luxembourg limits: conditions for investor-state dispute settlement under future EU investment agreements. En M. BURGENBERG, A. REINISCH, C. TIETJE. *EU and Investment Agreements*. Baden-Baden: Nomos Verlagsgesellschaft, 2013, pp,37-54.

SCHILL, S., VIDIGAL, G. Cutting the Gordian Knot: Investment Dispute Settlement à la Carte, I-ADB, ICTSD, RTA exchange, 2018, pp.1-24 Recuperado de: https://bit.ly/3zH2DMi

SCHILL, S., VIDIGAL, G. Investment dispute settlement à la carte within a multilateral institution: A path forward for the UNCITRAL process?. *Columbia FDI Perspectives,* No. 248, 25 March 2019.

SCHILL, S.; VIDIGAL, G. Designing investment dispute settlement à la carte: insights from comparative institutional design analysis. *The Law & Practice of International Courts and Tribunals,* 2020, 18 (3), pp.314-344.

SCHILL, S.W. The Sixth Path: Reforming Investment Law from Within. En *Reshaping the Investor-State Dispute Settlement System.* Brill Nijhoff, 2015. p. 621-652.

SCHLEMMER, E. Dispute Settlement in Investment Related Matters: South Africa and the BRICS. *AJIL Unbound,* 2018, pp.212-216.

SCHNEIDERMAN, D. *Constitutionalizing Economic Globalization: Investment Rules and Democracy's Promise.* Cambridge University Press, 2008.

SCHREUER, C. Denunciation of the ICSID Convention and Consent to Arbitration. En M. WAIBEL, *et alt* (eds). *The Backlash Against Investment Arbitration. Perceptions and Reality*. Alphen aan den Rijn: Kluwer, 2010, pp.353-368.

SCHREUER, C. *et alt* . *The ICSID Convention: A Commentary*. Cambridge: Cambridge University Press, 2009.

SCHWARZENBERGER, G. The Abs-Shawcross Draft Convention on investments abroad: a critical commentary. *J. Pub. L.,* 1960, 9, 147, pp.213-246.

SCHWIEDER, R. Lessons for a Future Advisory Center on International Investment Law. *Columbia FDI Perspectives,* Nro.241. 17 diciembre 2018.

SCHWIEDER, R. TTIP and the Investment Court System: A New (and Improved) Paradigm for Investor-State Adjudication. *Columbia Journal of Transanational Law,* 2016, 55 (1), pp.178-227.

SHAN, W. Y ZHANG, S. The Potential EU-China BIT: Issues and Implications, en M. BURGENBERG, A. REINISCH, A., C. TIETJE (eds). EU and Investment Agreements: Open Questions and Remaining Challenges, Baden Baden: Nomos/Hart.2013, pp.87-119

SILVA, R. L. Globalização e regionalismo no cenário da nova ordem internacional. *Revista da Faculdade de Direito da UFMG,* 2009, 55. 141-164

SILVEREKE, S.E. *The New Generation of Bilateral Free Trade Agreements-A New Legal Instrument of the Union's External Action.* University of Luxembourg, 2018. (Phd Thesis) https://orbilu.uni.lu/handle/10993/38888

SIMMONS, B. A., ELKINS, Z., & GUZMAN, A. T. Competing for capital: The diffusion of bilateral investment treaties, 1960-2000. En M. WAIBEL, *et al.* (eds) *The Backlash Against Investment Arbitration. Perceptions and Reality.* Alphen aan den Rijn: Kluwer, 2010, pp.369-405.

SINGH, S. Analyzing Features of Investment Court System Under CETA and EUVIPA: Discussing Improvement in the System and Clarity to Clauses, *Kluwer Arbitration Blog,* 8 February 2019.

SINGH, S. Report on negotiating directives for a convention establishing a multilateral court for the settlement of investment disputes, *JGU Digital Archives,* (Institutional repository of O.P. Jindal Global University), 13 abril 2019.

SÖDERMAN, M. India's 2016 Model Bilateral Investment Treaty : A backlash to the Calvo doctrine and legal nationalism? (Dissertation), 2020. Recuperado de http://urn.kb.se/resolve?urn=urn:nbn:se:su:diva-183512</div

SORNARAJAH, M. The Unworkability of "Balanced Treaties" and the Importance of Diversity of Approach Among the BRICS. *AJIL Unbound,* 2018, 112, pp.223-227.

SORNARAJAH, M. Starting Anew in International Investment Law. *Columbia FDI Perspectives* No.74, 16th July 2012.

SORNARAJAH, M. Starting anew in international investment law. *Columbia FDI Perspectives,* Nro 74, 16 July 2012.

SORNARAJAH, M. *The International Law on Foreign Investment* (3rd ed.). Cambridge: Cambridge University Press, 2010.

SORNARAJAH, M. Towards Normlessness: The Ravage and Retrat of Neo-Liberalism in International Investment Law, en K. SAUVANT (ed.).

Yearbook on International Investment Law and Policy 2009-2010. NY: Oxford University Press, 2010.

SOUSA RODRIGUES, B. UNCITRAL and the Governance of International Investments. En A. GOURGOURINIS (ed.) *European Yearbook of International Economic Law Special Issue: Transnational Actors in International Investment Law.* Cham: Springer, 2020, pp.1-18.

SQUATRITTO, T. The Democratizing Effects of Transnational Actors´Access. *Global Governance.* 2018, 24(4), pp.595-613.

ST JOHN, T. The Creation of Investor–State Arbitration. En T. SCHULTZ, F.ORTINO. (eds.). *The Oxford Handbook of International Arbitration.* Oxford: Oxford University Press, 2020, pp.792-814.

STEGMANN, P.T. *European Yearbook of International Economic Law: Responsibility of the EU and the Member States under EU International Investment Protection Agreements.* Heidelberg: Springer, 2019.

SUBEDI, S. *International Investment Law. Reconciling Policy and Principle.* (4th ed.) Oxford: Hart Publishing, 2020

SUCIU GRAVRILOAIE, D. El marco jurídico de las inversiones en la nueva generación de acuerdos de comercio e inversión de la Unión Europea. Pamplona: Aranzadi, 2023.

SVOBODA, O. EU Reform Agenda in Defence of the Judicialization of International Economic Law. *European Foreign Affairs Review,* 2020. 25(2), pp.177-196.

SVOBODA, O. UNCITRAL Working Group III and Multilateral Investment Court–Troubled Waters for EU Normative Power. European Investment Law and Arbitration Review Online, 2022, 6 (1), pp.104-126.

TAMBURINI, F. Historia y destino de la "Doctrina Calvo": ¿actualidad u obsolescencia del pensamiento de Carlos Calvo?. *Revista de Estudios Histórico-Jurídicos,* 2002, n.° 24. pp.81-101. http://dx.doi.org/10.4067/S0716-54552002002400005

TAMS, C. An Appealing Option? The debate about an ICSID appellate structure. The Debate About an ICSID Appellate Structure [en línea]. Essays in Transnational Economic Law Working Paper, Nro.57, 3 junio 2006.

TAMS, J. Is There A Need for an ICSID Appellate Structure? En R. HOFFMAN, C. TAMS (eds.) *The International Convention For The Settlement Of Investment Disputes: Taking Stock After 40 Years.* Baden Baden: Nomos, 2007, pp.223-250.

The arbitration game, 11 October 2014, *The Economist* https://www.economist.com/finance-and-economics/2014/10/11/the-arbitration-game

Thousands protest against CETA and TTIP in Brussels, DW *Deutsche Welle*, 20 September 2016. https://www.dw.com/en/thousands-protest-against-ceta-and-ttip-in-brussels/a-19564581

TIENHAARA, Kyla. Regulatory chill and the threat of arbitration: a view from political science. *Evolution in Investment Treaty Law and Arbitration, Chester Brown, Kate Miles, eds., Cambridge University Press*, 2011, pp.606-628.

TIENHAARA,K. & RANALD,P. Australia's rejection of Investor-State Dispute Settlement: Four potential contributing factors, *IISD.org*, 12 July 2011.

TIETJE, C., NOWROT, K., WACKERNAGEL, C. *Once and Forever?: The Legal Effects of a Denunciation of ICSID*. Inst. für Wirtschaftsrecht, 2008, pp.1-33. Recuperado de https://institut.wirtschaftsrecht.uni-halle.de/sites/default/files/altbestand/Heft74.pdf

TITI, C. EU investment agreements and the search for new balance: A paradigm shift from laissez faire liberalism toward embedded liberalism? *Columbia FDI Perspectives*. No.86, 17 January 2013

TITI, C. A Stronger Role for the European Parliament in the Design of the EU's Investment Policy as a Legitimacy Safeguard. 2017. *Columbia FDI Perspectives*, Nro. 209, 25 September 2017.

TITI, C. Are investment tribunals adjudicating political disputes?. *Journal of International Arbitration*, 2015, *32*(3), pp.261-288.

TITI, C. Control constitucional y derecho internacional de inversiones a través de cuatro sentencias constitucionales en Colombia, Ecuador, y la Unión Europea (Constitutional Review and International Investment Law in Light of Four Constitutional Decisions in Colombia, Ecuador and the European Union). En G. BOTTINI, A. CHEHTMAN (eds), *Revista Latinoamericana de Derecho Internacional*, Número especial (*Forthcoming*) Recuperado de: https://papers.ssrn.com/sol3/papers.cfm?abstract_id=3569510

TITI, C. International investment law and the European Union: towards a new generation of international investment agreements. *European Journal of International Law*, 2015, 26(3), pp.639-661.

TITI, C. Opinion 1/17 and the future of investment dispute settlement: implications for the design of a multilateral investment court. En L. SACHS, L. JOHNSON, J. COLEMAN. *Yearbook on International Investment Law & Policy*. Oxford: Oxford University Press, 2020, pp.514-542.

TITI, C. Procedural Multilateralism and Multilateral Investment Court. En E. FAHEY (ed.) *Institutionalisation beyond the Nation State: Transatlantic Relations – Data Privacy and Trade Law.* Cham: Springer, 2018, pp.149-164

TITI, C. The European Union´s Proposal for an International Investment Court: Significance, Innovations and Challenges Ahead. Transnational Dispute Management, 2017, n.º14, pp.1-35.

TITI, C. The Evolving BIT: A Commentary on Canada´s Model Agreement, , *Investment Treaty News,* 26 June 2013.

TITI, C. *The Right to Regulate in International Investment Law.* Baden-Baden: Nomos/Hart, 2014.

TITI, C. Courses of the Summer School on Public International Law. The Right to Regulate in International Investment Law (Revisited). International and Comparative Law Researcher, 2022.

TITI, C. Who's Afraid of Reform? Beware the Risk of Fragmentation. *AJIL Unbound,* 2018, 112, pp.232-236.

TORRENT, R. Derecho comunitario e Inversiones extranjeras directas: Libre circulación de los capitales vs. Regulación no discriminatoria del establecimiento. De la *golden share* a los nuevos *open skies. Revista española de derecho europeo,* 2007, nº 22, pp.283-312.

TORRENT, R. El règim jurídic del comerç internacional de serveis en el marc de la UE i l'OMC. *Paradigmes: economia productiva i coneixement,* 2010, pp.27-34.

TORTEROLA, I. GOSIS, B. Argentina. En HAMILTON, J. GARCÍA BOLÍVAR, O., OTERO, H. Latin American Investment Protections. Leiden, The Netherlands: Martinus Nijhoff Publishers. 2012, pp.5-52.

TRAKMAN, L. Australia's Rejection of Investor-State Arbitration: A Sign of Global Change. En L. TRAKMAN, N. RANIERI. *Regionalism in International Investment Law,* Oxford: Oxford University Press, 2013, pp.344-373.

TRAKMAN, L. Investor-State arbitration: evaluating Australia's evolving position. *Journal of World Investment & Trade,* 2014, vol. 15, no 1-2, pp.152-192.

TREW, S. Correcting the democratic deficit in the CETA negotiations: Civil society engagement in the provinces, municipalities, and Europe. *International Journal,* 2013, 68(4), pp.568–575. Recuperado de https://journals.sagepub.com/doi/pdf/10.1177/0020702013509313

TRUYOL Y SERRA, A. *Historia del Derecho Internacional Público.* Madrid: Tecnos, 1998.

TUGORES QUES, J. *Economía Internacional: Globalización e Integración Regional.* Madrid: McGraw Hill, 2006.

Un futuro tribunal multilateral de inversiones. Comisión Europea, Zona de prensa, 13 de diciembre de 2016. https://ec.europa.eu/commission/presscorner/detail/es/MEMO_16_4350

VACCARO INCISA, G. Can a party from a E.U Member State Invoke a BIT against another E.U Member State? Geneva Master in International Dispute Settlement. 2009

VALLEJO-COOLEY, D. India: ¿momento adecuado para reestructurar las inversiones extranjeras en el país?, *Expansión*, 31 enero 2018.

VAN DER LOO, G. Opinion 1/17: Legitimising the EU's Investment Court System but Raising the Bar for Compliance with EU Law. En M. HAHN, G. VAN DER LOO, *Law and Practice of the Common Commercial Policy.* Leiden, The Netherlands: Brill | Nijhoff, 2020, pp.98-127.

VAN HARTEN, G. A case for an international investment court. Society of International Economic Law (SIEL) Inaugural Conference, 2008, Working Paper N.22/08, pp.1-32 Recuperado de: https://ssrn.com/abstract=1153424

VAN HARTEN, G. Canada's Non-Reciprocal BIT with China: Would the US or Europe Do the Same? *Columbia FDI Perspectives*. No. 136, 8 December 2014. Recuperado de http://ccsi.columbia.edu/files/2013/10/No-136-Van-Harten-FINAL.pdf

VAN HARTEN, G. *Investment Treaty Arbitration and Public Law.* Oxford, NY: Oxford University Press, 2007.

VAN HARTEN, G. Private authority and transnational governance: the contours of the international system of investor protection. *Review of International Political Economy*, 2005, vol. 12, no 4, p. 600-623.

VAN HARTEN, G. The European Union's Emerging Approach to ISDS: A Review of the Canada-Europe CETA, Europe-Singapore FTA, and European-Vietnam FTA. *U. Bologna L. Rev.*, 2016, vol. 1, pp.138-165.

VAN HARTEN, G., LOUGHLIN, M. Investment treaty arbitration as a species of global administrative law. *European Journal of International Law*, 2006, vol. 17, no 1, pp. 121-150.

VANDEVELDE, K. J. *The first bilateral investment treaties: US postwar friendship, commerce and navigation treaties.* New York: Oxford University Press, 2017

VANN AAKEN, A. Fragmentation of International Law: The Case of International Investment Protection. *Finnish Yearbook of International Law.* 2008, Vol XVII, pp.91-130.

VELÁZQUEZ, E. O. Naturaleza jurídica de la protección diplomática a la luz del desarrollo progresivo del derecho internacional ¿derecho del Estado o de la persona humana? *Anuario Mexicano de Derecho Internacional,* 2016, n.º 16, pp.3-45.

VERBEEK, B.J. The Limitations of the UNCITRAL Process on ISDS Reform [en línea]. SOMO, 30 octubre 2018. https://cutt.ly/vSnsas1

VIDIGAL G., STEVENS, B. Brazil's New Model of Dispute Settlement for Investment: Return to the Past or Alternative for the Future? *Journal of World Investment & Trade,* 2018, 19(3), pp.475-512.

VIEIRA MARTINS, J. Acuerdos de Cooperación y Facilitación de Inversiones (ACFI) de Brasil y Últimos Avances. *Investment Treaty News,* 12 Junio 2017.

VIVES CHILLIDA, J. *El Centro Internacional de Arreglo de Diferencias Relativas a Inversiones (CIADI).* Madrid: McGraw Hill, 1998.

VIVES CHILLIDA, J. El fin de una etapa de las negociaciones sobre el Acuerdo Multilateral de Inversiones (Coloquio De La 'Société Française Pour Le Droit International' De 7 De Diciembre De 1998). *Revista Española De Derecho Internacional,* 1998, 50(2), pp.277–282.

VON WALTER, A. Balancing Investors' and Host States' Rights–What Alternatives for Treaty-makers?. En *International Investment Law and EU Law.* Springer, Berlin, Heidelberg, 2011. p. 141-143.

WAIBEL, M. *et al.* (eds.) *The backlash against investment arbitration: perceptions and reality.* Alphen aan den Rijn: Kluwer Law International BV, 2010.

WAIBEL, M. et alt (eds). *The Backlash Against Investment Arbitration. Perceptions and Reality.* Alphen aan den Rijn: Kluwer, 2010.

WEBER, J., & TITI, C. UNCTAD's Roadmap for IIA Reform of Investment Dispute Settlement. *New Zealand Business Law Quarterly,* 2015, *21*(4), pp.319-327.

WEILER, J.H. The Reformation of European Constitutionalism. *Journal of Common Market Studies,* 1997, 35(1) pp.97-131.

WESSEL , R. Between the Authority of International Law and the Autonomy of EU Law. En J DIEZ- HOCHLEITNER (ed.) *Últimas tendencias en la jurisprudencia del Tribunal de Justicia de la Unión Europea* (*Recent trends in the case law of the Court of Justice of the European Union*). Madrid: La Ley-Grupo Wolters Kluwer, 2012, pp.759-765.

WESSEL, R., LARIK, J. *EU External Relations Law. Text, Cases and Materials.* (2nd Ed.). Oxford, NY: Hart, 2020.

WESSEL, R., LARIK, J. The European Union as a Global Legal Actor. En R. WESSEL, J. LARIK (eds) EU External Relations Law. Text, Cases and Materials (2nd ed.), Hart, 2020, pp.1-29.

WILSKE, S. The Impact of the Financial Crisis on International Arbitration. Dispute Resolution Journal. 2010, 65 (1), pp.82-87.

WOUTERS, J., HOFFMEISTER, F., & RUYS, T. (eds.). *The United Nations and the European Union: an ever stronger partnership*. The Hague, The Netherlands: TMC Asser Press, 2006.

XIAO, J. Concrete issues in instituting an international investment court. En YUWEN LI, CHENG BIAN (eds.), *China, the EU and International Investment Law*. London, NY: Routledge, 2019, pp.87-99.

YOUNG, A. Trade politics ain't what it used to be: the European Union in the Doha Round. *Journal of Common Market Studies*, 2007, 45(2), pp.789-811.

ZANGL, B. Judicialization Matters! A Comparison of Dispute Settlement under GATT and the WTO. *International Studies Quarterly*, 2008, 52(4), pp.825-854. http://www.jstor.org/stable/29734266

ZELAZNA, E. The EU's Reform of the Investor-State Dispute Resolution System: A Bilateral Path towards a Multilateral Solution. Geneva Jean Monnet Working Papers, 2019, Nro. 06/2019, pp.1-30.

JURISPRUDENCIA

I.C.J., *Barcelona Traction, Light and Power Company, Limited*, Preliminary Objections, Judgement, I.C.J. Reports, 1964, p.6.

I.C.J., *Barcelona Traction, Light and Power Company, Limited*, Judgment, I.C.J. Reports 1970, p.3.

I.C.J., "*Nottebohm*, Case (second phase)", Judgment of April 6th, 1955: I.C.J. Reports 1955, p.4.

Mavrommatis Palestine Concessions, 1924 P.C.I.J. Series A, n°2.

Eastern Sugar v. Czech Republic, Eastern Sugar B.V. v. The Czech Republic (SCC: Stockholm Chamber of Commerce Case No. 088/2004)

Eureko v. Slovak Republic (PCA: Permanent Court of Arbitration Case No. 2008-13)

Sentencia del Tribunal de Justicia (Gran Sala), 6 de marzo de 2018, C-284/16, EU:C:2018:159

Dictamen 2/15, de 16 de mayo de 2017, C-2/15, EU:C:2017:376.

Dictamen 1/17, de 30 de abril de 2019, EU:C:2019:341

White Industries Australia Limited v. The Republic of India, UNCITRAL, Award of Nov. 30, 2011. Sentencia final disponible en https://www.italaw.com/sites/default/files/case-documents/ita0906.pdf

Philip Morris Brands Sàrl, Philip Morris Products S.A. y Abal Hermanos S.A. vs. la República Oriental del Uruguay, Caso del CIADI No. ARB/10/7

Vattenfall AB, Vattenfall Europe AG, Vattenfall Europe Generation AG v. Federal Republic of Germany, ICSID Case No. ARB/09/6

DOCUMENTOS UNIÓN EUROPEA

Comisión Europea, Recomendación de DECISIÓN DEL CONSEJO por la que se autoriza la apertura de negociaciones sobre un Convenio relativo al establecimiento de un tribunal multilateral para la solución de diferencias en materia de inversiones, COM(2017)493 final, 13 septiembre 2017, file:///C:/Users/Lina/Downloads/COM(2017)493_0%20(1).pdf

Comisión Europea, ANEXO de la Recomendación de Decisión del Consejo por la que se autoriza la apertura de negociaciones sobre un Convenio relativo al establecimiento de un tribunal multilateral para la solución de diferencias en materia de inversiones, COM(2017)493 final, 13 septiembre 2017 https://bit.ly/3egSv4H

Comisión Europea, Informe Consulta pública en línea sobre la protección de las inversiones y la solución de diferencias entre inversores y Estados en el Acuerdo de la Asociación Transatlántica de Comercio e Inversión (ATCI), Bruselas, 13 de enero de 2015.SWD(2015)3 draft https://trade.ec.europa.eu/doclib/docs/2015/march/tradoc_153304.pdf

Consejo (UE). Acuerdo Económico y Comercial Global (AECG) entre Canadá, por una parte, y la Unión Europea y sus Estados miembros, por otra–Declaraciones para el acta del Consejo. 13463/1/16, 27 de octubre de 2016, https://data.consilium.europa.eu/doc/document/ST-13463-2016-REV-1/es/pdf

Reglamento (UE) No 912/2014 del Parlamento Europeo y del Consejo de 23 de julio de 2014 por el que se establece un marco para gestionar la responsabilidad financiera relacionada con los tribunales de resolución de litigios entre inversores y Estados establecidos por acuerdos internacionales en los que la Unión Europea sea parte. OJ L 257, 28 de agosto de 2014, pp.121–134

Resolución del Parlamento Europeo, 6 de abril de 2011, sobre la futura política europea en materia de inversiones extranjeras (2010/2203(INI)). Diario de la Unión Europea C 296/34, de 12 del 10 de 2012, pp.36-42. Disponible en: https://eur-lex.europa.eu/legal-content/ES/TXT/PDF/?uri=OJ:C:2012:296E:FULL&from=ES

Resolución del Parlamento Europeo, de 8 de julio de 2015, que contiene las recomendaciones del Parlamento Europeo a la Comisión Europea relativas a las negociaciones de la Asociación Transatlántica de Comercio e Inversión (ATCI) (2014/2228(INI)). Diario de la Unión Europea C 265/35, de 11 del 8 de 2017, pp.35-47. Disponible en: https://eur-lex.europa.eu/legal-content/ES/TXT/?uri=OJ:C:2017:265:TOC

Reglamento (UE) 1219/2012 del Parlamento Europeo y del Consejo de 12 de diciembre de 2012 por el que se establecen disposiciones transitorias sobre los acuerdos bilaterales de inversión entre Estados miembros y terceros países, Diario Oficial de la Unión Europea L 351, 12 de diciembre de 2012, pp.40-46

European Parliament Research Service, PE.729.276, febrero 2022. Disponible en https://www.europarl.europa.eu/RegData/etudes/BRIE/2022/729276/EPRS_BRI(2022)729276_EN.pdf

Comisión Europea, Comunicación de la Comisión al consejo, al Parlamento Europeo, al Comité Económico y Social Europeo y al Comité de las Regiones. Hacia una política global europea en materia de inversión internacional, COM (2010)343 final, 7 de julio de 2010, https://eur-lex.europa.eu/legal-content/ES/TXT/PDF/?uri=CELEX:52010DC0343&from=GA

European Commission Concept paper "*Investment in TTIP and beyond – the path for reform. Enhancing the right to regulate and moving from current ad hoc arbitration towards an Investment Court*", 5 May 2015. https://trade.ec.europa.eu/doclib/docs/2015/may/tradoc_153408.PDF

European Commission, Proposal for a Regulation of the European Parliament and ff the Council establishing transitional arrangements for bilateral investment agreements between Member States and third countries, COM(2010)344 final.

European Commission, The state of investment in Europe and the world. 2018. European Political Strategy Centre. https://op.europa.eu/en/publication-detail/-/publication/e13e27cc-f84c-11e8-9982-01aa75ed71a1?WT.mc_id=NEWSLETTER_December2018

European Commission Concept Paper to UNCITRAL meeting, "The identification and consideration of concerns as regards investor to state dispute settlement", 20 November 2017 https://trade.ec.europa.eu/doclib/docs/2017/november/tradoc_156402.pdf

European Commission & Government of Canada, The Case for Creating a Multilateral Investment Dispute Settlement Mechanism, Informal Ministerial Meeting, World Economic Forum, Davos- Switzerland, 20 January 2017 https://bit.ly/3ij1rrp

EUROPEAN CONVENTION, Final report of Working Group VII on External Action, CONV 459/02, WG VII 17, 16 December 2002. http://european-convention.europa.eu/pdf/reg/en/02/cv00/cv00459.en02.pdf

EUROPEAN CONVENTION, From Praesidium to Convention, Draft Articles on external action in the Constitutional Treaty, CONV 685/03, 23 April 2003, http://european-convention.europa.eu/pdf/reg/en/03/cv00/cv00685.en03.pdf

EUROPEAN CONVENTION, Proposed Amendments to the text of the articles of the Treaty establishing a Constitution for Europe, Part III of the Constitution, Chapter III Common Commercial Policy. Disponible en http://european-convention.europa.eu/EN/amendments/amendments3dd9.html?content=866&lang=EN

EUROPEAN CONVENTION, Proposed Amendments to the text of the articles of the Treaty establishing a Constitution for Europe. Disponible en http://european-convention.europa.eu/EN/amendemTrait/amendemTrait2352.html?lang=EN

EUROPEAN CONVENTION, Summary of the proceedings, Meeting of Praesidium (Brussels, 22-23 April 2003), http://european-convention.europa.eu/docs/praesidium/2003/030422-23.S.pdf

Eurostat, Foreign Direct Investment flows, https://ec.europa.eu/eurostat/statistics-explained/index.php?title=Foreign_direct_investment_-_flows y Eurostat, Globalisation patterns in EU trade and investment, https://ec.europa.eu/eurostat/statistics-explained/index.php?title=Globalisation_patterns_in_EU_trade_and_investment

Council of the EU, Conclusions on a comprehensive international investment policy, 3041st Foreign Affairs Council Meeting, 25 October 2010, https://www.consilium.europa.eu/uedocs/cms_data/docs/pressdata/EN/foraff/117328.pdf

Comisión de las Comunidades Europeas, Comunicación de la Comisión al Consejo, al Parlamento Europeo, al Comité Económico y Social Europeo y al Comité de las Regiones, Una Europa Global: Competir En

El Mundo. COM (2006) 567 final, 4 de Octubre de 2006. https://eur-lex.europa.eu/LexUriServ/LexUriServ.do?uri=COM:2006:0567:FIN:ES:PDF

Conclusiones de la Abogado General Sra. Eleanor Sharpston presentadas el 21 de diciembre de 2016, Dictamen 2/15 Solicitud de dictamen presentada por la Comisión Europea, EU:C:2016:992

TRATADOS Y CONVENIOS

Tratado por el que se establece una Constitución para Europa, firmado en Roma 29 de octubre de 2004. Diario Oficial de la Unión Europea, 16 de diciembre de 2004, DO C310

Convenio Sobre Arreglo De Diferencias Relativas a Inversiones Entre Estados y Nacionales de otros Estados, en vigor desde 14 de octubre de 1966. https://icsid.worldbank.org/sites/default/files/documents/ICSID%20Convention%20Spanish.pdf

Free Trade Agreement between the European Union and the Republic of Singapore, *OJL 294*, 14 November 2019, pp.3-755 https://eur-lex.europa.eu/legal-content/EN/TXT/PDF/?uri=CELEX:22019A1114(01)&from=EN

Free Trade Agreement between the European Union and the Socialist Republic of Viet nam, *OJL 186*, 12 June 2020, pp.3-1400 https://eur-lex.europa.eu/legal-content/ES/TXT/PDF/?uri=CELEX:22020A0612(01)&from=EN

Comprehensive Economic and Trade Agreement (CETA) between Canada, of the one part, and the European Union and its Member States, of the other part, *OJ L 11*, 14 January 2017, pp.23–1079 https://trade.ec.europa.eu/access-to-markets/es/content/acuerdo-economico-y-comercial-global-ue-canada

Agreement between the European Union and Japan for an Economic Partnership, *OJ L 330*, 27 December 2018, pp.3–899 https://eur-lex.europa.eu/legal-content/EN/TXT/?uri=celex:22018A1227%2801%29

Nuevo acuerdo comercial entre la Unión Europea y el Mercosur Acuerdo de principio Bruselas, 1 de julio de 2019, http://trade.ec.europa.eu/doclib/docs/2019/july/tradoc_158249.pdf

EU – China Comprehensive Agreement on Investment (CAI) https://trade.ec.europa.eu/doclib/press/index.cfm?id=2237

Model Text for the Indian Bilateral Investment Treaty 2016, http://www.finmin.nic.in/reports/ModelTextIndia_BIT.pdf

DOCUMENTOS UNCITRAL

CNUDMI, La guía de la CNUDMI: Datos básicos y funciones de la Comisión de las Naciones Unidas para el Derecho Mercantil Internacional, Naciones Unidas, Viena, 2007. https://uncitral.un.org/sites/uncitral.un.org/files/media-documents/uncitral/es/06-58167_ebook.pdf

CNUDMI, El abecé de la CNUDMI, V.04-58777, Austria, 2004. https://uncitral.un.org/sites/uncitral.un.org/files/media-documents/uncitral/es/uncitral-leaflet-s.pdf

CNUDMI, 49º período de sesiones, Solución de controversias comerciales: presentación de un documento de investigación sobre la Convención de Mauricio sobre la Transparencia en los Arbitrajes entre Inversionistas y Estados en el Marco de un Tratado como posible modelo para la introducción de nuevas reformas en materia de solución de controversias entre inversionistas y Estados, A/CN.9/890, https://undocs.org/sp/A/CN.9/890

CNUDMI, 50º período de sesiones, Informe de la Comisión de las Naciones Unidas para el Derecho Mercantil Internacional, A/72/17, https://undocs.org/es/A/72/17

CNUDMI, 51º período de sesiones, Informe del Grupo de Trabajo III (Reforma del Sistema de Solución de Controversias entre Inversionistas y Estados) sobre la labor realizada en su 34º período de sesiones, A/CN.9/930/Rev.1, https://undocs.org/es/A/CN.9/930/Rev.1

CNUDMI, 52º período de sesiones, Informe del Grupo de Trabajo III (Reforma del Sistema de Solución de Controversias entre Inversionistas y Estados) sobre la labor realizada en su 36º período de sesiones, A/CN.9/964, https://undocs.org/es/A/CN.9/964

CNUDMI, 53er período de sesiones, Informe del Grupo de Trabajo III (Reforma del Sistema de Solución de Controversias entre Inversionistas y Estados) sobre la labor realizada en su 38º período de sesiones (Viena, 14 a 18 de octubre de 2019), A/CN.9/1004*, https://undocs.org/es/A/CN.9/1004

CNUDMI, 53er período de sesiones, Informe del Grupo de Trabajo III (Reforma del Sistema de Solución de Controversias entre Inversionistas y Estados) sobre la labor realizada en su 38º período de sesiones (Viena, 14 a 18 de octubre de 2019), A/CN.9/1004/Add.1 https://undocs.org/sp/A/CN.9/1004/Add.1

CNUDMI, 54º período de sesiones, Informe del Grupo de Trabajo III (Reforma del Sistema de Solución de Controversias entre Inversionistas y Estados) sobre la labor realizada en su 40° período de sesiones, A/CN.9/1050, https://undocs.org/es/A/CN.9/1050

CNUDMI, Informe del Grupo de Trabajo III, Reforma del Sistema de Solución de Controversias entre Inversionistas y Estados, sobre la labor realizada en su 37° período de sesiones (Nueva York, 1 a 5 de abril de 2019), A/CN.9/970, par. 80, https://undocs.org/es/A/CN.9/970

CNUDMI, Grupo de Trabajo III, Posible Reforma del Sistema de Solución de Controversias entre Inversionistas y Estados, Documento presentado por la Unión Europea, A/CN.9/WG.III/WP.145, https://undocs.org/es/A/CN.9/WG.III/WP.145

CNUDMI, Posible reforma del sistema de solución de controversias entre inversionistas y Estados (SCIE), A/CN.9/WG.III/WP.149, https://undocs.org/es/A/CN.9/WG.III/WP.149

CNUDMI, Grupo de Trabajo III, Reforma del Sistema de Solución de Controversias entre Inversionistas y Estados, Observaciones del Gobierno de Indonesia, Nota de la Secretaría, A/CN.9/WG.III/WP.156, https://undocs.org/es/A/CN.9/WG.III/WP.156

CNUDMI, Grupo de Trabajo III, Reforma del Sistema de Solución de Controversias entre Inversionistas y Estados, Información sobre las opciones para aplicar un plan de trabajo, A/CN.9/WG.III/WP.158, https://undocs.org/es/A/CN.9/WG.III/WP.158

CNUDMI, Grupo de Trabajo III, Posible Reforma del Sistema de Solución de Controversias entre Inversionistas y Estados, Documento presentado por la Unión Europea y sus Estados miembros, A/CN.9/WG.III/WP.159, https://undocs.org/es/A/CN.9/WG.III/WP.159 y A/CN.9/WG.III/WP.159/Add.1, https://undocs.org/es/A/CN.9/WG.III/WP.159/Add.1

CNUDMI, Grupo de Trabajo III, Reforma del Sistema de Solución de Controversias entre Inversionistas y Estados, Resumen de la Reunión Regional entre Períodos de Sesiones sobre la Reforma del Sistema de Solución de Controversias entre Inversionistas y Estados (SCIE) presentado por el Gobierno de la República Dominicana, A/CN.9/WG.III/WP.160, https://undocs.org/es/A/CN.9/WG.III/WP.160

CNUDMI, Grupo de Trabajo III, Reforma del Sistema de Solución de Controversias entre Inversionistas y Estados, Comunicación presentada por el Gobierno de Marruecos, Nota de la Secretaría, A/CN.9/WG.III/WP.161, https://undocs.org/es/A/CN.9/WG.III/WP.161

CNUDMI, Grupo de Trabajo III, Reforma del Sistema de Solución de Controversias entre Inversionistas y Estados, Observaciones del Gobierno de Tailandia, A/CN.9/WG.III/WP.162, https://undocs.org/es/A/CN.9/WG.III/WP.162

CNUDMI, Grupo de Trabajo III, Reforma del Sistema de Solución de Controversias entre Inversionistas y Estados, Observaciones de los Gobiernos de Chile, Israel y el Japón, A/CN.9/WG.III/WP.163, https://undocs.org/es/A/CN.9/WG.III/WP.163

CNUDMI, Grupo de Trabajo III, Reforma del Sistema de Solución de Controversias entre Inversionistas y Estados, Observaciones del Gobierno de Costa Rica, A/CN.9/WG.III/WP.164, https://undocs.org/es/A/CN.9/WG.III/WP.164

CNUDMI, Grupo de Trabajo III, Reforma del Sistema de Solución de Controversias entre Inversionistas y Estados, Posible reforma del sistema de solución de controversias entre inversionistas y Estados, A/CN.9/WG.III/WP.166. https://undocs.org/es/A/CN.9/WG.III/WP.166

CNUDMI, Grupo de Trabajo III, Reforma del Sistema de Solución de Controversias entre Inversionistas y Estados, Posible reforma del sistema de solución de controversias entre inversionistas y Estados, A/CN.9/WG.III/WP.166/Add.1, https://undocs.org/es/A/CN.9/WG.III/WP.166/Add.1

CNUDMI, Posible reforma del sistema de solución de controversias entre inversionistas y Estados (SCIE), Información de antecedentes sobre un Código de conducta, A/CN.9/WG.III/WP.167, https://undocs.org/es/A/CN.9/WG.III/WP.167

CNUDMI, Posible reforma del sistema de solución de controversias entre inversionistas y Estados (SCIE), Selección y nombramiento de los miembros de los tribunales que entiendan en casos de SCIE, A/CN.9/WG.III/WP.169, https://undocs.org/es/A/CN.9/WG.III/WP.169

CNUDMI, Grupo de Trabajo III, Reforma del Sistema de Solución de Controversias entre Inversionistas y Estados, Posible reforma del sistema de solución de controversias entre inversionistas y Estados (SCIE), Comunicación del Gobierno de Brasil, A/CN.9/WG.III/WP.171, https://undocs.org/sp/A/CN.9/WG.III/WP.171

CNUDMI, Grupo de Trabajo III, Reforma del Sistema de Solución de Controversias entre Inversionistas y Estados, Posible reforma del sistema de solución de controversias entre inversionistas y Estados (SCIE), Comunicación del Gobierno de Colombia, A/CN.9/WG.III/WP.173, https://undocs.org/sp/A/CN.9/WG.III/WP.173

CNUDMI, Grupo de Trabajo III, Reforma del Sistema de Solución de Controversias entre Inversionistas y Estados, Posible reforma del sistema de solución de controversias entre inversionistas y Estados (SCIE), Comunicación del Gobierno de Turquía, A/CN.9/WG.III/WP.174, https://undocs.org/sp/A/CN.9/WG.III/WP.174

CNUDMI, Grupo de Trabajo III, Reforma del Sistema de Solución de Controversias entre Inversionistas y Estados, Posible reforma del sistema de solución de controversias entre inversionistas y Estados (SCIE), Comunicación del Gobierno de la República del Ecuador, A/CN.9/WG.III/WP.175, https://undocs.org/sp/A/CN.9/WG.III/WP.175

CNUDMI, Grupo de Trabajo III, Reforma del Sistema de Solución de Controversias entre Inversionistas y Estados, Posible reforma del sistema de solución de controversias entre inversionistas y Estados (SCIE), Comunicación del Gobierno de Sudáfrica, A/CN.9/WG.III/WP.176, https://undocs.org/sp/A/CN.9/WG.III/WP.176

CNUDMI, Grupo de Trabajo III, Reforma del Sistema de Solución de Controversias entre Inversionistas y Estados, Posible reforma del sistema de solución de controversias entre inversionistas y Estados (SCIE), Comunicación del Gobierno de China, A/CN.9/WG.III/WP.177, https://undocs.org/sp/A/CN.9/WG.III/WP.177

CNUDMI, Grupo de Trabajo III, Reforma del Sistema de Solución de Controversias entre Inversionistas y Estados, Posible reforma del sistema de solución de controversias entre inversionistas y Estados (SCIE), Comunicación del Gobierno de Colombia, A/CN.9/WG.III/WP.178, https://undocs.org/sp/A/CN.9/WG.III/WP.178

CNUDMI, Grupo de Trabajo III, Reforma del Sistema de Solución de Controversias entre Inversionistas y Estados, Posible reforma del sistema de solución de controversias entre inversionistas y Estados (SCIE), Comunicación de la República de Corea, A/CN.9/WG.III/WP.179, https://undocs.org/es/A/CN.9/WG.III/WP.179

CNUDMI, Grupo de Trabajo III, Reforma del Sistema de Solución de Controversias entre Inversionistas y Estados, Posible reforma del sistema de solución de controversias entre inversionistas y Estados (SCIE), Comunicación del Gobierno de Bahrein, A/CN.9/WG.III/WP.180, https://undocs.org/es/A/CN.9/WG.III/WP.180

CNUDMI, Posible reforma del sistema de solución de controversias entre inversionistas y Estados (SCIE), Mecanismo de apelación y tribunal multilateral, A/CN.9/WG.III/WP.185, https://undocs.org/es/A/CN.9/WG.III/WP.185

CNUDMI, Grupo III (Reforma del Sistema de Solución de Controversias entre inversionistas y Estados), Comunicación del Gobierno de la

Federación de Rusia, A/CN.9/WG.III/WP.188, p.1 https://undocs.org/es/A/CN.9/WG.III/WP.188

CNUDMI, Grupo de Trabajo III, Reforma del Sistema de Solución de Controversias entre inversionistas y Estados (SCIE), Instrumento multilateral relativo a la reforma del sistema de SCIE, A/CN.9/WG.III/WP.194. https://undocs.org/es/A/CN.9/WG.III/WP.194

CNUDMI, Grupo III, Reforma del Sistema de Solución de Controversias entre inversionistas y Estados, Comunicación presentada por el Gobierno de Marruecos, A/CN.9/WG.III/WP.195 https://undocs.org/es/A/CN.9/WG.III/WP.195

CNUDMI, Grupo de Trabajo III, Reforma del Sistema de Solución de Controversias entre Inversionistas y Estados, Comunicación del Gobierno de Burkina Faso, A/CN.9/WG.III/WP.199, https://undocs.org/es/A/CN.9/WG.III/WP.199

CNUDMI, "Draft Working Paper on the Appellate Mechanism and Enforcement issues: Comments by the United Kingdom on the proposed investor state dispute settlement reforms"https://uncitral.un.org/sites/uncitral.un.org/files/media-documents/uncitral/en/uk_comments_appellate_mechanism.pdf

CNUDMI, Posible reforma del sistema de solución de controversias entre inversionistas y Estados (SCIE), Proyecto de Código de conducta, A/CN.9/WG.III/WP.201, https://undocs.org/es/A/CN.9/WG.III/WP.201

CNUDMI, Posible reforma del sistema de solución de controversias entre inversionistas y Estados (SCIE) Mecanismo de apelación y cuestiones relacionadas con la ejecución, A/CN.9/WG.III/WP.202, https://undocs.org/es/A/CN.9/WG.III/WP.202

CNUDMI, Grupo de Trabajo III, Posible reforma del sistema de solución de controversias entre inversionistas y Estados (SCIE), Selección y nombramiento de los miembros de los tribunales que entienden en casos de SCIE, A/CN.9/WG.III/WP.203, https://undocs.org/es/A/CN.9/WG.III/WP.203

CNUDMI, Grupo de Trabajo III, Reforma del Sistema de Solución de Controversias entre Inversionistas y Estados, Plan de trabajo para aplicar la reforma del sistema de solución de controversias entre inversionistas y Estados (SCIE) y necesidades de recursos, A/CN.9/WG.III/WP.206, https://undocs.org/es/A/CN.9/WG.III/WP.206

CNUDMI, Grupo de Trabajo III, Reforma del Sistema de Solución de Controversias entre Inversionistas y Estados (SCIE), Proyecto de Código de Conducta: medios de aplicación y cumplimiento, A/CN.9/WG.III/WP.208, https://undocs.org/es/A/CN.9/WG.III/WP.208

CNUDMI, Grupo de Trabajo III, Reforma del Sistema de Solución de Controversias entre Inversionistas y Estados (SCIE), Proyecto de Código de Conducta, A/CN.9/WG.III/WP.209, https://undocs.org/es/A/CN.9/WG.III/WP.209

CNUDMI, Grupo de Trabajo III, Reforma del Sistema de Solución de Controversias entre Inversionistas y Estados (SCIE), Mecanismo multilateral permanente: selección y nombramiento de los miembros de los tribunales que entienden en casos de SCIE y asuntos conexos, A/CN.9/WG.III/WP.213, https://undocs.org/es/A/CN.9/WG.III/WP.213

CNUDMI, Resumen de la Reunión celebrada entre período de sesiones sobre la Reforma del Sistema de Solución de Controversias entre Inversionistas y Estados (SCIE) presentado por el Gobierno de la República de Corea, A/CN.9/WG.III/WP.214. https://undocs.org/es/A/CN.9/WG.III/WP.214

CNUDMI, Grupo de Trabajo III, Reforma del Sistema de Solución de Controversias entre Inversionistas y Estados (SCIE), Proyecto de Código de conducta, A/CN.9/WG.III/WP.216

CNUDMI, Grupo de Trabajo III, Reforma del Sistema de Solución de Controversias entre Inversionistas y Estados, Instrumento multilateral sobre la reforma del sistema de SCIE, A/CN.9/WG.III/WP.221 https://undocs.org/es/A/CN.9/WG.III/WP.221

CNUDMI, Grupo de Trabajo III, Reforma del Sistema de Solución de Controversias entre Inversionistas y Estados (SCIE), Proyecto de disposiciones sobre cuestiones procesales y transversales, A/CN.9/WG.III/WP.231, https://undocs.org/es/A/CN.9/WG.III/WP.231

CNUDMI, Grupo de Trabajo III, Reforma del Sistema de Solución de Controversias entre Inversionistas y Estados (SCIE), Resumen de la reunión entre períodos de sesiones sobre la reforma del sistema de solución de controversias entre inversionistas y Estados (SCIE) presentado por el Gobierno de Singapur, A/CN.9/WG.III/WP.233, https://undocs.org/es/A/CN.9/WG.III/WP.233

CNUDMI, Grupo de Trabajo III, Reforma del Sistema de Solución de Controversias entre Inversionistas y Estados (SCIE), Proyecto de estatuto de un centro de asesoramiento sobre la solución de controversias internacionales relativas a inversiones, https://undocs.org/es/A/CN.9/WG.III/WP.238

CNUDMI, Grupo de Trabajo III, Reforma del Sistema de Solución de Controversias entre Inversionistas y Estados (SCIE), Proyecto de estatuto de un mecanismo permanente para la solución de controversias internacionales relativas a inversiones, A/CN.9/WG.III/WP.239

CNUDMI, Grupo de Trabajo III, Reforma del Sistema de Solución de Controversias entre Inversionistas y Estados (SCIE), Anotaciones sobre el proyecto de estatuto de un mecanismo permanente para la solución de controversias internacionales relativas a inversiones, A/CN.9/WG.III/WP.240, https://undocs.org/es/A/CN.9/WG.III/WP.240

CNUDMI, 57º período de sesiones, Nueva York, 24 de junio a 12 de julio de 2024, Proyecto de Código de conducta para árbitros en la solución de controversias relativa a inversiones y comentario, A/CN.9/1148

CNUDMI, 57º período de sesiones, Nueva York, 24 de junio a 12 de julio de 2024, Proyecto de Código de conducta para jueces en la solución de controversias relativa a inversiones y comentario, A/CN.9/1149

CNUDMI, Grupo de Trabajo III, Informe sobre el Grupo de Trabajo III (Reforma del Sistema de Solución de Controversias entre Inversionistas y Estados, sobre la labor realizada en su 41er periodo de sesiones (Viena, 15 a 19 de noviembre de 2021), A/CN.9/1086, https://cutt.ly/FALD7cT

CNUDMI, Posible reforma del sistema de solución de controversias entre inversionistas y Estados (SCIE), versión revisada del proyecto de Código de conducta, A/CN.9/WG.III/XLII/CRP.2, https://uncitral.un.org/sites/uncitral.un.org/files/crp_2_s.pdf

UNCITRAL, Possible future work in the field of dispute settlement: Concurrent proceedings in international arbitration, A/CN.9/915, https://undocs.org/en/A/CN.9/915

UNCITRAL, Possible future work in the field of dispute settlement: Concurrent proceedings in international arbitration, A/CN.9/916, https://undocs.org/A/CN.9/916

UNCITRAL, Possible future work in the field of dispute settlement: Concurrent proceedings in international arbitration, A/CN.9/917, https://undocs.org/A/CN.9/917

UNCITRAL, Report of Working Group III (Investor-State Dispute Settlement Reform) on the work of its resumed fortieth session (Vienna, 4 and 5 May 2021), A/CN.9/1054, https://uncitral.un.org/sites/uncitral.un.org/files/wg_iii_resumed_40th_session_final_003.pdf

UNCITRAL, Letter from Chair, Shane Spelliscy, UNCITRAL Working Group III, 1 February 2021 https://cutt.ly/ZATPc8E

UNCITRAL, Carta del Presidente del Grupo de Trabajo III, 28 de enero de 2022. https://cutt.ly/7ATObGG

Comments submitted by Switzerland on two UNCITRAL Draft Working Papers, 19 November 2020, p.1-2 https://bit.ly/3ejsMZp

DOCUMENTOS UNCTAD

UNCTAD, Junta de Comercio y Desarrollo Comisión de la Inversión, la Empresa y el Desarrollo, 11° período de sesiones TD/B/C.II/42. https://unctad.org/system/files/official-document/ciid42_es.pdf

UNCTAD. Bilateral Investment Treaties 1959-1999. New York, Geneva, 2000. https://unctad.org/system/files/official-document/poiteiiad2.en.pdf

UNCTAD. Regulación internacional de la inversión: balance, retos y camino a seguir. Colección de publicaciones de la UNCTAD sobre temas relacionados con las políticas internacionales de inversión para el desarrollo. Nueva York y Ginebra, 2008. https://unctad.org/es/system/files/official-document/iteiit20073_sp.pdf

UNCTAD Series on International Investment Policies for Development. The Role of International Investment Agreements in Attracting Foreign Direct Investment to Developing Countries. NY, Geneva, 2009. Recuperado de https://unctad.org/system/files/official-document/diaeia20095_en.pdf

UNCTAD, Denunciation of the ICSID Convention and BITs: Impact on Investor-State Claims, *IIA Issues Note* No. 2, December 2010. https://unctad.org/system/files/official-document/webdiaeia20106_en.pdf

UNCTAD. Investor-State Dispute Settlement. UNCTAD Series on Issues in International Investment Agreements II. New York, Geneva, 2014. https://unctad.org/system/files/official-document/diaeia2013d2_en.pdf

UNCTAD, *World Investment Report 2015*. Reforming International Investment Governance. Naciones Unidas, Nueva York-Ginebra. https://unctad.org/system/files/official-document/wir2015_en.pdf

UNCTAD, "Informe de la UNCTAD propone maneras de reformar el sistema de acuerdos internacionales de inversión", 24 junio 2015, UNCTAD PRESS, UNCTAD/PRESS/PR/2015/011, https://unctad.

org/es/press-material/informe-de-la-unctad-propone-maneras-de-reformar-el-sistema-de-acuerdos

UNCTAD, *World Investment Report 2017*. Investment and the digital economy. Naciones Unidas, Nueva York-Ginebra. https://unctad.org/system/files/official-document/wir2017_en.pdf

UNCTAD, *World Investment Report 2018*. Investment and New Industrial Policies. Naciones Unidas, Nueva York- Ginebra. https://unctad.org/system/files/official-document/wir2018_en.pdf

UNCTAD´s Reform Package for the International Investment Regime, New York and Geneva, 2018. https://investmentpolicy.unctad.org/uploaded-files/document/UNCTAD_Reform_Package_2018.pdf

UNCTAD, *World Investment Report 2019*. Special Economic Zones. Naciones Unidas, Nueva York- Ginebra. https://unctad.org/system/files/official-document/wir2019_en.pdf

UNCTAD, Junta de Comercio y Desarrollo Comisión de la Inversión, la Empresa y el Desarrollo, 11° período de sesiones Ginebra (11 a 15 de noviembre de 2019), TD/b/C.II/42

UNCTAD, *World investment report* 2020. International Production Beyond the Pandemic, Naciones Unidas, Nueva York-Ginebra https://unctad.org/system/files/official-document/wir2020_en.pdf

UNCTAD, *World investment report* 2021. Investment in Sustainable Recovery. Naciones Unidas, Nueva York-Ginebra https://unctad.org/system/files/official-document/wir2021_en.pdf

UNCTAD, IIA Issues Notes, Interpretation of IIAs: What states can do, No. 3, 2011. (p.2 Interpreting IIA: actors, challenges and limitations) https://unctad.org/system/files/official-document/webdiaeia2011d10_en.pdf

UNCTAD, IIA Issues Notes, Investor-state disputte settlement cases: Facts and figures 2020, No.4, 2021. https://unctad.org/system/files/official-document/diaepcbinf2021d7_en.pdf

UNCTAD, IIA Issues Notes, The changing IIA landscape: new treaties and recent policy developments, No. 1, 2020. https://unctad.org/system/files/official-document/diaepcbinf2020d4.pdf

UNCTAD, IIA Issues Notes, Investor-state dispute settlement cases pass the 1,000 mark: cases and outcomes in 2019, No.2, 2020. https://unctad.org/system/files/official-document/diaepcbinf2020d6.pdf

UNCTAD, IIA IssUES Notes, Investor-state dispute settlement: in information note on the United States and the European Union, No. 2, 2014. https://unctad.org/system/files/official-document/webdiaepcb2014d4_en.pdf

DOCUMENTOS OCDE

OECD, "Indirect Expropriation" and the "Right to Regulate" in International Investment Law, OECD Working Papers on International Investment, 2004,2004/04, OECD Publishing. https://www.oecd.org/daf/inv/investment-policy/WP-2004_4.pdf

OECD, "Government perspectives on investor-state dispute settlement: a progress report", Freedom of Investment Roundtable, 14 December 2012, Recuperado de: http://www.oecd.org/daf/inv/investment-policy/foi.htm

OECD, Government perspectives on investor-state dispute settlement: a progress report, Freedom of Investment Roundtable, 14 December 2012. https://www.oecd.org/daf/inv/investment-policy/ISDSprogressreport.pdf

Anexo I

Opciones de reforma: presentación del marco de debate en forma de cuadro

Posibles reformas	*Elementos de las reformas - Vinculación con otras opciones de reforma*	*Principales consecuencias*	*Inquietudes abordadas*
A. Tribunales y mecanismos multilaterales especiales y permanentes			
i) ***Centro multilateral de asesoramiento*** **Mencionados en:** A/CN.9/WG.III/WP.168 A/CN.9/WG.III/WP.159/Add.1 – Documento presentado por la Unión Europea y sus Estados miembros A/CN.9/WG.III/WP.161 – Documento presentado por el Gobierno de Marruecos A/CN.9/WG.III/WP.162 – Documento presentado por el Gobierno de Tailandia A/CN.9/WG.III/WP.164 y A/CN.9/WG.III/WP.178 – Documentos presentados por el Gobierno de Costa Rica A/CN.9/WG.III/WP.174 – Documento presentado por el Gobierno de Turquía A/CN.9/WG.III/WP.179 – Documento presentado por el Gobierno de la República de Corea	Establecer un centro de asesoramiento (o más de uno), por ejemplo, como órgano independiente, como parte de una institución, como organización intergubernamental o no gubernamental o como fondo fiduciario, con sede en un solo lugar o a nivel regional Funciones y servicios por definir (asistencia en la organización de la defensa; apoyo durante los procesos de solución de controversias; servicios de asesoramiento; servicios de solución de controversias por vías alternativas; y fortalecimiento de la capacidad e intercambio de las mejores prácticas) Beneficiarios por determinar (todos o algunos Estados y/o pequeñas y medianas empresas (PYMES)) Esta opción de reforma puede implementarse como una reforma independiente o junto con cualesquiera otras opciones de reforma. Posibles vinculaciones con la reforma de la financiación por terceros (véase F. *infra*)	Recursos para el establecimiento de servicios adecuados para prestar apoyo especialmente a los países en desarrollo y los países menos adelantados, y posiblemente a las PYMES Desarrollo de las mejores prácticas pertinentes e intercambio de información institucional para prevenir las controversias, protegiendo al mismo tiempo la confidencialidad y evitando posibles conflictos de intereses	Costo y duración de los procesos de SCIE (carga financiera excesiva para las partes, incluidos los países en desarrollo y los países menos adelantados, y posiblemente las PYMES) Corrección y uniformidad Acceso a la justicia
ii) ***Mecanismo independiente de revisión o apelación*** **Mencionado en:** A/CN.9/WG.III/WP.159/Add.1 – Documento presentado por la Unión Europea y sus Estados miembros (órgano de apelación, véase también A iii) *infra*) A/CN.9/WG.III/WP.161 – Documento presentado por el Gobierno de Marruecos (examen previo de los laudos y del mecanismo de apelación permanente)	**Revisión de las decisiones** Sistema de control de los laudos antes de que sean dictados Procedimiento simplificado para las acciones incoadas después del laudo, como la interpretación, la revisión y la anulación	**Revisión de las decisiones** Establecimiento de un mecanismo para la revisión de las decisiones de los tribunales que entienden en la SCIE antes de que sean dictadas	**Revisión de las decisiones** Carencia de mecanismos o mecanismos limitados en muchos de los tratados existentes para subsanar la falta de uniformidad y corrección de las decisiones
A/CN.9/WG.III/WP.163 – Documento presentado por los Gobiernos de Chile, Israel y el Japón (mecanismo de revisión de apelaciones basado en tratados específicos) A/CN.9/WG.III/WP.175 – Documento presentado por el Gobierno de Ecuador (mecanismo de revisión y apelación permanente) A/CN.9/WG.III/WP.177 – Documento presentado por el Gobierno de China (mecanismo de apelación independiente)	**Mecanismo de apelación** Creación de un mecanismo de apelación, posiblemente encargado de revisar los laudos y las decisiones adoptadas por: - tribunales arbitrales - tribunales internacionales especializados en inversiones - tribunales regionales especializados en inversiones - tribunales internacionales de comercio - tribunales nacionales en caso de denegación de justicia Determinación del marco en el que se creará el mecanismo; esto podrá implementarse junto con cualesquiera otras opciones de reforma	**Mecanismo de apelación** Convendría estudiar cuidadosamente la relación entre el mecanismo de apelación y el Convenio del CIADI, que excluye toda apelación o cualquier otro recurso, excepto en los casos previstos en el propio Convenio (art. 53). También habría que tener en cuenta las posibles consecuencias respecto de la Convención de Nueva York sobre el Reconocimiento y la Ejecución de las Sentencias Arbitrales Extranjeras (1958)	**Mecanismo de apelación** Carencia de mecanismos o mecanismos limitados en muchos de los tratados existentes para subsanar la falta de uniformidad y corrección de las decisiones
iii) ***Tribunal permanente de primera instancia y de apelación en materia de inversiones, con jueces a tiempo completo*** **Mencionado en:** A/CN.9/WG.III/WP.159/Add.1 – Documento presentado por la Unión Europea y sus Estados miembros	Creación de un tribunal multilateral especializado en inversiones, lo que requeriría la formulación de un estatuto para determinar su funcionamiento Esta opción de reforma abarcaría otras opciones de reforma, posiblemente efectuadas de forma conjunta. La opción puede hacer que otras opciones de reforma resulten redundantes	Habría que estudiar la coexistencia o articulación con el sistema actual de SCIE y con los tribunales regionales especializados en inversiones	Limitaciones de los mecanismos actuales para subsanar la falta de uniformidad y corrección de las decisiones Inquietudes formuladas en relación con los árbitros y los decisores Costo y duración

A/CN.9/WG.III/WP.166/Add.1

Posibles reformas	*Elementos de las reformas - Vinculación con otras opciones de reforma*	*Principales consecuencias*	*Inquietudes abordadas*
Examinado también en: A/CN.9/WG.III/WP.176 – Documento presentado por el Gobierno de Sudáfrica A/CN.9/WG.III/WP.179 – Documento presentado por el Gobierno de la República de Corea A/CN.9/WG.III/WP.180 – Documento presentado por el Gobierno de Bahrein			
B. Métodos de nombramiento de los árbitros y decisores y requisitos de ética			
i) Selección, nombramiento y recusación de los miembros de los tribunales que entienden en la SCIE **Mencionados en:** A/CN.9/WG.III/WP.169 A/CN.9/WG.III/WP.159/Add.1 – Documento presentado por la Unión Europea y sus Estados miembros (jueces a tiempo completo, véase la opción A iii) *supra*) A/CN.9/WG.III/WP.162 – Documento presentado por el Gobierno de Tailandia (reforma del sistema de selección y nombramiento de árbitros, así como del mecanismo de recusación) A/CN.9/WG.III/WP.163 – Documento presentado por los Gobiernos de Chile, Israel y el Japón (reforma del sistema de selección y nombramiento de árbitros, así como del mecanismo de recusación) A/CN.9/WG.III/WP.164 y A/CN.9/WG.III/WP.178 – Documentos presentados por el Gobierno de Costa Rica (reforma del sistema de	Nombramientos basados en reglas más estrictas o adopción de métodos alternativos, tales como: - mayor utilización de autoridades nominadoras y procesos más transparentes - elaboración de una lista preestablecida de árbitros y decisores (lista de candidatos) - mecanismos utilizados en otros tribunales y órganos internacionales Determinación del marco en el que se desarrollará la opción de reforma	La opción de reforma puede incidir directamente en los mecanismos de nombramiento utilizados por las partes Cabría tener en cuenta la repercusión en la práctica de las instituciones arbitrales y sus reglamentos de arbitraje También se deberían evaluar las consecuencias para la legislación nacional (incluida la Ley Modelo sobre Arbitraje Comercial Internacional)	Falta real o aparente de independencia e imparcialidad de los decisores en el ámbito de la SCIE Cuestiones relativas a los mecanismos de divulgación y recusación disponibles con arreglo a muchos tratados y reglamentos de arbitraje existentes Insuficiente diversidad de los decisores en el sistema de SCIE Mecanismos previstos en los tratados y reglamentos de arbitraje vigentes para la constitución de tribunales que entiendan en la SCIE Corrección y uniformidad de las

Posibles reformas	*Elementos de las reformas - Vinculación con otras opciones de reforma*	*Principales consecuencias*	*Inquietudes abordadas*
A/CN.9/WG.III/WP.161 – Documento presentado por el Gobierno de Marruecos A/CN.9/WG.III/WP.162 – Documento presentado por el Gobierno de Tailandia A/CN.9/WG.III/WP.163 – Documento presentado por los Gobiernos de Chile, Israel y el Japón A/CN.9/WG.III/WP.164 y A/CN.9/WG.III/WP.178 – Documentos presentados por el Gobierno de Costa Rica A/CN.9/WG.III/WP.174 – Documento presentado por el Gobierno de Turquía A/CN.9/WG.III/WP.175 – Documento presentado por el Gobierno del Ecuador A/CN.9/WG.III/WP.176 – Documento presentado por el Gobierno de Sudáfrica A/CN.9/WG.III/WP.177 – Documento presentado por el Gobierno de China A/CN.9/WG.III/WP.180 – Documento presentado por el Gobierno de Bahrein			
C. Participación de las partes en el tratado y mecanismos de control de la interpretación de los tratados			
i) Mejora del control que las partes en el tratado tienen sobre los instrumentos que han suscrito **Mencionada en:** A/CN.9/WG.III/WP.159/Add.1 – Documento presentado por la Unión Europea y sus Estados miembros	Creación de mecanismos para la interpretación de los tratados y otras cuestiones conexas como: - mecanismos *ad hoc* para la interpretación autorizada - interpretación autorizada por instituciones establecidas en virtud de los tratados - divulgación de los *travaux préparatoires*	Creación de mecanismos que puedan aplicarse a los tratados de inversión en general	Interpretaciones divergentes injustificadas de las disposiciones de los tratados de inversión Carencia de mecanismos o limitación de los

Posibles reformas	*Elementos de las reformas - Vinculación con otras opciones de reforma*	*Principales consecuencias*	*Inquietudes abordadas*
A/CN.9/WG.III/WP.161 – Documento presentado por el Gobierno de Marruecos A/CN.9/WG.III/WP.162 – Documento presentado por el Gobierno de Tailandia A/CN.9/WG.III/WP.163 – Documento presentado por los Gobiernos de Chile, Israel y el Japón A/CN.9/WG.III/WP.164 y A/CN.9/WG.III/WP.178 – Documentos presentados por el Gobierno de Costa Rica A/CN.9/WG.III/WP.174 – Documento presentado por el Gobierno de Turquía A/CN.9/WG.III/WP.175 – Documento presentado por el Gobierno del Ecuador A/CN.9/WG.III/WP.176 – Documento presentado por el Gobierno de Sudáfrica A/CN.9/WG.III/WP.177 – Documento presentado por el Gobierno de China A/CN.9/WG.III/WP.180 – Documento presentado por el Gobierno de Bahrein			
C. Participación de las partes en el tratado y mecanismos de control de la interpretación de los tratados			
i) Mejora del control que las partes en el tratado tienen sobre los instrumentos que han suscrito **Mencionada en:** A/CN.9/WG.III/WP.159/Add.1 – Documento presentado por la Unión Europea y sus Estados miembros	Creación de mecanismos para la interpretación de los tratados y otras cuestiones conexas como: - mecanismos *ad hoc* para la interpretación autorizada - interpretación autorizada por instituciones establecidas en virtud de los tratados - divulgación de los *travaux préparatoires*	Creación de mecanismos que puedan aplicarse a los tratados de inversión en general	Interpretaciones divergentes injustificadas de las disposiciones de los tratados de inversión Carencia de mecanismos o limitación de los

Posibles reformas	*Elementos de las reformas - Vinculación con otras opciones de reforma*	*Principales consecuencias*	*Inquietudes abordadas*
A/CN.9/WG.III/WP.161 – Documento presentado por el Gobierno de Marruecos A/CN.9/WG.III/WP.162 – Documento presentado por el Gobierno de Tailandia A/CN.9/WG.III/WP.163 – Documento presentado por los Gobiernos de Chile, Israel y el Japón A/CN.9/WG.III/WP.164 y A/CN.9/WG.III/WP.178 – Documentos presentados por el Gobierno de Costa Rica A/CN.9/WG.III/WP.176 – Documento presentado por el Gobierno de Sudáfrica	- remisión de cuestiones de interpretación Con objeto de: i) fomentar un uso más sistemático de: - interpretaciones unilaterales, - interpretaciones conjuntas, o - interpretaciones multilaterales ii) asegurar su observancia por los árbitros y decisores Esta opción de reforma puede implementarse como una reforma independiente o junto con otras opciones de reforma, como las reformas destinadas a aumentar la participación de las autoridades estatales (véase la opción C ii)), o a establecer mecanismos de revisión o apelación (véase la opción A ii))		mecanismos actuales de muchos tratados existentes para subsanar la supuesta falta de corrección de las decisiones
ii) Fortalecimiento de la participación de las autoridades estatales **Mencionado en:** A/CN.9/WG.III/WP.159/Add.1 – Documento presentado por la Unión Europea y sus Estados miembros A/CN.9/WG.III/WP.164 y A/CN.9/WG.III/WP.178 – Documentos presentados por el Gobierno de Costa Rica A/CN.9/WG.III/WP.171 – Documento presentado por el Gobierno de Brasil A/CN.9/WG.III/WP.176 – Documento presentado por el Gobierno de Sudáfrica	Establecer o fortalecer el marco para el examen preliminar de las cuestiones entre Estados, por ejemplo: - consultas técnicas - decisiones de las respectivas autoridades estatales - creación de un comité mixto de revisión por las partes en el tratado - mecanismo de revisión/apelación u órgano interestatal ante el cual se podría presentar una solicitud si la demanda no pudiera ser dirimida en la instancia técnica en un plazo determinado Esta opción de reforma puede implementarse como una reforma	Elaboración de una nueva norma jurídica para su incorporación en los tratados de inversión; y/o establecimiento de un marco multilateral, también aplicable a los tratados existentes, como un mecanismo o un órgano de apelación que permita apelar las decisiones conjuntas de las autoridades estatales	Interpretaciones divergentes injustificadas de las disposiciones de los tratados de inversión Carencia de mecanismos o limitación de los mecanismos actuales de muchos tratados existentes para subsanar la falta de uniformidad y corrección de las decisiones

Posibles reformas	*Elementos de las reformas - Vinculación con otras opciones de reforma*	*Principales consecuencias*	*Inquietudes abordadas*
A/CN.9/WG.III/WP.180 – Documento presentado por el Gobierno de Bahrein	independiente o junto con otras opciones de reforma, como las reformas destinadas a mejorar el control que las partes en el tratado tienen sobre los instrumentos que han suscrito (véase la opción C i))		Costo y duración de los procesos de SCIE, incluidas las demandas infundadas y el abuso del proceso
D. Prevención y mitigación de controversias			
*i) **Fortalecimiento de los mecanismos de solución de controversias distintos al arbitraje (ombudsman, mediación)*** **Mencionado en:** A/CN.9/WG.III/WP.156 – Documento presentado por el Gobierno de Indonesia A/CN.9/WG.III/WP.159/Add.1 – Documento presentado por la Unión Europea y sus Estados miembros A/CN.9/WG.III/WP.161 – Documento presentado por el Gobierno de Marruecos A/CN.9/WG.III/WP.162 – Documento presentado por el Gobierno de Tailandia A/CN.9/WG.III/WP.163 – Documento presentado por los Gobiernos de Chile, Israel y el Japón A/CN.9/WG.III/WP.164 y A/CN.9/WG.III/WP.178 – Documentos presentados por el Gobierno de Costa Rica A/CN.9/WG.III/WP.171 – Documento presentado por el Gobierno de Brasil A/CN.9/WG.III/WP.174 – Documento presentado por el Gobierno de Turquía A/CN.9/WG.III/WP.176 – Documento presentado por el Gobierno de Sudáfrica A/CN.9/WG.III/WP.177 – Documento presentado por el Gobierno de China A/CN.9/WG.III/WP.179 – Documento presentado por el Gobierno de la República de Corea	Por ejemplo, la mediación o la intervención del ombudsman para promover la solución rápida de las controversias, en particular durante el período de espera Esta opción de reforma puede implementarse como una reforma independiente o junto con otras opciones de reforma	Elaboración de cláusulas estándar pertinentes para su incorporación en tratados de inversión; promoción de las normas de mediación existentes (se están actualizando los Reglamentos de Mediación del CIADI y de la CNUDMI); y establecimiento de las instalaciones correspondientes, de ser necesario Promoción de la Convención de las Naciones Unidas sobre los Acuerdos de Transacción Internacionales Resultantes de la Mediación ("la Convención de Singapur sobre la Mediación")	Costo y duración de los procesos de SCIE Preservación de las relaciones de larga data
*ii) **Agotamiento de los recursos internos*** **Mencionado en:** A/CN.9/WG.III/WP.156 – Documento presentado por el Gobierno de Indonesia A/CN.9/WG.III/WP.161 – Documento presentado por el Gobierno de Marruecos A/CN.9/WG.III/WP.176 – Documento presentado por el Gobierno de Sudáfrica	Elaboración de disposiciones modelo sobre el agotamiento de los recursos internos Esta opción de reforma puede implementarse como una reforma independiente o junto con otras opciones de reforma	Elaboración de disposiciones modelo para los tratados	Elusión de os tribunales nacionales
*iii) **Procedimiento para tratar demandas infundadas, incluida la desestimación temprana*** **Mencionado en:** A/CN.9/WG.III/WP.156 – Documento presentado por el Gobierno de Indonesia A/CN.9/WG.III/WP.161 – Documento presentado por el Gobierno de Marruecos A/CN.9/WG.III/WP.163 – Documento presentado por los Gobiernos de Chile, Israel y el Japón A/CN.9/WG.III/WP.164 y A/CN.9/WG.III/WP.178 – Documentos presentados por el Gobierno de Costa Rica	Formulación de procedimientos o mecanismos para desestimar demandas infundadas en una etapa temprana, incluida la posibilidad de que el tribunal ordene que el demandante pague la totalidad de las costas relacionadas con esas demandas; los procedimientos o mecanismos pueden revestir la forma de reglas, directrices para los árbitros, cláusulas modelo para los tratados o procedimientos específicos en relación con un tribunal de primera instancia permanente o semipermanente	Posibles repercusiones o necesidad de coordinación en relación con: - reglas o tratados que ya prevén estos procedimientos	Costo de los procesos de SCIE Falta de un mecanismo para abordar las demandas injustificadas o infundadas

A/CN.9/WG.III/WP.166/Add.1

Posibles reformas	Elementos de las reformas - Vinculación con otras opciones de reforma	Principales consecuencias	Inquietudes abordadas
A/CN.9/WG.III/WP.174 – Documento presentado por el Gobierno de Turquía A/CN.9/WG.III/WP.176 – Documento presentado por el Gobierno de Sudáfrica			
iv) ***Procesos múltiples, pérdidas reflejas y reconvenciones por parte de los Estados demandados*** **Mencionados en:** **(Procesos múltiples)** *A/CN.9/915* *A/CN.9/WG.III/WP.170* A/CN.9/WG.III/WP.159/Add.1 – Documento presentado por la Unión Europea y sus Estados miembros A/CN.9/WG.III/WP.163 – Documento presentado por los Gobiernos de Chile, Israel y el Japón A/CN.9/WG.III/WP.164 y A/CN.9/WG.III/WP.178 – Documentos presentados por el Gobierno de Costa Rica A/CN.9/WG.III/WP.174 – Documento presentado por el Gobierno de Turquía A/CN.9/WG.III/WP.176 – Documento presentado por el Gobierno de Sudáfrica **(Reconvenciones)** A/CN.9/WG.III/WP.161 – Documento presentado por el Gobierno de Marruecos A/CN.9/WG.III/WP.176 – Documento presentado por el Gobierno de Sudáfrica	Orientación a los tribunales arbitrales sobre procesos múltiples i) cuando distintas entidades dentro de la misma estructura societaria estén legitimadas para actuar contra un Estado en relación con la misma inversión, respecto de la misma medida adoptada por el Estado y para proteger sustancialmente los mismos intereses, cabe considerar la posibilidad de elaborar normas jurídicas relativas a: - el uso proactivo de la acumulación de procesos o acciones - el posible intercambio de información entre los tribunales - la suspensión del proceso - el eventual recurso a la litispendencia, la cosa juzgada y otras doctrinas (por ejemplo, en relación con el abuso del proceso) ii) en el supuesto de procesos paralelos, cuando la medida que ha adoptado el Estado tiene consecuencias para varios inversionistas no relacionados entre sí, cabe considerar la posibilidad de: - adoptar un enfoque sistémico con respecto a las controversias recurrentes mediante la creación de comisiones de reclamaciones - adoptar un sistema de resolución preliminar por parte de órganos específicos	Se refuerza el papel de los tribunales arbitrales en las opciones descritas en el apartado i) y se refuerza el papel de los Estados en las opciones descritas en el apartado ii) Posible repercusión en: - las instituciones arbitrales, sus reglamentos, prácticas y funciones - los reglamentos de arbitraje de carácter no institucional - el tenor específico de ciertos tratados (por ejemplo, inversor "indirecto", lo que proporciona fundamentos jurídicos para reconvenciones, etc.).	Falta de un marco para tramitar procesos múltiples y permitir reconvenciones Uniformidad de las decisiones de los tribunales que entienden en la SCIE Elaboración de nuevas normas jurídicas (véase A/CN.9/915) También pueden abordarse: el abuso del proceso la economía procesal el costo y la duración
E. Gestión de costas y procedimientos relacionados			
i) ***Procedimientos acelerados*** **Mencionados en:** A/CN.9/WG.III/WP.162 – Documento presentado por el Gobierno de Tailandia A/CN.9/WG.III/WP.163 – Documento presentado por los Gobiernos de Chile, Israel y el Japón A/CN.9/WG.III/WP.164 y A/CN.9/WG.III/WP.178 – Documentos presentados por el Gobierno de Costa Rica A/CN.9/WG.III/WP.174 – Documento presentado por el Gobierno de Turquía	Aplicación de normas, procedimientos y prácticas pertinentes respecto de las demandas de menor cuantía y los casos no complejos; elaboración de normas para simplificar el proceso y acelerar algunos de sus aspectos, por ejemplo, las excepciones preliminares	Tanto el CIADI (proceso de reforma en curso) como la CNUDMI (labor sobre arbitraje acelerado que actualmente realiza el Grupo de Trabajo II) han comenzado a elaborar normas sobre procedimientos acelerados	Costo y duración de los procesos de SCIE
ii) ***Principios y orientaciones sobre la asignación de costas y las garantías de cobro de las costas*** **Mencionados en:** A/CN.9/WG.III/WP.161 – Documento presentado por el Gobierno de Marruecos A/CN.9/WG.III/WP.162 – Documento presentado por el Gobierno de Tailandia A/CN.9/WG.III/WP.163 – Documento presentado por los Gobiernos de Chile, Israel y el Japón	Elaboración de un mecanismo de participación de las partes en los gastos para incorporar el principio de "quien pierde paga" Elaboración de una reglamentación sobre garantías de cobro de las costas para asegurar su disponibilidad y aplicación por parte de los tribunales	Elaboración de principios y reglas para orientar a los tribunales respecto de la asignación de costas y la imposición de garantías de cobro de las costas La opción puede ir acompañada de cualquier otra opción de reforma	Costo y duración de los procesos de SCIE Asignación de costas por los tribunales que entienden en la SCIE; dificultades de los Estados para recuperar las costas y necesidad de contar con normas sobre garantías de cobro de las costas

A/CN.9/WG.III/WP.166/Add.1

Posibles reformas	Elementos de las reformas - Vinculación con otras opciones de reforma	Principales consecuencias	Inquietudes abordadas
A/CN.9/WG.III/WP.164 y A/CN.9/WG.III/WP.178 – Documentos presentados por el Gobierno de Costa Rica A/CN.9/WG.III/WP.174 – Documento presentado por el Gobierno de Turquía A/CN.9/WG.III/WP.176 – Documento presentado por el Gobierno de Sudáfrica			
iii) Otros procedimientos simplificados y herramientas para gestionar las costas **Mencionados en:** A/CN.9/WG.III/WP.161 – Documento presentado por el Gobierno de Marruecos A/CN.9/WG.III/WP.162 – Documento presentado por el Gobierno de Tailandia A/CN.9/WG.III/WP.163 – Documento presentado por los Gobiernos de Chile, Israel y el Japón A/CN.9/WG.III/WP.164 y A/CN.9/WG.III/WP.178 – Documentos presentados por el Gobierno de Costa Rica A/CN.9/WG.III/WP.176 – Documento presentado por el Gobierno de Sudáfrica	Simplificar el procedimiento, por ejemplo, estableciendo y haciendo respetar plazos más estrictos; - exigir a las partes y al tribunal que fijen un presupuesto al inicio del caso; - adoptar un límite máximo para los costos totales; y - exigir a los tribunales que faciliten a las partes más información en tiempo real sobre la situación del caso, incluido el presupuesto	Establecimiento de plazos más estrictos y de mecanismos de observancia Gestión de costos más eficaz mediante el intercambio de información Mejora de la tramitación de los casos por parte de los tribunales que entienden en la SCIE La opción puede ir acompañada de cualquier otra opción de reforma	Costo y duración de los procesos de SCIE Asignación de costas por los tribunales que entienden en la SCIE; dificultades de los Estados para recuperar las costas y necesidad de contar con normas sobre garantías de cobro de las costas
F. Financiación por terceros			
Mencionada en: A/CN.9/WG.III/WP.172 A/CN.9/WG.III/WP.161 – Documento presentado por el Gobierno de Marruecos A/CN.9/WG.III/WP.162 – Documento presentado por el Gobierno de Tailandia A/CN.9/WG.III/WP.163 – Documento presentado por los Gobiernos de Chile, Israel y el Japón A/CN.9/WG.III/WP.164 y A/CN.9/WG.III/WP.178 – Documentos presentados por el Gobierno de Costa Rica A/CN.9/WG.III/WP.174 – Documento presentado por el Gobierno de Turquía A/CN.9/WG.III/WP.176 – Documento presentado por el Gobierno de Sudáfrica A/CN.9/WG.III/WP.177 – Documento presentado por el Gobierno de China A/CN.9/WG.III/WP.179 – Documento presentado por el Gobierno de la República de Corea	Definición Prohibición Normativa en materia de: - limitación de la admisibilidad - obligación de divulgar información - consideración respecto de las decisiones sobre costas - mecanismo de asistencia jurídica - código de conducta Posibles interacciones: - mecanismo de asistencia jurídica en el marco general de un centro multilateral de asesoramiento - financiación del capital social y reclamaciones indirectas, reclamaciones de los accionistas y pérdidas reflejas - aplicación de las normas de transparencia de la CNUDMI	Repercusión en el proceso de la SCIE en su conjunto, en particular con respecto al requisito de transparencia, la garantía de cobro de las costas y la asignación de las costas	Definición de financiación por terceros Utilización o reglamentación de la financiación por terceros
G. Otras opciones de reforma posibles	A determinar por el Grupo de Trabajo		
IMPLEMENTACIÓN DE LAS OPCIONES DE REFORMA			
Convención de adhesión facultativa **Mencionada en:** A/CN.9/WG.III/WP.159/Add.1 – Documento presentado por la Unión Europea y sus Estados miembros A/CN.9/WG.III/WP.173 – Documento presentado por el Gobierno de Colombia A/CN.9/WG.III/WP.175 – Documento presentado por el Gobierno del Ecuador	Inspirada en la Convención de las Naciones Unidas sobre la Transparencia en los Arbitrajes entre Inversionistas y Estados en el Marco de un Tratado (Convención de Mauricio sobre la Transparencia) y en la Convención Multilateral para Aplicar las Medidas Relacionadas con los Tratados Fiscales para Prevenir la Erosión de las Bases Imponibles y el Traslado de Beneficios, de la OCDE		Posibilidad de garantizar la aplicación de las reformas a los tratados de inversión existentes Posibilidad de ofrecer diversas opciones de reforma